Mehmet T. Kalender
Räumlichkeit und interreligiöse Begegnung

Für Peter Bräunlein,

mit großem Danke und

herzlichen Grüßen!

Hamburg, Juni 2023,

Mehmet Kalender

Religion in Bewegung | Religion in Motion | Band 2

Editorial

Gegenwärtig befinden sich Religionslandschaften aufgrund von Migrationsbewegungen und Globalisierungsprozessen im Umbruch. Religiöse Felder verzeichnen in europäischen wie auch in weltweiten Kontexten Pluralisierungsprozesse. Einstmals eher homogene Religionstraditionen differenzieren sich aus. Interreligiöse Austausch- und Konfliktbeziehungen gestalten sich neu.

Die Reihe stellt sich solchen Wandlungsprozessen, die sich auf lokalen wie transnationalen Ebenen abspielen, und untersucht sich verändernde theologische Konzepte und religiöse Praxen in verschiedenen Kontexten der Migration. Sie widmet sich solchen Transformationen, indem sie die Agency religiöser Akteur*innen, neue gesellschaftliche Kontexte zu erschließen und sich darin religions- und theologieproduktiv zu bewegen, in den Vordergrund rückt.

Die Reihe wird herausgegeben von Andrea Bieler und Andreas Heuser.

Mehmet T. Kalender, geb. 1986, ist wissenschaftlicher Mitarbeiter am Institut für Soziologie der Georg-August-Universität Göttingen. Der Religions- und Islamwissenschaftler setzt sich in seiner Forschung mit Religion und Materialität sowie dem Zusammenhang von Interaktion und Raum in religiösen Situationen auseinander.

Mehmet T. Kalender

Räumlichkeit und interreligiöse Begegnung

Wechselwirkungen von religiöser Pluralität, Materialität und Interaktion

Dissertationsschrift, Georg-August-Universität Göttingen

Bibliografische Information der Deutschen Nationalbibliothek
Die Deutsche Nationalbibliothek verzeichnet diese Publikation in der Deutschen Nationalbibliografie; detaillierte bibliografische Daten sind im Internet über http://dnb.d-nb.de abrufbar.

© 2023 transcript Verlag, Bielefeld

Alle Rechte vorbehalten. Die Verwertung der Texte und Bilder ist ohne Zustimmung des Verlages urheberrechtswidrig und strafbar. Das gilt auch für Vervielfältigungen, Übersetzungen, Mikroverfilmungen und für die Verarbeitung mit elektronischen Systemen.

Umschlaggestaltung: Maria Arndt, Bielefeld
Korrektorat: Dr. Klara Vanek
Druck: Majuskel Medienproduktion GmbH, Wetzlar
https://doi.org/10.14361/9783839465738
Print-ISBN 978-3-8376-6573-4
PDF-ISBN 978-3-8394-6573-8
Buchreihen-ISSN: 2750-0969
Buchreihen-eISSN: 2750-0977

Gedruckt auf alterungsbeständigem Papier mit chlorfrei gebleichtem Zellstoff.
Besuchen Sie uns im Internet: https://www.transcript-verlag.de
Unsere aktuelle Vorschau finden Sie unter https://www.transcript-verlag.de/vorschau-download

»Ich bin allein in der Welt meiner Träume. Aber ich weiß, daß die Alltagswelt für andere ebenso wirklich ist wie für mich.«[1]

allen, die sich für Verständigung jeden Tag aufs Neue und unermüdlich in den Dialog stürzen

---

1   Berger/Luckmann 2009, 25.

Inhalt

1	Einleitung	9
2	Forschungsstand: Auf der Suche nach Raumbezügen	19
2.1	… in Formaten interreligiöser Aktivitäten	20
2.2	… in Prozessen	28
2.3	… im Überschneidungsbereich mit nicht-religiösen gesellschaftlichen Feldern	33
2.4	Zusammenfassung und Bestimmung der Forschungslücke	42
3	Interreligiöse Interaktion und Raum: Theoretische Konzepte	45
3.1	Zum Stellenwert theoretischer Konzepte in dieser Arbeit	45
3.2	Kernkonzepte: Interaktion, Raum und Religion	47
3.3	Integration der Kernkonzepte: Interreligiöse Interaktion und Raum	50
	3.3.1 Situationsdefinition	51
	3.3.2 Situation als Umwelt	59
4	Methodologischer Ansatz und Vorgehensweise	75
4.1	Methodologie und Forschungsdesign	75
	4.1.1 Methodologische Einordnung	75
	4.1.2 Vergleichendes Forschungsdesign	83
	4.1.3 Rahmenbedingungen und eigener Standort	87
4.2	Feldbestimmung, Vergleichsfälle und Vergleichskategorie	91
4.3	Erhebung und Materialgrundlage	96
	4.3.1 Teilnehmende Beobachtung	96
	4.3.2 Befragungstechniken	101
	4.3.3 Ergänzendes Material: Selbstdarstellungen, Dokumentationen und Berichte	108
4.4	Analysen	109
	4.4.1 Einzelfallanalysen: Dichte Beschreibungen	109
	4.4.2 Gegenüberstellung: Systematisch-vergleichende Analyse	125
4.5	Hinweis zur Angabe von Belegstellen	130

5 Ergebnisteil I: Dichte Beschreibungen der Fälle 131
5.1 Interreligiöse Silvesterfeier in der Christuskirche Eimsbüttel 131
5.2 Interreligiöser Gesprächskreis in der Pfarrhaus-Teeküche
der Christuskirche Eimsbüttel 159
5.3 Vortragsreihe »Religionen und Dialog in der Stadt Hamburg«
im Hamburger Rathaus 183
5.4 Gesprächsreihe »Kunst im Interreligiösen Dialog« in der Hamburger Kunsthalle 209

6 Ergebnisteil II: Zur Räumlichkeit interreligiöser Veranstaltungen 241
6.1 Zyklische Verortungen interreligiöser Veranstaltungen 242
6.2 Veranstaltungsorte als interaktiver Fundus 251
6.3 Raumbestimmtes Rollenverhalten 259
6.4 Handlungsfeldcluster als diskursive Umwelt 269

7 Zusammenfassung, Diskussion und abschließende Reflexionen 275
7.1 Zur Räumlichkeit interreligiöser Veranstaltungen: Zusammenfassung und Diskussion . 275
7.2 Reflexion des methodischen Vorgehens 283
7.3 Reflexion des theoretischen Rahmens und theoretischer Ausblick 286

Danksagung 289

Literatur- und Quellenverzeichnis 291
Verzeichnis wissenschaftlicher Literatur und Quellen 291
Verzeichnis nicht wissenschaftlicher Literatur und Quellen 304

Anhang A: Abkürzungsverzeichnis 309

Anhang B: Abbildungsverzeichnis 311

Anhang C: Tabellenverzeichnis 313

Anhang D: Erhebungsinstrumente 315

Anhang E: Transkriptionsregeln 327

Anhang F: Übersicht über das zugrunde liegende Datenmaterial 329

1 Einleitung

»Das Büroabteil des Gefängnisses war zu klein, um bequem Platz für drei Männer, drei stämmige Halbwüchsige und einen übergewichtigen Sheriff zu bieten, daher hatte Avery sie in die nahegelegene Stadthalle getrieben, wo leise der Flügelschlag von Tauben im Dachgestühl raschelte und das unablässige Ticktack der Standuhr hinter dem Podium ertönte. Es war ein nüchterner Raum, aber dennoch eine begnadete Wahl. Hierher waren Stadtleute und Grundbesitzer der Baronie seit Jahrhunderten gekommen, um ihre Entscheidungen zu treffen, ihre Gesetze zu verabschieden und gelegentlich, um einen Störenfried besonderer Art nach Westen zu schicken. Eine Aura von Ernsthaftigkeit herrschte im mondglitzernden Halbdunkel, und Roland glaubte, daß selbst der alte Mann, Jonas, etwas davon spürte. Auf jeden Fall verlieh es Sheriff Avery eine Autorität, die er sonst vielleicht nicht gehabt hätte.«[1]

Stephen King beschreibt eine Situation in einer Fantasiewelt, die einer Art Italo-Western-Motiv folgt. Dabei gestaltet er die Szene vor dem Hintergrund der Ortswahl. Statt in den kleinen Gefängniskomplex, gewissermaßen die eigentliche Wirkungsstätte des Sheriffs Avery, führt (»treibt«) dieser die offiziellen Gäste in die Stadthalle. Einerseits gebührt der zwar nüchterne, aber repräsentative Ort den drei hohen Gesandten als Empfangsraum, andererseits macht er auch die Ehrwürdigkeit der Baronie selbst aus, ist deren Zentrum der Macht. Und da der Sheriff sich qua Amt dieses zentralen Ortes bemächtigen kann, wird er zu einem Träger dieser Macht. In Anlehnung an Gottfried Kellers Novelle[2] könnte man den Sinngehalt auch auf folgende Formel verdichten: *Nicht nur Kleider, auch Orte machen Leute.*

Aber das ist gewissermaßen nur die halbe Wahrheit. Denn andersherum fußt die Altehrwürdigkeit der Stadthalle auf dem Gebrauch durch die Stadtleute sowie die Grundbesitzerinnen und Grundbesitzer, die hier seit langer Zeit öffentliche Angelegenheiten verhandeln und dadurch die Stadthalle zum politischen Herzstück

---

1 Auszug aus Stephen Kings »Glas«, dem 4. Band der Reihe »Der dunkle Turm«, 300.
2 »Kleider machen Leute« von 1874.

des Städtchens und der ganzen Baronie *machen*. Und einmal gemachte Orte müssen angeeignet, bespielt, verteidigt, umgebaut, gemieden, niedergerissen, verlassen oder restauriert werden. Jedenfalls spielt das Wissen um ihre Geschichte und ihre sozialen Bedeutungen für alle eine zentrale Rolle, die sich zu ihnen und an ihnen auf die eine oder andere Weise verhalten.

Im literarischen Beispiel deutet sich also ein Abhängigkeitsverhältnis zwischen Raum und Handeln an: Menschen schaffen Räume im Handeln, die geschaffenen Räume kanalisieren weiteres Handeln, das wiederum Räume (re-)produziert. Dieser Grundgedanke der wechselseitigen Abhängigkeit von Raum und Handeln leitete mich in der Untersuchung konkreter *interreligiöser Situationen*. Im Licht dieses Gedankens erscheinen interreligiöse Veranstaltungen in Hamburg als spannende Beispiele für unterschiedliche Verortungen sozialer Praxis. Das Hamburger Rathaus, die Hamburger Kunsthalle und ein evangelischer Gemeindekomplex werden zu Schauplätzen der Begegnung von Menschen unterschiedlicher religiöser Zugehörigkeit. Wie sich das Wechselspiel des situativen Handelns der Beteiligten interreligiöser Veranstaltungen mit dem Ort, an dem die Handlungen stattfinden, zeigt, davon handelt im Wesentlichen die vorliegende Arbeit. Die leitende Fragestellung dazu lautet:

Was lässt sich über die Räumlichkeit interreligiöser Veranstaltungen sagen, d.h. in welchem Wechselverhältnis stehen interreligiöse Veranstaltungen zu ihrem räumlichen Kontext?

Ausgehend von einem in Kapitel 3 noch ausführlich zu beschreibenden interaktionstheoretischen Grundverständnis interreligiöser Situationen lässt sich das hier angesprochene Wechselverhältnis in vier zentralen Unterfragen zuspitzen. Die ersten beiden Unterfragen bringen das Verhältnis physischer Raumstrukturen zum Handeln in den Blick:

- Welche gegebenen materiellen Strukturen (physische Umwelt, z.B. Wege und Hürden sowie Ausstattung) eines Veranstaltungsortes prägen den Vollzug interreligiöser Veranstaltungen?
- Auf welche Weise nehmen Beteiligte interreligiöser Veranstaltungen materielle Strukturen für ihr Handeln in Anspruch bzw. inwiefern nehmen sie Einfluss auf den physischen Raum?

Zwei weitere Unterfragen zielen auf den Zusammenhang des Handelns mit abstrakten Aspekten des Raums:

- Welche abstrakten Raumaspekte (z.B. Vorstellungen über angemessenes Verhalten in einer Kirche) spiegeln sich im Handeln der Beteiligten an interreligiösen Veranstaltungen?

• Wie werden abstrakte Aspekte des Raums aktiv in Situationen einbezogen?

Die Anlage der Unterfragen spiegelt das kaum aufzulösende Wechselverhältnis von Raum und Handeln. In Orientierung an den genannten Fragen ist die vorliegende Untersuchung der Aufgabe gewidmet, die situativ greifenden Verbindungslinien zwischen der Handlungs- und Raumdimension in interreligiösen Veranstaltungen offen zu legen. Im Folgenden werde ich meine raumsensible Perspektive auf interreligiöse Veranstaltungen stärker konturieren und anschließend den Ansatz und Aufbau der Arbeit vorstellen.

Interreligiöse Aktivitäten in raumsensibler Perspektive

Das hier verfolgte Erkenntnisinteresse, die verschiedenen räumlichen Dimensionen im Vollzug interreligiöser Veranstaltungen näher zu betrachten, erwuchs im Kontext meiner Beschäftigung in unterschiedlichen Forschungszusammenhängen, die sich u.a. auf religiöse Pluralisierung und ihre Verarbeitung in interreligiösen Begegnungsformaten richteten.[3] Als Handlungsbereich werden diese Begegnungen emisch wie etisch häufig unter dem Begriff des ›interreligiösen Dialogs‹ verhandelt.[4] Bei genauerem Blick auf die Begegnungsformate ergeben sich definitorische Probleme,[5] weshalb ich im Folgenden unter Rückgriff auf eine mittlerweile etablierte Wendung von *interreligiösen Aktivitäten* ausgehen werde und geplante Aktivitäten als *interreligiöse Veranstaltungen* benenne.[6]

---

3   Zu meinen für die Genese dieser Arbeit relevanten Forschungstätigkeiten und -kontexten vgl. Abschnitt 4.1.3 im Methodenkapitel.

4   In der deutschsprachigen wissenschaftlichen Auseinandersetzung wird der Begriff besonders in theologischen (Küster 2005, Amirpur et al. 2016, Dehn 2016, Knitter 2017) und religionspädagogischen Diskursen (Knauth 2011, Rötting et al. 2016, Weiße 2018) verwendet. Er findet sich aufgrund seiner weitreichenden diskursiven Präsenz aber auch in religionswissenschaftlichen Betrachtungen (Klinkhammer 2008, Klinkhammer et al. 2011, Klinkhammer/Neumaier 2020, Lehmann 2020).

5   Klinkhammer verweist auf einen inflationären Gebrauch des Dialogbegriffs, vgl. Klinkhammer 2008, 21. Hiermit gehen unterschiedliche Verwendungen einher, die normative Begriffssetzungen einschließen, denen ich mich in dieser Arbeit nicht anschließen werde. Darüber hinaus verengt der Dialogbegriff in seiner »rezenten Bedeutung eines (offenen) Gesprächs«, Klinkhammer et al. 2011, 9, den Blick auf gesprächsförmige Begegnungsformate, die nur einen Teil des Handlungsbereichs ausmachen. Nagel zeigt beispielsweise auf, dass sich daneben viele weitere Formate finden lassen, vgl. Nagel 2012a, 243. Für eine abwägende Auseinandersetzung mit den Begriffen »dialogue«, »contact« und »encounter« vgl. Neumaier/Klinkhammer 2020, 324ff.

6   Mit dem Begriff interreligiöser Aktivitäten schließe ich an Nagel 2012a an. Er findet sich im englischsprachigen Bereich als »interfaith activities« beispielsweise auch bei Ipgrave 2019. Eine eingehendere Auseinandersetzung mit Begriff und Formaten interreligiöser Aktivitäten in dieser Arbeit erfolgt im Rahmen der Betrachtung des Forschungsstands in Kapitel 2.1.

Ausgangspunkt meiner Beschäftigung mit räumlichen Aspekten interreligiöser Aktivitäten ist die Beobachtung, dass in Hamburg interreligiöse Veranstaltungen zunehmend auch außerhalb religiöser Räume veranstaltet werden. So finden sich nicht nur klassische interreligiöse Veranstaltungen, wie z.B. der interreligiöse Gesprächskreis in einer Kirchengemeinde oder der *Iftar*-Empfang in einer Moschee. Vielmehr zeigt sich, dass auch das Hamburger Rathaus zu »Religionen und Dialog in der Stadt Hamburg« einlädt, das Thalia Theater die »Lange Nacht der Weltreligionen« veranstaltet, die Hamburger Kunsthalle ein interreligiöses Format im Veranstaltungsangebot hat oder in Kooperation zwischen Stadt und Religionsvertreterinnen und Religionsvertretern ein »Garten der Religionen« eingerichtet wurde. Dabei scheinen interreligiöse Aktivitäten nicht (nur) expansiv von religiösen in nicht-religiöse Bereiche vorzudringen, sondern zunehmend als eigenes Aufgabengebiet von Akteurinnen und Akteuren z.B. des politischen Handlungsfeldes oder im Bildungsbereich verstanden zu werden. Die Beobachtung dieser räumlichen Verschiebungen und ihre Konsequenzen lassen sich gut in gegenwärtige Zuwendungen zum Raumbegriff einbetten. Das werde ich im Folgenden ausführen.

Raumtheoretische Fragen haben in jüngerer Zeit stark an Bedeutung gewonnen.[7] Dabei wird die gegenwärtige Konjunktur der akademischen Beachtung von Raum als theoretische Kategorie unter dem Schlagwort des *spatial turn* vielfach als paradigmatische kultur- und sozialwissenschaftliche Wende gezeichnet. Döring und Thielmann stellen 2008 diesbezüglich zwar ebenfalls fest, dass es »kaum noch eine Disziplin [gibt], die nicht entweder ihren ›spatial turn‹ eingeläutet hat, den in anderen Fächern ausgerufenen kommentiert oder sich zu ihm positioniert.«[8] Allerdings gebe es für ein in den innerfachlichen Diskursen oft adressiertes »transdisziplinäres Raumparadigma«[9] kaum Belege. Vielmehr müsse von einer Vielzahl paralleler Hinwendungen zum Raum in den verschiedenen Disziplinen gesprochen werden.[10]

Auch in der religionswissenschaftlichen Forschung wurde im späteren Nachgang zur kulturwissenschaftlichen Wende in den 1980er Jahren der Weg für eine breiter aufgestellte Auseinandersetzung mit raumbezogenen Fragen geebnet. Hier spielen Einflüsse der Humangeografie eine bedeutsame Rolle, wie beispielsweise Knott vor Augen führt. Während zuvor die Verbindung von Religion und Raum

---

7 Gleichwohl lassen sich raumtheoretische Überlegungen bis in die griechische Antike zurückverfolgen und sind an große Namen wie Aristoteles und Platon gebunden. In der sich an sie anschließenden europäischen Geistesgeschichte spielen vor allem philosophische und naturwissenschaftliche Raumkonzepte (Schroer bezieht sich auf Newton, Leibniz, Kant und Einstein) immer wieder eine Rolle, vgl. Schroer 2006, 29ff.
8 Döring/Thielmann 2009, 10, Hervorhebungen im Original.
9 Ebd.
10 Vgl. ebd., 10f.

stiefmütterlich behandelt worden und vor allem im Hinblick auf Themenbereiche wie ›heilige‹ Räume und Pilgerorte begrenzt gewesen sei, weite sich nun der Blick auf interdisziplinär anknüpfungsfähige Gegenstände.[11] Dazu gehören Orte religiöser Praxis jenseits offizieller Sakralräume, traditionsspezifische Geografien der Sinne,[12] religiös imaginierte Räume, räumliche Dimensionen der Relation von Religion und Migration, Körper- und Ritualformationen, eine breite Perspektive auf die gebaute symbolisch-materielle Umwelt[13] sowie die Bedeutung unterschiedlicher geografischer Differenzierungsebenen, darunter der Zusammenhang von Globalisierung und Lokalität für verschiedene Aspekte des religiösen Feldes.[14] Aus religionswissenschaftlicher Perspektive methodologisch bedeutsam ist dabei die Unterscheidung zweier Raumzugänge, die Knott unter Rückgriff auf Kong als »konzeptuelle Dichotomie von Poetik und Politik des sakralen Raums«[15] beschreibt. Mit der *Poetik des sakralen Raums*[16] ist eine phänomenologische Tradition in der Hinwendung zu einem substanziellen Begriff des ›Heiligen‹ angesprochen, für die die Wirkung bzw. die Erfahrung der sakralen Qualität eines Ortes zentrale Bedeutung hat.[17] Im Gegensatz dazu steht im Mittelpunkt der *Politik des sakralen Raums* ein situativer Ansatz, mit dem der Raum als Gegenstand von sozialen Aushandlungsprozessen und damit menschliches Produkt betrachtet wird. Mit diesem Zugang zu Religion und Raum sind u.a. Fragen der Identitätskonstruktion und von Machtverhältnissen im Hinblick auf die räumliche Produktionsdynamik relevant. Als ein Forschungstrend hat sich nicht nur in der Religionswissenschaft vor diesem Hintergrund zudem eine erhöhte Aufmerksamkeit für die materielle Kultur etabliert.[18]

In der Soziologie, als wichtige Bezugsdisziplin für die Religionswissenschaft, haben sich eigene Akzentsetzungen in der raumtheoretischen Betrachtung herausgebildet. Ebenso wie in der Religionswissenschaft hat der Raum für die soziologischen Diskurse des frühen und mittleren 20. Jahrhunderts noch eine untergeordnete Bedeutung. Einzig im Dunstkreis handlungstheoretischer Überlegungen wer-

---

11 Vgl. Knott 2015, 200f.
12 Vgl. ebd., 202. Knott rekurriert hier auf Kong 2001, 228. Für eine konzentrierte Präsentation von Schlüsselthemen geografischer Beschäftigung mit Religion nach der Jahrtausendwende vgl. auch Kong 2010.
13 Vgl. Corrigan 2009, 159ff.
14 Vgl. Knott 2005.
15 Knott 2015, 202. Kong greift hier eine von Chidester und Linenthal hervorgehobene Unterscheidung auf, die sich letztlich an Durkheims Begriff von Sakralität als situative Kategorie orientiert, vgl. Kong 2001, 212f.
16 Geprägt wurde der Begriff von dem französischen Philosophen Bachelard, vgl. Knott 2015, 205.
17 Vgl. ebd., 204ff.
18 Vgl. ebd., 208ff.

den Raumbezüge nicht als zu vernachlässigende Größe erwähnt oder ausgeblendet, sondern gewinnbringend aufgemacht, beispielsweise von Schütz und Plessner im deutschsprachigen Kontext sowie Goffman in den Vereinigten Staaten.[19] Für die jüngere soziologisch orientierte Auseinandersetzung mit raumtheoretischen Fragen[20] hat sich im Anschluss an philosophische und naturwissenschaftliche Kontroversen die Gegenüberstellung von *absoluten* und *relativen Raumvorstellungen* als wichtige Unterscheidung herausgebildet.[21] Im absoluten Modell bildet der Raum einen Behälter, innerhalb dessen sich Handlung vollziehen kann. Der unbeeindruckte Behälter-Raum weist den in ihm befindlichen Personen und Handlungen dabei ihren jeweiligen Platz zu. Demgegenüber nehmen relative Raumvorstellungen Räume nicht als gegeben an, sondern als durch soziales Handeln hervorgebrachte Gebilde, ähnlich wie ich es in meiner Interpretation der einleitenden Szene angedeutet habe und wie es auch in der Erläuterung zur Politik des sakralen Raums zum Ausdruck kommt. Während lange Zeit das absolute Raummodell als implizite wie explizite Bezugsgröße dominierte, steht es spätestens seit Einsteins Kritik zunehmend in Frage.[22]

Die Bedeutungszunahme relativer Raumkonzepte steht im Kontext postmoderner Globalisierungsdebatten, in denen mit dem zunehmenden Bedeutungsverlust der Nationalstaaten zugleich auch die generelle Auflösung des Raums mitschwingt.[23] Dass der Raum aber nicht an Bedeutung verliert, sondern vielmehr gewinnt und was das für die raumtheoretische Betrachtung von Gesellschaft bedeutet, zeigt Schroer nachdrücklich auf:

»Die Deterritorialisierungstheoretiker und Globalisierungsenthusiasten bleiben bei der Nachricht stehen, dass die Grenzen fallen. Sie blenden aus, dass, wo immer eine Grenze fällt, an anderer Stelle eine errichtet wird. [...] Grenzen verschwinden nicht, sondern ändern nur ihren Ort oder ihre Gestalt, verschwinden an einem Ort, um an einem anderen wieder aufzutauchen, verwandeln sich von deutlich sichtbaren in weniger klare, unsichtbare Grenzen. Übersehen wird in dieser Perspektive die Neukonfiguration von Räumen, die sich den alten Koordinaten entziehen.

---

19 Vgl. Schroer 2006, 17. Eine der wenigen vorhergehenden Ausnahmen in der expliziten soziologischen Hinwendung zum Raum ist Simmel, vgl. ebd., 60ff.

20 Als erster Anstoß oder zumindest erste Benennung eines *spatial turn* wird eine beiläufige Formulierung in Sojas Monografie »Postmodern Geographies« aus dem Jahr 1989 angenommen, vgl. Döring/Thielmann 2009, 7.

21 Vgl. Löw 2012, 35 und Schroer 2006, 44.

22 Vgl. Schroer 2006, 44f. Indem Einstein Raum in einer Raum-Zeit-Struktur denkt, überwindet er, so Schroer, die Vorstellung eines relationslosen Raums und festigt die Idee der in der Zeit fortschreitenden Verwobenheit von Raum und materieller Welt, vgl. ebd., 43f. Als wichtige Vertreterin der gegenwärtigen Raumsoziologie hat sich Löw mit ihrem Ansatz des relationalen Raums positioniert, vor allem mit ihrem Standardwerk zur »Raumsoziologie« von 2001.

23 Vgl. Schroer 2006, 195ff.

Grenzen und damit auch der Umfang von Räumen sind nicht mehr festgelegt, sondern Gegenstand permanenter Auseinandersetzungen und Prozesse. Ihre Gültigkeit verlieren sie damit jedoch keineswegs. Was wir derzeit erleben, ist nicht das Ende des Raums, sondern eine *Diversifizierung* der räumlichen Bezüge. Die Räume und Orte für diverse Aktivitäten sind nicht mehr alternativlos und vorgegeben, sondern werden mehr und mehr zu einer Option.«[24]

Schroer beschreibt hier einen umfassenden »Wandel von Raumvorgabe zur Raumwahl«,[25] der in einer *Diversifizierung räumlicher Bezüge* Ausdruck erhält. Unter dem Einfluss zunehmender Mobilität, Transnationalität und Virtualität, so Schroer, stehen damit etablierte Vorstellungen von Räumen und ihren Grenzen in Frage. Dies habe eine Neukonfiguration zur Folge, in der das »Nebeneinander der verschiedensten Kulturen, Regime, Lebensstile, Werte, Moden usw. [...] vielfältig miteinander verflochtene, sich überlagernde Räume«[26] schafft.[27] Schroer betont außerdem, dass die konkrete soziale Bedeutung dieser neuen optionalen Räume und Grenzen situativ und in Abhängigkeit zum jeweiligen sozialen Status der Beteiligten entstehe.[28] Im Hinblick auf Religion äußert sich das in Form eines »*doppelten Pluralismus*«,[29] wie er von Berger angelegt wurde. So habe die Moderne einerseits zu einer religiösen Pluralisierung von Gesellschaften geführt, die sich als räumliche Nähe von Menschen unterschiedlicher religiöser Zugehörigkeiten manifestiert. Gleichzeitig stünde der religiöse Diskurs einem für moderne Gesellschaften existenziellen »einflussreichen säkularen Diskurs«[30] gegenüber.[31] Mit den zwei Pluralismen – dem religiösen und dem religiös-säkularen – geht, so Berger im Rückgriff auf Schütz, eine Pluralisierung von Relevanzstrukturen einher, die gesellschaftlich und auch auf individueller Ebene Gegenstand der Aushandlung sind und über soziale und physische Räume organisiert werden müssen.[32]

Die zunehmende Diversifizierung der Raumbezüge besonders in ihrer religionsbezogenen Gestalt des doppelten Pluralismus bildet die äußere Rahmenerzählung der vorliegenden Arbeit und damit den Kontext für die *räumliche Entgrenzung*[33]

---

24   Schroer 2006, 222f., Hervorhebung im Original.
25   Ebd., 224.
26   Ebd., 226.
27   Vgl. ebd., 208ff.
28   Vgl. ebd., 222ff.
29   Nagel 2019, 91, eigene Hervorhebung.
30   Berger 2017, 18.
31   Vgl. ebd. In eine grundsätzlich ähnliche Stoßrichtung weisen auch Überlegungen zur postsäkularen Stadt, vgl. Beaumont/Baker 2011.
32   Vgl. Berger 2017, 23ff.
33   Ich verwende die Formulierung in loser Anlehnung an Knoblauchs Begriff der Entgrenzung, Knoblauch 2009, 50. Damit meine ich hier, dass eine Entkopplung interreligiöser Aktivitäten

bzw. für die neuen Räume interreligiöser Veranstaltungen, die ich eingangs aufzeigte. Im Hinblick auf die damit präsenten unterschiedlichen Verortungen interreligiöser Veranstaltungen lässt sich der interaktive Vollzug der Veranstaltungen als Kristallisationspunkt diverser (religiöser und säkularer) Raumdimensionen begreifen. Aus diesem Grund wähle ich als empirischen und theoretischen Fokus meiner Untersuchung die in interreligiösen Veranstaltungen eröffneten situativen Raumbezüge.

Ansatz und Aufbau dieser Arbeit

Ausgehend von den gewählten empirischen Fällen zielt meine Untersuchung auf die Entwicklung eines theoretischen Verständnisses der mehrfachen konkreten und abstrakten Verortungen interreligiöser Veranstaltungen. Der methodologische Ansatz, den ich dazu verfolge, kann als eine Mischung aus *sozialwissenschaftlicher Ethnografie* und einer *offenen Grounded Theory Methodologie (GTM)* beschrieben werden. In der methodischen Umsetzung bedeutet das, dass ich mit Kenntnis des Forschungsstands und theoretisch sensibiliert durch die über Beobachtungen, Befragungstechniken und Recherchen gewonnenen Daten induktiv Antworten auf meine Fragestellung erarbeite. In der Analyse habe ich mich im Anschluss an Freibergers Vorschlag zur Methode des Vergleichs für ein zweigliedriges Verfahren entschieden, das ich zum einen mit Einzelfallanalysen in Form dichter Beschreibungen und zum anderen mit einem systematischen Fallvergleich fülle.

Der hier umrissene Ansatz, den ich in Kapitel 4 noch eingehend erläutern werde, gibt auch den grundsätzlichen Aufbau der Arbeit vor. So werde ich im zweiten Kapitel zunächst auf den *Forschungsstand* blicken und die aktuelle Forschungsliteratur zu interreligiösen Aktivitäten auf Raumbezüge hin befragen. Dabei fokussiere ich auf Literatur zu Formaten (2.1) sowie Prozessen interreligiöser Aktivitäten (2.2) und auf ihre Bedeutung im Überschneidungsbereich mit nicht-religiösen gesellschaftlichen Feldern (2.3), um vor diesem Hintergrund schließlich die Relevanz meiner Untersuchung hervorzuheben (2.4). Im dritten Kapitel stelle ich die *theoretischen Konzepte* vor. Dabei zeige ich ihre sensibilisierende Bedeutung für meine Untersuchung auf (3.1) und gehe auf die Begriffe »Interaktion«, »Raum« und »Religion« als Kernkonzepte ein (3.2). Darauf folgt vor allem im Anschluss an Erving Goffman sowie angereichert mit religionswissenschaftlichen und raumsoziologischen Überlegungen eine eingehende Auseinandersetzung mit dem theoretischen Zusammenhang von Interaktion, Raum und Religion. Hierfür werde ich als theoretisches Grundgerüst mein Raumverständnis am Begriff der Situation – als interaktiv ausgehandelte Definition einer Zusammenkunft sowie gleichzeitig als Umwelt dieser Zusammenkunft –

---

vom ›religiösen Feld‹ durch die Übernahme eigener Begegnungsformate in nicht-religiösen Feldern mit einer vielfachen feldübergreifenden Neuverortung einhergeht.

entfalten (3.3). Die theoretischen Vorüberlegungen fließen dann in das vierte Kapitel ein, das der Darstellung des *methodischen Vorgehens* gewidmet ist. Darin erläutere ich zunächst den methodologischen Ansatz, die Elemente des vergleichenden Forschungsdesigns der Arbeit und meine eigene Verortung innerhalb des Forschungsprozesses (4.1). Im Hinblick auf interreligiöse Veranstaltungen in Hamburg stecke ich die Grenzen meines Untersuchungsfeldes ab, stelle vier Veranstaltungsreihen und ihre Veranstaltungsorte als Vergleichsfälle vor und präzisiere für die Analyse im Anschluss an die theoretischen Überlegungen den Begriff der Räumlichkeit als Vergleichskategorie (4.2). Im Anschluss gehe ich detailliert auf das Beobachtungsverfahren, die Befragungstechniken und den Einbezug ergänzenden Materials als Erhebungsmethoden sowie die daraus hervorgehende Materialgrundlage der Analyse ein (4.3). Im Rahmen der Darstellung der zweigleisigen Analysestrategie erfolgt schließlich eine ausführliche Auseinandersetzung mit der dichten Beschreibung als schreibanalytische Methode sowie eine Erläuterung meines Vorgehens in der systematisch-vergleichenden Analyse im Anschluss an die Grounded Theory Methodologie (4.4). Die beiden Analysestrategien bekommen ihren verschriftlichten Ausdruck in zwei Ergebnisteilen. Das fünfte Kapitel umfasst als *Ergebnisteil I* vier Einzelstudien der Untersuchungsfälle in Form ausführlicher dichter Beschreibungen (5.1 bis 5.4). Im sechsten Kapitel präsentiere ich als *Ergebnisteil II* die im systematischen Fallvergleich herausgearbeiteten Verbindungslinien zwischen Raum und Handeln, die in den interreligiösen Veranstaltungsreihen zum Tragen kommen. Als *zyklische Verortungen interreligiöser Veranstaltungen* betrachte ich dabei zunächst die Formate der Zusammenkünfte und die jeweiligen physischen Verortungen, die den Beteiligten in jeder Phase des Veranstaltungsverlaufs zukommen (6.1). Im Hinblick auf die *Veranstaltungsorte als interaktiver Fundus* bringe ich anschließend die Bühnenqualität in den Blick, die den Orten aufgrund ihres Dekors und ihrer symbolisch-materiellen Gestaltung innewohnt (6.2). Eine Auseinandersetzung mit *raumbestimmtem Rollenverhalten* eröffnet eine Perspektive auf die rollenkanalisierende Bedeutung der Handlungsfelder, denen sich die Veranstaltungsorte primär zuordnen lassen (6.3). Schließlich werde ich die diskursive Umwelt interreligiöser Veranstaltungen thematisieren, die durch situative Erweiterungen des Handlungsfeldes geformt wird und sich als je spezifische *Handlungsfeldcluster* der Fälle beschreiben lässt (6.4). Im siebten Kapitel beende ich die Arbeit mit einer *Zusammenfassung der Ergebnisse* und ihrer *Diskussion* im Spiegel des Forschungsstandes (7.1) sowie mit *Reflexionen* des methodischen Vorgehens (7.2) und theoretischen Rahmens (7.3).

2 Forschungsstand: Auf der Suche nach Raumbezügen...

Der weite Bereich interreligiöser Aktivitäten ist in Reaktion auf die Terroranschläge in den Vereinigten Staaten von Amerika im Jahr 2001 nicht nur sprunghaft angewachsen, sondern in zunehmendem Maße auch in der Forschung reflektiert worden. Klinkhammer et al. (2011) zeigen beispielsweise auf, dass in weniger als einem halben Jahrzehnt nach den Anschlägen 70 Prozent der Forschungsliteratur zu diesem Themenfeld entstanden ist.[1] Nagel (2012) konkretisiert, dass sich diese Literatur zunächst vor allem auf interreligiöse Dialogkreise konzentriert. Theologische Perspektiven fokussieren auf dogmatische und normative Fragen sowie praktische Herausforderungen. Daneben stehen sozialarbeitswissenschaftliche und religionswissenschaftliche Studien mit evaluativem Anliegen (Unter welchen Bedingungen gelingen oder misslingen Dialoge?). Und schließlich finden sich kritische soziologische Auseinandersetzungen mit der Verschränkung von interreligiösen Dialogen und integrationspolitischen Anliegen.[2]

Lehmann (2020) unterscheidet in seiner Betrachtung rezenter Forschung einen individualistischen von einem kontextualisierenden Ansatz. Der individualistische Ansatz tendiere dazu, ›interreligiösen Dialog‹ vor allem als individuelle Aneignung und Bildung zu verstehen, um daraus weitreichende generalisierende Aussagen abzuleiten. Dies ignoriere, so Lehmann, die jeweiligen soziokulturellen Kontexte, in denen solche Aktivitäten verortet sind. Die kontextualisierenden Arbeiten der jüngeren Zeit seien zu begrüßen, da sie durch den Fokus auf lokale Kontexte ein differenziertes Bild der Formen und Prozesse interreligiöser Veranstaltungen ermöglichten.[3]

---

1   Vgl. Klinkhammer et al. 2011, 1.
2   Vgl. Nagel 2012a, 244f.
3   Vgl. Lehmann 2020, 239ff. Lehmanns Beitrag bildet sodann auch den Auftakt für ein *Special Issue* des »Interdisciplinary Journal for Religion and Transformation in Contemporary Societies« mit dem Titel »Interreligious Dialogue in Context: A European Comparison«, in dem vor allem Länderstudien zur jeweils kontextspezifischen Formation des ›interreligiösen Dialogs‹ zusammengestellt sind.

Einen weiteren Überblick über jüngere sozialwissenschaftliche, einschließlich religionswissenschaftlicher Zugänge legt Neumaier (2020) vor. Sie identifiziert dabei drei Stoßrichtungen rezenter Forschung zu organisierten interreligiösen Aktivitäten. Das sind zunächst Untersuchungen, die die Aktivitäten selbst, die daran Beteiligten, die Themen sowie die sozialen Prozesse ins Zentrum rücken. Daneben stehen Auseinandersetzungen mit den äußeren Einflussfaktoren. Hierunter fallen einerseits konkrete Rahmenbedingungen, zu denen neben bestimmten Anlässen und Zielsetzungen auch explizit die Orte interreligiöser Aktivitäten gerechnet werden. Andererseits finden sich hier Betrachtungen der Überlappung mit anderen gesellschaftlichen Feldern, beispielsweise Politik, Zeitgeschichte, öffentlichen Diskursen und Medien. Als dritte Stoßrichtung der Forschung werden schließlich Ergebnisse interreligiöser Aktivitäten bzw. ihre individuellen, lokalen und sozialen Konsequenzen aufgeführt.[4]

Dieser erste skizzenhafte Überblick weist bereits auf für die vorliegende Untersuchung relevante Forschungszugänge hin, gleichzeitig bleibt die Konzeption von Verortung bzw. Ort/Raum recht unbestimmt. In der nun folgenden eingehenderen Betrachtung werde ich einen heuristischen Raumbegriff anlegen, um unterschiedliche Dimensionen des Raumbezugs in der Forschungsliteratur mit Blick auf interreligiöse Aktivitäten identifizieren zu können. Eine vor dem Hintergrund der Fragestellung konzeptionelle Grundierung des Raumbegriffs erfolgt dann im anschließenden Theoriekapitel.

Ich beginne mit Forschungen zu Formaten, gefolgt von Prozessen interreligiöser Aktivitäten, da hier eine Thematisierung des Wechselverhältnisses von interreligiöser Aktivität und Veranstaltungsort im Vollzug interreligiöser Veranstaltungen am ehesten zu erwarten ist. Im Anschluss setze ich den Fokus auf die Überlappungen mit anderen gesellschaftlichen Feldern, wobei ich anhand der Literatur vor allem unterschiedliche Kontextualisierungen interreligiöser Aktivitäten in den Blick nehmen werde. Das Kapitel schließe ich mit einer kurzen Zusammenfassung und einer Zuspitzung der Forschungslücke.

2.1 ... in Formaten interreligiöser Aktivitäten

Im Zuge einer selektiven Betrachtung unterschiedlichster Ausformungen interreligiöser Aktivitäten deutet Dehn (2016) die »zahlreichen gegenwärtigen Orte des Dialogs«[5] als Ausdruck für eine sich zunehmend verbreiternde interreligiöse

---

4   Vgl. Neumaier 2020, 3ff.
5   Dehn 2016, 11.

Landschaft.⁶ Dabei umfasst das, was er als Orte beschreibt, neben »interreligiösen Begegnungsstätten«⁷ in erster Linie verschiedene Formate interreligiöser Aktivitäten.⁸ Während die Wendung »Orte« in diesem Zusammenhang vorwiegend metaphorisch gemeint sein kann, wird in der Literatur mit Blick auf das Feld bisweilen durchaus ein *besonderer Sozialraum* beschrieben, der durch interreligiöse Aktivitäten entsteht und in der Forschung vielfach, jedoch selten tiefgehend an Bhabhas Begriff des *dritten Raums* rückgebunden wird.⁹ So verweisen Klinkhammer und Spieß (2014) in ihrer evaluativen Untersuchung des »Theologischen Forum Christentum-Islam« darauf, dass einige Teilnehmende den Aktivitäten des Forums eine besondere Atmosphäre zuschreiben. In diesem von Hybridität geprägten *dritten Raum*, der von Räumen des Alltags unterschieden wird, bestehe eine besondere Bereitschaft, Grenzen aufzubrechen und Neues entstehen zu lassen.¹⁰ Dehn (2016) verwendet den in diesem Zusammenhang etwas mystisch anmutenden Begriff des »*kairos*«,¹¹ also einer begrenzten, sich vom Alltag abhebenden und erkenntnisreichen Zeit für die Teilnehmenden.¹² Iqbal et al. (2019) beschreiben in ihrer Betrachtung der interreligiösen Aktivitätslandschaft einer indonesischen Provinz hingegen keinen dritten Gegenraum zum Alltag, sondern im Alltag entstehende *dritte Räume* der Begegnung, Übersetzung und Verhandlung im Kontext lokaler religiöser Pluralität.¹³ Diese werden zum einen durch Narrative produziert, beispielsweise über religions- und traditionsübergreifende Sozialformkonstruktionen (»brothers and sisters«,¹⁴ »we are family«¹⁵) oder lokale bzw. nationale Identitätskonstruktionen (»we are people of Kalimantan«/»we are Indonesians«¹⁶). Zum anderen identifizieren Iqbal

---

6   Gleichzeitig erläutert er einschränkend, dass diese Ausbreitung von Einzelnen vorangetrieben wird und die gesellschaftliche Wirkkraft der Begegnungen deshalb stark begrenzt ist, vgl. ebd.
7   Ebd. Gemeint sind wohl tatsächlich gebaute religiös plurale Räume, wie der interreligiöse Raum der Stille an der Universität Hamburg oder das »House of One« in Berlin.
8   Dies findet sich auch bei Klinkhammer und Neumaier, die in ihrer Forschung auf »*Formate* organisierter interreligiöser Begegnung *als Orte* eines intensiven und religionsbezogenen Austausches« fokussieren, Klinkhammer/Neumaier 2020, 49, eigene Hervorhebungen.
9   Bhabha fasst den ›dritten Raum‹ als produktiven Raum der Aushandlung sich begegnender Individuen, in dem kulturelle Symbole und Bedeutungen situativ angeeignet, übersetzt, historisch verortet oder neu gelesen werden. Als Ermöglichungsräume für die Artikulation kultureller Differenz bringen ›dritte Räume‹ Hybridität hervor, die auf die Identität der Beteiligten zurückwirken könne, vgl. Bhabha 1994, 36ff.
10 Vgl. Klinkhammer/Spieß 2014, 17ff.
11 Dehn 2016, 5, Hervorhebungen im Original.
12 Vgl. ebd.
13 Vgl. Iqbal et al. 2019, 358.
14 Ebd., 361.
15 Ebd., 364.
16 Ebd.

et al. Praktiken des *dritten Raums* auf individueller (z. b. Besuche, Hochzeiten, Beerdigungen mit traditionsübergreifender Beteiligung)[17] und kommunaler Ebene (z. B. räumliche Nähe religiöser Zentren oder lokale Festivitäten).[18]

Mit explizitem Bezug zu materialen Räumen greift auch Beinhauer-Köhler (2015) das Konzept des *dritten Raums* als Überschneidungsraum religiöser Vielfalt auf. Vor dem Hintergrund historischer Beispiele betrachtet sie gegenwärtige, religiös plurale Raumarrangements, verstanden als *materiale und soziale (Aus-)Handlungsräume religiöser Vielfalt*.[19] In ihrer Analyse identifiziert sie drei Grundtypen solcher Arrangements. Dazu gehören zunächst politisch intendierte Gemeinschaftsarrangements, die, so Beinhauer-Köhler, tragenden Institutionen und Beteiligten als »politisch geboten [erscheinen und als, M. K.] [...] positives Zeichen zur Gestaltung der Zivilgesellschaft«[20] verstanden werden. Als Beispiele sind Räume der Stille in Schulen, Universitäten und Krankenhäusern zu nennen. Insbesondere für Räume dieser Art in Krankenhäusern zeigt Nagel (2016) auf, dass ihre Nutzung als Veranstaltungsorte interreligiöser Aktivitäten eine sehr untergeordnete Rolle spielt.[21] Neben den politisch intendierten Arrangements führt Beinhauer-Köhler außerdem Orte an, die Gegenstand der Auseinandersetzung verschiedener religiöser Traditionen sind, die jeweils eigene Ansprüche an die Orte herantragen. Bekanntestes Beispiel hierfür ist der Jerusalemer Tempelberg. Naheliegende und beobachtbare Konflikte in der gemeinsamen Nutzung müssen hier fortwährend ausgetragen werden.[22] Als letzter von Beinhauer-Köhler aufgeführter Typus kommen schließlich religionsoffene Räume hinzu. Hierunter fasst sie eine Gruppe von Orten, die aus unterschiedlichen Gründen traditionsübergreifende und auch religionsunabhängige Bezugnahmen und Nutzungen zulassen und gemeinsame Erfahrungsräume eröffnen. Dazu gehören u. a. Orte mystischer oder meditativer Praxis (z. B. unter einem Baum), bedeutungsvoll überlagerte Orte (z. B. eine Marienstatue im schweizerischen Einsiedeln, die von tamilischen Migrantinnen und Migranten gleichzeitig als Kali verehrt wird) sowie Orte, die mit religiösen bzw. spirituellen »Bilderwelten«[23] spielen (z. B.

---

17 Ebd., 365 ff.
18 Ebd., 368 ff.
19 Beinhauer-Köhler 2015a, 73.
20 Ebd., 72.
21 Vgl. Nagel 2016, 66. Der Beitrag liefert eine Analyse institutioneller Funktionen der Einrichtung inter- und multireligiöser Räume. In der Literatur werden darüber hinaus auch einige der bislang vorhandenen inter- bzw. multireligiösen Gebäude behandelt, vgl. zum »Haus der Religionen« in Bern Hauck-Hieronimi 2015, zum »House of One« in Berlin beispielsweise Hohberg/Stolte 2015 und zum »God's House Project« in Stockholm Liljestrand 2018.
22 Vgl. Beinhauer-Köhler 2015a, 65 ff.
23 Ebd., 71.

Rekreationsräume, wie Yoga-Studios und Wellnessanlagen[24]) bzw. »eine sakrale Anmutung evozieren«[25] (z.B. Museen und Parkanlagen).[26]
Der bisherige Blick auf den Forschungsstand zeigt, dass interreligiöse Aktivitäten vor dem Hintergrund des Konzepts des *dritten Raums* als religiös plurale Sozialräume betrachtet worden sind. Daneben gibt es Bemühungen, die Aktivitäten nicht sozialräumlich, sondern als *Handlungstypus* zu fassen. Einige dieser Bemühungen möchte ich hier mit Blick auf mögliche Raumbezüge aufgreifen, dabei werde ich mit ganz allgemeinen Unterscheidungen beginnen und mich zu differenzierteren Typologien vorarbeiten.

Im Hinblick auf die Fülle und Vielgestaltigkeit interreligiöser Handlungsformate finden sich in der Literatur zunächst allgemeine Unterscheidungen für die Umsetzung interreligiöser Aktivitäten. Wilke (2006) untersucht beispielsweise zwei christlich-muslimische Frauenkreise und beschreibt diese als »Dialog von unten«, womit sie die Aktivität von einem »Austausch unter Gelehrten und religiösen Würdenträgern«[27] klar abgrenzt und dem Bereich der »gelebte[n] Religion«[28] zurechnet.[29] Einen verwandten Bezug stellt auch Nagel (2012) her, wenn er auf die »Ebene der sprichwörtlichen Graswurzeln«[30] verweist und informelle Aktivitäten aus der Zivilgesellschaft wie Nachbarschaftstreffs und Get-Togethers (s.u.) dazurechnet.[31] Die Gegenüberstellung von *oben* und *unten* scheint hier sowohl auf den unterschiedlichen Status der Repräsentanz der Beteiligten als auch auf die Reichweite einer Aktivität zu verweisen. Dabei schließt Dialog von oben eine Beteiligung religiöser Repräsentantinnen und Repräsentanten an einer Aktivität mit relativ großer Reichweite ein, während sich Dialog von unten wohl auf eine lokal begrenzte Aktivität mit weniger repräsentativer als vielmehr persönlicher Beteiligung bezieht. Neben oben und unten tritt mit innen und außen die Differenzierung von Aktivitäten nach ihrer jeweiligen adressatenbezogenen Ausrichtung. So unterscheidet Dehn (2016) zwischen *introvertierten* (d.h. nach innen gerichteten) und *extrovertierten* (d.h. an eine allgemeine Öffentlichkeit gerichteten) Orientierungen interreligiöser Aktivitäten.[32] Das scheint mir im Hinblick auf die Wahl des Ortes sowie die Möglichkeiten der Beteiligung ein bedenkenswerter Aspekt in der

---

24   Weiterführendes zur Rezeption religiöser bzw. spiritueller Ästhetiken findet sich hinsichtlich des Wellnessbereichs beispielsweise bei Fitz (2017) und für Yoga-Studios bei Frateantonio (2017).
25   Beinhauer-Köhler 2015a, 72.
26   Vgl. ebd., 68ff.
27   Wilke 2006, 15.
28   Ebd.
29   Vgl. Wilke 2006, 15f.
30   Nagel 2012a, 252.
31   Vgl. ebd.
32   Vgl. Dehn 2016, 2.

Ausrichtung der Aktivitäten zu sein. Eine weitere allgemeine Unterscheidung ist die zwischen *face-to-face* und *side-by-side* Aktivitäten, die Ipgrave (2018) aufgreift. Der Ausdruck *face-to-face* bezieht sich hier auf eine interreligiös zusammengesetzte Gesprächsrunde über religiöse Themen, während *side-by-side* eine Aktivität von Personen aus verschiedenen religiösen Traditionen meint, in der der Fokus nicht auf religiöse Themen und das jeweilige Gegenüber gesetzt ist, sondern auf ein gemeinsames Engagement für das Gemeinwohl.[33]

Eine letzte Unterscheidung, die nun zu differenzierteren Typologien überleitet, ist die zwischen *zufällig entstehenden* und *bewusst initiierten Aktivitäten*. Zu den zufälligen Formen gehören Begegnungen im »lebensweltlichen Kontext«,[34] womit an dieser Stelle Alltagsbegegnungen gemeint sind. Grundsätzlich spielt hierbei räumliche Nähe religiöser Vielfalt eine Rolle, da sie interreligiöse Begegnung begünstigt. So dienen als Gelegenheitsstrukturen im Alltag beispielsweise Nachbarschaft, Schule, Arbeitsplatz, Krankenhaus,[35] Supermarktkasse, Sportverein[36] sowie alle oben genannten individuellen Praktiken des *dritten Raums*, darunter Hochzeiten, lokale Festivitäten usw.[37] Dieser Bereich interreligiöser Aktivitäten ist tendenziell flüchtig und deshalb forschungspraktisch schwer zugänglich.

Demgegenüber sind initiierte interreligiöse Aktivitäten stärker in den Blick der Forschung geraten. In ihrer sowohl quantitativ als auch qualitativ ausgerichteten Dialogos-Studie untersuchten Klinkhammer et al. (2011) deutschlandweit interreligiöse und interkulturelle Dialoginitiativen, an denen Personen mit muslimischem Hintergrund beteiligt sind. Im Zuge dessen ermittelten sie die Aktivitätsformen von rund 130 Dialoginitiativen: Besuche in Gebets- bzw. Gotteshäusern, Vorträge bzw. Informationsveranstaltungen, Gesprächskreise, Planungstreffen, kulturelle Veranstaltungen und Ausflüge, gemeinsame Gebete und Gottesdienste bzw. »Meditationen«,[38] Podiumsdiskussionen, Tagungen und Workshops, interne Fortbildungen, gesellige Aktivitäten (Festivitäten, Stammtische, Filmnachmittage etc.), Projekte und Aktionstage.[39] Die quantitative Verschlagwortung lässt tiefergehende Hinweise auf Raumbezüge der Typen nur erahnen. So liegt beispielsweise nahe, dass Sakralbauten und -räume für wechselseitige Besuche zentral sind und bestimmte Aktivitäten ein gewisses Maß an Mobiliar voraussetzen (z.B. Bestuhlung und technische Ausstattung für Tagungen oder größere Podiumsdiskussionen). Vor diesem Hintergrund rückt die Frage nach Ressourcen der Dialoginitiativen in

---

33   Diese Unterscheidung geht, so Ipgrave, ursprünglich auf den früheren britischen Oberrabbiner Jonathan Sacks zurück, vgl. Ipgrave 2018, 87.
34   Dehn 2016, 3.
35   Vgl. Ayoub 2004, 317.
36   Vgl. Nagel 2015, 60.
37   Vgl. Iqbal et al. 2019, 365ff.
38   Klinkhammer 2019, 83.
39   Vgl. Klinkhammer et al. 2011, 66ff.

den Blick. Hier stellen Klinkhammer et al. fest, dass 60 Prozent der untersuchten Initiativen über keine eigenen Räumlichkeiten für ihre Aktivitäten verfügen und somit auf die Unterstützung von Dritten (vor allem von Kirchen und islamischen Gemeinden) angewiesen sind.[40] Etwas konkretisiert wird dies im qualitativen Teil der Dialogos-Studie. Grob kann demnach zwischen religiösen und privaten Orten unterschieden werden, in denen die Aktivitäten der Initiativen stattfinden. In religiösen Räumen sind das laut Studie selten zentrale Gebetsräume, die eher zu besonderen Anlässen und im Rahmen von Besuchen vorgezeigt und besichtigt werden. In der Regel wird vielmehr auf angrenzende Räumlichkeiten, wie Teestuben oder Gruppen- und Unterrichtsräume, die einer Gemeinde zur Verfügung stehen, zurückgegriffen. Bemerkenswert ist hier zudem die angedeutete Betrachtung der Inneneinrichtung der Räume, in deren Zusammenhang auch von einer »evangelischen« und »türkisch-islamischen Ästhetik«[41] die Rede ist.[42] Grundsätzlich lässt sich im Hinblick auf (Raum-)Ressourcen eine Schieflage ausmachen, die die religiösen Institutionen mit guter struktureller Ausstattung (zumeist Gemeinden der beiden verfassten Kirchen) und jene mit schlechter Ausstattung kontrastiert.[43]

Eine weitere Betrachtung zu Formaten interreligiöser Aktivitäten legte Nagel (2012) vor. Statt sich auf Dialoginitiativen als kollektive Akteure zu konzentrieren, geht er dabei vom Ereignis, d.h. von den Aktivitäten selbst aus, die er als »*institutionalisierte Formen des Religionskontakts* [definiert, M. K.], die zeitlich, räumlich und thematisch abgegrenzt sind und auf einem *programmatischen Verständnis religiöser Unterschiede* beruhen.«[44] Er liefert eine systematische Betrachtung interreligiöser Aktivitäten und weitet in diesem Zusammenhang den Blick von christlich-islamischer Beteiligung auf eine breite Palette religiöser Traditionen. Seine sechs idealtypischen Formate möchte ich kurz unter besonderer Berücksichtigung räumlicher Bezüge vorstellen.

Interreligiöse Nachbarschaftstreffs: Diese sind lokal auf eine Nachbarschaft oder einen Stadtteil begrenzt und bilden aufgrund der räumlichen Nähe in der Regel enge persönliche Beziehungen unter den Teilnehmenden aus. Infolgedessen ist, so Nagel, die häufig offen gestaltete Kommunikation von einem vertrauensvollen Verhält-

---

40 Vgl. ebd., 61f.
41 Ebd., 203.
42 Vgl. ebd., 203ff.
43 Vgl. ebd., 182. Der Gedanke der Schieflage findet sich auch schon früher, vgl. Klinkhammer/Satilmis 2007, 39ff. Was das im Hinblick auf Raumressourcen für interreligiöse Aktivitäten und den Status der Beteiligten bedeutet, bringt Ipgrave auf den Punkt: »It makes a difference to a community's standing whether they can host their other faith neighbours in an historic medieval church, a purpose-built marble-lined mosque or in a makeshift scout hut between the karate and the Weight Watchers sessions«, Ipgrave 2019, 99.
44 Nagel 2015, 60, Hervorhebungen im Original. Nagel betont den Begriff des Ereignisses gegenüber einer gruppenzentrierten Perspektive, vgl. ebd., 246.

nis untereinander getragen. Die Beteiligung erfolgt hier vor dem Hintergrund lokaler Präsenz, so engagieren sich hier vermutlich häufiger auch kleinere christliche Gemeinschaften als in anderen Formaten. Als Variante beschreibt Nagel »Get-Togethers«[45] in Gemeindehäusern oder im privaten Wohnbereich. Tendenziell scheinen Nachbarschaftstreffs seitens lokaler Kirchengemeinden oder von einzelnen Engagierten im Stadtteil initiiert zu werden und so bilden religiöse und private Räumlichkeiten zentrale räumliche Anker dieses Formats.[46]

Interreligiöse Dialogveranstaltungen: Gemeint sind hiermit im engeren Sinne Gesprächskreise, die sich inhaltlich mit theologischen oder sozialethischen Fragen auseinandersetzen. Diese Kreise werden von einem harten Kern engagierter Personen (laut Nagel sind das oft religiöse Spezialistinnen und Spezialisten) mit teils langer Beziehungsgeschichte getragen. Nagel beobachtet hinsichtlich der Rolle der Teilnehmenden eine Verortung als Vertreterin bzw. Vertreter einer spezifischen Religionsgemeinschaft, während innerreligiöse Vielfalt weniger im Fokus zu liegen scheint. Geprägt ist dieses vornehmlich als Gruppen- oder Paneldiskussion ausgestaltete Format von einer gewissen Streitkultur, deren Grenzen bisweilen ausgetestet werden, beispielsweise wenn das gewählte Thema auch religionskritische »Agents Provocateurs«[47] anzieht. Auch hier werden vor allem religiöse Räumlichkeiten als Standorte gewählt, einschließlich der Möglichkeit, zwischen verschiedenen religiösen Orten zu wechseln.[48]

Interreligiöse Friedensgebete: Hierbei handelt es sich um Gebets- bzw. Andachtsveranstaltungen, bei denen Vertreterinnen und Vertreter verschiedener religiöser Traditionen nacheinander traditionsspezifische Beiträge (Textlesungen, Rezitationen) liefern, an denen die jeweils anderen Beteiligten teilhaben können. Der Schwerpunkt dieses Formats liegt also auf »ritueller Performanz und geteilten religiösen Erfahrungen«.[49] Aktivitäten dieser Art zeichnen sich häufig durch eine große Zahl von Beteiligten aus, deren Beziehungen zueinander schwächer ausgeprägt sind. Zudem beobachtet Nagel hier den expliziteren Einbezug eines breiten Spektrums von Religionsgemeinschaften, wohingegen innerreligiöse Vielfalt weitgehend ausgeblendet wird. Transreligiöse Anteile, etwa das Sprechen eines gemeinsamen Gebets, sind möglich. In einem von Nagel angeführten Beispiel wird für ein Friedensgebet im Ruhrgebiet unter Beteiligung des Dortmunder Oberbürgermeisters das Foyer des Rathauses als Veranstaltungsort genutzt.[50] Andere Friedensgebete fanden in religiösen Räumen (eines im islamischen Gebetsraum

---

45 Ebd., 252.
46 Vgl. ebd., 252f.
47 Ebd., 254.
48 Vgl. ebd., 254f.
49 Ebd., 256.
50 Vgl. Nagel 2012a, 255ff.

selbst und ein weiteres im Veranstaltungsraum eines islamischen Kulturzentrums) statt.[51]

Interreligiöse Schulgottesdienste: Ähnlich wie die Nachbarschaftstreffs haben auch interreligiöse Schulgottesdienste einen lokalen Einzugsbereich, der alle zugehörigen Schülerinnen und Schüler sowie ihre Familien umfasst. Als Übergangsritual zur Verabschiedung der Abschlussjahrgänge orientiert sich dieser Typus ähnlich wie die Friedensgebete an einem reglementierten Ablauf von Beiträgen, der sich allerdings aus einer überschaubaren Anzahl religiöser Traditionen speist. Nagel nennt hier beispielhaft evangelische, katholische und türkisch-islamische Beteiligte. Hinzu kommen neben traditionsspezifischen Lesungen und Gebeten allerdings auch im Unterricht eingeübte Lieder und Theatervorführungen. Zentraler Veranstaltungsort ist als Ort »der staatlichen Schulhoheit«[52] das entsprechende Schulgebäude.[53]

Tage der offenen Tür: Nagel rekurriert bei diesem Typus vor allem auf den Tag der offenen Moschee, der als öffentliche Einladung von teilnehmenden Moscheegemeinden zu verstehen ist, um ein interessiertes Publikum durch die Räumlichkeiten zu führen und über Grundsätze und Praktiken des Islam aufzuklären.[54] Eine in diesem Zusammenhang interessante Einzelfallanalyse liefert Kugele (2017), der ein zur Moschee umfunktioniertes Göttinger Güterbahnhofsgebäude in den Blick nimmt und vier räumliche Dimensionen identifiziert, die den Ort im Rahmen des Tages der offenen Moschee verschiedentlich in Erscheinung treten lassen. So charakterisiert er den Ort (a) physisch als verkehrsgünstig gelegenes ehemaliges Güterbahnhofs-, Moschee- und Kulturzentrumsgebäude, (b) rituell über das in die Aktivität integrierte Freitagsgebet, (c) politisch als Ort der Vermittlung, Transparenz und Öffnung der muslimischen Minderheit gegenüber der nicht-muslimischen Mehrheitsgesellschaft sowie (d) kosmologisch als auf das islamische Zentrum in Mekka hin ausgerichteten Ort.[55]

Interreligiöse Feste: Nagels letzter Typus ist zugleich einer der vielfältigsten, denn er umfasst eine breite Palette möglicher (Sport-)Ereignisse und Stadtteilfeste, die vor dem Hintergrund der positiven Ausgestaltung religiöser Vielfalt initiiert wurden, während nicht zwingend religiöse Performanz im Zentrum steht. Die Bindung

---

51   Grundlage dieser Informationen ist meine eigene Beteiligung an Nagels Projekt. Meine Erinnerung wurde an dieser Stelle durch damalig angefertigte Feldnotizen wieder aufgefrischt.
52   Nagel 2012a, 258.
53   Vgl. ebd., 257f. Aus meiner Forschungstätigkeit im Hamburger ReDi-Projekt sind mir aber auch Schulanfängergottesdienste in zur Schule nahegelegenen Kirchengebäuden bekannt, die ebenfalls zu diesem Typus zu zählen sind. Zum Kontext des hier angedeuteten Hamburger Forschungszusammenhangs vgl. Abschnitt 4.1.3 des Methodenkapitels.
54   Vgl. ebd., 259f. Als Variante dieses Typus wird die Einladung zum Fastenbrechen (Iftar) angeführt.
55   Vgl. Kugele 2017.

der Beteiligten über eine Organisationsgruppe hinaus kann sehr schwach sein, sofern für manche Feste eine große fluktuierende Zahl von Besucherinnen und Besuchern anzunehmen ist. Als Beispiele für diesen Typus führt Nagel ein interreligiöses Fußballspiel sowie ein gemeinsam feierlich gestaltetes Essen von Speisen mit verschiedener religiöser Konnotation an. So wie die Formen der Aktivität selbst, variieren auch die räumlichen Möglichkeiten dieses Typus.[56]

Die in diesem Unterkapitel betrachtete Forschung zu Formaten interreligiöser Aktivitäten wirft verschiedene Schlaglichter auf die Verknüpfungen mit räumlichen Dimensionen: interreligiöse Aktivitäten als besondere Sozialräume, die auch als materiale und soziale (Aus-)Handlungsräume verstanden werden können sowie als vielfältig materiell verortete (Wahl des Veranstaltungsortes) und teils institutionell eingehegte (staatliche Schulhoheit) Handlungsformen. In den nächsten zwei Unterkapiteln werde ich durch weitere Perspektiven bestehender Forschung – Prozesse und gesellschaftliche Kontexte – diese Dimensionen erweitern und vertiefen.

2.2 ... in Prozessen

In diesem Unterkapitel fokussiere ich auf Raumbezüge in Forschungen zu Prozessen interreligiöser Aktivitäten. Diese sind aufschlussreich, da sie einen detaillierten Blick auf *interreligiöse Situationen* eröffnen und somit potenziell Raumbezüge in interreligiöser Interaktion erkennbar machen können. Bisherige Untersuchungen in diesem Bereich betrachten vor allem die soziale Organisation der interreligiösen Begegnungssituation und fördern verschiedene Handlungsmuster und Umgangsstrategien zu Tage.

Eine der einschlägigsten Studien für die vorliegende Arbeit ging aus dem Hamburger Projekt »Religion und Dialog in modernen Gesellschaften« (ReDi) hervor.[57] Ipgrave (2019) und Kolleginnen und Kollegen untersuchen darin neben sozialen Beziehungen und religiösen Deutungsmustern explizit auch die räumliche Dimension (*spatial dimension*) urbaner interreligiöser Aktivitäten. Im Zentrum der raumbezogenen Betrachtung steht dabei die Frage nach *ortsgebundenen Prozessen der Herstellung von Bedeutungen*.[58] Als Untersuchungsfälle werden sieben Veranstaltungsorte interreligiöser Aktivitäten in vier unterschiedlichen Städten (Hamburg, London, Oslo und Stockholm) herangezogen, für deren Analyse eine Systematik der Raumdimensionen interreligiöser Aktivitäten erarbeitet wird, die aus sechs Kategorien besteht.

---

56 Vgl. Nagel 2012a, 260f.
57 Zu meiner Verbindung zum ReDi-Projekt und ihrer Bedeutung für die vorliegende Arbeit vgl. Abschnitt 4.1.2 des Methodenkapitels.
58 Vgl. Ipgrave 2019, 93ff.

Jede der sechs Kategorien verweist auf einen Prozess ortsgebundener Bedeutungsproduktion und soll im Folgenden kurz vorgestellt werden.

Raumeinnahme (occupation): Der Begriff der Raumeinnahme bezieht sich auf die Bewegung und Positionierung des menschlichen Körpers an einem Ort. Im Hintergrund steht die Feststellung, dass Menschen nicht einfach ›an Orten sind‹, sondern diese betreten, durchwandern und ihren Platz darin finden müssen. Ipgrave betont die physische Dimension dieses Prozesses und zeigt gleichzeitig auf, dass das physische Eintreten und die Positionierung als bedeutsam interpretiert werden können. Beispiele sind die notwendige Anwesenheit einer bestimmten Anzahl von Menschen für einen jüdisch-orthodoxen Gottesdienst (*minjan*) oder die Feststellung, dass man sich das erste Mal an einem Ort dieser Art (z.B. in einer Moschee) befindet. Darüber hinaus können mit dem Betreten eines Ortes auch persönliche Erinnerungen evoziert oder soziale Bezüge hergestellt werden (abstrakt z.B. zu einer religiösen Gemeinde, dem Stadtteil oder der Stadt sowie konkret z.B. zu bestimmten Menschen vor Ort). Neben die bedeutungsvolle Anwesenheit treten hier zudem bedeutungsvolle Körperpraktiken (z.B. formalisierte Gesten und rituelle Handlungen).[59]

Beziehungsbildung (socialisation): Mit dem zweiten Prozess, der Beziehungsbildung, kommen Beziehungsstrukturen in den Blick, die vor dem Hintergrund eines Ortes ihre Wirkung entfalten und ihm Bedeutung verleihen. Als Beispiel wird hier das Verhältnis von Gästen und Gastgebenden angesprochen. Dieses ergibt sich aus der Zugehörigkeit einer bestimmten Gruppe zu einem Raum und durch den Besuch von Personen, die einer anderen, ortsfremden Gruppe angehören. Die Beziehungsstrukturen können zudem ideell durch in Räume eingeschriebene Nutzungsvorgaben geprägt sein (z.B. die Art der potenziellen Teilhabe an Stadtteilzentren oder in an Moscheen angegliederte Begegnungszentren).[60] Der Raumbegriff verweist in diesem Zusammenhang auch auf unterschiedliche räumliche Bezugsgrößen (*spatial scales*). Ausgehend vom konkreten Ort, d.h. einem Gebäude und Räumlichkeiten in diesem Gebäude, bezieht sich Ipgrave auch auf die weitere Nachbarschaft, die Stadt und räumliche Größen darüber hinaus. Auf allen Ebenen spielen Identitätskonstruktionen und Beziehungsverständnisse (*scales of identity*) eine Rolle.[61] Der Aspekt der Beziehungsbildung, d.h. der Zusammenhang von Raum und diskursiver Beziehungsherstellung findet sich auch bei anderen Autorinnen und Autoren. Klinkhammer (2019) weist beispielsweise auf den allgemeineren Aspekt hin, dass Zugehörigkeits- und Identitätsbekundungen situativ geäußert werden. So ist die Selbstbeschreibung als abrahamitische Tradition, womit eine intertraditionale Beziehung ausgedrückt wird, in interreligiösen Aktivitäten wichtiger als gegenüber

---

59 Vgl. ebd., 101f.
60 Vgl. ebd., 103f.
61 Vgl. ebd., 101.

Mitgliedern der eigenen Gemeinde.[62] Auch Iqbals oben erwähnte Narrative des *dritten Raums* sind teilweise hier zuzuordnen, wenn der Verweis auf geografische Bezugsgrößen eine Beziehungskonstellation begründet (»we are people of Kalimantan«/»we are Indonesians«[63]). Nagel (2020) spricht in diesem Zusammenhang auch von »myths of urban conviviality«,[64] beispielsweise wenn einer Stadt eine Tradition der Offenheit zugesprochen und eine Aktivität in diesen Hintergrund diskursiv eingebettet wird.[65]

Abstraktion (abstraction): Mit dem Prozess der Abstraktion ist eine abstrahierende Bezugnahme auf einen Ort bzw. ein Gebäude gemeint, womit symbolische Verwendungen von Orten angesprochen sind. In diesem Fall fungiert ein Ort als Ausdruck für eine Idee oder Kategorie und wird dadurch in einen Zusammenhang mit verwandten Orten dieser Kategorie gestellt. Ipgrave führt als Beispiel Besichtigungen von Sakralräumen im Rahmen interreligiöser Aktivitäten an, in denen die Sakralräume häufig mit »messages of unity, peace and harmony«[66] gekoppelt werden. Während sich in diesen Zusammenhängen Abstraktionen von Ortsangehörigen und Besucherinnen und Besuchern ähneln, sind grundsätzlich konträre, einschließlich negative, Abstraktionen möglich. Ein Beispiel hierfür ist die Verwendung eines Minaretts als Symbol für eine Islamisierung westlicher Gesellschaften.[67]

Materialisierung (materialisation): So wie Gebäude und ihre materielle Ausstattung zu Symbolen oder Kategorien abstrahiert werden können, so sehr sind sie auch Ergebnis der Materialisierung religiöser oder anderweitiger Weltanschauungen, Vorstellungen und Ideen.[68] Mit der architektonischen Struktur, dem Innendekor sowie Objekten und deren Anordnung finden sich zahlreiche materiale Anker, die

---

62 Vgl. Klinkhammer 2019, 88f. Klinkhammer greift kongruent zu Ipgraves Verschränkung von *spatial scales* und *scales of identity* das Konzept der segmentären Grammatik auf. Diese beschreibt einen Prozess der Inbeziehungsetzung mit dem Gegenüber, der von »Identifikation und Othering« geprägt ist. Das Entscheidende dabei ist die Kontextabhängigkeit. So erläutert Klinkhammer, dass die Selbstbeschreibung (z.B. als Gläubiger, Muslim, Sunnit, Naqshbandi) je nach Kontext unterschiedliche Identifikationen mit oder Abgrenzungen zum jeweiligen Gegenüber erzeugt, vgl. ebd., 87ff.
63 Iqbal et al. 2019, 364.
64 Nagel 2020, 113.
65 Vgl. ebd., 113f. Mit dem raumbezogenen Aufbau von Beziehungen können auch soziale Grenzziehungen einhergehen. Im interreligiösen Kontext können das beispielsweise Abgrenzungen zu Nicht-Nachbarn oder Nicht-Religiösen sein, vgl. Nagel 2012a, 253. Klinkhammer spricht hierbei auch von einer Ternarität der Grenzziehung, vgl. Klinkhammer 2019, 90f.
66 Ipgrave 2019, 105.
67 Vgl. ebd., 104f.
68 Besonders dominante religiöse Traditionen prägen mit ihren spezifischen symbolischen und architektonischen Gestaltungselementen das Erscheinungsbild von Städten. Der Prozess der Aneignung städtischer Räume durch z.B. zugewanderte religiöse Gruppen wird auch mit den Begriffen *home-making* oder *place-making* gefasst, vgl. Burchardt 2017, 237.

wiederum im Rahmen interreligiöser Aktivitäten rezipiert werden können. Dabei können die in ihnen gelagerten Bedeutungen allerdings auch Wandlungsprozessen unterliegen und/oder mit völlig neuen Bedeutungen belegt werden.[69]

Sakralisierung (sacralisation): Die Wahrnehmung von Orten sowie das durch sie strukturierte Spektrum von Handlungsmöglichkeiten sind, so Ipgrave, im Kontext interreligiöser Aktivitäten, die an verschiedenen religiösen Orten stattfinden, von Fragen der Sakralität begleitet. Mit anderen Worten: Ein religiöser Ort erzeugt, sofern er von seinen Angehörigen als sakral verstanden wird, besondere Bedingungen für eine interreligiöse Aktivität. Dabei betont Ipgrave die Ambivalenz des Sakralisierungsprozesses. Orte sind nicht von sich aus sakral (das entspräche Eliades substanziellem Verständnis), vielmehr wird ihnen diese Eigenschaft von bestimmten Gruppen zugesprochen (so etwa in der Deutung Smiths), während andere Gruppen dies anderen Orten zusprechen oder grundsätzlich mit der Zuschreibung von Sakralität an Orte hadern.[70] Im Kontext interreligiöser Aktivitäten evozieren Prozesse der Sakralisierung – d.h. rituell und diskursiv hergestellte Zuschreibungen von Sakralität – aufgrund alternativer Interpretationen potenziell Momente der Vermittlung und Aushandlung und prägen so Verhaltensweisen und Wahrnehmungen an Orten.[71] Eine in diesem Zusammenhang spannende ritualtheoretische Perspektive wirft Moyaert (2017) auf die Problematik der Verhältnisbestimmung von Gästen im Rahmen von Ritualen einer anderen Religionsgemeinschaft. Im Zuge der Betrachtung von misslungener »inter-ritual hospitality«[72] stellt sie fest, dass ein symbolisch und rituell sakralisierter Raum auf Gäste derart wirken kann, dass er Züge der Verletzlichkeit evoziert und z.B. durch (unbeabsichtigtes) Fehlverhalten bedroht werden kann. Zugleich birgt er aber auch eine interreligiöse Herausforderung, insofern er eine gefühlte Notwendigkeit der Abgrenzung von der symbolischen Präsenz des ›Sakralen‹ einer anderen Religion erzeugt.[73]

Temporalisierung (temporalisation): Der letzte Prozess zur Herstellung von Bedeutung, die Temporalisierung, bezieht sich schließlich auf die zeitliche Dimension von Orten, d.h. ihre Geschichte, ihre Entstehungszusammenhänge und ihren Wandel. Bezüge auf die Geschichte und den Wandel von Orten können im Rahmen interreligiöser Aktivitäten als identitätsbildende Quellen dienen, aber auch im Kontrast zu gegebenen sozialen Verhältnissen stehen. Das liege, so Ipgrave, daran, dass die

---

69 Vgl. Ipgrave 2019, 105ff.
70 Ipgrave nennt als Beispiel für Letzteres bestimmte islamische und protestantische Positionen, die Sakralität als eher im gottesdienstlichen Akt entstehend als einem physischen Ort anhaftend begreifen, vgl. ebd., 108.
71 Vgl. ebd., 107f.
72 Moyaert 2017, 1.
73 Vgl. ebd., 6ff.

Vergangenheit in die physisch gebaute Umwelt eingeschrieben ist und ihr auf diese Weise gedacht werden kann. Orte fungieren so als Erinnerungsorte historischer Brüche. Außerdem zeichne sich sozialer Wandel durch eine höhere Dynamik aus. Physische Orte, die durch diesen Wandel geprägt werden, hinken in ihrer materiellen Entwicklung (z.B. in Form baulicher Veränderungen) jedoch häufig hinterher.[74]

Die Prozesse, die Ipgrave mit Kolleginnen und Kollegen herausgearbeitet hat, bieten aufschlussreiche Anknüpfungspunkte für eine Untersuchung der Beziehung einer interreligiösen Aktivität zu ihrem Veranstaltungsort. Daneben gibt es in der Literatur weitere Perspektiven auf Prozesse, die jeweils eigene Akzente setzen. Eine davon möchte ich hier noch aufgreifen.

Nagel (2012) liest interreligiöse Aktivitäten aufbauend auf Goffman als *Interaktionsrituale*. Vor dem Hintergrund dieses Analyserahmens gelangen soziale Mechanismen der kollektiven Bewältigung von Zwischenfällen im Rahmen einer Begegnung in den Blick. Als Zwischenfall gilt der durch eine Handlung herbeigeführte Bruch mit der impliziten Konvention, dass alle Beteiligten einer Situation an der Imagepflege der jeweils anderen mitwirken. In interreligiösen Aktivitäten bemühen sich die Akteure demnach um die Etablierung und Aufrechterhaltung eines religiösen Selbstbildes, das sie von anderen bestätigt sehen wollen, bei gleichzeitiger Bemühung darum, das der anderen zu bestätigen. Wo dies nicht geschieht, so Nagel im Anschluss an Goffman, werden Ausgleichshandlungen (z.B. eine Entschuldigung oder die entschärfende Einordnung einer Handlung) nötig.[75] Nagel zeigt im Zuge der Entfaltung seiner Typologie der Formate auf, dass verschiedene Formate auch unterschiedlich großen Raum für Zwischenfälle und damit die Notwendigkeit von Ausgleichshandlungen zulassen: In interreligiösen Nachbarschaftstreffs herrscht aufgrund teils langjähriger Beziehungen eine Atmosphäre des Vertrauens, in der selten Zwischenfälle entstehen. Interreligiöse Dialogkreise sind hingegen durch ihre konfrontative Kommunikationskultur von zahlreichen Zwischenfällen geprägt, die zumeist durch eine moderierende Person aufgefangen werden. Interreligiöse Friedensgebete sind durch einen klar geregelten Ablauf vorstrukturiert und etwaigen Zwischenfällen wird im Planungsprozess vorgebeugt (etwa im Hinblick auf die Reihenfolge der Beiträge). Ganz ähnlich sind auch interreligiöse Schulgottesdienste vorreglementiert und von einer funktionierenden vorherigen Abstimmung zwischen den Beteiligten abhängig. Bei Tagen der offenen Tür können beispielsweise kritische Nachfragen gelegentlich Zwischenfälle erzeugen. Interreligiöse Events sind schließlich durch ihre dezentrale und weiträumige Anlage vor Zwischenfällen weitgehend gefeit, gleichzeitig können ritualisierte

---

74 Vgl. Ipgrave 2019, 108f.
75 Vgl. Nagel 2012a, 247f.

Konflikte im Zentrum des Events stehen (z.B. in Form eines Fußballspiels, dessen Regelwerk eine Schiedsrolle und kodifizierte Ausgleichshandlungen vorsieht).[76]

In diesem Unterkapitel habe ich einen Blick auf Forschungen zu Prozessen in interreligiösen Aktivitäten geworfen. Die sechs Prozessformen von Ipgrave haben gezeigt, dass Veranstaltungsorten eine vielgestaltige Rolle in der Herstellung von Bedeutung in interreligiösen Aktivitäten zukommt. Nagels Analyse zum Zwischenfallpotenzial unterschiedlicher Aktivitätsformate liefert einen interaktionstheoretischen Anhaltspunkt für die soziale Organisation von Aktivitätsverläufen. Auch wenn in Nagels Betrachtung räumliche Aspekte im Hintergrund stehen, so können die verschiedenen Handlungsformate (Aktivitätstypen) und -verläufe mithilfe weiterführender Überlegungen Goffmans stärker zum Ort als Interaktionsressource in Beziehung gesetzt werden, wie ich im Theoriekapitel aufzeigen werde. Zuvor konzentriere ich mich aber noch auf einen weiteren Komplex von Forschungsbereichen, der das Verhältnis interreligiöser Aktivitäten zu nicht-religiösen gesellschaftlichen Feldern beleuchtet.

2.3 ... im Überschneidungsbereich mit nicht-religiösen gesellschaftlichen Feldern

In einem jüngeren Beitrag bemerkt Klinkhammer (2019), dass Dialoginitiativen für ihre Aktivitäten auch »neue Orte (Rathäuser, Bürgerhäuser, öffentliche Plätze u.a.)«[77] nutzen. Dies steht im Kontext, so die Autorin, einer sich zunehmend etablierenden »Kultur der interreligiösen Begegnung«,[78] die sich neben einer erkennbaren Vernetzung der Dialoginitiativen[79] vor allem durch eine Abkopplung von religiösen Institutionen und interreligiösen Dialogbemühungen religiöser Würdenträgerinnen und -träger auszeichne.[80] Differenzierungstheoretisch betrachtet lassen sich interreligiöse Aktivitäten somit einerseits dem religiösen Feld zuordnen, sofern sie sich aus der Beteiligung von Menschen verschiedener religiöser Zugehörigkeit (mit oder ohne Vertretungsanspruch) konstituieren. Ich hatte in diesem Zusammenhang bereits in der Einleitung auf Bergers doppelten Pluralismus verwiesen, dessen erste Dimension Nagel als innerreligiösen, d.h. auf das religiöse Feld beschränkten Pluralismus bezeichnet.[81] Gleichzeitig diagnostiziert Klinkham-

---

76 Vgl. ebd., 251ff.
77 Klinkhammer 2019, 84.
78 Ebd. Lehmann berichtet auch davon, dass in der Forschung bisweilen von einer Bewegung interreligiösen Dialogs die Rede sei, vgl. Lehmann 2020, 238.
79 Vgl. Klinkhammer et al. 2011, 82ff.
80 Vgl. Klinkhammer 2019, 84.
81 Vgl. Nagel 2019, 91f. Gleichwohl ist dieser innerreligiöse Pluralismus oft beschränkt auf eine bestimmte Auswahl ›angemessener‹ Religionsgemeinschaften; eine Auswahl, die sich häu-

mer eine Distanzierung der Beteiligten bestimmter interreligiöser Aktivitäten von etablierten religiösen Institutionen und der Stärkung eines eigenen interreligiösen (Sub-)Feldes. Eine Zuordnung interreligiöser Aktivitäten zum religiösen Feld muss also differenziert vorgenommen werden.

In diesem Unterkapitel möchte ich mich jedoch vorrangig Forschungen zuwenden, die die zweite Dimension des doppelten Pluralismus, d.h. die »Diffusion«[82] zwischen dem (inter-)religiösen Bereich und anderen gesellschaftlichen Feldern, stärker in den Blick bringen. Der Aspekt der Überschneidung wird dabei verschiedentlich aufgezeigt. Neumaier (2020) führt als gesellschaftliche Felder u.a. das politische Feld, Zeitgeschichte, öffentliche Diskurse und die Verbreitungsmedien an.[83] Von einer zusammenhängenden differenzierungstheoretischen Betrachtung interreligiöser Aktivitäten kann dabei aber nicht die Rede sein. Vielmehr handelt es sich um Forschungen, die aus verschiedenen disziplinären Perspektiven unterschiedliche Aspekte interreligiöser Aktivitäten in bestimmten Kontexten aufzeigen. Im Folgenden nehme ich kurz die Beziehung zwischen interreligiösen Aktivitäten und allgemeinen gesellschaftlichen Diskursen in den Blick. Anschließend konzentriere ich mich auf das Verhältnis zu konkreteren gesellschaftlichen Feldern, namentlich zum politischen Feld, zum Bildungsbereich sowie zur Kunst.

Die Dialogos-Studie (Klinkhammer et al. 2011) verweist auf die starke Verschränkung interreligiöser Dialoginitiativen mit *öffentlichen Diskursen*, die beispielsweise im Rahmen tagespolitischer Berichterstattung öffentlich verarbeitet werden. Diese Diskurse haben nachweislich einen starken Einfluss auf die Entstehung der Initiativen sowie die Themenwahl und das Gesprächsklima ihrer Aktivitäten.[84] Neben tagespolitischen Ereignissen sind es aber auch zeitgeschichtliche Diskurse, die interreligiöse Aktivitäten gesellschaftlich verorten und konfigurieren. So erklärt Rötting (2011) vor dem Hintergrund der Schoah beispielsweise: »Der jüdisch-christliche Dialog in Deutschland stellt sich anders dar als z.B. in Ägypten, Israel oder in den USA.«[85] Gesellschaftliche Kontexte, die eigene zeitgeschichtliche Diskurse generieren, bilden demnach ein wichtiges Bezugsfeld interreligiöser Aktivitäten. Doch lässt sich mit Rötting hier auch ein noch differenzierteres Bild zeichnen, besonders im Hinblick auf die spezifischen öffentlichen Diskurse über bestimmte Religionsgemeinschaften. Während der nationalsozialistische Völkermord im Hinblick auf das Judentum präsent bleibt, spielen hinsichtlich des Islam vielfach

---

fig unreflektiert an der Kategorie »Weltreligionen« orientiert, vgl. hierzu Baumann/Tunger-Zanetti 2018, 199ff.

82   Ebd., 92.
83   Vgl. Neumaier 2020, 55.
84   Vgl. Klinkhammer et al. 2011, 80. Für einen breiteren Blick auf die Motivlagen für interreligiöse Betätigung, die zum Teil mit öffentlichen Erwartungen und Diskursen verbunden sind, vgl. auch Nagel/Kalender 2014.
85   Rötting 2011, 117.

politische Fragen und auch öffentliche (zeitlich teils weit zurückreichende) Angstdiskurse eine Rolle, die in interreligiösen Aktivitäten als Aufklärungsmotivatoren wirken können.[86] Eine Untersuchung, die sich auf die individuelle Wahrnehmung religiöser Vielfalt durch Akteurinnen und Akteure interreligiöser Aktivitäten richtet, legten jüngst Klinkhammer und Neumaier (2020) vor. Darin gehen die Autorinnen mit dem Blick auf die *Wahrnehmung religiöser Pluralität* in Deutschland einem für interreligiöse Veranstaltungen hoch relevanten Diskursstrang auf den Grund und zeichnen dabei einen Diskurswandel nach: von kirchlich-institutioneller Stabilität der Vorkriegszeit und dem Judentum als Verkörperung des religiös Anderen, über bikonfessionelle innerchristliche Auseinandersetzungen der Nachkriegszeit, der Leerstelle und der Exotisierung im diskursiven Einbezug anderer religiöser Traditionen bis hin zur öffentlichen Wahrnehmung des Islam im Nachgang zur ›Gastarbeiter‹-Ära, 9/11 und schließlich zu der jüngsten öffentlichen Aufmerksamkeit für Geflüchtete.[87] Vor diesem Hintergrund zeigen die Autorinnen u.a. auf, dass die Aneignung öffentlicher Diskurse generational verläuft und bestimmte Ereignisse und Diskurse damit in Abhängigkeit zum Alter unterschiedlich prägend auf Beteiligte an interreligiösen Aktivitäten wirken können.[88]

Nach der Bedeutung von Diskursen möchte ich nun einen genaueren Blick auf Forschungen zur Überschneidung mit konkreteren gesellschaftlichen Feldern werfen. Vergleichsweise große Aufmerksamkeit ist dabei dem Verhältnis interreligiöser Aktivitäten zum *politischen Feld* zugekommen. Augenfällig ist beispielsweise, dass in interreligiösen Gesprächskreisen neben religiös-spirituellen und theologischen vor

---

86 Vgl. ebd., 117ff. Mit Blick auf den Buddhismus steht hingegen eine Faszination z.B. für meditative Praktiken als relevanter diskursiver Bezug im Raum, vgl. ebd., 124f. Für den jüdisch-muslimischen Dialog verweist Rötting auf die starke Bedeutung des Israel-Palästina-Konflikts, vgl. ebd., 128.
87 Vgl. Klinkhammer/Neumaier 2020, 91ff.
88 Vgl. Klinkhammer/Neumaier 2020, 155ff. Die Autorinnen unterscheiden drei Generationen: Die jüngere Generation (geboren vor 1995) ist vor allem durch die Zeit nach den Anschlägen von 9/11 geprägt, mit der Diskurse um eine Bedrohung durch den Islam einhergehen. Auch machen die Autorinnen hier einen starken Bezug zur säkularisierten Gesellschaft aus. Die mittlere Generation (geboren vor 1980) durchlebte sozialpolitische Diskurse, einschließlich Themen wie feministische Theologie und Multikulturalität, wobei religiöse Vielfalt vielfach unter dem Stichwort der Kultur verhandelt worden ist. Die ältere Generation (geboren vor 1960) steht unter dem Eindruck institutioneller Kirchen- und Wertediskurse sowie den Themen der christlich-jüdischen Versöhnung und Ökumene, vgl. ebd., 187f. Die Autorinnen der Studie weisen darauf hin, dass der formativen Phase des Erwachsenwerdens im biografischen Verlauf und damit auch den diskursiven Einflüssen in dieser Phase eine gewisse Bedeutung zukommt, vgl. ebd., 155. Gleichwohl können ältere Generationen im Zuge einer generationalen Schichtung von Erfahrung auch an jüngeren Diskursen teilhaben, wodurch sich aus der generationalen Unterscheidung keine einheitliche Haltung ablesen lasse, vgl. ebd., 188ff.

allem auch gesellschafts- und integrationspolitische Themen bearbeitet werden.[89] Bereits Klinkhammer et al. (2011) zeigen auf, dass zudem eine Vernetzung zwischen Dialoginitiativen mit Akteurinnen und Akteuren der Lokalpolitik und Kommunalverwaltung weit verbreitet ist. So geben nur 12 Prozent der befragten Initiativen an, keinerlei Kontakte in dieser Richtung zu haben.[90] Wo Kontakte bestehen, sind je nach Ausrichtung der Initiative unterschiedliche politische Funktionsträgerinnen bzw. -träger entweder stetig oder punktuell an Aktivitäten beteiligt.[91] Diese Art der Vernetzung bzw. dieses »Austauschverhältnis«[92] wird in der Literatur z.B. unter den Stichworten der Steuerung (*governance*) religiöser Vielfalt und der Grenzarbeit (*boundary work*) beleuchtet. Dabei wird, etwa von Griera und Forteza (2011), interreligiösen Initiativen eine zunehmend bedeutende Rolle in der lokalen Steuerung religiöser Vielfalt zugesprochen. Vor diesem Hintergrund heben Griera und Nagel (2018) die Bedeutung spezifischer politischer und institutioneller Strukturen hervor. In Deutschland prägt beispielsweise das Korporationsmodell die Rolle der beiden großen Kirchen als Modell für eine politische Steuerung über bilaterale staatlich-religiöse Verträge.[93] Körs und Nagel (2018) zeigen auf, dass hierfür städtische Kontexte als föderal zuständige Verwaltungseinheiten besonders zu berücksichtigen sind. Für Hamburg arbeiten sie eine starke narrative und programmatische politische Verpflichtung für interreligiöse Verständigung heraus, die im Kontrast zur bilateralen Vertragsstrategie in Form von Staatsverträgen mit drei muslimischen und einem alevitischen Verband auf praktischer Ebene steht.[94] Unter besonderer Berücksichtigung der Materialität religiöser Diversität im urbanen Kontext legt Burchardt (2017) besonderes Augenmerk auf religiöse Infrastrukturen und zeigt auf, dass sich politische Steuerung vielfach in Form von »administrativen Praktiken«[95] vollzieht, insofern diese ein Bindeglied zwischen physischen religiösen Orten und der gesetzlich geregelten Ordnung des städtischen Raums darstellen.[96] Mit Blick auf die konkrete Beteiligung politischer Akteurinnen

---

89 Vgl. Klinkhammer 2019, 83. Tezcan kritisiert in diesem Zusammenhang eine integrationspolitische Vereinnahmung des ›interreligiösen Dialogs‹ seitens politischer Akteurinnen und Akteure, vgl. Tezcan 2006.
90 Vgl. Klinkhammer et al. 2011, 84f.
91 Vgl. Schubert 2015, 217f.
92 Nagel 2012a, 262.
93 Dem nationalstaatlichen Kontext als öffentlichem Aushandlungsbereich religiös zu nichtreligiöser Verhältnisbestimmungen wird auch mit dem Begriff der *multiple secularities* Rechnung getragen, vgl. Burchardt et al. 2015. In einer vergleichenden Fallstudie zeigt Burchardt beispielsweise unterschiedliche Regime in der Steuerung religiöser Vielfalt am Beispiel der spanischen Region Katalonien und der kanadischen Provinz Québec auf, vgl. Burchardt 2020.
94 Vgl. Körs/Nagel 2018, 358f.
95 Burchardt 2017, 235.
96 Vgl. ebd. 2017, 247f.

und Akteure an interreligiösen Aktivitäten beschreiben Fürst und Meier (2013) ein Spektrum graduell steigender Beteiligungsformen. Dies beginnt mit der bloßen Präsenz in entsprechenden Veranstaltungen und geht über logistische Unterstützungsleistungen, die Beteiligung in Moderations- bzw. Mediationsfunktion bis hin zur eigenen Initiierung interreligiöser Aktivitäten und der aktiven interreligiösen Netzwerkarbeit.[97]

Gerade der letzte Punkt wird auch im Rahmen der Perspektive auf *Grenzarbeiten* beobachtet. Nagel (2020) zeigt hierunter auf, dass sich im Überschneidungsfeld interreligiöser Aktivitäten und politischer Betätigung unterschiedliche Beziehungskonstruktionen aufdecken lassen. Diese äußern sich entweder in der Kultivierung oder in der Überschreitung von Grenzen zwischen den Feldern von Politik und Religion. Zur Festigung der Grenze führt Nagel drei Narrative an. Dazu gehört zunächst die Betonung staatlicher Neutralität, vor deren Hintergrund staatliche Akteure Religionsgemeinschaften als Repräsentantinnen kultureller und ethnischer Vielfalt adressieren können. Eine politische Beteiligung an religiösen oder spirituellen Aktivitäten ist damit ausgeschlossen.[98] Daneben wird bisweilen der Verweis auf das deutsche Körperschaftsmodell bemüht, das eine Kooperation staatlicher und religiöser Akteure in bestimmten Fragen legitimiert und gleichzeitig die jeweiligen korporativen Rechte und Pflichten als Trennungsmarker zwischen den beiden Bereichen betont.[99] Und schließlich dient die politische und religiöse Betonung von Religionen als Wertegarantinnen gegenüber einem nicht-religiösen (d.h. in diesem Kontext wertevergessenen) Gegenüber als eine Methode, mit der Religion und Politik als zusammengehörige (aber in ihrer Funktion unterscheidbare) Pfeiler einer Wertegesellschaft in Stellung gebracht werden können (Allianz-der-Religionen-Narrativ).[100] Diesen drei Narrativen gegenüber identifiziert Nagel eine Reihe von Überschreitungen, die die Grenzen zwischen Religion und Politik im Kontext interreligiöser Aktivitäten schwächen. Hierunter fallen beispielsweise Nutzungen von interreligiösen Aktivitäten (z.B. *Iftar*-Empfänge) als Wahlkampfgelegenheiten, religiös und lokal-administrative Kooperationen (z.B. zwischen der Polizei und Moscheegemeinden im Sinne einer »Ordnungspartnerschaft«[101]) und eben die oben erwähnten städtisch verantworteten interreligiösen Aktivitäten.[102] Dass sich ›interreligiöser Dialog‹ in Deutschland seit den 1970er Jahren zu einem zentralen Vehikel der Verhältnisbestimmung zwischen Religions- und Weltanschauungsgemeinschaften und dem Deutschen Staat entwickelt hat, diagnostiziert Schröder

---

97 Vgl. Fürst/Meier 2013, 64f.
98 Vgl. Nagel 2020, 107f.
99 Vgl. ebd., 108f.
100 Vgl. ebd., 110.
101 Ebd., 111.
102 Ebd., 110ff.

(2013) in seiner Betrachtung des interreligiösen Engagements des Humanistischen Verbandes Deutschland. Er zeigt auf, dass sich aufgrund des in Deutschland wirksamen »korporatistisch-staatlichen Inkorporationsregimes«[103] weltanschauliche Minderheiten u.a. am ›interreligiösen Dialog‹ beteiligen müssen, wenn sie am weltanschaulich-religiösen Diskurs teilhaben und die eigene öffentliche Wahrnehmung stärken wollen. Der Zugang zu bestimmten repräsentativen Dialogebenen ist dabei, so Schröder, an strukturelle Voraussetzungen der interessierten Organisationen geknüpft, die im Kern die Herstellung einer »Kirchenähnlichkeit«[104] bedeuten.[105]

Ich möchte nun zum *Bildungsbereich* als einem weiteren gesellschaftlichen Kontext übergehen, der in seiner Verflechtung mit interreligiösen Aktivitäten Beachtung erhält. Hier findet sich eine starke religionspädagogische Auseinandersetzung mit religiöser Vielfalt in der Schule. Spannend ist dabei u.a. die nähere Bestimmung der kontextuellen Strukturen. So tragen beispielsweise vor dem Hintergrund einer europäischen Studie des Religionsunterrichts Knauth und Körs (2009) unter dem Begriff des »kontextuellen Settings«[106] prägende Aspekte für die Schule als interreligiöses Handlungsfeld zusammen. Dazu gehören neben strukturellen Vorgaben (bildungspolitische Agenda, Unterrichtscurricula) auch lokale schulpädagogische und religionspolitische Traditionen. Diese Faktoren wirken sich auf die grundsätzliche Stellung von Religion an einer Schule aus, auf die Breite der in Betracht gezogenen religiösen Vielfalt (Welche religiösen Formen werden wie thematisiert? Welche möglicherweise nicht?), auf die Form des Religionsunterrichts sowie auf die eingesetzten Lehr- und Lernmethoden.[107] In einem auf Duisburg und Hamburg bezogenen Vergleich stellen Knauth und Vieregge (2018) den prägenden Einfluss des jeweiligen kontextuellen Settings heraus: Im nordrhein-westfälischen Duisburg stehen die religionspolitischen Zeichen auf konfessionell getrennten Religionsunterricht. Nur im Rahmen des parallel zum evangelischen und katholischen Unterricht stattfindenden interreligiösen Versuchsangebots eines religionsübergreifenden Unterrichts kommen Schülerinnen und Schüler zur Religionsthematik zusammen. Dabei stellen Knauth und Vieregge fest, dass in dieser Ausnahmesituation distanzierte Formen der Auseinandersetzung mittels Faktenwissens über die jeweiligen religiösen Traditionen im Zentrum stehen. Demgegenüber bewirke die lange und politisch gestützte Tradition eines »Religionsunterrichts für alle« in Hamburg eine deutlich stärkere persönliche Bezugnahme der Schülerinnen und Schüler auf das Thema und den vermehrten Ausdruck individueller religiöser Haltungen, aufgrund elaborier-

---

103 Schröder 2013, 179.
104 Ebd., 182.
105 Vgl. ebd., 179ff.
106 Knauth/Körs 2009, 180.
107 Vgl. ebd., 180f.

terer Lehrformen für diese Art der Auseinandersetzung.[108] McLennan (2010) hebt die hohe Relevanz institutioneller Befürwortung und Förderung interreligiöser Begegnung und lokaler Umsetzung auch mit Blick auf einen weiteren Bildungsträger hervor. So verweist er auf eine lange liberale Tradition amerikanischer Universitäten, die u. a. in ihren Gründungsdokumenten verankert ist und sich heute vielfach vor dem Hintergrund religiöser Pluralisierung in Form interreligiöser Vernetzungen und Aktionen auf dem Campus Wirkung entfaltet.[109]

Neben diesen beiden größeren Forschungsbereichen zu interreligiösen Aktivitäten in der Überschneidung mit den Feldern von Politik und Bildung findet sich vereinzelt Literatur, die andere institutionelle Kontexte und damit teils auch neue Felder in den Blick nimmt. Dazu gehören Betrachtungen von Krankenhäusern (Zissler 2017) oder Kitas (Helmchen-Menke 2016) als interreligiöse Lernorte sowie ein Blick auf die produktive Funktion interreligiösen Dialogs am Arbeitsplatz (Lando et al. 2015). Einige wenige Untersuchungen konzentrieren sich schließlich auf das Feld der Kunst, auf das ich nun abschließend rekurriere, da einer meiner Untersuchungsfälle in einer Kunsthalle verortet ist. Das Überschneidungsfeld von interreligiösen Aktivitäten mit dem *Bereich der Kunst* ist deutlich unterbelichtet, was angesichts einer präsenten religionswissenschaftlichen Aufmerksamkeit für die vielschichtige Beziehung von Kunst und Religion bemerkenswert ist.[110]

Aus museumspädagogischer Perspektive reflektiert Williams (2019) in einem kurzen Beitrag ein paar auf interkulturelle und interreligiöse Verständigung zielende Angebote, die im Kontext eines Kunstmuseums in North Carolina in den Vereinigten Staaten durchgeführt wurden. In der kleinen Betrachtung des Fallbeispiels werde deutlich, dass unterschiedliche religiöse Traditionen unterschiedliche Zugänge zur abbildenden Kunst prägten und in dieser Differenz einerseits Potenzial für wechselseitige Expression und letztendlich auch ›Dialog‹ stecke.[111] Andererseits habe die unterschiedliche Bezugnahme auf Kunst auch zu einer erhöhten Sensibi-

---

108 Vgl. Knauth/Vieregge 2018, 221ff. Für didaktische Überlegungen, die interreligiöse Überschneidungssituationen im lebensweltlichen Kontext von Schülerinnen und Schülern als Ausgangspunkt nehmen, vgl. beispielsweise Willems 2011.
109 McLennan 2010, 3ff. Anschaulich beschreibt er eine homosexuellenfeindliche und antisemitische Aktion auf dem Campus in Stanford, der ein kurzfristig organisiertes aber wirkungsvolles interreligiöses Event entgegengesetzt werden konnte, vgl. ebd., 2. Für eine Betrachtung interreligiöser Lernprozesse unter Münchener Studierenden vgl. Rötting 2012.
110 Hier finden sich beispielsweise Auseinandersetzungen zum allgemeinen Verhältnis von Religion und Kunst (z.B. Lanwerd 1999, Krech 2018b) sowie zu Fragen der Materialität von Religion (z.B. Bräunlein 2011, Beinhauer-Köhler 2015b), darunter insbesondere auch zur Musealität (z.B. Paine 2000, Koch 2004 oder Bräunlein 2015).
111 Vgl. Williams 2019, 34f.

lität des Museums geführt, beispielsweise durch eine gezielt inklusive Sprache in der Darstellung der Kunstwerke.[112]

Ein weiterer Hinweis zum Überschneidungsfeld von Kunst und Religion kommt aus der Theologie. Küster (2015) beispielsweise setzt sich mit christlichen Motiven in indonesischer Kunst auseinander. Auch wenn sein Hauptaugenmerk auf der Kunstproduktion liegt,[113] so stellt er mit Blick auf interreligiöse Aktivitäten im Zusammenhang mit Kunst fest:

> »Schließlich kreieren Kunstwerke – nicht notwendigerweise nur solche religiöser Art – einen ›dritten Raum‹ (*third space*) für Betrachterinnen und Betrachter unterschiedlicher Religionszugehörigkeit, indem sie in einen Dialog darüber eintreten können, was sie sehen und fühlen.«[114]

Hervorgehoben wird hier die Bedeutung von Kunstwerken als Motor interreligiösen Austauschs. Der Austausch entfaltet sich potenziell auf einer Gefühlsebene und eröffnet so Raum für freie individuelle Assoziationen mit den Motiven, Farben und Formen. Küster verweist dabei auch auf die besondere »mäeutische Funktion«[115] (im Sinne einer Geburtshilfe) derjenigen Personen, die die Kunstwerke für diesen Austauschprozess auswählen.[116] Küsters Überlegungen schwimmen im Fahrwasser neuerer Perspektiven auf interreligiöses Handeln, die als »ästhetische Wende«[117] u.a. Eingang in einen von Bernhard und Grüter (2019) herausgegebenen interdisziplinären Sammelband zur Rolle von Musik in interreligiösen Begegnungen gefunden haben. Darin werden beispielsweise musikwissenschaftliche, theologische und medientheoretische Perspektiven zusammengetragen. Zwei explizit religionswissenschaftliche Beiträge möchte ich daraus abschließend kurz aufgreifen.

Laack (2019) stellt in ihrer Betrachtung Klang in interreligiösen Begegnungen in den Kontext von Identitätsdiskursen und zeigt die prägende Bedeutung religiöser Traditionen für »auditive Sinnesprofile«[118] und spezifische ästhetische Umgebungen auf. In ihrer Analyse filtert sie zwei für den Einsatz von Musik in interreligiösen Aktivitäten bedeutsame Prozesse heraus. Auf der einen Seite kann

---

112 Vgl. ebd., 39.
113 Er unterscheidet diesbezüglich zwischen drei Prozessen der Auseinandersetzung mit christlichen Motiven »westlicher« Tradition im asiatischen Kontext: der Übersetzung eines Motivs in kulturspezifische Ausdrucksformen, der visuellen Infragestellung eines religiösen Inhalts sowie einem künstlerisch ausgedrückten Austausch zwischen Botschaft und dem jeweiligen kulturellen Kontext, vgl. Küster 2010, 6f.
114 Küster 2005, 101, Hervorhebungen im Original.
115 Ebd.
116 Vgl. ebd.
117 Grüter 2017, 30.
118 Laack 2019, 80.

Musik die Herstellung »eines situativen Gemeinschaftsgefühls«[119] begünstigen und damit traditionsübergreifende Wirkungen entfalten.[120] Auf der anderen Seite können Klänge auch als Verweise auf kollektive Identitäten gedeutet werden und damit Abgrenzungen gegenüber anderen Traditionen markieren.[121] Beinhauer-Köhler (2019) stellt in ihrem Beitrag zum Zusammenhang von Klangkulturen und religiös pluralen Räumen fest, dass eine religionswissenschaftliche Untersuchung des Zusammenhangs religiöser Klänge mit physischen Räumen noch aussteht.[122] Vor diesem Hintergrund trägt sie Typen religiöser Klänge und ihre physischen Verortungen zusammen und erörtert anschließend vor dem Hintergrund dreier Fallbeispiele den Zusammenhang von Klängen, physischen Räumen und religiöser Pluralität. Zu den wichtigsten Ergebnissen gehört die Feststellung, dass räumliche Umgebungen (religiös spezifisch, religiös plural oder religiös neutral) die Wahrnehmung von Zeichen (einschließlich Klängen) vorprägen. Dies erzeugt, so Beinhauer-Köhler im Einklang mit Laack, »Emotionen der Identität oder Alterität, der symmetrischen oder asymmetrischen Religionsbegegnung«.[123] Physische Formationen (axial, frontal, dezentral, bühnenartige Erhöhung) verweisen auf (religions-)spezifische (Sakral-)Raumorganisationen, die die Position (physisch im Raum, aber auch hinsichtlich der religiösen Rolle, die den Klängen und ihren Beauftragten traditionsspezifisch zukommen) und die Aufmerksamkeit der Beteiligten vorstrukturieren. Zu beachten ist im interreligiösen Aktivitätszusammenhang das Spannungsmoment unterschiedlicher kulturspezifischer Sozialisationen (in Bezug auf das Klang- und das Raumerleben), das die Gleichzeitigkeit verschiedener Interpretationen in interreligiösen Situationen verstärkt.[124]

Der Blick auf ausgewählte Überschneidungsbereiche, in denen interreligiöse Aktivitäten verortet sind, führt die Komplexität des doppelten Pluralismus vor Augen. Nicht nur entsteht in der programmatischen Zusammenkunft von Personen mit unterschiedlichen religiösen Hintergründen ein Übersetzungsdruck unter den Akteurinnen und Akteuren, auch Logiken nicht-religiöser gesellschaftlicher Bereiche entfalten ihre Wirkungen beispielsweise durch politische Beteiligungen oder im Kontext nicht-religiöser Veranstaltungsorte. Den in diesem Unterkapitel präsentierten Analysen zu Überschneidungen mit verschiedenen gesellschaftlichen Bereichen lassen sich für die vorliegende Untersuchung wertvolle Anhaltspunkte mit Blick auf die Verortung interreligiöser Aktivitäten entnehmen. So bilden lokale,

---

119 Ebd.
120 Vgl. ebd., 76f.
121 Vgl. ebd., 77f.
122 Vgl. Beinhauer-Köhler 2019, 90.
123 Ebd., 105.
124 Vgl. ebd., 105ff. Zum Zusammenhang von Musik und interreligiöser Begegnung vgl. auch Grüter 2017.

regionale, nationale und internationale öffentliche Diskurse eine wichtige Bezugsgröße in interreligiösen Aktivitäten, die je nach Situation mit unterschiedlicher Bewertung im Geschehen Relevanz erlangen können. Unterschiedliche Grade der Beteiligung von Personen, die beispielsweise qua Funktion einem nicht-religiösen Bereich zugeordnet werden, erzeugen auch unterschiedliche Formen der wechselseitigen Bezugnahme. Dabei scheinen Dynamiken der Grenzarbeit zwischen Akteurinnen und Akteuren unterschiedlicher Felder (beispielsweise Religion und Politik) von besonderer Bedeutung zu sein. Institutionell verankerte Handlungsroutinen (beispielsweise das kontextuelle Setting Schule) prägen Erwartungen und Handlungsmöglichkeiten in interreligiösen Aktivitäten. Der Bereich der Kunst hat schließlich die materielle Dimension ins Spiel gebracht. In diesem Zusammenhang wurde die Bedeutung feldspezifischer Medien (beispielsweise Kunstwerke) und ästhetischer religiöser Umgebungen, die die Wahrnehmung vorprägen, aufgezeigt. Letzteres begründet ein in interreligiösen Aktivitäten grundlegendes Spannungsmoment, das sich aus der Koinzidenz kulturspezifischer Sozialisationen in ästhetischen Formen (z. B. religiöse Klänge wie der islamische Gebetsruf) und der Pluralität ihrer Interpretationen ergibt. Solche Formen können sowohl einigende als auch abgrenzende Wirkung entfalten.

2.4 Zusammenfassung und Bestimmung der Forschungslücke

Die Auseinandersetzung mit dem Forschungsstand zur Räumlichkeit interreligiöser Aktivitäten hatte zum Ziel, Ergebnisse bisheriger Forschung auf Raumbezüge hin zu prüfen, um darüber einerseits die Breite des Untersuchungsgegenstands, d.h. das Spektrum relevanter Raumdimensionen für interreligiöse Aktivitäten zu eruieren und andererseits die vorliegende Studie innerhalb dieser Forschungslandschaft zu verorten. Bei erfolgter näherer Betrachtung von Raumbezügen in Forschungen zu den Formaten, Prozessen und den Überschneidungsbereichen interreligiöser Aktivitäten mit nicht-religiösen gesellschaftlichen Feldern ergibt sich aus dem Forschungsstand heraus eine Raumheuristik, die sich in Abbildung 1 systematisch zusammenführen lässt.

Meine Betrachtung bisheriger Forschung begann mit den Formaten interreligiöser Aktivitäten und dort mit der Bemerkung, dass einige Akteurinnen und Akteure interreligiöse Aktivitäten als besonderen Sozialraum wahrnehmen, was in der Forschung u.a. mit den auf Bhabha zurückgehenden Begriff des *dritten Raums* konzeptualisiert wird. Um diesen sozialen Mikroraum spannen sich, wie ich in der Aufdeckung des Forschungsstands zeigen konnte, verschiedene Raumdimensionen, deren mögliche systematische Breite ich auf vier unterschiedlich miteinander verwobene Dimensionen des Raums um interreligiöse Aktivitäten herunter kondensieren möchte.

Abbildung 1: Raumheuristik aktueller Forschung zu interreligiösen Aktivitäten

materieller Raum	Medien (religions- bzw. feldspezifisch)	institutioneller Raum (z.B. Schule) Handlungsroutinen
ästhetische Umgebungen Wahrnehmung Bedeutungsproduktion	**Sozialraum/** **Aushandlungsraum** („besondere" Sozialräume, soziale Organisation von Interaktion)	kontextuelle Settings Grade der Beteiligung (z.B. Formen politischer Governance)
Diskursräume (z.B. Tagespolitik oder Zeitgeschichte)	Grenzarbeit	**gesellschaftliche Felder**

Zuallererst drängt sich der *materielle Raum* als eine wichtige Dimension auf. So können interreligiöse Aktivitäten als in ästhetische Umgebungen eingebettet betrachtet werden, deren symbolische Gestaltung und Bespielung auf spezifische religiöse Traditionen verweisen. Für die Untersuchung von Veranstaltungsorten auch jenseits des religiösen Feldes muss dieser ästhetische Zugang entsprechend auch auf nicht-religiöse Felder ausgeweitet werden. So spielen hier nicht nur Fragen religionsspezifischer Ästhetiken, sondern beispielsweise auch politische und museale Ästhetiken bzw. räumliche Arrangements eine Rolle. Eine gewisse Bedeutung kommt dabei religions- bzw. feldspezifischen Medien zu, die in verschiedenen materiellen Umgebungen Bezugspunkte der Interaktion darstellen (z.B. Kunstwerke im Museum). Als weitere Raumdimension lässt sich der *institutionelle Raum* identifizieren. Hier stehen Handlungsroutinen im Vordergrund, die bestimmten Orten primär zugesprochen werden, die in Hausordnungen bzw. institutionellen Satzungen kodifiziert sind und die auch im Rahmen rechtlicher oder politischer Agenden forciert werden. Als ausgeprägtes Beispiel hierfür habe ich die religionspädagogische Betrachtung von Schulen als kontextuelle Settings herangezogen. Der institutionelle Rahmen verweist auf die *gesellschaftlichen Felder* als weitere Raumdimension, in denen bestimmte Orte und Handlungen verortet werden. Hier treten besonders die Überbrückungs- und Abgrenzungsdynamiken zwischen Personen, die sich und ihr Handeln unterschiedlichen Feldern zuordnen, ins Zentrum. Diese Grenzarbeit äußert sich beispielsweise in unterschiedlichen Graden der Beteiligung nicht-religiöser Akteurinnen und Akteure an interreligiösen Aktivitäten, für die der jeweils gewählte Veranstaltungsort ein Indikator sein kann. Die fluiden und sich überlappenden *Diskursräume* (z.B. tagespolitische Ereignisse oder zeitgeschichtliche Bezüge) bilden schließlich eine Art Kitt, aber auch potenziellen Sprengstoff, um die unterschiedlichen Zugänge, Interessen und Anliegen der (unterschiedlich religiösen und nicht-religiösen) Beteiligten ins Verhältnis zu setzten.

All diese Dimensionen wirken, so meine leitende Perspektive in dieser Arbeit, im situativen Aushandlungsraum interreligiöser Aktivitäten und müssen sozial organisiert (d.h. produktiv genutzt oder entschärft) werden. Während die einzelnen Dimensionen in der bisherigen Forschung aufgegriffen wurden, so fehlt doch eine zusammenführende Perspektive auf die Räumlichkeit interreligiöser Aktivitäten in sozialen Situationen. Einen Beitrag zu dieser Zusammenführung zu leisten, ist ein Anliegen der vorliegenden Arbeit. Doch wie soll der »besondere Sozialraum«, um den sich die Raumdimensionen spannen, konzeptualisiert werden? Ich setze hierzu nicht bei Bhabhas *drittem Raum* an, sondern folge der Stoßrichtung Nagels im Fokus auf interreligiöse Aktivitäten als soziale Ereignisse. Aus diesem Grund konzentrieren sich die weiteren Ausführungen darauf, interreligiöse Aktivitäten als verortete *face-to-face*-Situationen zu konzeptualisieren und zu analysieren. Im folgenden Kapitel soll hierfür auf Grundlage des Goffman'schen Situationsbegriffs ein theoretisches Fundament gelegt werden.

3 Interreligiöse Interaktion und Raum: Theoretische Konzepte

3.1 Zum Stellenwert theoretischer Konzepte in dieser Arbeit

>»Ich habe noch keine Daten. Es ist ein kapitaler Fehler zu theoretisieren, ehe man Daten hat. Unvernünftigerweise verdreht man dann die Fakten, damit sie zu den Theorien passen, anstatt seine Theorien den Fakten anzupassen.«[1]

Das Verhältnis von Theoriegebilden zur empirisch beobacht- und beschreibbaren Welt ist in vielen akademischen Disziplinen ein vielfach beschriebenes und auch umkämpftes Thema. Grundsätzlich lassen sich deduktive von induktiven Herangehensweisen unterscheiden. Während mittels Deduktion ein empirischer Befund im Abgleich mit einem vorgegebenen Begriffsapparat betrachtet wird, gilt es bei der Induktion, allgemeinere Konzepte aus einem empirischen Befund heraus abzuleiten.[2] In beiden Fällen bildet die Empirie eine Bedingung der Theoriebildung.

Was die literarische Figur im obigen Zitat als Vertreterin deduktiver Vorgehensweise aus einer neurotischen Beziehung zur logischen Schlussfolgerung heraus beklagt – nämlich das unmögliche Theoretisieren ohne »Daten« –, münzen Glaser und Strauss in ihrem methodologischen Entwurf der Grounded Theory Methodologie (GTM) von 1967 auf einen flexiblen Umgang mit theoretischen Konzepten und ihrer prozesshaften Anpassung an empirische Befunde:

>»*Theorie zu generieren, ist ein Prozess.* Der Ursprung einer Idee oder gar eines Modells muss nicht in den Daten liegen. (Die Biografien von Wissenschaftlern sind voller Geschichten über gelegentliche Geistesblitze und zukunftsträchtige Ideen, die fern ab der Datenquellen auftauchten.) Doch die Generierung von Theorie aus solchen ›Einsichten‹ heraus muss in Beziehung zu den Daten gebracht werden – ansonsten besteht die Gefahr, dass Theorie und empirische Welt nicht zueinander finden.«[3]

---

1 Sherlock Holmes in »Ein Skandal in Böhmen« von Sir Arthur Conan Doyle, 12.
2 Vgl. z.B. Knoblauch 2003, 35.
3 Glaser/Strauss 2010, 23f., Hervorhebungen im Original.

Der induktive Ansatz der GTM, d.h. der sich prozesshaft im steten Vergleich mit empirischen Befunden heraus entwickelnden Theoriebildung, gewährt zwar spontanen und kreativen Einfällen der forschenden Person einen gewissen Raum; auch im Vorfeld einer Untersuchung vorhandenes Wissen um theoretische Konzepte wird berücksichtigt. Aber wie bei Sherlock Holmes hat für Glaser und Strauss die Empirie das letzte Wort und weiter reichende Überlegungen müssen sich an empirischem Material beweisen: »Der Kunstgriff besteht also darin, das, was man für theoretisch möglich oder wahrscheinlich hält, dem gegenüberzustellen, was man im Feld antrifft.«[4] Statt sich also nicht mit dem eigenen Vorwissen und einer Theorielektüre zu ›belasten‹, empfehlen die Autoren eine ausgewogene Mischung aus Offenheit für Neues im Material und der produktiven, empiriegestützten Auseinandersetzung mit bestehenden theoretischen Überlegungen.[5]

In dieser Arbeit verfolge ich einen induktiven Ansatz, der Prinzipien offener Forschung in Anlehnung an die GTM verpflichtet ist.[6] Wenn ich im Folgenden um die Klärung zentraler Begriffe bemüht bin, dann handelt es sich dabei an keiner Stelle um »›Seins-Bestimmungen‹, sondern Nominalbestimmungen«,[7] d.h. ich mache mein Verständnis der Begriffe transparent in vollem Bewusstsein, dass sie auch anders definiert werden könnten. Sie sollen einen sprachlichen Zugriff auf das Feld, eine gewisse Orientierung in ihm ermöglichen (»sensitizing concepts«), ohne es festzulegen (»definitive concepts«[8]). Diese sensibilisierenden Konzepte dienen im Rahmen meiner Verfolgung einer offenen GTM als Sprungbrett für die Entwicklung eigener theoretischer Einsichten.[9]

In diesem Sinne handelt es sich bei den nun folgenden theoretischen Bezugnahmen um eine Art Wörterbuch für die vorliegende Arbeit, das sich in Aushandlung mit dem Gegenstand dieser Arbeit als nützlich erwiesen hat. Dabei baue ich vor allem auf Konzepten des amerikanischen Soziologen Erving Goffman auf, der wichtige Begrifflichkeiten rund um direkte Interaktion geprägt hat. Für die Stärkung der

---

4   Ebd., 265.
5   Vgl. ebd., 263ff. Gleichwohl stellen die Autoren hinsichtlich der Intensität theoretischer Lektüre im Vorfeld einer Forschung unterschiedliche Arbeitsstile in Rechnung (grob: intensive Lektüre vs. unbelesen ins Feld gehen), die die forschende Person für sich erproben muss, um das für sich passende zu finden, vgl. ebd., 265f.
6   Weiteres zu meiner methodologischen Selbstverortung folgt im Abschnitt 4.1.1 des Methodenkapitels.
7   Mohn 2012, 243.
8   Blumer 1954, 7.
9   Glaser und Strauss beschreiben die Entwicklung eigener konzeptioneller Modelle auf Grundlage vorhandener theoretischer Konzepte als wichtige Strategie zur Genese formaler Theorie. Sie explizieren diesen Punkt zufälligerweise am Beispiel Goffman'scher Konzepte, vgl. Glaser/Strauss 2010, 103f.

hier angedachten raumsensiblen Perspektive sowie im Hinblick auf meinen religionsbezogenen Gegenstand werde ich Goffmans Konzepte mit rezenten raumsoziologischen und religionswissenschaftlichen Überlegungen anreichern.

3.2 Kernkonzepte: Interaktion, Raum und Religion

In der vorliegenden Arbeit beschäftige ich mich mit der *Räumlichkeit interreligiöser Veranstaltungen*. Um mein konzeptionelles Verständnis weitestgehend transparent zu machen, werde ich in diesem Unterkapitel die drei zentralen theoretischen Bezüge meiner Untersuchung – Interaktion, Raum und Religion – zunächst überblicksartig präsentieren und in den folgenden Unterkapiteln miteinander verschränkt betrachten.

Ich verstehe soziales Handeln in interreligiösen Veranstaltungen als zwischenmenschliche Interaktion. *Interaktion*, gemeint ist in einem engeren Sinne *unmittelbare Interaktion (face-to-face interaction)*,[10] beginnt mit der »körperlichen Kopräsenz«[11] mindestens zweier Personen, die sich in wahrnehmbarer Reichweite zueinander aufhalten und denen wechselseitige (verbale und non-verbale) Reaktion möglich ist.[12] Goffman unterscheidet zentrierte von nicht-zentrierter Interaktion. Während in nicht-zentrierter Interaktion die bloße Organisation wechselseitiger Anwesenheit vonstatten geht (beispielsweise im Wartezustand vor Beginn einer Veranstaltung), bezieht sich zentrierte Interaktion auf das kooperative Verhalten

---

10   Bei den englischen Übersetzungen in Klammern, die sich hier und im Folgenden zentralen Begriffen anschließen, handelt es sich stets um die Begriffe, die Goffman im englischen Original verwendet. Dies soll angesichts der uneinheitlichen Übersetzungspraxis in deutschen Ausgaben Goffman'scher Werke – vgl. zum regelrechten Begriffschaos die Ausführungen von Lenz 1991, 32f. – all jenen als Orientierung dienen, die Goffmans Konzepte kennen oder sich mit ihnen auseinandersetzen wollen. Um sich von der ins Nichts führenden Annahme zu kurieren, die Konzepte seien ursprünglich bereits auf die Integration in ein zusammenhängendes Theoriegebilde hin angelegt, empfehle ich dringend die Lektüre von Dellwing 2014, 57ff.
11   Goffman 1994, 61. Vgl. zum Begriff der Kopräsenz auch Fischer-Lichte 2006, 16.
12   Vgl. Goffman 1994, 57. Zur unmittelbaren Interaktion in einem breiter gefassten Sinne ließe sich Telefonieren und Briefeschreiben zählen, also zeitlich verzögerte und/oder vermittelte Kommunikation, die Goffman als »eingeschränkte Varianten« der *face-to-face*-Interaktion beschreibt, Goffman 2009, 55. Die zahlreichen Möglichkeiten der heutigen so genannten neuen Medien (z.B. Chats, Messenger, Videotelefonie etc.) erweitern das Spektrum unmittelbarer Interaktionsformen. Sie spielen für die Betrachtung interreligiöser Veranstaltungen besonders seit der Covid-19-Pandemie ab März 2020 eine zunehmend bedeutende Rolle, da die leibliche Kopräsenz hierdurch eine Krise erfahren hat und einige interreligiöse Veranstaltungsformate auf digitale Formen ausgewichen sind. Da dieser krisenhafte Einschnitt am Ende meines Untersuchungszeitraums lag, habe ich mich entschieden, diese neuen digitalen Formate nicht zum Gegenstand dieser Arbeit zu machen.

an einer Situation beteiligter Personen (beispielsweise in Form der gemeinsamen Teilnahme an einer Veranstaltung).[13] Ich beziehe mich im Folgenden, wenn ich von Interaktion im Hinblick auf interreligiöse Veranstaltungen spreche, auf die zentrierte Interaktion im Zuge leiblicher Kopräsenz einer Gruppe von Personen. Die Interaktion folgt, so Goffman, einer bestimmten Ordnung *(interaction order)*, die er weder statisch, noch auf ein abstraktes, feststehendes Regelwerk bezogen versteht. Vielmehr handelt es sich hierbei um das kooperative Handeln der Beteiligten selbst, also ihre »lokale Leistung«[14] des situativen Ordnens, die einen dynamischen und situativen Charakter hat.[15]

Neben der Interaktion spielt Räumlichkeit für die vorliegende Untersuchung eine zentrale Rolle. Das »Räumliche« dient hier als Beschreibungskomplex für eine auf den räumlichen Kontext bezogene mentale und materielle Einbettung sozialen Handelns. Dabei kann zwischen *Raum* als abstraktem Ausdruck und *Ort* als physischer und geografischer Konkretion des Raums unterschieden werden. Während unter Raum also beispielsweise kategoriale Bestimmungen wie Ortstypen (z.B. Kirche/Museum/Kunsthalle) fallen, ist der konkrete Ort (z.B. Hamburger Kunsthalle) aufgrund individueller physischer Eigenschaften qualitativ beschreibbar.[16] Sowohl für den abstrakten Raum als auch den konkreten Raum (=Ort/e) gehe ich anknüpfend an rezente raumtheoretische Überlegungen von einem relativen Raumbegriff, also zumindest tendenziell von einem relationalen Verhältnis zwischen dem raum(-re-)produktiven Handeln einerseits und den das Handeln kanalisierenden Raumstrukturen andererseits aus.[17] Die Relationalität besteht in der wechselseitigen Bedingung beider Aspekte. So erachte ich Raum als Produkt von (sozialem und damit auch religiösem bzw. interreligiösem) Handeln, welches weiteres Handeln so strukturiert, dass wiederum Raum (re-)produziert bzw. neuer Raum konstituiert wird.[18]

---

13 Vgl. Goffman 2009, 40.
14 Dellwing 2014, 42.
15 Vgl. Goffman 1994, 63ff.
16 Vgl. Giddens 1997, 170 oder auch Weiß 2017, 204. Aufgrund der starken Verschränkung beider Raumebenen und möglicher Schattierungen dazwischen kann auch von einem Kontinuum von konkretem zu abstraktem Raum ausgegangen werden, vgl. Koch 2017, 9.
17 Vgl. Schroer 2006, Löw 2012 und Knott 2013.
18 Vgl. Knott 2013, 23 und Hermann/Laack/Schüler 2015, 193f. Allerdings folge ich vor allem Schroer in seiner Kritik an einer Überbetonung sozialer Produktion von Raum, die die strukturierende Funktion einmal generierter Räume unterbelichtet. Er plädiert für einen ausgewogenen raumtheoretischen Zugang zur Wechselwirkung von Raum und Handeln, der sowohl die soziale Produktion von Raum betrachtet, als auch die das Handeln steuernde Wirkung räumlicher Strukturen ernst nimmt, vgl. Schroer 2006, 175 und beispielsweise auch Giddens 1997, 78.

Da ich in dieser Untersuchung einen religionswissenschaftlichen Fokus auf die Dynamiken der Räumlichkeit inter*religiösen* Handelns setze, bedarf es schließlich auch der näheren Bestimmung eines geeigneten Religionsbegriffs. Es ist naheliegend, *Religion* angesichts des gewählten Interaktionsansatzes als ordnendes und kommunikatives Element in die Betrachtung interreligiöser Veranstaltungen einzubeziehen. Ausgehend von einem Verständnis von Religion als »besonderen Typ eines kulturspezifischen Deutungs- und Symbolsystems«[19] können die religiösen Traditionen als Produzenten und Sozialisationsinstanzen von Kommunikationsoptionen und Deutungsmustern definiert werden.[20] Zu den je spezifischen kommunikativen Elementen von Religion zählen dabei neben Symbolen und Ritualen[21] auch Narrative.[22] Diese Elemente tragen zur Errichtung und Reproduktion einer »imaginären Welt-Konstruktion«[23] bei und stiften somit Ordnung. Religion stellt in diesem Sinne eine *Orientierungsleistung* dar[24] und ermöglicht eine bestimmte Perspektive auf die Welt bzw. prägt eine spezifische Wahrnehmung der Welt.[25] Als Orientierungsleistung ist Religion für interreligiöse Veranstaltungen deshalb spannend, weil das Aufeinandertreffen unterschiedlicher Deutungs- und Symbolsysteme hier programmatisch in diese Art sozialen Handelns eingeschrieben ist und deshalb in besonderer Weise eine Übersetzungsfähigkeit der beteiligten Personen erfordert. Die hier relevanten Orientierungen gehen, wie sich noch zeigen wird, über den religiösen Bereich hinaus, beispielsweise dort, wo Akteurinnen und Akteure in politischen oder wissenschaftlichen Rollen an einer Veranstaltung beteiligt sind. Interaktion muss hier also unter der Maßgabe unterschiedlicher religiöser und auch nicht-religiöser Orientierungen kommunikativ organisiert werden. Neben dem Aspekt der Orientierungsleistung ist der Begriff »Religion« – ebenso der Begriff »Dialog« – damit auch ein *diskursiver Gegenstand*,[26] der im Austausch mit den in die Interaktion eingebrachten Orientierungen situativ verhandelt wird. Ich gehe in dieser Arbeit davon aus, dass verschiedene Dimensionen des Raums

---

19 Gladigow 1988, 33.
20 Vgl. Mohn 2012, 246. Mohn beschreibt Sozialisierung als einen zentralen Prozess der »Weltbildproduktion«, ebd. Dass religiöse Gruppen dabei eine von einem Komplex von Sozialisationsinstanzen sein können, also einen Orientierungspunkt bzw. -kontext für die Sozialisierung neben anderen darstellen, zeigen beispielsweise Korte und Schäfers auf, vgl. Korte/Schäfers 2016, 59ff.
21 Vgl. Mohn 2012, 248.
22 Vgl. Kreinath 2016.
23 Mohn 2012, 246.
24 Vgl. Mohn 2004, 307.
25 Vgl. Mohn 2012, 251f.
26 Ich schließe mich hier Kippenberg und Stuckrad an, die vorschlagen, statt religionswissenschaftlichen Analysen eine normative Definition von Religion voranzustellen, die emischen Definitionen von Religion innerhalb eines Diskursfeldes zum Gegenstand der Untersuchung zu machen, vgl. Kippenberg/Stuckrad 2003, 14 sowie Stuckrad 2016.

aufgrund ihrer handlungskanalisierenden Bedeutung für die Orientierungen der Akteurinnen und Akteure sowie für den situativen Diskurs über Religion eine wichtige Ressource sind.

Damit sind die drei theoretischen Pfeiler für die vorliegende Arbeit gesetzt: In interreligiösen Veranstaltungen findet direkte Interaktion zwischen körperlich kopräsenten Menschen statt, die in ihrem Handeln raum(-re-)produktiv tätig sind und sich dabei u.a. an (unterschiedlichen) religiösen und auch nicht-religiösen Deutungs- und Symbolsystemen orientieren. Im folgenden Unterkapitel werden die drei Bezugnahmen in einen produktiven Zusammenhang gebracht.

3.3 Integration der Kernkonzepte: Interreligiöse Interaktion und Raum

Als ein Schlüssel zur Integration der drei genannten Grundbegriffe hat sich im Laufe des Entstehungsprozesses dieser Arbeit Goffmans Begriff der Situation herausgestellt, da in ihm das Wechselverhältnis von Raum und sozialem Handeln bereits angelegt ist.[27] Die Vielschichtigkeit des Situationsbegriffs, so wie sie in Goffmans Arbeiten zu Tage tritt, ermöglicht mir, Licht auf die potenzielle Verwobenheit von Interaktion und Raum zu werfen und hier und da relevante religiöse Dimensionen aufzuzeigen. In meiner Lesart entwirft Goffman in seinen Arbeiten zwei Grundqualitäten des Situationskonzepts: Zum einen beschreibt der Begriff die von Anwesenden in einer Zusammenkunft geteilte Definition dessen, was vor sich geht (Situation als Situationsdefinition). Zum anderen denkt Goffman Situation aber auch als räumliche Einhegung einer Zusammenkunft (Situation als Umwelt).

Die folgende Betrachtung der Situation als Situationsdefinition dient der Einführung der wichtigsten Grundbegriffe für die Beschreibung von Interaktion im Anschluss an Goffman. Ich werde hier insbesondere auf den Begriff des sozialen Anlasses sowie auf Wissensquellen und das Konzept der Darstellung eingehen und das Gesagte auf meinen Gegenstand zuspitzen, indem ich interreligiöse Veranstaltungen als soziale Anlässe rahme. Im darauffolgenden Teil werde ich dann Situation als Umwelt derart konkretisieren, dass ich hier die raumbezogenen Aspekte, die eine Relevanz für die Situationsdefinition haben, zusammentrage. Dazu werde ich zur Konzeptualisierung des konkreten Raums die Begriffe der Region und der Bühne vorstellen und für abstrakte Raumbezüge den Begriff der Handlungsfelder stark machen, um die Veranstaltungsorte meiner Fälle schließlich als komplexe Umwelten interreligiöser Interaktion fassen zu können.

---

27 Schmitt zeigt auf, dass in heutiger Rezeption Goffman als ein früher Denker zu räumlichen Grundlagen der Interaktion zu zählen ist, besonders im Hinblick auf die Frage, welchen Beitrag der Raum zur Interaktion leistet, vgl. Schmitt 2013, 23.

3.3.1 Situationsdefinition

»Ich gehe davon aus, daß Menschen, die sich gerade in einer Situation befinden, vor der Frage stehen: Was geht hier eigentlich vor? Ob sie nun ausdrücklich gestellt wird, wenn Verwirrung und Zweifel herrschen, oder stillschweigend, wenn normale Gewißheit besteht – die Frage wird gestellt, und die Antwort ergibt sich daraus, wie die Menschen weiter in der Sache vorgehen.«[28]

Goffman identifiziert als Grundfrage jedweder *Zusammenkunft (gathering)* von Menschen die Frage nach der Situationsdefinition. Dabei lässt sich seine Formulierung »Was geht hier eigentlich vor?« aufschlüsseln mit Fragen wie: Welche Art von Situation liegt vor? Wie habe ich mich in dieser Situation zu verhalten? Und welches Verhalten kann ich von den anderen Personen in dieser Situation erwarten? Das Streben nach einer Antwort auf diese Fragen ist dem Grundbedürfnis nach Orientierung und Sicherheit geschuldet. Dem kommt zu Gute, dass in den allermeisten Situationen, in denen Menschen sich in ihrem Alltag befinden, alle Beteiligten mehr oder weniger in einer wechselseitigen Abhängigkeit stehen und auf eine gemeinsame Situationsdefinition bedacht sind. Es herrscht also eine Art *Arbeitskonsens (work consensus)*, womit hier eine kooperative (häufig implizite) Einhelligkeit mindestens einer kritischen Masse der Beteiligten gemeint ist, gemeinsam eine Definition zu finden.[29]

Soziale Anlässe

Für die kooperative Erarbeitung einer Situationsdefinition spielt der *soziale Anlass (social occasion)* einer Zusammenkunft eine wichtige Rolle. So sind Zusammenkünfte niemals dem Alltag entrissen, sondern werden aus bestimmten Gründen hergestellt. Es existiert eine große Bandbreite gesellschaftlicher Strukturen, die Gelegenheiten für Interaktion bieten. Diese sozialen Anlässe charakterisiert Goffman als »eine Unternehmung oder ein Ereignis, zeitlich und räumlich begrenzt und jeweils durch eine eigens dafür bestimmte Ausstattung gerahmt«.[30] In seinen Arbeiten führt er zahlreiche solcher alltäglichen Ereignisse auf, darunter »eine Party oder ein Arbeitstag im Büro, ein Picknick oder ein Abend in der Oper«,[31] etwas später »Begräbnisse«[32] und »ein Einkaufstag im Stadtzentrum«[33] sowie an anderer Stelle »Ansprachen, Konferenzen, Prozessionen, ganz zu schweigen von raffinierteren

---

28 Goffman 1980, 16.
29 Vgl. Goffman 2009, 109ff.
30 Ebd., 34.
31 Ebd.
32 Ebd.
33 Ebd., 35.

Formen wie etwa Streikposten und Sitzstreiks«.[34] Es wird wohl deutlich, dass der Begriff des sozialen Anlasses im Grunde alle Gelegenheiten meint, zu denen mindestens zwei Personen für eine bestimmte Zeit an einem Ort zusammenkommen können. Und so fällt es leicht, interreligiöse Veranstaltungen als soziale Anlässe im Goffman'schen Sinne zu begreifen.

Soziale Anlässe sind ein wichtiger Faktor für das, was in einer Situation intersubjektiv als angemessen empfunden wird. Die *Angemessenheit* drückt sich situativ in der »Wahl der Stilebene«[35] aus und betrifft z.b. die passende äußere Erscheinung einer Person und den Erhalt der Erscheinung im Zuge der Interaktion sowie ein geeignetes Verhalten, einschließlich der Körperhaltung und einer dem Anlass angemessenen Mimik (z.b. »Partygesicht« oder »Beerdigungsgesicht«[36]). Die Ausdruckskontrolle einer Person schließt zudem oft die Unterdrückung von Rollen und Fähigkeiten ein, die sie zwar beherrscht, deren Darbietung in der gegenwärtigen Situation aber unangemessen wäre.[37] Ein wichtiger Teilaspekt für die Wahl der Stilebene scheint der *Grad der Formalität* zu sein, der häufig mit dem sozialen Anlass zusammenhängt. So korrespondiert ein informeller Anlass zumeist mit weniger strengen Verhaltensregeln.[38]

Die gemeinsame Einigung auf eine Definition klärt also interaktiv die Grenzen angemessenen Verhaltens in der Situation. Ist erst einmal eine gemeinsame Definition der Situation hergestellt, so sind die Beteiligten im Sinne des Arbeitskonsenses in der Regel darum bemüht, diese zu erhalten.[39] Es gibt allerdings Aspekte einer Situation, die eine Veränderung in ihrer Ordnung rechtfertigen. Dazu gehört beispielsweise die Tatsache, dass soziale Anlässe zumeist *zyklisch verlaufen*. Der Verlauf hängt in der Regel von der Art des sozialen Anlasses ab. Je formeller ein Anlass ist, desto wahrscheinlicher ist, dass der Ablauf einem vorgegebenen Muster folgt, das den Beteiligten zumindest in groben Zügen bekannt sein dürfte und ihnen zu verschiedenen Zeitpunkten des Interaktionsverlaufs unterschiedliche Handlungsoptionen erlauben kann. Die Situation wird damit zur »Szenerie eines Routineablaufs von Veränderungen«,[40] der im gängigen Fall einen informellen Auftakt hat, im Kernteil die zentrierte Aufmerksamkeit aller Anwesenden fordert und schließlich wieder in einen informelleren Teil übergeht.[41] Interreligiöse Veranstaltungen ver-

---

34   Ebd., 68.
35   Knoblauch in Goffman 2009, 12.
36   Goffman 2009, 43.
37   Vgl. ebd., 40ff.
38   Vgl. ebd., 210. Gleichwohl betont Goffman, dass es formelle oder informelle Anlässe nicht in Reinform gibt, auch wenn sich konkrete Anlässe tendenziell einer dieser Kategorien zuordnen lassen, vgl. Goffman 2011, 118f.
39   Vgl. Goffman 1994, 67.
40   Goffman 2009, 217.
41   Vgl. ebd., 216f.

schiedener Formate, seien es Gesprächskreistreffen oder Friedensgebete, verlaufen in der Regel nach ähnlichem Schema, wobei die einzelnen inhaltlichen Programmpunkte dem Format entsprechend anders gefüllt sind (z.b. mit einem Vortrag, einem Gespräch oder eher rituellen Einlassungen wie einer Koranrezitation).

Die Klarheit im strukturellen Verlauf gilt vor allem für besonders förmliche Anlässe (in der folgenden Übersetzung als »Veranstaltungen« bezeichnet), wie Goffman folgendermaßen betont:

> »Manche sozialen Veranstaltungen, Begräbnisse z.b., zeichnen sich aus durch einen recht präzisen Anfang, ein ebenso genau bestimmbares Ende und die strenge Begrenzung von Teilnahme und tolerierter Aktivität. [...] Solche Anlässe, die zumeist im Voraus anberaumt sind, haben eine Ordnung der Handlungsabläufe: Die Leitungsfunktion wird jemandem zugewiesen, bestimmte negative Sanktionen für unangemessenes Verhalten stehen zur Verfügung, der Ablauf wird in einzelne Phasen eingeteilt, in denen es zumeist auch einen Höhepunkt gibt. Andere Veranstaltungen, wie etwa ein Einkaufstag im Stadtzentrum, sind völlig diffus und können von den Beteiligten nicht als Einheiten mit irgendeiner erkennbaren Ordnung und Struktur erfasst werden, denen man als Ganzes entgegensehen und die man als Ganzes im Nachhinein überblicken könnte.«[42]

Zwar können auch tendenziell informellere Anlässe, beispielsweise ein gemeinsames Mittagessen in einem Bistro, eine mehr oder weniger klare Struktur aufweisen, bei der sich beispielsweise Phasen der Begrüßung und Verabschiedung von der Kernaktivität (hier: Essen und Plaudern) unterscheiden lassen. Allerdings liegt der zentrale Unterschied, den Goffman im Zitat herausstreicht, im Begriff der *Planung*. Die Geplantheit mancher sozialer Anlässe, für die ich bereits in der Einleitung dieser Arbeit den Begriff der Veranstaltung reserviert habe, drückt sich u.a. in der Verteilung von Funktionen, in der Ausarbeitung eines Programms und im Aussprechen bzw. Versenden von Einladungen aus. Letzteres berührt den auch für diese Arbeit wichtigen Punkt der Teilnehmendenbegrenzung, die ein Bestandteil der Planung ist. Das heißt, dass zu sozialen Anlässen ggf. nur bestimmte Personenkreise hinzukommen können oder zumindest nach Überwindung spezieller Hürden (z.B. Anmeldeverfahren oder kostenpflichtiger Eintritt) teilnehmen können.[43]

Nachdem mit dem sozialen Anlass, der Angemessenheit und Formalität, dem zyklischen Verlauf und dem Aspekt der Planung nun grundlegende Rahmenbedingungen der Situationsdefinition gesetzt sind, betrachte ich im folgenden Unterabschnitt, woher die Beteiligten das nötige Wissen beziehen und wie sie dieses in situatives Verhalten übersetzen.

---

42   Ebd., 34f.
43   Vgl. Goffman 2009, 26.

Wissensquellen und Darstellung

Bei der kooperativen Erarbeitung einer gemeinsamen Situationsdefinition spielt das *Wissen*, das jede und jeder Beteiligte über die anderen Personen in der Zusammenkunft zu haben glaubt, eine wichtige Rolle. Dabei lassen sich unterschiedliche Quellen dieses Wissens identifizieren. Grob lässt sich das Wissen, welches die Beteiligten in eine soziale Situation mit hineinbringen, von jenem Wissen unterscheiden, das in der Situation generiert wird. Ich werde mich zunächst mit Letzterem befassen und anschließend kurz das mitgebrachte Wissen in den Blick nehmen.

Eine wesentliche Quelle für das in einer Situation erworbene Wissen ist der beobachtbare Ausdruck der anderen Beteiligten. Berger und Luckmann machen dies beispielhaft an Gesichtsausdrücken fest: Lächeln und Stirnrunzeln werden hier benutzt, um etwas (z. B. eine Stimmung) anzuzeigen und geben dem Gegenüber die Gelegenheit, seinerseits mit einem Ausdruck zu reagieren.[44] Das in der Zusammenkunft generierte Wissen umfasst all jene Informationen, die ausschließlich im Laufe der Interaktion zutage treten. Dies betrifft jenes Verhalten, das Auskunft über Motive und Ziele gibt, die in einem spezifischen Moment verfolgt werden. Hierzu gehören neben bestimmten Mimiken u. a. Blickrichtungen, zugewandte oder abwehrende Körperhaltungen, aber natürlich nicht zuletzt auch verbale Aussagen.[45] All das lässt sich unter dem Begriff der *Darstellung (performance)* subsumieren, wenn darunter das gesamte Verhalten verstanden wird, das eine Person im Beisein Anderer und für diese wahrnehmbar an den Tag legt. Die jeweils anderen sind als Zuschauende der Darstellung zu verstehen, wobei jede anwesende Person gleichzeitig darstellt und sich als zuschauende Person an der Darstellung der anderen Personen orientiert.[46] Diesen Umstand bezeichnen Berger und Luckmann als »Reziprozität«,[47] die mit dem grundlegenden Arbeitskonsens, eine gemeinsame Situationsdefinition zu erarbeiten und zu erhalten, korrespondiert.

Einen für die Interaktion wichtigen Anteil der Darstellung macht jenes Verhalten aus, das auf die dramaturgische Ausgestaltung der Rolle abzielt, welche die Darstellerin bzw. der Darsteller in einer bestimmten Zusammenkunft auszufüllen beabsichtigt.[48] Die eingenommene *Rolle (part)* ist ein Handlungsmuster, das in ähnlicher Weise in unterschiedlichen sozialen Situationen zur Anwendung kommen

---

44 »Ich sehe ihn lächeln, ziehe die Stirn kraus, er lächelt nicht mehr, ich lächle ihn an, er lächelt wieder und so fort. Mein Ausdruck orientiert sich an ihm und umgekehrt, und diese ständige Reziprozität öffnet uns beiden gleichermaßen Zugang zueinander.«, Berger/Luckmann 2009, 31.
45 Vgl. Goffman 1994, 58.
46 Vgl. Goffman 2011, 23.
47 Berger/Luckmann 2009, 31.
48 Morgan spricht auch von »a kind of social dramaturgy of the self«, Morgan 2010, 64. Der übrige Anteil der Darstellung umfasst jenes Verhalten, das in keinem beabsichtigten Zusam-

kann.⁴⁹ Bedingung für die Sinnhaftigkeit rollenspezifischen Verhaltens einer Person ist, dass die sprachlich und auch körperlich (z.B. gestisch oder mimisch) ausgedrückten Informationen von den Zuschauenden gedeutet werden können⁵⁰ und dies nicht erst im Nachgang, sondern im Verlauf der aktuellen Darstellung.⁵¹ Für den Ausdruck der Rollen, die die anwesenden Personen in einer Zusammenkunft einnehmen, ist neben dem rollenspezifischen Verhalten die äußere *Erscheinung (appearance)* ein zentrales Element. Gemeint ist all das, was sozusagen die »Oberflächendekoration«⁵² einer Person betrifft, d.h. die Kleidung, Accessoires, aber ggf. auch der Zustand des Haares und Bartes oder anderer Äußerlichkeiten.⁵³ An anderer Stelle führt Goffman zudem »Amtsabzeichen oder Rangmerkmale« sowie »Geschlecht, Alter« und die »physische Erscheinung«⁵⁴ (z.B. Größe oder Umfang) als weitere Beispiele auf. In interreligiösen Veranstaltungen sind in dieser Hinsicht sicher alle äußerlich erkennbaren Hinweise auf die religiöse Zugehörigkeit einer Person von Interesse.

Der Ausdruck von Personen in einer Situation, d.h. ihr an den Tag gelegtes Verhalten sowie ihre äußere Erscheinung, bilden also eine wichtige Wissensquelle für alle Beteiligten zur Etablierung einer gemeinsamen Situationsdefinition und damit zur Orientierung. Als weitere wichtige Wissensquelle möchte ich schließlich noch kurz das ins Blickfeld rücken, was Goffman als »einen breiten Satz kultureller Verständlichkeiten«⁵⁵ bezeichnet. Dies umfasst kulturspezifische und in Sozialisationsprozessen eingeübte Umgangsformen bzw. Routinen, die beim Eintritt in eine soziale Situation in der Regel erwartet werden.⁵⁶ Im Zusammenhang mit diesen kulturell eingeübten Formen stehen auch Erfahrungen aus früheren Interaktionen mit den Anwesenden bzw. zumindest Erfahrungen mit Personen »derselben Art«,⁵⁷ wie beispielsweise der Zielgruppe der Studierenden, der Kunstschaffenden oder Angehörigen bestimmter religiöser Traditionen. Auch hier lässt sich in der Regel aus einem eingeübten und reichen Schatz von in der Sozialisierung gewonne-

menhang mit der aktuellen Rolle steht, z.B. sich am Kopf zu kratzen oder den Blick aus dem Fenster schweifen zu lassen, vgl. z.B. Goffman 2011, 48.
49 Vgl. ebd., 18.
50 Vgl. Goffman 1994, 58f.
51 Vgl. Goffman 2011, 31.
52 Goffman 2009, 41.
53 Vgl. ebd., 41.
54 Goffman 2011, 25.
55 Goffman 1994, 62.
56 Goffman spricht in diesem Zusammenhang unter Rückgriff auf Roger Barkers auch von ›stehenden Verhaltensmustern‹, vgl. Goffman 2009, 34. Giddens greift den Routinebegriff u.a. von Goffman auf, vgl. Giddens 1997, 120ff. Löw verwendet ihn im Anschluss dann auch für ihre Raumtheorie, um mit ihm eine Grundlage der Institutionalisierung von Räumen aufzuzeigen, vgl. Löw 2001, 163.
57 Goffman 1994, 62.

nem Wissen schöpfen, das es den beteiligten Personen ermöglicht, aus kleinsten Anzeichen des Verhaltens und der Erscheinung der anderen Beteiligten (z.B. für den sozialen Status innerhalb einer Gemeinde) Erwartungen für den weiteren Verlauf der Interaktion abzuleiten.[58] Besonders in interreligiösen Veranstaltungen mit rituellen Anteilen ist beispielsweise religionsspezifische Kleidung üblich, vor allem bei den aktiven religiösen Spezialistinnen und Spezialisten, deren Kleidung damit einen optischen Hinweis auf die traditionsspezifische Funktion der tragenden Person liefert. Vor diesem Hintergrund sind Gewohnheiten der Wahrnehmung und Zuordnung bedeutsam, die im Zuge körperlicher Enkulturation (»bodily enculturation«[59]), d.h. des Hineinwachsens in kultur- und damit auch religionsspezifische Wahrnehmungs- und Deutungsmuster, ausgebildet werden.[60] Kurz gesagt: Menschen glauben nicht nur an religiöse Vorstellungen, sondern sie nehmen die Welt im aufgezeigten Sinne auch religiös wahr.[61] Dieser Umstand ist für das innerhalb einer interreligiösen Veranstaltung generierte Wissen von immenser Bedeutung, insofern der Ausdruck aller Beteiligten tendenziell traditionsspezifisch gedeutet werden muss. Dies betrifft sowohl Aspekte der äußeren Erscheinung (beispielsweise die bereits genannten Zeichen eines religiösen Amtes oder anderer religiöser Funktionsrollen) als auch die aufgemachten religiösen Bezüge (z.B. in Form von Narrativen, Symbolen, Ritualen etc.).

Ich habe beschrieben, wie unter Zuhilfenahme welcher Wissensquellen die gemeinsame Situationsdefinition zustande kommt. Dabei können den Beteiligten je nach sozialem Anlass und aufgrund ihrer situativen Rollen unterschiedliche Rechte zukommen, etwa bei einer Podiumsdiskussion, in der klar geregelt ist, wer wann und vor allem wie lange sprechen darf. Wichtig ist, dass alle Beteiligten trotz unterschiedlicher Rollen und damit einhergehender Art der Beteiligung einer gemeinsamen Situation beiwohnen und damit derselben Definition der Situation verpflichtet sind.[62] Wenn eine Person in eine bereits bestehende Zusammenkunft eintritt, so wird sie sich in aller Regel zunächst am Verhalten der anderen Beteiligten orientieren, um das eigene Verhalten daran auszurichten.[63] Mit der Ausrichtung auf die so angeeignete Definition der Situation, d.h. mit einer spezifischen Haltung, Mimik etc., signalisiert die neu hinzugekommene Person allen anderen, dass sie sich

---

58 Vgl. ebd., 74.
59 Carp 2011, 478.
60 Vgl. Mohr 2000, 621.
61 Grieser spricht deshalb auch von religiösen Wahrnehmungsfiltern, vgl. Grieser 2016.
62 Vgl. Goffman 2009, 113.
63 Ich habe hier vor allem Personen im Sinn, die beispielsweise zu spät zu einer interreligiösen Veranstaltung hinzustoßen. Grundsätzlich sind Ausnahmen aber natürlich denkbar, beispielsweise, wenn eine Gruppe Polizeibeamter eine Razzia in einem Lokal durchführt und so unweigerlich die bestehende Situationsdefinition verändert.

der bestehenden Situationsdefinition anschließt.⁶⁴ Die Angemessenheit in Erscheinung und Verhalten entspricht insgesamt einer Versicherung für Aufmerksamkeit und Präsenz der Person im Geschehen und legitimiert vor den anderen ihre Teilhabe.⁶⁵ Eine passive Teilhabe am Geschehen gibt es insofern nicht, als dass alle Anwesenden durch ihr auch non-verbales Verhalten (z.b. Ausdruck der Aufmerksamkeit) ihre Akzeptanz des gemeinschaftlich generierten Konsenses zum Ausdruck bringen.⁶⁶ Das heißt, auch wenn ein Einzelner zu Beginn der Interaktion die Richtung der Definition vorgibt, so ist die enge Zusammenarbeit der Beteiligten ausschlaggebend für die Herstellung und den Erhalt des Konsenses.⁶⁷

Interreligiöse Veranstaltungen als soziale Anlässe
In diesem letzten Unterabschnitt zur Situationsdefinition möchte ich die angesprochenen Aspekte kurz zusammenfassen und in einen stärkeren Bezug zum Gegenstand dieser Arbeit setzen. Ich habe beschrieben, dass Personen in leiblicher Kopräsenz zusammentreten und damit eine Zusammenkunft bilden. Die an einer Zusammenkunft Beteiligten bemühen sich auf Basis eines allgemeinen (oft impliziten, zumeist vielleicht sogar unbewussten) Arbeitskonsenses in aller Regel um eine gemeinsame Situationsdefinition, d.h. um die Beantwortung der Grundfrage »Was geht hier eigentlich vor?«. Diese kooperative Herstellung eines intersubjektiv geteilten Verständnisses von der Situation schafft für alle Beteiligten Sicherheit und

---

64 Vgl. Goffman 2009, 182.
65 Vgl. ebd., 43ff.
66 Vgl. Goffman 1994, 57 und z.B. auch Fischer-Lichte 2006, 18.
67 Vgl. Goffman 2011, 73. Nun gibt es jedoch auch Situationen, in denen einander überlappende Definitionen vorliegen. Das gilt beispielsweise für die Art der Beteiligung an einer Zusammenkunft, d.h. für die Rolle, die eine Person in einer Situation einnimmt. So findet sich in einem Restaurant neben den Gästen, die am Tisch verköstigt werden, der Kellner, der die Gäste bewirtet. Während die Gäste möglicherweise ein Rendezvous haben oder eine Geburtstagsfeier begehen, findet für den Kellner ein routinierter Arbeitstag statt. Obwohl die verschiedenen Rollen dieser Situation unterschiedliche Beteiligungen zur Folge haben, bleibt eine grundlegende Teildefinition einer Situation (z.B. Abend im Restaurant) erhalten. Die überlappenden Definitionen der Situation (z.B. Rendezvous vs. Arbeitssituation) sind dementsprechend aufeinander abgestimmt, vgl. Goffman 2009, 35f. Anders verhält es sich, wenn unterschiedliche sich ausschließende Ereignisse am selben Ort stattfinden. Ein aufschlussreiches Beispiel für sich ausschließende Situationsdefinitionen stellt ein Zwischenfall im Kölner Dom im Jahr 2016 dar. Dort hatten sich im Zusammenhang mit dem Spiel »Pokémon Go« viele Jugendliche im Kirchenraum versammelt, um Pokémon (Bezeichnung für eine Gruppe von vielgestaltigen Fantasiewesen) mittels ihrer Mobilgeräte zu erspähen und einzufangen. Dies verursachte Unmut beim zuständigen Dompersonal, das die Aktivität in verschiedener Hinsicht nicht mit dem eigenen Verständnis angemessenen Verhaltens im Kirchengebäude vereinbaren konnte, vgl. Gätke 2016.

Orientierung. Denn auf diese Weise wird definiert, was in einer bestimmten Situation als angemessenes Verhalten gelten darf und was als unangemessen empfunden werden sollte.

Der konkrete Prozess zur Herstellung einer gemeinsamen Definition geschieht als orientierendes und ordnendes Handeln (Interaktionsordnung). Dieses hat das vermeintliche Wissen zur Grundlage, das die Beteiligten von den anderen Beteiligten haben, aus dem sie dann Erwartungen generieren und auch Erwartungen der anderen an sich selbst ableiten. Ich habe zwei Quellen für dieses Wissen vorgestellt: jenes, das innerhalb einer Situation in Beobachtung des Verhaltens und der Erscheinung der Beteiligten generiert wird, und jenes, das alle Personen als kulturspezifisch sozialisierte Umgangsformen, Vorstellungen sowie aufgrund vorhergehender Erfahrungen in eine Situation hineintragen.

Einen wesentlichen Bezugspunkt dafür, welche Umgangsformen, Vorstellungen und Erfahrungen relevant sind, stellt die Art der Zusammenkunft dar. Hier habe ich den Begriff des sozialen Anlasses aufgegriffen. *Interreligiöse Veranstaltungen* können als eine spezifische Form sozialer Anlässe gelten, also als eine Gelegenheit für Menschen, eine Zusammenkunft zu bilden. Ich hatte den Begriff der Veranstaltung bereits als Bezeichnung für eine besondere Gruppe von Anlässen hervorgehoben, die sich durch einen gewissen Grad von Geplantheit auszeichnet. Zwar kann eine gemeinsame Verabredung zum Mittagessen im Allgemeinen auch als geplanter Anlass verstanden werden, aber mit Planung ist hier neben der Verteilung von Funktionen und vielleicht mehr oder weniger offiziellen Einladungen u.a. auch die Ausarbeitung eines Programms gemeint, also die strategische Setzung eines Termins und seiner (zumindest rituellen) zeitlichen Grenzen und Struktur sowie eines Grundthemas. Interreligiöse Veranstaltungen zeichnen sich zum einen durch eine auf einen Aspekt im Spektrum religiöser Vielfalt hin ausgerichtete Themensetzung sowie den Einbezug von Teilnehmenden aus, die unterschiedlichen religiösen Traditionen angehören. In meiner Betrachtung des Forschungsstands habe ich bereits verschiedene Formate genannt, die in bisheriger Forschung beschrieben worden sind. All diese Formate können als Grundmuster verstanden werden, die jeweils andere Schwerpunkte in der Zugänglichkeit, im Grad der Formalität, im Modus der Interaktion (z.B. konfrontativ oder festlich) und in der Veranstaltungsstruktur annehmen lassen.

Bis hierhin habe ich mich mit der Situationsdefinition, also mit der Frage nach der Art der Zusammenkunft, auseinandergesetzt und dabei die wichtigsten Grundbegriffe für eine interaktionistische Perspektive vorgestellt. Im folgenden Abschnitt zur Situation als Umwelt wird es nun um den räumlichen Kontext einer Zusammenkunft gehen.

3.3.2 Situation als Umwelt

»Soziale Interaktion im engeren Sinne geschieht einzig in sozialen Situationen, d.h. in Umwelten, in denen zwei oder mehr Individuen körperlich anwesend sind, und zwar so, daß sie aufeinander reagieren können.«[68]

Auch wenn Goffmans Arbeiten keinen raumtheoretischen Fokus haben, so wird ihnen doch vor allem in gegenwärtigen raumbezogenen Forschungen einige Bedeutung beigemessen.[69] Dies liegt meines Erachtens an der breiten Anlage seines Situationsbegriffs, der neben den Mechanismen der Interaktion eben auch den räumlichen Kontext als Umwelt der Interaktion einbezieht oder sogar als integrale Struktur von Interaktion erachtet, wenn Goffman beispielsweise den Begriff der Situation auf die »gesamte räumliche Umgebung der Menschen, die Teil einer Zusammenkunft sind«,[70] bezieht. Die Unterscheidung in »Situationsdefinition« und »Situation als Umwelt« ist insofern etwas schief, als es sich nicht um ergänzende Aspekte des Situationsbegriffs, sondern um sich offenbar überlagernde Dimensionen handelt. So bildet die jeweilige Umwelt, wie sich zeigen wird, ein integrales Element der Situationsdefinition.

In diesem Abschnitt werde ich die für diese Arbeit wichtigsten Konzepte zusammentragen, die die Raumdimensionen von Interaktion betreffen. Dazu gehören zunächst die Begriffe der Region und der Bühne. Darauf aufbauend greife ich das Konzept der Handlungsfelder auf und werde das Gesagte schließlich auf Veranstaltungsorte als Umwelten interreligiöser Interaktion übertragen. Die bereits einleitend genannte Wechselseitigkeit von sozialer Raumproduktion und handlungskanalisierenden Raumstrukturen wird in der folgenden Darstellung stets als Bezugspunkt dienen.

Konkreter Raum: Region und Bühne(nbild)

»Situationen entstehen, wenn gegenseitig beobachtet wird, sie vergehen, wenn die vorletzte Person den Schauplatz verlässt.«[71]

Die leibliche Kopräsenz, die eine Zusammenkunft konstituiert, ist nicht nur an die Gleichzeitigkeit der Anwesenheit von Personen gebunden, sondern auch an einen Ort. Für diese Orte nutzt Goffman eine ganze Reihe teils synonymer Begriffe; »Schauplatz« ist dabei einer von zahlreichen nur schwach definierten

---

68　Goffman 1994, 55.
69　Vgl. Schmitt 2013, 23, Schroer 2017, 238 und Frehse 2016.
70　Goffman 2009, 33.
71　Ebd., 33f.

Wendungen.⁷² Mit Region und Bühne bzw. Bühnenbild möchte ich in diesem Unterabschnitt zwei zentrale Begriffe hier fruchtbar für diese Arbeit aufgreifen.

Eine *Region (region)* ist »ein Ort, der bis zu einem gewissen Grade durch Wahrnehmungsschranken begrenzt ist.«⁷³ Diese Wahrnehmungsschranken können fest wie massive Mauern sein oder teilweise durchlässig wie eine Tür oder dünne Wände, durch die das dahinter stattfindende Geschehen hörbar ist. Weitere Beispiele für durchlässige Schranken der Wahrnehmbarkeit sind eine Glaswand, durch die ein Geschehen beobachtet, aber vielleicht nicht gehört werden kann,⁷⁴ oder das Öffnen eines Fensters im Verlauf einer Zusammenkunft, um beispielsweise jemandem vor dem Gebäude etwas zuzurufen. Regionen bilden also mehr oder weniger physisch begrenzte Raumsegmente, die aufgrund ihrer begrenzenden Wirkung als »Konditionierungsmedium von Interaktionen«⁷⁵ fungieren. So wird soziales Handeln durch eine Reihe von räumlich-physischen Aspekten kanalisiert, d.h. ermöglicht bzw. begrenzt. Dabei spricht Giddens von einer *Regionalisierung* des Raums und meint damit, dass sich Alltag in einem Komplex unterschiedlicher Raum- und Zeitzonen abspielt, die mit routinierten Handlungen verknüpft sind.⁷⁶

Zu den physischen Strukturen einer Region gehört die Inneneinrichtung, einschließlich der durch freie Flächen und Hindernisse vorhandenen oder eingeschränkten Begehbarkeit sowie ermöglichten Fern- bzw. Kurzsicht. Die Inneneinrichtung umfasst im Kern die *funktionelle Ausstattung*, d.h. die Benutzbarkeit, die bestimmte Objekte im Raum nahelegen, beispielsweise die Möblierung.⁷⁷ Die einzelnen Elemente dieser Ausstattung sind prinzipiell »ressourcenverdächtig«,⁷⁸ insofern sie im Rahmen sozialer Interaktion eingesetzt werden können. Schmitt legt den Blick hierbei vor allem auf das Ressourcenpotenzial für die Konstitution einer Interaktion, d.h. für die Frage, inwiefern räumliche Aspekte für die »Si-

---

72 Dellwing zeigt auf, dass Goffman sich gegen eindeutige Definitionen sperrt und dort, wo er Definitionen aufführt, diese teils als Definitionsparodien gelesen werden können oder zumindest in weiteren Ausführungen keine Rolle mehr spielen, vgl. Dellwing 2014, 63ff.
73 Goffman 2011, 99.
74 Z.B. in einem Rundfunkstudio, vgl. ebd.
75 Frehse 2016, 14. Zur handlungsprägenden Kraft bestimmter Orte, z.B. einer Kirche, eines Seminarraums oder eines Wartezimmers, vgl. auch Schroer 2006, 176.
76 Vgl. Giddens 1997, 171. Giddens übernimmt diesen Gedanken von Goffman und ich werde ihn im Kontext des Handlungsfeldbegriffs noch einmal aufgreifen. Frehse zeigt auf, dass Goffmans Verständnis im Hinblick auf die kanalisierende Bedeutung der physischen Raumstrukturen über den symbolischen Interaktionismus hinausgeht, da er Raum nicht auf ein symbolisches Konstrukt reduziert, vgl. Frehse 2016.
77 Vgl. Schmitt 2013, 47. Für den Anbietungscharakter mancher Objekte im Raum verweist Schmitt hier auf Gibsons (1977) Konzept der Affordanz sowie auf Vorstellungen von Benutzbarkeitshinweisen, die Hausendorf et al. (2012) thematisieren.
78 Schmitt 2013, 47.

tuationseröffnung«[79] genutzt werden.[80] Mit Blick auf die Thematik dieser Arbeit lässt sich die Frage nach der Ressourcenqualität des Ortes und seiner Ausstattung meines Erachtens problemlos auf die gesamte Interaktionszeit ausweiten (z.B. Wechsel des Standpunktes für die Koordination von Redebeiträgen im Rahmen einer interreligiösen Podiumsdiskussion).

Neben der funktionellen Ausstattung ist die *symbolisch-materielle Gestaltung* eines Ortes ein bedeutender Aspekt. Dies betrifft symbolische Markierungen, die die Grenzen einer Region deutlich machen, darunter beispielsweise Hinweisschilder, Pfeile oder Linien, die die Bewegungsmöglichkeiten im Raum symbolisch beschränken bzw. lenken.[81] Darüber hinaus lässt sich die gebaute Umwelt als konstruiert und auf das Auslösen bestimmter Erfahrungen und Deutungen hin absichtlich gestaltet begreifen.[82] Es handelt sich somit, wie in Kapitel 2 mit dem Begriff der Materialisierung bereits angesprochen, um eine Übersetzungsleistung von Vorstellungswelten in sinnlich Wahrnehmbares.[83] Vor diesem Hintergrund können beispielsweise Sakralbauten als symbolisch-materieller Ausdruck religiöser Imaginationen gedeutet werden.[84] Orte fungieren so als *gebaute Medien* u.a. religiöser Ideen[85] und bilden dadurch ein Verbindungselement zwischen dem physisch-konkreten Raum und abstrakten Bezügen.[86] Dabei folgt ihre Gestaltung gemäß kulturspezifischer Konzeptionen mehr oder weniger festen Prinzipien, beispielsweise um die »für einen kirchlichen Raum typische Atmosphäre zu schaffen«.[87] Der Einfall des Lichts, Aspekte der Akustik, bestimmte Baustoffe etc. spielen für die physische Konstitution (nicht nur) religiöser Räume eine wichtige Rolle.[88]

An der symbolisch-materiellen Gestaltung lässt sich schließlich noch der *Prozesscharakter* deutlich hervorheben, der Orten, einem relativen Raumverständnis folgend, innewohnt. Wie zu Beginn dieser Arbeit bereits aufgeworfen, handelt es sich bei einem Raum, sei er konkret (d.h. Ort bzw. Region oder Regionenkomplex)

---

79 Ebd., 44.
80 Vgl. ebd., 44ff.
81 Vgl. Goffman 2009, 161 und Giddens 1997, 173.
82 Vgl. Hermann/Laack/Schüler 2015, 194.
83 Vgl. Traut/Wilke 2015, 52.
84 Vgl. Knott 2005, 162.
85 Vgl. Mohn 2012, 249. Mohn bezieht sich hier sowohl auf einzelne Orte als auch auf ganze Landschaften.
86 Vgl. Corrigan 2009, 168.
87 Schroer 2015, 29. Schroer rekurriert hierbei auf den Religionsphänomenologen Eliade. Ausschlaggebend für meine Rezeption ist hier nicht der Verweis auf die Annahme einer Wesenhaftigkeit des Religiösen in Kirchen und einer religiösen Anlage des Menschen, die ich nicht teile, sondern auf spezifische Bauformen, also beobachtbare materielle Arrangements.
88 Vgl. Schroer 2015, 29.

oder abstrakt, um ein mehrdeutiges und dynamisches Gebilde.[89] Da sich alltägliches Handeln in stetem Fluss vollzieht, können Orte als sich im Fluss sozialer Handlungen stetig transformierender Raum verstanden werden, dessen situierte Betrachtung immer einer Momentaufnahme gleicht.[90] Verbunden mit diesem prozessorientierten Verständnis von Raum ist das Bild von Orten als »Palimpsest«,[91] also gewissermaßen als mehrfach beschriebenes und überschriebenes Blatt, in das die eigene Transformationsgeschichte in Spuren eingelagert ist. Im Kern geht es bei diesem Bild um die Verbundenheit eines Ortes mit seiner eigenen Geschichte. So sind Orte, wie der große Platz von Isfahan,[92] ein Sikh Gurdwara in einer ehemaligen Fabrik oder Schule[93] oder eine Kathedrale, die auf einer vorchristlichen religiösen Stätte errichtet wurde,[94] als Zeugnisse ihrer permanenten Veränderung zu verstehen, durch die Vergangenes bis zu einem gewissen Grad gegenwärtig gehalten wird.[95] Symbolisch-materielle Gestaltungselemente eines Ortes können so als wichtiger empirischer Bezugspunkt für die Bedeutungen gelten, die einem Ort zugeschrieben werden und wurden und verweisen so auch auf den ihn betreffenden Deutungswandel. Im Rahmen interreligiöser Veranstaltungen können je nach Situation beispielsweise Bedeutungszuschreibungen, Architekturen[96] sowie Aspekte aus der dynamischen Entwicklungsgeschichte dieser Elemente als bedeutsam zu Tage treten. Die Sinnproduktion im Rahmen sozialen Handelns, z.B. als »imagined community«,[97] verläuft also unter Zuhilfenahme der Geschichte des Ortes,[98] beispielsweise in Form einer Aktivierung von (kollektiver) Erinnerung.[99]

Die funktionelle Ausstattung und die symbolisch-materielle Gestaltung bilden sozusagen die feststehenden Elemente eines Ortes, die mit einer relativen Dauerhaftigkeit eine Region physisch konstituieren. Hinzu kommen flüchtigere materielle Formen, die (momentaner) Teil des Arrangements einer Region sein können. Dies umfasst beispielsweise Musik (z.B. die eines Kirchenchors), bestimmte

---

89 Zur Prozesshaftigkeit von Raum vgl. beispielsweise Tweed 2011, 120f. oder auch Fischer-Lichte 2006, 19.
90 Vgl. Giddens 1997, 53ff.
91 Knott 2005, 161.
92 Vgl. Heinrich 2017, 98.
93 Vgl. Knott 2005, 161.
94 Vgl. Knott 2013, 23.
95 Vgl. Schroer 2015, 24.
96 Architektur ist dabei nach Delitz nicht nur ein Ausdruck oder Symbol der Gesellschaft, sondern eine Form ihrer Existenz. Gesellschaft geht demnach Architektur nicht voraus, mit Architektur »baut sich die Gesellschaft selbst«, Delitz 2019, 317.
97 Laack 2015, 197. Laack zeigt diesen Effekt am Beispiel von Glastonbury auf.
98 Vgl. Giddens 1997, 83.
99 Vgl. Corrigan 2009, 172. Diese situative Verwicklung von Dingen mit dem Raum beschreibt Knott als eine zentrale Eigenschaft von Raum, der stets multidimensional zu denken sei und wie eine Art Brennpunkt des Sozialen fungiere, vgl. Knott 2005, 160.

Speisen (z.B. Mazzen) oder auch das absichtsvolle Fehlen von bestimmten Speisen oder Getränken (z.B. Alkoholika).[100] Diese flüchtigeren Formen weisen bereits auf das Arrangieren kurz vor oder im Rahmen einer Zusammenkunft hin. Für dieses in oder zumindest im Hinblick auf eine konkrete Zusammenkunft von Beteiligten vollzogene, raumbezogene Handeln möchte ich den Begriff der Positionierung verwenden. *Positionierung* meint jene Handlungen und Aspekte, mit denen sich Beteiligte von Zusammenkünften selbst im Geschehen und mit Blick auf andere Anwesende verorten. Potenziell religiöse Symbolik beispielsweise in Form von Kleidung (wie ein Kopftuch, ein Turban oder eine Kippa) prägt die Situation, indem sie (religiöse) Grenzen materialisiert und dadurch zur Positionierung des Trägers bzw. der Trägerin beiträgt.[101] Zur äußeren Erscheinung, die ich als Bestandteil des Ausdrucksrepertoires einer Rolle vorgestellt hatte, gehört nicht nur ein Kleidungsstil, sondern auch die Selbstmarkierung durch religionsspezifische Symbole (z.B. ein Kreuz als Anhänger um den Hals).[102] Auch mit ihnen positioniert sich die jeweilige Person in einem bestimmten Kontext, markiert damit einen Bezug oder Abstand zu den anderen Anwesenden und generiert hierüber, also auf Grundlage des sozialen Verhältnisses, Raum.[103] Positionierung verläuft aber nicht nur über die äußere Erscheinung, sondern auch über Gesten, Mimiken und Körperhaltungen, durch die eine Beziehung zu den anderen Anwesenden ausgedrückt wird.[104] Kopfschütteln oder affirmatives Nicken über eine soeben gemachte Aussage, ein skeptischer oder verständnisvoller Gesichtsausdruck, freundschaftliches Schulterklopfen und das körperliche Abwenden vom Gegenüber seien hier als Beispiele genannt. Zudem zähle ich auch das zur Positionierung hinzu, was Ipgrave als Raumeinnahme beschrieben hat.[105] Hierunter fällt die »Nähe-Distanz-Regulierung«,[106] die den physischen Raum zwischen kopräsenten Personen bestimmt und darüber soziale Aussagekraft generiert.[107] Schließlich bildet der Raum auch eine zeichenhafte

---

100 Vgl. Corrigan 2009, 169.
101 Vgl. ebd., 168.
102 Vgl. Knott 2013, 41. Knott mahnt jedoch bei aller Symbolik, die deutbar ist, eine gewisse Vorsicht der Forscherin bzw. des Forschers an und warnt vor einem zu starken ›hineindeuteln‹ expliziter religiöser Bedeutung, wo möglicherweise gar keine intendiert ist, vgl. Knott 2013, 41f.
103 Vgl. Corrigan 2009, 168.
104 Vgl. Giddens 1997, 38.
105 Vgl. Unterkapitel 2.2 und Ipgrave 2019, 101f.
106 Schmitt 2013, 32.
107 So wie der Raum für die Regulierung genutzt werden kann, muss dieser auch als entsprechende strukturelle Ressource zur Verfügung stehen. Goffman beschreibt beispielsweise die Problematik, dass ein Gespräch von weit auseinander stehenden Stühlen aus ebenso schwierig ist, wie die direkte Ansprache des Gegenübers, wenn beide Beteiligten zu nah voreinander sitzen. Dieser Punkt berührt Regelvorstellungen, die sich auf z.B. kulturspezifisch als angemessen wahrgenommene körperliche Nähe beziehen, vgl. Goffman 2009, 112.

Ressource, beispielsweise wenn die Reihenfolge durch die Tür gehender Personen ein soziales Verhältnis anzeigt (z.B. ein Mann lässt einer Frau den Vortritt oder aber eine ranghöhere Person beansprucht das Vortrittsrecht).[108]

Mit den genannten situativ-performativen Aspekten (Musik, Speiseausgabe und Positionierung im Allgemeinen) ist bereits ein Übergang zum rollenbezogenen Begriff der Bühne eingeleitet, den ich nun näher ausführen werde. Während eine (oder ein Komplex von) Region(-en) durch die vorhandene funktionelle Ausstattung, die symbolisch-materielle Gestaltung und das Arrangement[109] dieser Elemente zueinander bestimmte Grenzen und Ressourcen für eine Interaktion vorgibt, beziehe ich den Begriff der *Bühne* bzw. des *Bühnenbildes (setting* oder *stage)* auf all jene Elemente dieses Arrangements, die im Rahmen einer Zusammenkunft für die Darstellung der Beteiligten tatsächlich zum Einsatz kommen. Manches rollenspezifische Verhalten ist dabei an bestimmte Bühnenbilder gebunden, wie Goffman aufzeigt:

> »Ein Bühnenbild ist meist unbeweglich im geographischen Sinne, so daß diejenigen, die ein bestimmtes Bühnenbild als Teil ihrer Vorstellung verwenden wollen, ihr Spiel nicht beginnen können, bevor sie sich an den geeigneten Ort begeben haben, und ihre Vorstellung beenden müssen, wenn sie ihn verlassen. Nur unter außergewöhnlichen Umständen folgt das Bühnenbild den Darstellern; wir finden das bei Leichenzügen, Paraden und den Festzügen von Königen und Königinnen.«[110]

Das Bühnenbild ist als sozial bedeutsames physisch-räumliches Arrangement einer Interaktion zu verstehen.[111] Als Requisiten *(props)* werden Raumelemente in die Ausgestaltung von Rollen in das Geschehen mit einbezogen und können sogar unverzichtbar sein, wenn ohne sie eine bestimmte Rollenausübung gar nicht möglich wäre.[112] Dabei können symbolisch aufgeladene als auch bloße Gebrauchsgegenstände ohne symbolischen Gehalt als Requisiten zur Ausgestaltung einer Rolle beitragen. Das Bühnenbild erweitert somit das »Ausdrucksrepertoire«[113] für eine Rolle. So kann beispielsweise ein Imam in seiner äußeren Erscheinung (z.B. entsprechendes Ornat mit Robe und Kopfbedeckung) und seinem rollenspezifischen Verhalten (z.B. das Rezitieren des Korans oder Vorstehen eines Gebets) seiner Rolle in dieser Hinsicht gerecht werden, stünde er allerdings dabei in einer Zirkusmanege oder in

---

108 Vgl. Frehse 2016.
109 Den Begriff des Raumarrangements übernehme ich hier von Beinhauer-Köhler 2015a, 75.
110 Goffman 2011, 23.
111 Vgl. ebd., 100.
112 Vgl. ebd., 30. Gleichwohl weist Goffman darauf hin, dass ein und dasselbe Requisit für eine ganze Reihe von Rollen relevant sein kann.
113 Ebd., 25.

einer Telefonzelle, wäre das seiner Darstellung nicht nur abträglich, sondern könnte diese sogar torpedieren.[114] Schroer liefert ein ähnliches Beispiel:

> »Die Predigt des Pastors ist ebenfalls an einen bestimmten, sakralen Raum gebunden, der erst einmal geschaffen sein will. Findet das Ritual in dem für Predigten angestammten Raum statt, kann es leichter vollzogen werden, ist eine Anerkennung der verschiedenen zu verteilenden Rollen einfacher herzustellen.«[115]

Auch hier zeigt sich ein enges Verhältnis einer bestimmten Rolle zu ihrem Bühnenbild. Gleichwohl ist trotz dieser Verbindung ein anderer Bühnenzusammenhang denkbar (beispielsweise eine Andacht im Freien[116]), aber dann, so betont Schroer, »kommen Außeneinflüsse hinzu, ist die gegenseitige Wahrnehmung [...] eine andere«.[117]

Zusammen ergeben das rollenspezifische Verhalten, die äußere Erscheinung einer Person sowie das Bühnenbild die *Fassade (front)*. Kongruieren die drei Elemente miteinander, so ergibt sich eine stimmige Fassade, die der Rolle, die eine Person einzunehmen beabsichtigt, einen angemessenen Ausdruck verleiht. So wie rollenspezifisches Verhalten in standardisierten Grundformen existiert, so gibt es auch für sein Zusammenspiel mit Erscheinung und Bühnenbild standardisierte Formen. Dabei genügt einer Person, so Goffman, in den meisten Situationen des Alltags schon die Kenntnis eines Grundrepertoires einiger Standardfassaden, d.h. basaler Verhaltens-Erscheinungs-Bühnen-Kombinationen, um sich zurecht zu finden.[118]

Der Bühnenbegriff lässt sich mit Blick auf die Dynamiken der Interaktion in Zusammenkünften noch weiter differenzieren. So kann das Zentrum der Aufmerksamkeit, also der Ort innerhalb einer Region, in dem die aktuelle Vorstellung stattfindet, als *Vorderbühne* bezeichnet werden.[119] In einer Vortragssituation ist das beispielsweise die Darstellung der bzw. des Vortragenden. Die *Hinterbühne* bezeichnet gewissermaßen den Bereich, der das notwendige Gegenstück zur Vorderbühne darstellt, also der Ort, an dem die Vorstellung gerade nicht stattfindet. Es handelt sich dabei zum einen um eine andere Region, die im Kontext der Veranstaltung steht.[120] Beispiele hierfür sind der Backstage-Bereich im Theater und bei Konzer-

---

114 Vgl. ebd., 23. Ein nicht zwangsweise berufsbezogenes Beispiel ist ein Festredner, der ein bestimmtes festliches Arrangement benötigt, um seine Rolle überzeugend vor anderen darzustellen.
115 Schroer 2006, 176.
116 Ein schönes Beispiel für eine Art Imitation der angestammten Bühne ist eine aufblasbare Kirche, die im Sommer gelegentlich an ausgewählten norddeutschen Stränden zu finden ist und von einem Pastor begleitet wird, vgl. hierzu Schienke 2013.
117 Schroer 2006, 176.
118 Vgl. Goffman 2011, 26f.
119 Vgl. ebd., 100.
120 Vgl. ebd., 104.

ten oder auch die zu einem Ort gehörenden Sanitäranlagen, an die sich Beteiligte einer Zusammenkunft zurückziehen und z.b. mit Blick auf die Angemessenheit ihrer Erscheinung kontrollieren können. Zum anderen kann die Hinterbühne auch in einem anderen Bereich derselben Region liegen, in der die Vorstellung stattfindet, beispielsweise eine abseitige Unterhaltung zwischen zwei Zuschauenden während eines Vortrags oder auch das Absenden einer Kurznachricht auf Twitter, möglicherweise mit Beurteilung des aktuell stattfindenden Vortrags oder ohne direkten Bezug dazu.[121] Zur Definition von Hinterbühnen gehört auch, dass dies die Orte sind, an denen Beteiligte »die Maske fallen lassen«[122] und ein Stück weit ihre mit Blick auf die aktuelle Vorstellung ausgelebte Rolle verlassen können.[123] Das Verhalten in Hinterbühnen zeichnet sich deshalb auch durch einen geringeren Grad an Formalität und einen vertraulicheren Umgang aus, welchen »man leicht als symptomatisch für [...] mangelnden Respekt vor anderen Anwesenden und dem Ort auslegen könnte«,[124] wie Goffman beschreibt.[125] Gerade deshalb handelt es sich bei Hinterbühnen in der Regel um in irgendeiner Weise zugangsbeschränkte Bereiche.[126] Das kann auch weniger räumlich, als vielmehr zeitlichen Ausdruck erlangen. So gilt für viele Orte, an denen eine Vorstellung stattfindet, dass sie je nach Zeitpunkt (z.b. im Zyklus einer Veranstaltung) mal eher Vorderbühne (während einer Vorstellung) und mal eher Hinterbühne (vor oder nach einer Vorstellung) sind.[127]

Die Regionen(-komplexe), in denen Zusammenkünfte stattfinden, können schließlich auch selbst hinsichtlich des üblichen Grades an Formalität der Handlungen charakterisiert werden. So identifiziert Goffman beispielsweise den »Hinterbühnen-Charakter bestimmter Orte«[128] und meint damit solche Orte, an denen ein niedriger Formalitätsgrad in Verhalten und Sprache sowie eine gewisse Vertrautheit unter den Anwesenden vorliegt.[129] Demgegenüber sind Orte mit Vorderbühnen-Charakter solche, an denen repräsentativen Aufführungen und formalen

---

121 Letzteres habe ich z.B. auf Konferenzen der Deutschen Vereinigung für Religionswissenschaft beobachtet. Die digitale Kommunikation, die synchron zum Geschehen einer Zusammenkunft verläuft, ist für interreligiöse Veranstaltungen wohl eher nur dann interessant, wenn es sich um sehr große, formelle Veranstaltungen mit technisch affinem Publikum und vielleicht auch prominenter Beteiligung handelt.
122 Ebd., 105.
123 Vgl. ebd.
124 Ebd., 218.
125 Vgl. ebd., 117f.
126 Vgl. ebd., 104.
127 Vgl. ebd., 116.
128 Ebd., 114.
129 Vgl. ebd., 117. Goffman bemerkt allerdings, dass der Grad der Informalität auf der Hinterbühne durch mögliche Darstellungszwänge, die weiterhin bestehen können, Grenzen hat, vgl. ebd., 119.

Interaktionen weit größere Bedeutung zukommt.[130] Mit der Frage nach einem grundlegenden Charakter von Orten als Vorder- oder Hinterbühne sind Aspekte von abstraktem Raum angesprochen, denen ich mich unter dem Stichwort der Handlungsfelder nun im folgenden Abschnitt widme.

Abstrakter Raum: Handlungsfelder

»Ein ›Haus‹ wird als solches nur erfaßt, wenn der Beobachter erkennt, daß es sich um eine ›Wohnung‹ mit einer Reihe anderer Eigenschaften handelt, die sich aus dem jeweiligen spezifischen Gebrauch im menschlichen Handeln ergeben.«[131]

Regionen (z.B. ein Wohnzimmer) oder Regionenkomplexe (z.B. alle Räume einer Wohnung) lassen sich abstrakteren Raumeinheiten zuordnen. Hierfür hat Goffman u.a. den Begriff des *Handlungsfeldes (behavior setting)* verwendet.[132] Handlungsfelder zeigen unterschiedliche Typen von Regionen bzw. Regionenkomplexen an, »in denen eine Ordnung der Interaktion aufrechterhalten wird, die sich in Raum und Zeit weit über jede einzelne in ihr vorkommende soziale Situation hinaus«[133] erstreckt. Als Beispiele für solche Handlungsfelder nennt er öffentliche und halböffentliche Orte, z.B. Straßen, Parks, Restaurants, Theater, Geschäfte, Tanzlokale, Kongresshallen oder (halb)private Versammlungsorte, wie ein Büro, ein Wohnzimmer oder eine Küche.[134] An anderer Stelle spricht er von »größere[n] Arrangements. Fabriken, Flughäfen, Krankenhäuser«[135] zählt er beispielsweise dazu und verweist damit auf unterschiedliche räumliche Komplexitätsgrade. Der Begriff des Handlungsfeldes bezieht sich also auf eine »vielschichtige Palette physischer Räume«,[136] die sich deshalb je einem Handlungsfeld zuordnen lassen, weil in ihnen »eine bestimmte Art von Tätigkeit regelmäßig ausgeübt wird«.[137]

Zur Aufrechterhaltung des stetigen Flusses des Alltagslebens und zur Orientierung in seinen vielen Regionen ist das (gewohnheitsmäßige) Wissen um die Handlungsmöglichkeiten in ihnen notwendig.[138] Dieses geteilte Wissen der Akteure liegt vorwiegend als Routine unreflektiert und sozusagen gewohnheitsmäßig ihrem Handeln inne. Giddens spricht deshalb von praktischem Wissen bzw. prak-

---

130 Vgl. ebd., 100.
131 Giddens 1997, 170.
132 Vgl. Goffman 2009, 34.
133 Goffman 1994, 62.
134 Vgl. Goffman 2009, 19f.
135 Goffman 1994, 62.
136 Frehse 2016.
137 Goffman 2011, 217.
138 Vgl. Giddens 1997, 144.

tischem Bewusstsein,[139] das er analytisch von diskursivem, also kommuniziertem Wissen, sowie vom Unbewussten unterscheidet.[140] Das praktische Bewusstsein nützt den Anwesenden in einer Zusammenkunft einerseits dazu, ihre Rollen routinemäßig, d.h. in gewohntem Bezug zu den regionalen Handlungsmöglichkeiten, auszugestalten, andererseits ist es für soziale Institutionen (z.B. Kirche oder Krankenhaus) unabdingbar, da ihre Kontinuität in den über Raum und Zeit hinweg stetig wiederholten Handlungen begründet liegt.[141]

Dass Regionen durch die gewohnte Zuordnung zu Handlungsfeldern bestimmten Handlungsformen Vorschub leisten, zeigt eine Erläuterung Goffmans:

> »Die Dekorationen und ständigen Requisiten des Ortes, in dem eine bestimmte Vorstellung üblich ist, sowie die Darsteller und die Vorstellung schaffen eine bestimmte Atmosphäre; auch wenn die übliche Vorstellung nicht stattfindet, behält der Ort etwas von seinem Bühnencharakter. So behalten eine Kathedrale und eine Schulklasse etwas von ihrer Bestimmung, auch wenn nur Bauarbeiter dort sind.«[142]

Orte folgen in ihrer Ausgestaltung häufig einem zweckgerichteten Arrangement[143] und werden mit bestimmten Verhaltensweisen assoziiert.[144] In Goffmans Begriff der *Bestimmung* verdichtet sich diese Zweckausrichtung, die durch das routinemäßige Wissen um die angemessenen Verhaltensweisen sowie die Materialität der Orte begründet wird. Mit anderen Worten: Menschen wissen in der Regel, wie sie sich an einem Ort zu verhalten und nicht zu verhalten haben, weil er sich (a) in seinem Arrangement dem Handeln auf bestimmte Weise (physisch) anbietet und weil er (b) dadurch auch einem Handlungsfeld zuordenbar wird, von dem die Anwesenden in der Regel ein praktisches Verständnis haben. Die Umwelt – d.h. die Region(en) und ihre Ausstattung sowie das jeweils zugehörige Handlungsfeld einer Zusammenkunft – bildet jedoch keine statische Verhaltensvorgabe, sondern vielmehr

---

139 Vgl. ebd., 54f. Giddens bezieht sich hier explizit auf alltägliches Handeln. Schüler geht für religiöse Vorstellungen, durch die mitunter außeralltägliche Vorstellungswelten aufgespannt werden, ebenfalls von einer alltäglichen Verortung imaginativer Praxis aus, vgl. Schüler 2015, 215. Vor dem Hintergrund der Giddens'schen Überlegungen kann die Alltagspraxis religiöser Imagination demnach auch als Bestandteil alltäglichen praktischen Bewusstseins verstanden werden.
140 Vgl. Giddens 1997, 36.
141 Vgl. ebd., 112.
142 Goffman 2011, 115.
143 Vgl. Goffman 2011, 30.
144 Vgl. Frehse 2016, 16.

eine zwar qua ihrer Struktur kanalisierende und prägende Kraft, aber damit auch wichtige Ressource, auf die in der Interaktion zurückgegriffen werden kann.[145]
Die Begriffe der Handlungsfelder und der Bestimmung weisen eine natürliche Nähe zu Überlegungen funktionaler Differenzierung auf. Der Begriff der funktionalen Differenzierung bezieht sich auf die Gliederung einer Gesellschaft in nicht hierarchisch zueinander verfasste Teilsysteme, die für diese Gesellschaft jeweils eine bestimmte Funktion übernehmen.[146] Schroer zählt zu den »wichtigsten Funktionssystemen der modernen Gesellschaft [...] das politische System, das Rechtssystem, das Wissenschaftssystem, das Erziehungssystem, Religion, Familie, das Kunstsystem und das Medizinsystem«[147] auf. Dabei erklärt er die Räumlichkeit zu einem wesentlichen Merkmal funktional differenzierter Gesellschaften:

> »Durch die räumliche Präsenz von Organisationen entsteht [...] eine Visibilität funktional differenzierter Gesellschaften [...]. Während die Visibilität der stratifikatorischen Gesellschaft auf die Unterschiede der Wohnhäuser oder der Kleidung ausgerichtet war, die die einzelnen Schichten erkennbar machten, steht im Mittelpunkt der funktional differenzierten Gesellschaft die räumliche Differenzierung in unterschiedliche Funktionsgebäude.«[148]

Mit der Übernahme spezifischer Funktionen durch gesellschaftliche Teilbereiche haben Gesellschaften demnach Funktionsräume ausgebildet, die sie auch physisch strukturieren. Die handlungsspezifische Bestimmung von Orten kann als eine der zentralen Grundlagen für die gemeinsame Erarbeitung und Pflege einer Situationsdefinition betrachtet werden, denn sie vereinfacht die Aushandlung um erlaubte und nicht erlaubte Handlungsweisen und produziert dabei auch Schemata der Rollenverteilung. So beschreibt Schroer beispielsweise, dass Institutionen wie ein Krankenhaus oder eine Kirche auf ihre Weise soziale Rollen, hier also Patienten, Ärzte oder Gläubige, regelrecht erzeugen.[149] Für meine Fälle kann zudem angenommen werden, dass das Rathaus Menschen zu Bürgerinnen und Bürgern oder zu politischen Personen unterschiedlicher Ausrichtung macht oder dass in einem Museum wiederum hinsichtlich der Kunstexpertise unterschiedliche Rollen

---

145 Vgl. Schroer 2006, 176f. Schroer erklärt in diesem Zusammenhang, dass Raum durch diese Selektion möglicher Handlungen zur Bewältigung von Kontingenz beiträgt, vgl. ebd., 178. Auch Giddens hatte sich für eine Perspektive auf Struktur stark gemacht, in der Handlung durch Struktur nicht (nur) eingeschränkt, sondern vielmehr ermöglicht wird, vgl. Giddens 1997, 78.
146 Vgl. Schroer 2006, 142.
147 Ebd.
148 Ebd., 144.
149 Vgl. Schroer 2015, 19f. Ich verwende die männlichen Formen hier im Anschluss an Schroer, gehe aber davon aus, dass er das Gleiche auch über weibliche Rollenträgerinnen sagen würde.

erzeugt bzw. eingenommen werden. Dass eben nicht nur physische Gegebenheiten, sondern auch Bestimmungen und damit Zuordnungen zu Handlungsfeldern wirkmächtig sind, zeigt sich auch am Beispiel von Kirchenumnutzungen. An den diskutierten Grenzen von Möglichkeiten der Neunutzung lässt sich, so Schroer, im Diskurs ablesen, dass die Eigentümlichkeit von Räumen und ihre »Handlungsprogramme«[150] nicht vollständig ausradiert werden können.[151] Die zugesprochene Sakralität eines Raums spielt hierfür übrigens keine übergeordnete Rolle. Goffman erwähnt beispielsweise, dass es (wohl vor allem mit Blick auf Kirchen) zwar so etwas wie eine »Ehrfurcht vor geheiligten Orten«[152] gibt, dies aber nicht darüber hinwegtäuschen darf, dass auch vermeintlich profanere Orte, wie beispielsweise der Arbeitsplatz (z.B. in einer Bäckerei, einer Bank oder einem Taxi), durch ein Maß an Regelvorstellungen getragen werden, die denen sakraler Orte in nichts nachstehen.[153]

Wie die zu Beginn dieses Unterabschnitts aufgeführten Beispiele Goffmans zeigen, ist der Begriff des Handlungsfeldes dehnbar und verweist auf unterschiedliche Skalierungen des Raums – von einer Küche bis zu einem Flughafen. Vor dem Hintergrund der Überlegungen zur funktionalen Differenzierung erscheint es mir sinnvoll, den Handlungsfeldbegriff in seiner Skalierung von der Bestimmung einzelner Regionen und Regionenkomplexe, über verschiedene Institutionen bis hin zu gesellschaftlichen Feldern zu nutzen. Während ich Regionen als durch Wahrnehmungsschranken begrenzte Raumsegmente vorgestellt hatte, eröffnen die Handlungsfelder damit den Blick auf abstraktere Raumbezüge und zeigen auf, für welche Handlungen eine Region bzw. ein Regionenkomplex bestimmt ist, d.h. welcher im praktischen Bewusstsein der Nutzerinnen und Nutzer verankerten Funktion ein Ort gesellschaftlich zugedacht ist. Dabei können Orte, die innerhalb des gleichen Handlungsfeldes verortet werden, unterschiedliche Bestimmungen haben. So liegt es nahe, einen Kirchenraum, die Räumlichkeiten für die rituelle Waschung in einer Moscheegemeinde, einen Beichtstuhl und das Sekretariat einer Synagogengemeinde als unterschiedlich bestimmte Orte innerhalb des religiösen Handlungsfeldes zu verstehen.

---

150 Ebd., 25.
151 Vgl. ebd.
152 Goffman 2011, 100.
153 Goffman nennt hier ausdrücklich Anstandsregeln, vgl. ebd., 101f. Der von Goffman angelegte Regelbegriff wird von Giddens weiter ausformuliert. Regeln wirken demnach auf zweifache Weise, indem sie zum einen Sinn konstituieren und zum anderen soziale Handlungsweisen sanktionieren. Die hier angesprochenen Regeln werden verstanden als »Techniken oder verallgemeinerbare Verfahren«, Giddens 1997, 73. Sie sind von ihren ausformulierten Formen (z.B. Hausordnungen, gesetzlichen Regelungen, Spielregeln) zu unterscheiden, welche als kodifizierte Erläuterungen der allgemeineren Regelvorstellungen betrachtet werden können, vgl. ebd., 70ff.

Da die Handlungsfelder, denen Orte qua zugesprochener Bestimmung zugeordnet werden, ein wichtiger Bezugspunkt für die Herstellung einer gemeinsamen Situationsdefinition sind, liegt eine gewisse Last auf dem Prozess der Zuordnung und damit der diskursiven Herstellung von Bedeutung. Die Notwendigkeit kooperativer Leistung ergibt sich aus der prinzipiellen *Mehrdeutigkeit von Orten*, die beispielsweise Krech nachdrücklich ausführt:

> »Ebenso wie Objekte und Ereignisse sind auch Räume und Orte polysem und multivalent. In ihnen verschränken sich verschiedene Zuschreibungen, so dass die Semantik und Valenz in eine für jeweils konkrete Kommunikationsfälle bestimmte Rahmung gebracht werden müssen. Ein religiös gerahmter physischer Ort kann ebenso gut ein mit politischem, wirtschaftlichem, künstlerischem oder sonst wie ausgerichtetem Sinn versehener physischer Ort sein. Simultan und gleichwertig ist die Mehrfachcodierung eines physischen Ortes aber nur in der Perspektive einer distanzierten Beobachtung möglich. Im Vollzug sozialer Praxis müssen die verschiedenen Sinnsphären entweder in eine vereindeutigende Hierarchieordnung gebracht oder zumindest temporalisiert werden.«[154]

Es besteht also ein Spannungsverhältnis zwischen der Notwendigkeit der situativen Vereindeutigung und der Mehrdeutigkeit von Orten, da Orte im Rahmen von Zuschreibungsprozessen prinzipiell unterschiedlichen Handlungsfeldern zugeordnet werden können. Sakralbauten wie Synagogen oder Moscheen stehen beispielsweise nicht nur in einem Bezug zu Religion, sondern können auch als Kunstwerke oder touristische Attraktionen zum Objekt von Kommunikation werden.[155] Wichtig ist hier der Verweis auf die Notwendigkeit zur Hierarchisierung oder Temporalisierung im »Vollzug sozialer Praxis«, d.h. im Rahmen von Zusammenkünften. Damit schließt sich der Kreis zur Situationsdefinition, denn hiermit lässt sich die Umwelt von Zusammenkünften sowohl als Orientierungsanker (Bestimmung eines Ortes) als auch als wichtiger diskursiver Gegenstand (situative Vereindeutigung) bei der Herstellung einer gemeinsamen Situationsdefinition identifizieren. Für die empirische Untersuchung bedeutet das, ein Augenmerk auf die Interaktionsordnung, d.h. den interaktiven Prozess der diskursiven Zuordnung eines Veranstaltungsortes zu einem oder mehreren Handlungsfeldern zu legen. Wie sich meine Fälle im Hinblick auf Bestimmungen und Handlungsfelder voneinander abgrenzen lassen, werde ich im Unterkapitel 4.2 des Methodenkapitels erörtern. Bevor ich zum methodischen Vorgehen komme, werde ich das Theoriekapitel mit einem zusammenfassenden Blick auf Situation als Umwelt im Hinblick auf meinen Gegenstand beenden.

---

154 Krech 2018a, 65.
155 Ebd., 66.

Veranstaltungsorte als Umwelten interreligiöser Interaktion

Interreligiöse Veranstaltungen finden wie alle Arten sozialer Zusammenkünfte an konkreten Orten statt. Für die Wechselbeziehung zwischen den für diese Arbeit relevanten Veranstaltungen und ihren Veranstaltungsorten habe ich in diesem Kapitel den Begriff der Situation mit Goffman auf die Umwelt von Interaktion ausgedehnt. Dabei stehen drei grundlegende Dimensionen der Räumlichkeit im Zentrum: Region, Bühne(nbild) und Handlungsfelder.

Die in dieser Arbeit betrachteten Orte interreligiöser Veranstaltungen, darunter vor allem ein Saal im Hamburger Rathaus, Räumlichkeiten der Hamburger Kunsthalle und einer protestantischen Kirchengemeinde, können als konkrete Räume gefasst werden, die sich als Region bzw. Regionenkomplexe beschreiben lassen. Ihre physischen Wahrnehmungsschranken, ihre jeweilige funktionelle Ausstattung sowie ihre symbolisch-materielle Gestaltung spielen eine zentrale Rolle für die Interaktion in interreligiösen Veranstaltungen. So begrenzen sie die Möglichkeiten des Geschehens durch ihr physisches Arrangement, eine limitierte Auswahl an funktioneller Ausstattung sowie ein spezifisches symbolisches Repertoire; mit diesen Mitteln entfalten sie eine konditionierende Wirkung auf das Handeln. Diese Kondition ist nicht nur beschränkend zu verstehen, denn die physischen Eigenschaften einer Region schaffen auch eine erste Orientierung für die Möglichkeiten des Handelns, indem sie bestimmte Handlungen von vornherein unwahrscheinlich bzw. unmöglich machen und so zur Kontingenzbewältigung und der Schaffung einer gemeinsamen Situationsdefinition beitragen. Ein wichtiger Begriff, der zwischen der Region und der Bühne steht, ist die Positionierung. Damit sind all jene situativ-performativ eingebrachten Aspekte und Handlungen gemeint, die das regionale Arrangement physisch und sozial bedeutsam anreichern. Dazu gehören bewusst in Vorbereitung auf eine Veranstaltung in Stellung gebrachte Aspekte (z.B. Essen oder besondere symbolische, darunter religiöse Markierungen). Die Positionierung umfasst aber auch Elemente, die bereits Teil der Darstellung von Rollen sein können, wie z.B. religiöse Selbstmarkierungen, ein musikalischer oder ein Redebeitrag, Gesten, Mimiken, Körperhaltungen. All jene physischen und symbolischen Elemente einer Region, die zur Entfaltung einer Rolle genutzt werden, sind Teil des Bühnenbildes und machen aus diesem Bereich der Region eine Bühne. Ich hatte auch aufgezeigt, dass manche Rollen einen besonderen Bühnenbezug aufweisen. Das mag sich im Hinblick auf die Veranstaltungsorte vor allem im Zusammenhang von Institutionen und Angehörigen der Institutionen zeigen, also wenn ein Pastor ans Redepult in einem (d.h. beispielsweise auch seinem angestammten) Kirchengebäude tritt. Schließlich hatte ich zwischen Vorder- und Hinterbühne unterschieden, wobei der Fokus der Aufmerksamkeit aller Beteiligten in der Regel der Vorderbühne gilt und die Hinterbühne einen Rückzugsraum darstellt.

Dass bestimmten Orten diskursiv tendenziell ein Hinterbühnencharakter zugesprochen werden kann, man denke z.B. an die so genannte Hinterhofmoschee, verweist auf einen größeren räumlichen Zusammenhang, den ich mit dem Begriff der Handlungsfelder gefasst habe. So sind Orte nicht einfach nur zufällig irgendwie arrangiert, sondern weisen in ihrer Formation eine spezifische Geschichte auf. Diese Dynamik von Orten ist zum einen physisch erfassbar, wenn beispielsweise in historischen Gebäuden materielle Rudimente auf die Vergangenheit verweisen. Zum anderen ist häufig das zumindest basale Wissen um die Geschichte bestimmter Orte und vor allem ihre Bestimmung, d.h. ihre funktionelle Ausrichtung, qua Sozialisation in das praktische Bewusstsein von Mitgliedern einer Gesellschaft eingeschrieben.[156] Dies hängt mit der generellen Zuordnung von Orten zu Handlungsfeldern, d.h. im weitesten Sinne zu gesellschaftlichen Feldern, zusammen. Diese orientierungsschaffende Zuordnung von Orten zu Handlungsfeldern verläuft dabei in der Regel in Referenz auf das, was an einem Ort als typische und wiederkehrende Tätigkeit betrachtet wird, mit der allgemeine Regelvorstellungen einhergehen. Krech zeigt auf, dass die potenzielle Vieldeutigkeit von Orten aber prinzipiell unterschiedliche Formen der Kommunikation zulassen kann und damit auch unterschiedliche Handlungsfelder angesprochen werden können. Im Vollzug einer Zusammenkunft ist diese prinzipielle Vieldeutigkeit bei der gemeinsamen Herstellung einer Situationsdefinition situativ zu vereindeutigen (d.h. zu hierarchisieren oder zu temporalisieren). Damit steht die Aushandlung an Orten und um Orte in einem Wechselspiel zwischen der Notwendigkeit der situativen Vereindeutigung und den im praktischen Bewusstsein verankerten Bestimmungen eines Ortes.

---

156 Ein Beispiel hierfür hat Laack in ihrer Untersuchung zu Glastonbury vorgelegt, vgl. Laack 2015, 210.

4 Methodologischer Ansatz und Vorgehensweise

In diesem Kapitel werde ich mein methodisches Vorgehen zunächst methodologisch einordnen und dann das vergleichende Forschungsdesign in seiner Gesamtanlage umreißen. Nach einer Vorstellung der Vergleichsfälle und -kategorie folgt eine Darstellung der eingesetzten Erhebungsmethoden sowie der damit gewonnenen Datengrundlage. Schließlich erläutere ich in zwei Abschnitten die beiden angewandten Analysestrategien.

4.1 Methodologie und Forschungsdesign

4.1.1 Methodologische Einordnung

> »Es wird oft für selbstverständlich gehalten, daß ein klares und deutliches Verständnis neuer Ideen ihrer Formulierung und Institutionalisierung vorangeht und vorangehen sollte. (Eine Untersuchung beginnt mit einem Problem, sagt Popper). *Zuerst* hat man einen Gedanken oder ein Problem, *dann* handelt man, d.h. redet, baut oder zerstört. Doch so entwickeln sich gewiß nicht kleine Kinder. Sie gebrauchen Wörter, verbinden sie, spielen mit ihnen, bis sie eine Bedeutung erfassen, die ihnen bisher unzugänglich war. Und die anfängliche spielerische Tätigkeit ist eine wesentliche Voraussetzung für das schließliche Verstehen.«[1]

In seiner radikalen Haltung zum wissenschaftlichen Rationalismus, wie er von seinem Zeitgenossen Popper begründet und vertreten wurde, kritisiert der Wissenschaftstheoretiker Feyerabend in seinem umfänglichen Essay »Wider den Methodenzwang« eine blinde Hörigkeit gegenüber verfestigten wissenschaftlichen Denkmodellen, Theoriegerüsten und Argumentationsmustern.[2] Das schließt in gewisser Weise an den im vorigen Kapitel beschriebenen Stellenwert theoretischer Konzepte

---

1 Feyerabend 2018, 24f.
2 Vgl. ebd., 13ff.

in dieser Arbeit an. Denn sowohl vorgefertigte theoretische Konzepte als auch festgelegte Methoden stehen, so Feyerabend, neuem Wissen entgegen.³ Ob das für jeden Fall gilt, ist zwar fraglich, wichtig ist hier aber, dass weder theoretische Konzepte noch methodische Vorgehensweisen ein Selbstzweck sind, sondern je nach Gegenstand passend ausgewählt, angepasst und auch neu entwickelt werden sollten.

Das obige Zitat verweist auf einen grundlegenden erkenntnistheoretischen Mechanismus, nämlich die nachträgliche Rationalisierung von Handeln. So sind viele Ereignisse häufig erst durch ein nachträgliches Einordnen verstehbar. Und auch für wissenschaftliche Tätigkeiten gilt, dass sie sich nach und nach verfestigen.⁴ Feyerabend setzt diese Beobachtung in Bezug zu einer Grundfähigkeit von Kindern, sich Neuem spielerisch zu nähern. Dieses kreative Hineinwachsen in die Welt lässt sich methodologisch, so meine ich, in eine methodenpluralistische Auseinandersetzung mit einem komplexen Forschungsfeld übersetzen, die sich mit möglichst geringen (in jedem Fall aber zu reflektierenden) institutionellen Zwängen den empirischen Verhältnissen sensibel, begründet und einigermaßen flexibel annähert.

Dieser Haltung zu Feld und Methoden fühle ich mich in vorliegender Arbeit verpflichtet. Es sind dabei vor allem zwei Bezugsgrößen, die mein Vorgehen besonders prägen: Goffman und sein sozialwissenschaftlich-ethnografischer Forschungsstil sowie Grundprinzipien einer offenen *Grounded Theory Methodologie* (GTM) (besonders Breuer, Dellwing/Prus). Diese zwei methodologischen Anknüpfungspunkte möchte ich nun in ausgewählten Grundzügen darstellen. Da diese Arbeit religionswissenschaftlich ausgerichtet ist, setze ich die Ausführungen im Anschluss kurz zur Religionswissenschaft in einen Bezug.

Ein erster und sehr einflussreicher Bezugspunkt meiner Arbeit ist Erving Goffman. Er hat keine zusammenhängende Theorie entworfen oder angewendet, keine Schule begründet und sich keinem geschlossenen methodischen Vorgehen verpflichtet gefühlt.⁵ Er stellt für die genannte theorie- und methodenoffene Haltung in gewisser Weise eine Art Paradebeispiel dar. Als Soziologe folgt er unter dem

---

3   Vgl. ebd., 31. Feyerabend fordert in seinem Methodenanarchismus demgegenüber ein »*Anything goes*«, ebd., 32. Allerdings lässt sich, wie vielfach geschehen, m.E. gut begründen, warum einige Methoden für ein bestimmtes Feld und eine bestimmte Fragestellung geeigneter sein können als andere. Einen Anhaltspunkt hierzu geben beispielsweise die von Breuer zusammengetragenen Hinweise zu Gütekriterien der GTM, vgl. Breuer 2010, 109f. Der Mehrwert, den ich in Feyerabends Forderung aber sehe, ist der, dass er das Ausprobieren neuartiger Methoden grundsätzlich befürwortet, statt sie zu verwerfen.
4   Vgl. Feyerabend 2018, 25.
5   Dellwing zeigt Goffmans Abneigung gegen solche Praktiken der Zuordnung auf, vgl. Dellwing 2014, 194. Für eine tiefgehende Auseinandersetzung mit Goffmans methodischem Vorgehen kann ich eine Lektüre des Kapitels »Der wissenschaftliche Flaneur: Goffman im Alltag« in Dellwings Einführungswerk zu Goffman empfehlen, vgl. ebd., ab 39.

Einfluss der Chicagoer Schule[6] einem eigenwilligen ethnografischen Forschungsansatz, den Dellwing als Flaneurethnografie bezeichnet.[7] Durchaus ähnlich zu anderen offenen Forschungsansätzen der klassischen Ethnografie betont Goffman dabei eine nachträgliche Plausibilisierung des forschenden Handelns im Feld.[8] Nur diese notwendige Bemühung um eine Plausibilisierung unterscheide die wissenschaftliche Teilnahme von Präsenzen ›gewöhnlicher‹ Menschen, also in dem Fall Personen ohne wissenschaftliches Interesse.[9] Für das Eintauchen ins Forschungsfeld und den Umgang mit den Gesprächspartnerinnen und -partnern greift Goffman auf das so genannte Thomas-Theorem als Orientierungsanker zurück: Wenn Menschen Situationen als real definieren, dann sind diese in ihren Konsequenzen real.[10] Der Zugang zu seinem Forschungsgegenstand erfolgt vor dem Hintergrund dieses Grundsatzes über die teilnehmende Beobachtung und vor

---

6   Er studierte u.a. bei Everett Hughes, vgl. ebd., 15.
7   Ebd., 46.
8   Auf einer Podiumsdiskussion wurde Goffman beispielsweise in lockerer Atmosphäre gebeten, seinen Ansatz der Feldforschung zu beschreiben, worauf er erklärte: »I am going to report on what I conclude from studies of this kind that I've done. And I can only begin by repeating John Lofland's remarks that what you get in all of this [attempt to articulate techniques] is rationalizations, and we're in the precarious position of providing them. The only qualification of that precariousness is that ordinarily people go into the field without any discussion at all, so we can't be damaging the situation too much.« Goffman 1989, 124f., Hinzufügung durch den Herausgeber. Dies ist eine der wenigen Quellen, die aufzeigen, welche generellen Überlegungen Goffman selbst über seinen Forschungsansatz anstellt. Es handelt sich bei der Quelle um die posthume Transkription einer nicht autorisierten Aufzeichnung der Podiumsdiskussion. Goffman hatte auf Anfrage die Transkription seines Redeanteils ausdrücklich abgelehnt, vgl. Goffman 1989, 123.
9   In seiner grundsätzlichen Haltung zu festen Methoden ist Goffman interessanterweise nicht weit von Feyerabend entfernt, wenn er an verschiedenen Stellen in seinen Werken die Verfestigung wissenschaftlicher Werkzeuge und ihre verfremdende Wirkung auf das Feld beklagt, vgl. Dellwing 2014, 47ff. Dabei steht für Goffman – anders als für Feyerabend, der an dieser Stelle ja eben keine Einschränkungen macht – immer die möglichst natürlich belassene Situation im Zentrum der Aufmerksamkeit, während ihm durch die forschende Person hergestellte künstliche Situationen, also Experimente jeglicher Art, ein Graus zu sein scheinen. Dellwing berichtet beispielsweise, dass Goffman zu einer Party eingeladen worden sei, auf der sich vor allem experimentell arbeitende Personen aus der Psychologie eingefunden hätten. Nachdem er sich über die Forschungstätigkeiten der Anwesenden informiert hatte, habe er die Gastgebenden frustriert gefragt: »Why are all these smart people doing such stupid things?«, Shalin 2009, zitiert in Dellwing 2014, 49.
10 Vgl. Goffman 1980, 9. Das Theorem geht auf den Soziologen William Thomas und die Soziologin Dorothy Thomas zurück und lautet im Original: »If men define situations as real, they are real in their consequences«, Thomas/Thomas 1928, 572, zitiert in Esser 2002, 63. Dieser Grundsatz scheint mir gerade für Gesprächspartnerinnen und Gesprächspartner mit weltanschaulich geprägtem Blick auf ein Thema bzw. eine Situation hilfreich, um dem oben formulierten Anspruch der Einfindung in die Eigenlogiken des Forschungsfeldes gerecht zu wer-

allem über eine sehr breite Materialgrundlage, deren Elemente Goffman nicht nur mit Fokus auf konkrete Situationen gesammelt hat, sondern die ihm auf Schritt und Tritt in seinem Alltag begegnet sind. So entstammt das Material zur Untermauerung seiner Ausführungen gelegentlich auch Zeitungen, Filmen oder Romanen.[11] Sich aufdrängender methodischer Kritik entgegnet Goffman in seinen Texten dabei in der Regel nur, dass er sich der sorglosen Willkürlichkeit seines Materials bewusst sei, die offene Sammlung aber »immer noch besser ist als das, was die strengen Methodiker tun, wenn sie sich ihre Welt aus ihren Methoden zusammenbauen.«[12] In seinen Analysen nutzt Goffman das breit angelegte Material, indem er über Metaphern aus dem Material neue Kategorien ableitet.[13] Dabei arbeitet er sowohl im Kleinen mit metaphorischen Umschreibungen als auch im Großen mit Kernmetaphern, mit denen er seinen Gegenstand zu fassen sucht. Zu den bekanntesten gehören neben der im Theorieteil aufgegriffenen Theatermetapher die Ritual- und die Spielmetapher.[14] Aus jedem seiner Texte gehen über die Metaphern zahlreiche Kategorien hervor, die jedoch intertextuell selten von ihm wieder aufgegriffen werden, sondern den immer wieder untersuchten Gegenstand – Interaktion in *face-to-face*-Situationen – aus einem je anderen Winkel beleuchten.[15]

Die teils chaotische und dem Eindruck nach von spontanem Interesse geleitete Herangehensweise Goffmans scheint unter dem Ansatz einer offenen Grounded Theory Methodologie (GTM) am ehesten gut aufgehoben zu sein.[16] Zumindest sind hier ausgeprägte methodologische Reflexionen zu ganz ähnlichen Prinzipien der Forschung zu finden. Glaser und Strauss entwarfen das Konzept der GTM ursprünglich, um »der herrschenden *Grand Theory* eine radikal andere Position entgegenzusetzen«.[17] So wurde statt einer verbreiteten »datenfreien Erzeugung«[18] von Theorie die Arbeit an empirischem Material als zentrale Quelle für Theoriegewinnung in Anschlag gebracht. Nach diesem Startschuss von 1967 entstanden ganz unterschiedliche Ansätze der GTM. Als sich verfestigendes und etablierendes

---

den. Für eine eingehende soziologische Auseinandersetzung mit dem Thomas-Theorem vgl. Esser 2002, 59–73.

11 Vgl. Dellwing 2014, 52. Dellwing führt dazu aus: »Sein Material konnte von überall kommen. Er sammelte an allen Orten, jederzeit, aus allen Quellen und ohne Sorge um die Unmittelbarkeit des Materials. Selbst Gesehenes, Gehörtes, Erzähltes, Gelesenes, über drei Ecken Weitererzähltes«, ebd., 51.
12 Ebd.
13 Vgl. ebd., 57.
14 Vgl. ebd., 59ff.
15 Vgl. ebd., 63ff.
16 Vgl. ebd., 62.
17 Glaser/Strauss 2010, 8, Hervorhebungen im Original.
18 Ebd.

4 Methodologischer Ansatz und Vorgehensweise

Forschungsmodell nahm und nimmt die GTM dabei in manchen Ausgestaltungen systematischere Züge an[19] und in anderen Ansätzen wird das Prinzip der Offenheit deutlicher ins Zentrum gerückt.[20] Charmaz und Mitchell führen einige Grundprinzipien an, die ihrer Ansicht nach allen Ansätzen der GTM zugrunde liegen:

- die Verschränkung von Datenerhebung und -auswertung,
- die Verfolgung aufkommender Themen in der frühen Datenerhebung,
- die Entdeckung[21] grundlegender sozialer Prozesse in den Daten,
- die induktive Konstruktion abstrakter Kategorien, die diese Prozesse fassen und erklären,
- sowie die Integration der Kategorien in ein theoretisches Gerüst, das Aufschluss über die Gründe, Bedingungen und Konsequenzen der Prozesse gibt.[22]

In der Ausrichtung auf diese Grundprinzipien stellt die GTM verschiedene methodische Werkzeuge zur Verfügung. Das beginnt mit einem breit angelegten Datenbegriff. Hierunter fallen neben Gesprächsmaterial, Beobachtungsprotokollen und Felddokumenten z.B. auch subjektive Eindrücke der forschenden Person.[23] Prinzipiell gibt es keine Einschränkungen für die Auswahl des Materials, entsprechend lautet ein Leitspruch der GTM auch: »All is data.«[24] Das Datenmaterial wird mittels eines theoretischen Kodierverfahrens analysiert, d.h. dass die am Material zu entwickelnden Konzepte zunächst deskriptiv angelegt sind, dann aber zunehmend einen verallgemeinernden Charakter annehmen und dadurch auch eine erklärende Funktion übernehmen. Zudem werden die zu bearbeitenden Fälle (bzw. die nächsten Gesprächspartnerinnen und Gesprächspartner oder das nächste Event) sukzessive und auf Grundlage früh einsetzender Analyse nach theoretischen Gesichtspunkten ausgewählt. Der theoretische Gehalt liegt dabei in den am Material entwickelten und in begleitenden Memos skizzierten Konzepten und Hypothesen. Ein wesentlicher Mechanismus hierfür ist der stete Vergleich zwischen den verschiedenen Fällen, ihren Kontexten und den entstehenden Konzepten.[25]

---

19 Corbin und Strauss bemühen sich beispielsweise um eine stärkere Differenzierung und damit Standardisierung des Kodierverfahrens, vgl. Corbin/Strauss 1990.
20 Glaser/Strauss 2010, 8ff.
21 Das Entdecken setzt eine zwar theoretisch sensibilisierte, aber stets offene Haltung für Neues im Feld voraus. Dellwing und Prus nennen daher einerseits sensibilisierende Konzepte und andererseits die »Serendipity«, eine Art entdeckerischen Spürsinn, als zwei zentrale Bezugspunkte offener Forschung, vgl. Dellwing/Prus 2012, 70ff.
22 Vgl. Charmaz/Mitchell 2001, 160.
23 Vgl. Breuer 2010, 52.
24 Glaser 2007, 57, zitiert in Breuer 2010, 60.
25 Vgl. Breuer 2010, 41.

Der Einsatz der genannten Werkzeuge sollte, so zumindest in der Perspektive von Dellwing und Prus, im Bewusstsein einer »doppelte[n] Intersubjektivität«[26] erfolgen. Dieses an rezenter ethnografischer Forschung orientierte Konzept umfasst drei Gedanken. Zunächst wird ein objektivistisches Verständnis des Feldes abgelehnt. Das bedeutet, dass es weder die eine durch Forschung zu entdeckende und aufzuschlüsselnde Wahrheit oder eindeutige Perspektive noch eine überall und zu jederzeit gleich- und wohlgeordnete Welt gibt.[27] Vielmehr wird von einem »Improvisationschaos der Welt«[28] ausgegangen, in dem eine Vielzahl subjektiver Interpretationen zu Hause sind. Diese subjektiven »Perzeptionen und Deutungen«, so beispielsweise Breuer, »werden [...] nicht als irrelevante Begleitphänomene, sondern als grundsätzlich bedeutsam für ein sozialwissenschaftliches Verständnis vom Menschen, dessen Handeln und Erleben erachtet.«[29] Gleichzeitig stehen diese individuellen Perspektiven durch wechselseitige Antizipation, d.h. durch Erwartungen und Annahmen über das Verhalten der jeweils anderen Personen in Beziehung zueinander.[30] Der zweite Gedanke der doppelten Intersubjektivität ist, dass auch die Wissenschaft kein einheitliches Gebilde mit einem »festen Fach-Erwartungsraum«[31] und »einer Letztentscheidungsautorität«[32] darstellt, sondern ihrerseits ein buntes und bewegliches Feld ist. Wissenschaftliche Texte sind dabei in aller Regel nicht nur Produkte ihrer Autorin bzw. ihres Autors, sondern werden unter Berücksichtigung der wissenschaftlichen Community bzw. vor dem Hintergrund bestehender disziplinärer Diskurse und Erwartungen entworfen.[33] So ist Bedeutung nicht nur im Forschungsfeld, sondern auch in der Wissenschaft stets ein Objekt der Aushandlung.

Dies führt schließlich zum dritten Gedanken und zum Kern des Spannungsmoments der doppelten Intersubjektivität. Die forschende Person steht vor der Aufgabe, sich in ernst zu nehmendem Maße sowohl in das zu untersuchende Feld als auch in die eigenen disziplinären Erwartungsräume einzufinden und einzuordnen. Gleichzeitig betonen Dellwing und Prus die Notwendigkeit der Vermeidung

---

26   Dellwing/Prus 2012, 63.
27   Vgl. ebd., 60ff.
28   Ebd., 150.
29   Breuer 2010, 19.
30   Vgl. Dellwing/Prus 2012, 61f. Dieses Grundverständnis korreliert mit den im Theoriekapitel beschriebenen Konzepten Goffmans im Zusammenhang mit *face-to-face*-Interaktion.
31   Ebd., 64.
32   Ebd., 65. Dellwing und Prus beziehen sich hier vornehmlich auf die Ethnografie, dies lässt sich m.E. aber mindestens auf alle kulturwissenschaftlichen Disziplinen übertragen.
33   Vgl. Dellwing/Prus 2012, 64f.

von Vereinnahmungen durch beide Felder.[34] Sie schlagen als Lösungsstrategie eine doppelte Befremdung vor. Diese Befremdung beginnt mit dem Eintauchen ins Feld und der bewussten Distanz zu den eigenen Vorannahmen. In dieser offenen Haltung werden die Eigenlogiken des Feldes mit dem Ziel erkundet, die eigene (innere) Ordnung nach ihnen auszurichten. An diesen Schritt der Befremdung zum Eigenen schließt sich zu geeigneter Zeit eine Gegenbewegung an, nämlich der Versuch, durch eine Befremdung der gewonnenen Einsichten in die Eigenlogik des Feldes diese in eine für die Wissenschaft anschlussfähige konzeptionelle Ordnung zu überführen. Die forschende Bewegung zwischen diesen beiden Befremdungsstrategien beschreiben Dellwing und Prus als »oszillierend«,[35] d.h. als ein Schwingen zwischen dem Feld und dem Erwartungsraum der eigenen wissenschaftlichen Disziplin.[36]

Die im Rahmen dieser Arbeit verfolgte Mischung aus einem ethnografisch-flaneurhaften Ansatz und einer offenen GTM nutze ich, um die beschriebene Pendelwirkung (Eintauchen ins Feld und systematische Analyse) einzulösen. Diese forschungsstrategische Verbindung ist nicht neu und kann als fruchtbar gelten. Wie beispielsweise Charmaz und Mitchell aufzeigen, trägt die GTM zu einer analytischen Schärfung und Rationalisierung ethnografischer Forschung bei, während andersherum ethnografisches Vorgehen einer Übertechnisierung der GTM entgegenwirkt.[37]

Ich beende diese methodologische Einordnung mit einer Relationierung des Gesagten zur Religionswissenschaft als jene disziplinäre »Diskursgemeinschaft«,[38] in Bezug zu der diese Arbeit entstanden ist. In scharfer Kritik an religionsphänomenologischen Ansätzen vollzog die Religionswissenschaft in den 1970er und 1980er Jahren einen Wandel hin zu einem kulturwissenschaftlichen Selbstverständnis und erweiterte damit ihren Bezugsrahmen auf andere kulturwissenschaftliche Fächer wie die Soziologie und Ethnologie. Im Zuge dieser so genannten kulturwissenschaftlichen Wende veränderte sich auch die methodologische Grundhaltung der Religi-

---

34　Gemeint ist, weder dem Feld unbeeindruckt vom Geschehen die eigenen Vorannahmen aufzudrängen noch unreflektiert alle Selbsterzählungen des Feldes zu übernehmen, vgl. ebd., 66f.
35　Ebd., 68.
36　Vgl. ebd.
37　Vgl. Charmaz/Mitchell 2001, 160.
38　Führding 2014, 56. Führding greift zur Identifikation des Fachs hier Pogners Begriff der Diskursgemeinschaft auf. Die Religionswissenschaft ist demnach eine Diskursgemeinschaft, weil sie eine soziale Gruppe mit eigenen Sprachregeln sowie Problemdefinitionen darstellt und zudem über eigene Institutionen (u.a. Institute und Seminare, Fachverbände, fachwissenschaftliche Zeitschriften) verfügt, vgl. ebd., 56f. Für Pogners Diskussion des Einflusses von Diskursgemeinschaften auf die Text- und Wissensproduktion in Organisationen vgl. Pogner 2007.

onswissenschaft zu ihrem Gegenstand.[39] Stausberg (2012) beispielsweise leitet den von ihm herausgegebenen einführenden Sammelband zur Religionswissenschaft mit folgenden Worten ein:

»Die Religionswissenschaft versteht sich als eine empirisch arbeitende Wissenschaft – das heißt, als eine Wissenschaft, die auf der Beobachtung und Beschreibung von Religionen, religiösen Akteuren oder religiösen Sachverhalten (Dingen, Ereignissen, Phänomenen) aufbaut.«[40]

Die hier betont empirische Ausrichtung erteilt jedem Erklärungsansatz, der auf nicht beschreibbaren oder beobachtbaren Sachverhalten beruht, eine Absage. Entsprechend wird die Religionswissenschaft hier »als eine religiös neutrale (agnostische) Geistes-, Human- oder Kulturwissenschaft«[41] ins Spiel gebracht.[42] Diese religiös neutrale Haltung wird u.a. als methodologischer Agnostizismus (Religionswissenschaft trifft keine Aussage über religiöse Wahrheiten)[43] oder als methodologischer Atheismus (Religionswissenschaft schließt »übernatürliche Kräfte als Erklärungsfaktoren«[44] für die eigenen Analysen aus) konzeptualisiert.

Grundsätzlich hat sich die Religionswissenschaft mit der kulturwissenschaftlichen Öffnung zudem ein großes Methodenrepertoire erschlossen,[45] das mit einer zunehmend breiteren Datengrundlage einhergeht. Auch wenn Sprache und schriftliche Zeugnisse nach wie vor eine zentrale Grundlage der historischen wie gegenwartsbezogenen Forschung und auch Medium der Ergebnispräsentation sind und

---

39 Vgl. Lehmann/Kurth 2011, 10f.
40 Stausberg 2012, 1.
41 Ebd., 2.
42 Ebd., 2f. Dieses Selbstverständnis tritt religionsphänomenologischen Praktiken entgegen, die beispielsweise das religiöse Gefühl als Zugriffsoption zur Voraussetzung machten, vgl. Lehmann/Kurth 2011, 10.
43 Smart beschreibt den methodologischen Agnostizismus als »a method of looking at the objects of religious experience and belief which neither brings heaven down to earth nor takes a step into metaphysics and theology.« Smart 2015, 49.
44 Stausberg 2012, 3. Vgl. für einen religionssoziologischen Standpunkt auch Berger 1988, 170.
45 Führding spricht einschränkend von einem für die Religionswissenschaft charakteristischen »Methodenmix aus historischen, philologischen und sozialwissenschaftlichen Methoden«, Führding 2014, 64f. Dies spiegelt m.E. aber nur den aktuellen Stand des Diskurses. Die Etablierung weiterer Methoden halte ich unter der Voraussetzung geeigneter religionswissenschaftlicher Fragestellungen für möglich. Und auch Führding zeigt auf, dass die gewählten Methoden, um zur Anwendung in religionswissenschaftlicher Forschung kommen zu können, im Horizont religionswissenschaftlicher Methodologie und Theoriebildung reflektiert werden müssen, vgl. ebd., 65. Der Einbezug ›neuer‹ bzw. weiterer Methoden ist also nicht kategorisch ausgeschlossen.

bleiben, so plädiert doch schon Gladigow 1988 für den Einbezug anderer Kommunikationsformen, darunter Tanz, Musik, Bilder, Gerüche und Architektur.[46]

Die offene Forschungshaltung im Allgemeinen und die GTM im Besonderen haben sich in der religionswissenschaftlichen Forschung bereits als mögliche Forschungsstrategien etabliert. Der Blick auf die kulturwissenschaftlich geöffnete Religionswissenschaft zeigt die Gründe dafür auf, warum die GTM hier auf fruchtbaren Boden gefallen ist. Neben der empirischen Ausrichtung, der potenziell breiten Datengrundlage und damit der Vielfalt des Gegenstandsbereichs sowie der methodischen Vielfalt ist es auch »die lange Tradition vergleichender Analysen, welche die Religionswissenschaft bis in die Gegenwart hinein prägen«[47] und die prinzipielle Kompatibilität der GTM mit bestimmten religionswissenschaftlichen Fragen begründet. Auch die vorliegende Arbeit ist als Vergleichsstudie zu verstehen. Die Konzeption dieses Vergleichs werde ich im Folgenden eingehender vorstellen.

4.1.2 Vergleichendes Forschungsdesign

Der Vergleich gilt heute als konstitutives Element der Religionswissenschaft und wurde bereits in der Pionierzeit des Fachs als zentraler methodischer Bestandteil gewertet.[48] Allerdings erklärte Freiberger jüngst, dass trotz omnipräsenter Umsetzung eine tiefgehende methodologische Auseinandersetzung mit dem vergleichenden Vorgehen noch aussteht.[49] Freibergers 2019 erschienenes Buch »Considering Comparison« zeugt von dem Willen, genau diese Lücke zu schließen. Mithilfe der Überlegungen Freibergers werde ich in diesem Abschnitt darlegen, wie ich die Fälle meiner Untersuchung in einen komparativen Zusammenhang bringe, um meine leitende Frage nach der Wechselwirkung von Raum und Handeln in interreligiösen Veranstaltungen zu beantworten. Folgende Übersicht vermittelt einen Eindruck vom Untersuchungsverlauf und den zentralen Elementen meiner Forschung:

---

46 Vgl. Gladigow 1988, 37.
47 Lehmann/Kurth 2011, 12. Die komparative Vorgehensweise wird mithin als integraler Bestandteil religionswissenschaftlicher Forschung ausgewiesen, vgl. Freiberger 2011, Stausberg 2012, 19 und Führding 2014, 62.
48 In einer 1870 gehaltenen Vorlesung zeigte Friedrich Max Müller am Beispiel sprachwissenschaftlicher Untersuchungen den großen Ertrag vergleichenden Forschens auf, um anschließend die Frage in den Raum zu werfen: »Was sollte uns denn also hindern, die vergleichende Methode, die so große Resultate in anderen Regionen des Wissens zu Tage gefördert hat, auch auf das Studium der Religionen anzuwenden?«, Müller 1876, 13. Damit legte er einen Grundstein für die Religionswissenschaft als vergleichende Disziplin.
49 Vgl. Freiberger 2019, 7.

Abbildung 2: Übersicht zu Verlauf und Bestandteilen dieser Forschung

Auswahlprozess	Erhebungen und Datenmaterial	Einzelfallanalyse, Gegenüberstellung und Theoriegewinnung
Feld und Vergleichsfälle	Erhebungsmethoden / Datensorten	Analysemethode I
Veranstaltungsreihe 1 an Ort A	Teilnehmende Beobachtungen / Interviews mit Leitungen / Besuchendenbefragungen	Feldnotizen, Interviewnotizen, Interviewtranskriptionen, Befragungstabellen → dichte Beschreibungen der Fälle
Veranstaltungsreihe 2 an Ort B	Teilnehmendeninterviews	Selbstdarstellungen & historische Informationen in unterschiedlichen Formaten
Veranstaltungsreihe 3 an Ort C	Selbstdarstellungen / historische Informationen	Analysemethode II
Veranstaltungsreihe 4 an Ort D	Presse	Presseartikel → systematischer Fallvergleich

Im Folgenden werde ich den Forschungsprozess entlang des Schaubildes kurz skizzieren und ihn dann in den anschließenden Unterkapiteln dieses Methodenteils weiter ausformulieren. Die Schritte sind, wie Freiberger betont, in ihrer Reihenfolge zwar einigermaßen festgelegt, weisen aber große zeitliche Überschneidungen auf und geben auch Raum für prozesshafte Rückbewegungen.[50] Der Prozesscharakter lässt sich im Anschluss an die GTM demnach als zirkulär beschreiben, d.h. die Erhebungen, ihre Überführung in aufbereitetes Datenmaterial, theoretische und methodische Erwägungen sowie die Analysen wurden nicht in aufeinanderfolgenden und klar abgegrenzten Phasen, sondern miteinander verschränkt durchgeführt. Begleitet und kontrolliert wurde dieser Prozess mittels eines Forschungslogbuchs sowie unsystematischer, auf zahlreichen Zetteln verteilter Memos und ihrer wiederkehrenden Sichtung.[51]

Auswahlprozess: Zu den grundlegenden Elementen einer Vergleichsforschung gehören, so Freiberger, mindestens zwei Komparanden und eine Vergleichskategorie. Mit Komparanden sind die Fälle gemeint, die einem Vergleich unterzogen

---

50 Vgl. Freiberger 2019, 150. Freiberger erörtert die einzelnen Schritte des Vergleichsprozesses in leichter Abwandlung und Erweiterung der Überlegungen Jonathan Smiths. Er führt im Einzelnen den Auswahlprozess, die Deskription und Analyse, die Gegenüberstellung, die Neubeschreibung sowie die Richtigstellung/Theoriegewinnung als (mögliche) Schritte an, vgl. ebd. In meiner folgenden Darstellung habe ich diese Schritte für meine Zwecke kondensiert und mit meinen tatsächlich verwendeten Methoden gefüllt.
51 Die Organisation von Notizen wird verschiedentlich in der Literatur behandelt und systematisiert, vgl. beispielsweise den ausführlichen Vorschlag von Dellwing/Prus 2012, 147ff. Im Kern dienen Memos, d.h. Kurznotizen jedweder Art, der Dokumentation frischer Bezüge, Ideen und Einfälle, die es festzuhalten gilt, vgl. Glaser/Strauss 2010, 121.

werden sollen. Die Vergleichskategorie entspricht dem *tertium comparationis*, also dem systematischen Aspekt, in dessen Hinsicht die Fälle verglichen werden.[52] In dieser Untersuchung habe ich vier interreligiöse Veranstaltungsreihen an unterschiedlichen Orten in Hamburg als Untersuchungsfälle gewählt, die ich hinsichtlich ihrer Räumlichkeit vergleiche. Der Auswahlprozess bezieht sich sowohl auf die Wahl des Feldes und der Komparanden, die für den anstehenden Vergleich aus einem Pool von Optionen gewählt werden müssen, als auch auf die Festlegung auf eine klar umrissene Vergleichskategorie.[53] Das bedeutet für die vorliegende Untersuchung zum einen, die Begrenzung und Auswahl der Veranstaltungsreihen transparent zu machen, einschließlich einer Erläuterung, wofür die Veranstaltungsreihen im Horizont der Fragestellung jeweils einen Fall darstellen. Zum anderen muss die Vergleichskategorie »Räumlichkeit« reflektiert werden. Beides erfolgt in Unterkapitel 4.2. Die Zuspitzung des *tertium comparationis* für den systematischen Fallvergleich präsentiere ich außerdem in Abschnitt 4.4.2. Wichtig für den Auswahlprozess ist noch zu betonen, dass es sich um einen anhaltenden Prozess handelt, der auch die anderen Phasen des Forschungsprozesses umfasst. So wie die Erhebungs- und Auswertungsmethoden angemessen gewählt werden müssen, sind auch die gesetzten Ausgangspunkte der Untersuchung (Komparanden und Vergleichskategorie) bis zum Ende Gegenstand andauernder Anpassung, Schärfung und Revision.[54]

Erhebungsmethoden und Datenmaterial: Den Fällen habe ich mich über einen multimethodischen Ansatz genähert, um meinen Gegenstand von verschiedenen Perspektiven aus zu beleuchten. Da eine zentrale Strategie der Erhebung die teilnehmende Beobachtung in interreligiösen Veranstaltungen darstellt, dient der methodenpluralistische Ansatz zudem als Kontrollmittel zur Verhinderung subjektiver Verzerrungen. Ausgehend von den teilnehmenden Beobachtungen wählte ich sukzessive Fälle aus, die ich weiterverfolgte. Für einen Einblick in die organisatorische Innensicht auf die Veranstaltungen führte ich halboffene Interviews mit Verantwortlichen, d.h. mit Personen, die die Veranstaltung leiteten oder organisierten. Im Zusammenhang mit ausgewählten Veranstaltungen führte ich soweit dies angesichts der Veranstaltungsgröße und -anlage sinnvoll war, Befragungen mit Teilnehmenden durch, um einen möglichst breiten Eindruck der Teilnehmendenperspektive zu gewinnen. Teils über die Befragungen, teils durch direkte Ansprache und Vermittlung wählte ich für jeden Fall Teilnehmende aus, mit denen ich ein eingehenderes Interview führte. Schließlich fand ich über verschiedene Wege eine Reihe von ergänzendem Material u.a. architekturgeschichtliche Beschreibungen der Veranstaltungsorte, Selbstdarstellungen von Institutionen,

---

52 Vgl. Freiberger 2019, 81f.
53 Vgl. ebd., 151.
54 Vgl. ebd., 152.

Charakterisierungen von interreligiösen Veranstaltungen in digitaler und analoger Form sowie (Foto- und Video-)Dokumentationen einzelner Veranstaltungen. Weitere Informationen zu den einzelnen Erhebungsinstrumenten und dem damit generierten Datenmaterial folgen im Unterkapitel 4.3.

Einzelfallanalyse, Gegenüberstellung und Theoriegewinnung: Gemäß Freibergers Reflexion des Vergleichsprozesses lässt sich die Analyse in zwei Schritten konzipieren. In einem ersten Schritt werden die gewählten Fälle beschrieben und jeweils in ihrer Eigenheit als Einzelfall analysiert. In der eingehenden Beschreibung werden notwendigerweise fragerelevante Aspekte hervorgehoben. Freiberger betont zudem den fallkonstruktiven Charakter dieses Schritts. Im zweiten Schritt werden die Fälle einander gegenübergestellt. Hierbei werden über systematische Kontrastierungen Gemeinsamkeiten und Unterschiede zwischen den Fällen herausgearbeitet. Anhand der gewonnenen Einsichten können bestehende theoretische Ansätze überprüft oder neue theoretische Zusammenhänge aufgemacht werden.[55] Ich habe mir diesen von Freiberger vorgeschlagenen analytischen Zweischritt zu Eigen gemacht und mit den dichten Beschreibungen und einem systematischen Fallvergleich zwei unterschiedliche, aber aufeinander aufbauende Analysemethoden zur Anwendung gebracht. Beide will ich hier zum Schluss kurz benennen und dabei auch den Zusammenhang zwischen ihnen hervorheben.

Im Zuge der Feldkontakte und der darauffolgenden Erstellung von Feldnotizen ist mein Interesse an Einzelfallbeschreibungen hinsichtlich der verschiedenen und teils sehr spezifischen Zusammenhänge von interreligiöser Veranstaltung und dem jeweiligen Veranstaltungsort gewachsen. Nach einer intensiven Lektüre des Textes »Dichte Beschreibung« von Geertz (1987) und einiger Rezipienten[56] reifte die Idee einer zweigleisigen Analysestrategie heran, die ethnografische und systematisch-sozialwissenschaftliche Ansätze zusammenbringt. Zum einen wollte ich mittels eines als Schreibanalyse konkretisierten Verfahrens der dichten Beschreibung den Eigenlogiken der Fälle Genüge tun und auf diese Weise ein Ergebnis produzieren, das reflektiert meine Rolle als Autor der wissenschaftlichen Texte mit einbezieht. Um aber den Ansprüchen einer theoriegenerierenden Perspektive gerecht zu werden, konnte ich dort nicht stehen bleiben. Deshalb entschied ich mich, aufbauend auf die dichten Beschreibungen und unter Rückgriff auf die beschriebenen Strategien der GTM, einen systematischen Fallvergleich durchzuführen. Dieser zielt darauf, durch eine Gegenüberstellung der Einzelfälle theoretische Erkenntnisse über das Wechselverhältnis von Handeln und Raum in interreligiösen Veranstaltungen zu gewinnen. Der Zusammenhang zwischen beiden Analysemethoden lässt sich vor dem Hintergrund der von Dellwing und Prus genannten doppelten Intersubjektivität aufzeigen. Ich hatte bereits deutlich gemacht, dass der hier vorgestellte Forschungspro-

---

55 Vgl. ebd., 153ff.
56 Darunter Denzin 1989, Ponterotto 2006 und Spencer 2014.

zess im Bewusstsein ablief, dass sowohl den Eigenlogiken des Feldes Genüge getan, als auch der disziplinäre Erwartungsraum bedient werden muss. Das strategische Eintauchen ins Feld einerseits sowie die systematische Aufbereitung und theoretisch sensibilisierte Analyse andererseits bilden also zwei gegenüberliegende Pole, denen ich abwechselnd – so dem Vorschlag Dellwings und Prus folgend – zugestrebt bin. Diese Pole bilden sich bis zu einem gewissen Grad in den beiden Analysestrategien und den beiden Ergebniskapiteln dieser Arbeit ab. Mit den dichten Beschreibungen verfolge ich einen Ansatz, der die Eigenlogiken des Feldes durch meine reflektierte Konstruktion im Feld zugänglich macht. Mit der darauf aufbauenden systematisch-vergleichenden Analyse stelle ich das Ganze dann deutlich stärker in den Kontext der aufgegriffenen theoretischen Konzepte. Das Pendeln zwischen diesen Bezugsfeldern findet in einer der Verschränkung von Erhebung und Auswertung entsprechenden, sich wiederholenden Schleife statt.[57] Diesen wechselhaften Prozess eins zu eins in dieser Arbeit nachzuzeichnen, wäre redundant und wenig zielführend. Was im Forschungsprozess also ein ständiges Pendeln bedeutet, verfestigt sich in der Verschriftlichung zu einem einzigen Pendelschlag: von den dichten Beschreibungen der einzelnen Fälle hin zur abstrakteren systematisch-vergleichenden Analyse.

Mit den kurzen Ausführungen zum Auswahlprozess, zur Erhebung sowie zu den beiden Analyseverfahren wäre das Forschungsdesign meiner Untersuchung in seinen Grundzügen dargelegt. Ich habe angedeutet, dass der Forschungsprozess grundsätzlich von vielen Abwägungen und Entscheidungen durch die forschende Person geprägt ist. Da dies so ist, erscheint es mir wichtig, meine Person als eine Bedingung dieser Arbeit zu reflektieren.[58] Bevor ich die skizzierten Bestandteile des Forschungsdesigns eingehender vorstelle, werde ich deshalb im folgenden Abschnitt die Rahmenbedingungen meiner Forschung und meinen eigenen Standort darin transparent machen.

4.1.3 Rahmenbedingungen und eigener Standort

Die vorliegende Untersuchung ist geprägt von bestimmten Voraussetzungen, die ich in diesem Abschnitt erläutern werde. Ich hatte die Notwendigkeit aufgezeigt, sowohl in das Feld einzutauchen als auch dem disziplinären Erwartungshorizont Rechnung zu tragen. Dellwing und Prus schlagen als forschungspraktische Lösung

---

57 Diese Bewegung stellt sich angesichts einiger Entscheidungsänderungen, Verwerfungen und äußerer Bedingungen im tatsächlichen Forschungsprozess nicht als gleichmäßiges Schwingen, sondern als wildes Ausschlagen in viele Richtungen dar.

58 Auch Freiberger hebt seinen Vorschlag zu vergleichender Forschung als »Scholar-Centered Approach«, Freiberger 2019, 81, hervor und unterscheidet persönliche, kulturelle und fachspezifische Voraussetzungen der forschenden Person als Bedingungen der Forschungsentscheidungen, vgl. ebd., 96ff.

das Pendeln zwischen diesen Polen vor. Eine notwendige Voraussetzung ist gerade mit Blick auf die Nachvollziehbarkeit der hier gemachten Aussagen die Möglichkeit für die Lesendenschaft, die forschende und schreibende Person (sozusagen den »Pendler« bzw. die »Pendlerin«) adäquat einschätzen zu können. Ein reflektierter Umgang mit der eigenen Forschendenrolle ist hierfür besonders im Rahmen empirischer Feldforschung ein wichtiges Kontrollinstrument für die Herstellung valider Aussagen. So greift Breuer neben der Dokumentation des Forschungsprozesses, der Eignung der gewählten Methoden und der empirischen Verankerung u.a. auch die Selbstreflexivität des Forschers bzw. der Forscherin als wichtiges Gütekriterium der GTM auf.[59] Dieses Kriterium steht, von Breuer konzipiert als »methodologisches Postulat der Selbst-/Reflexivität«[60], im Zeichen einer konstruktivistischen Perspektive, d.h. dass Wissenschaft Wirklichkeit nicht schlicht abbildet, sondern diese durch die Forschungsperson einerseits im Kontext ihrer kulturellen und disziplinären Verankerung und andererseits vor dem Hintergrund ihrer »personalen, lebensgeschichtlichen Voraussetzungen«[61] konstruiert wird.[62]

Da die Notwendigkeit einer Offenlegung dieser Hintergründe der Konstruktion sowohl für die Erarbeitung der Forschungsergebnisse als auch für ihre (schriftliche) Präsentation gilt, habe ich entschieden, hier meinen eigenen Standort in einigen Absätzen zu reflektieren.[63] Im Kern geben die folgenden Ausführungen Antworten auf die Frage, was mich bei der Erarbeitung der vorliegenden Arbeit umtrieb. Ich werde hierzu auf persönliche und wissenschaftsbiografische Aspekte eingehen und dabei meine verschiedenen Standpunkte im Feld und im akademischen Kontext rekonstruieren, um den Bezugsrahmen dieser Arbeit nachvollziehbar zu machen.

Mein Vater ist als Jugendlicher aus der Türkei nach Deutschland eingewandert und damit seinem Vater, der als Gastarbeiter nach Deutschland kam, gefolgt. Meine Mutter, die einem ostpreußisch-norddeutschen Elternhaus entstammt und die mein Vater früh kennenlernte, konvertierte vor meiner Geburt zum Islam, sodass ich in einem *muslimischen Elternhaus* groß geworden bin, in dem ein türkeidörflicher und wenig reflektierter Bezug zum Islam gepflegt wurde. Mein Abiturjahr 2005 stand noch fest unter dem Eindruck der Anschläge vom 11. September 2001 und dem folgenden Irak-Krieg. Der Islam war medial hoch präsent und ich war, als einziger muslimischer Schüler in meiner Klassenstufe, oft in einer Erklärungssituation.

---

59 Vgl. Breuer 2010, 109f.
60 Ebd., 118.
61 Ebd., 119.
62 Vgl. ebd., 118ff.
63 Als ein Orientierungspunkt für die Art der Darstellung kann Isabel Laacks ethnografisch ausgerichtete Dissertation »Religion und Musik in Glastonbury« gelten. In eigenen Unterkapiteln behandelt die Autorin ihre »Field Roles« und ihren eigenen Standort, vgl. Laack 2011, 64ff. und 68ff. Großen Dank an Bärbel Beinhauer-Köhler für diesen wertvollen Verweis.

Aufgrund einer Mischung aus zunehmenden persönlichen und öffentlichen Anfragen an meine Religion, meinem Interesse an einem durch Literatur geprägten exotischen ›Orient‹ sowie einem romantisierten Bild von einem ›wahren‹ (antifanatischen und friedliebenden) Islam entschied ich mich, Islamwissenschaft zu studieren und dies mit dem Zweitfach Religionswissenschaft zu kombinieren.

Der Zugang zur Erforschung interreligiöser Aktivitäten eröffnete sich in meinem späteren Masterstudium in der Bochumer Religionswissenschaft. Hier erhielt ich die Möglichkeit, als studentische Hilfskraft im Rahmen eines Forschungsprojekts eigene Forschungstätigkeiten zu übernehmen. Dazu gehörten umfangreiche teilnehmende Beobachtungen sowie Interviews mit Organisatorinnen und Organisatoren interreligiöser Veranstaltungen im Ruhrgebiet. Meine professionelle Haltung im methodologischen Agnostizismus hatte sich dort so weit ausgebildet, dass meine religiösen Überzeugungen im Feld in der Regel keine Relevanz für meine Forschung hatten. Die Beschäftigung in Bochumer Forschungstätigkeiten wurde im Anschluss an mein Studium zu einem Sprungbrett für die Anstellung in einem Forschungsprojekt an der Akademie der Weltreligionen, an der die empirische Forschungstätigkeit zur vorliegenden Arbeit einsetzte. Da ein großer Teil des Datenmaterials im Rahmen meiner Arbeit an der Akademie entstanden ist, will ich zur besseren Einordnung ein wenig ausholen.

Die *Akademie der Weltreligionen (AWR)* ist eine wissenschaftliche Einrichtung an der Universität Hamburg und bildet ein institutionalisiertes Bindeglied zwischen der akademischen Beschäftigung mit religiöser Vielfalt, politischen Entscheidungsträgerinnen und -trägern, religionspolitischen Prozessen in der Stadt sowie den großen in Hamburg vertretenen religiösen Institutionen. Im Rahmen ihrer Entstehung und Institutionalisierung haben sich über die Jahre zahlreiche Kontakte zu Politik und Religion, aber auch in den kulturellen Bereich hinein aufgebaut, die u. a. in einige interreligiöse Aktivitäten mündeten, die die AWR mitorganisiert.[64]

Diese Eingebundenheit der AWR in Prozesse meines Forschungsfeldes war für die Forschungsarbeit bedeutsam, die ich im Rahmen des AWR-Forschungsprojekts »Religion und Dialog in modernen Gesellschaften« (ReDi) startete. In empirischem Überschwang griff ich zu Beginn meiner Beschäftigung beispielsweise zum Telefon und rief eine Dame an, die ich als Kontaktperson für einen interreligiösen Gesprächskreis gefunden hatte. Sie war allerdings hörbar irritiert, von mir Erläuterungen zur AWR und unserem Projektvorhaben zu bekommen, da sie mit meinem Vorgesetzten gut bekannt und mit der AWR bereits eng verbunden war, ja mit dieser Institution sogar deutlich vertrauter war als ich zu diesem Zeitpunkt. Auch wenn meine Kollegin und ich relativ schnell einen Überblick über das Netzwerk der AWR gewannen, so machte mir das Ereignis deutlich, wie groß die Relevanz der gesellschaftlichen und politischen Dialogarbeit der AWR für meine praktische

---

64 Vgl. Akademie der Weltreligionen: Profil 2019.

Forschung war. Vor dem Hintergrund der programmatischen Doppelverortung der AWR als gesellschaftlicher Akteur (Feldebene) und akademische Einrichtung (Fachebene) möchte ich meinen Standpunkt und damit den unmittelbaren Kontext der Entstehung dieser Arbeit transparent machen.

Feldebene: Als *Mitarbeiter der AWR* profitierte ich von ihren historisch gewachsenen Vernetzungen ins Feld, wodurch sich ein hürdenfreier Feldzugang ergab. Meine größte Sorge richtete sich auf die Gefahr, dass durch das Engagement der Institution in unserer Forschung jene Aktivitäten aus dem Blick gerieten, an denen diese eben nicht beteiligt ist. Aus diesem Grund wählten wir in unserem Teilprojekt keinen ausschließlichen Zugang über die AWR, sondern erschlossen uns das Feld auch über unabhängige eigene Recherchen. Darüber lernte ich dann auch Fälle kennen, die ich schließlich in diese Untersuchung aufnahm. Im Feld selbst stellte sich bisweilen die Frage des eigenen Engagements bzw. der Forschendenrolle, die ich einnehmen wollte: distanzierter Beobachter oder Vertreter einer »gesellschaftlich engagierten Religionswissenschaft«,[65] der bei Unklarheiten oder undifferenzierten Aussagen sich (soweit vorhanden) mit eigener (Fach-)Expertise ins interreligiöse Geschehen einbringt. Da ich den interreligiösen Austausch zwar grundsätzlich befürworte, mich aber nicht alle verhandelten Themen inhaltlich interessieren und ich im Sinne Goffmans die Situationen durch meine Anwesenheit so wenig wie möglich verändern wollte, wählte ich eine *zurückhaltende Beobachterrolle.* Diese brach vor allem im späteren Forschungsprozess und in Abhängigkeit zur Erhebungsmethode partiell auf, worauf ich im Unterkapitel 4.3 ausführlich eingehen werde. Schließlich spielten im Feld auch *biografische Aspekte* eine Rolle. Die Biografie meiner Eltern sowie die Kombination des türkisch klingenden Vor- (Mehmet) und des gleichzeitig vertrauten und irritierenden Nachnamens (Kalender) wurden im Forschungsprozess immer wieder thematisiert. Viele Interviews, in denen ich mit interreligiös engagierten und interessierten Menschen sprach, starteten oder endeten bei mir und meiner Geschichte. In vielen Fällen hatte das den positiven Effekt, dass sich durch meine Öffnung Anknüpfungspunkte für die Gesprächspartnerinnen und -partner boten oder das gute Gesprächsklima sich verfestigte. Wie stark ich mich persönlich einbrachte, hing gelegentlich von meinem Eindruck ab, wie sehr die Person etwas mit dem Islam anfangen konnte. Bei (seltenen) islamkritischeren Haltungen bemühte ich mich stärker um eine fragenbogenorientiertere Interviewerposition, was m. E. nach immer Früchte trug.

Fachebene: Hinsichtlich des fachlichen Erwartungshorizonts bewirkte die intensive Arbeit in einem interdisziplinären Großprojekt die Schärfung meiner eigenen disziplinären Grenzen in der Auseinandersetzung mit anderen im ReDi-Projekt vertretenen Disziplinen. Immer wiederkehrende Diskussionen in den Projekttreffen

---

65 Bechmann 2012, 450.

drehten sich beispielsweise um den Dialogbegriff. Auf dieser Grundlage wuchs mein Interesse, offene (d.h. nicht normative) Forschung in dieser Arbeit stark zu machen.

4.2 Feldbestimmung, Vergleichsfälle und Vergleichskategorie

Nachdem ich nun die methodologischen Grundlagen und Rahmenbedingungen meiner Arbeit expliziert habe, werde ich in diesem Unterkapitel mit einer detaillierten Beschreibung meines Vorgehens beginnen. Zunächst rekapituliere ich kurz meine Feld- und Fallkonstruktionen und zeige anschließend auf, nach welchen Kriterien ich die Fälle dieser Arbeit ausgewählt und wie ich die Vergleichskategorie »Räumlichkeit« für die Erhebungen und Analysen konkretisiert habe.

Vor dem Hintergrund der im Theoriekapitel eingeführten Begriffe kann ich das *Feld* und die für mich relevanten Aspekte genauer beschreiben. Das hier in den Fokus genommene Forschungsfeld ist begrenzt auf interreligiöse Veranstaltungen in Hamburg, d.h. zeitlich und räumlich abgegrenzte Wahrnehmungseinheiten, die einen geplanten Anlass für interreligiöse *face-to-face*-Interaktion im Hamburger Stadtgebiet darstellen. Ich hatte diesen Typ geplanter sozialer Anlässe in der Einleitung bereits in zweierlei Hinsicht konkretisiert: Interreligiöse Veranstaltungen richten sich inhaltlich auf ein Thema im Spektrum religiöser Vielfalt und beziehen Personen ein, die unterschiedlichen religiösen Traditionen angehören und damit die Interreligiosität dieser Veranstaltung begründen. Veranstaltungen dieser Art können, wie beschrieben, unterschiedliche Formate annehmen, beispielsweise als Podiumsdiskussion, interreligiöse Gebetsveranstaltung oder Feier und folgen je nach Format einem mehr oder weniger vorgegebenen Verlauf. Während alle Veranstaltungen in Hamburg sowie ihre jeweiligen Veranstaltungsorte zusammen das in dieser Arbeit konstruierte Feld[66] ergeben, betrachte ich eine Veranstaltung(-sreihe) an einem Ort als *potenziellen Fall*.

Die Fälle meiner Untersuchung habe ich in Orientierung am theoretischen Sampling der GTM sukzessive ausgewählt. Im Folgenden möchte ich knapp die konzeptionellen Überlegungen dieser Auswahl präzisieren und die Fälle einführen. Die Orte, an denen die Veranstaltungen stattfinden, lassen sich unterschiedlichen *Bestimmungen* zuordnen, also intersubjektiv geteilten Zuschreibungen an die allgemeine(n) Funktion(en) eines Ortes.[67] Diese Bestimmungen ergeben sich wiederum aus Zuweisungen der Orte an gesellschaftliche Handlungsfelder. Im Abschnitt 3.3.2 des Theoriekapitels hatte ich deutlich gemacht, dass aufgrund der Mehrdeutigkeit von Orten die Zuordnung zu einem oder mehreren Handlungsfeldern im Rahmen

---

66 Das Feld hat keine natürlichen Grenzen, sondern wird im Forschungsprozess stets spezifisch konstruiert, vgl. Franke/Maske 2011, 106.
67 Vgl. zum Begriff der Bestimmung Abschnitt 3.3.2 im Theorieteil.

der Interaktionsordnung situativ ausgehandelt werden muss. Aus diesem Grund droht bei einer vorweggenommenen Zuordnung der Fälle die Gefahr eines Essentialismus. Im Folgenden nehme ich dennoch eine Zuordnung vor. Das halte ich für legitim, weil ich damit meine Vorannahmen expliziere und so die Auswahlentscheidungen transparent mache. Die Zuordnungen und Charakterisierungen orientieren sich an dem, was ich im Zuge meiner Felderfahrungen für das Wahrscheinlichste gehalten habe. Eine analytisch aufgearbeitete Charakterisierung erfolgt dann im Unterkapitel 6.3 des zweiten Ergebnisteils.

Die große Bandbreite möglicher interreligiöser Veranstaltungen machte eine Eingrenzung notwendig. Leitend für mich waren bei der Auswahl vor allem zwei Faktoren: Zum einen interessierte mich die Verortung in unterschiedlichen Handlungsfeldern bzw. Regionen dieser Handlungsfelder und zum anderen grenzte ich die potenziellen Fälle auf jene ein, die regelmäßig am gleichen Veranstaltungsort stattfinden, also auf Veranstaltungsreihen mit einer eigenen Geschichte an diesen Orten. Im Folgenden stelle ich die vier für den Fallvergleich ausgewählten Fälle und den jeweiligen Bezug zu einem Handlungsfeld kurz vor.

Interreligiöse Silvesterfeier in der Christuskirche in Hamburg-Eimsbüttel (religiöses Handlungsfeld): Im Kirchengebäude der Evangelisch-Lutherischen Kirchengemeinde an der Christuskirche in Hamburg-Eimsbüttel findet seit dem Jahr 2000 am Silvesterabend eine interreligiöse Silvesterfeier statt. Das Kirchengebäude, so wie alle zugehörigen Gebäude der Gemeinde und des Pastorats vor Ort können aufgrund ihres institutionellen Charakters als christliche Gemeinde dem *religiösen Handlungsfeld* zugeordnet werden. Als Ort einer christlichen Gemeinde stellt sie eine religiöse Heimat für die Gemeindemitglieder dar. Neben dieser gemeindestiftenden Funktion als rituellem Ort der Glaubensgemeinschaft sowie als sozialem Ort des Gemeindelebens kommen solchen Orten, die dem religiösen Handlungsfeld zugewiesen werden, potenziell noch weitere Bestimmungen zu. So nehme ich an, dass beispielsweise karitatives Wirken in den Stadtraum hinein und auch Kulturpflege prägende Bestimmungen religiöser Orte sind. Als besonders spannend erschien mir bei der engeren Auswahl die Verortung der interreligiösen Veranstaltung in einem repräsentativen Sakralraum, weil sich über die offensichtliche Beheimatung einer der beteiligten Religionsgemeinschaften die naheliegende Rollenverteilung in gastgebende religiöse Gemeinde und Gäste ergibt; eine Beziehungskanalisierung, die in der Interaktion in irgendeiner Form verarbeitet werden muss.

Interreligiöser Gesprächskreis in der Teeküche des Pfarrhauses der Christuskirche in Hamburg-Eimsbüttel (religiöses Handlungsfeld): Der interreligiöse Gesprächskreis trifft sich einmal wöchentlich in der Teeküche im Kellergeschoss des Pfarrhauses an der Christuskirche in Hamburg-Eimsbüttel. Damit lässt sich die Veranstaltung ebenfalls im *religiösen Handlungsfeld* verorten. In diesem Fall spielt die regionale Abstufung des Ortes eine große Rolle. Nicht im repräsentativen Kirchengebäude, sondern nahezu versteckt in einer hinteren Region des Gemeindekomplexes der

Christuskirche trifft sich ein kleiner Kreis von Personen. Der interreligiöse Gesprächskreis ist damit ein spannender Vergleichsfall für eine nicht-repräsentative Region zu einer repräsentativen Region innerhalb des religiösen Handlungsfeldes. Als Ort mit potenziellem Hinterbühnencharakter ist im Vergleich zur Silvesterfeier ein geringerer Grad an Formalität zu erwarten. Außerdem stellt sich die Frage, in welcher Hinsicht sich die Verortung im religiösen Handlungsfeld auf die Interaktion und das Rollenverhalten auswirkt oder ob möglicherweise durch die Peripherie im religiösen Handlungsfeld andere Handlungsfeldbezüge bedeutsamer sind.

Vortragsreihe »Religionen und Dialog in der Stadt Hamburg«, Kaisersaal im Hamburger Rathaus (politisches Handlungsfeld): Seit 2012 wird mehrmals im Jahr im repräsentativen Kaisersaal des Hamburger Rathauses die Vortrags- und Podiumsreihe »Religionen und Dialog in der Stadt Hamburg« organisiert, zu der u.a. Vertreterinnen und Vertreter unterschiedlicher religiöser Traditionen geladen sind. Das Hamburger Rathaus kann als Sitz des Hamburger Parlaments und der Regierung als zentraler politischer Ort verstanden und somit dem *politischen Handlungsfeld* zugeordnet werden. Seiner Bestimmung nach haftet dem Ort der Aspekt politischer Macht und weitreichender öffentlicher Entscheidungen an. Dabei kommt dem Akt der Verhandlung im politischen Handlungsfeld einige Bedeutung zu, da der Austausch von Argumenten und das Ringen um politische Haltungen und Entscheidungen zentrale Gegenstände politischer Kommunikation sind. Die Rathausveranstaltung hebt sich von den bisherigen Fällen durch seine diskursiv und verfassungsrechtlich dezidiert nicht-religiöse Zuordnung ab. Zudem zeigt sich hinsichtlich der Regionalisierung des Ortes, dass der gewählte Kaisersaal einer von mehreren repräsentativen Regionen des Rathauskomplexes ist.

Interreligiöses Gespräch »Kunst im Interreligiösen Dialog« in der Hamburger Kunsthalle (Handlungsfeld Kunst/Museum): Die Veranstaltungsreihe findet unter der Leitung einer freien Mitarbeiterin der Hamburger Kunsthalle seit 2010 als interreligiöses Gespräch in den Räumlichkeiten und vor dem Hintergrund der Sammlung der Kunsthalle unter Beteiligung mehrerer religiöser Vertreterinnen und Vertreter statt. Als Kunstmuseum kann der Ort dem weiten Handlungsfeld der (bildenden) Kunst zugeordnet werden, das in diesem Fall noch stärker auf ein museales Handlungsfeld eingeschränkt werden kann. Als Museum kommt der Kunsthalle eine Bestimmung als Ausstellungsort zu, der zudem als Ort öffentlicher Bildung Kunstgeschichte öffentlich zugänglich und erfahrbar machen soll. Anders als der Wissenschaftsort Universität, der als Bildungsort mit anderer Bestimmung verstanden werden kann, stellen die Kunstwerke das integrale Medium der Kunsthalle als Museum dar. Von Beginn der Untersuchung an erschien mir dieser Fall mit seinem starken Medium spannend im Hinblick auf die Frage nach der Räumlichkeit. Dies auch, weil die interreligiöse Veranstaltung hier nicht auf eine konkrete Region innerhalb der Kunsthalle beschränkt bleibt, sondern potenziell der gesamte Regionenkomplex ein Bezugspunkt für die Veranstaltung darstellt.

Die vier gewählten Fälle habe ich nacheinander aus einem Pool potenzieller Fälle ausgewählt. Mit ihnen vergleiche ich drei unterschiedliche, darunter religiöse und nicht-religiöse, Handlungsfelder. Außerdem kontrastieren die Fälle Orte mit Vorderbühnen-Charakter zu einem Ort mit Hinterbühnencharakter. Ursprünglich bestand die Idee, den drei Fällen in repräsentativen Räumlichkeiten Fälle an nicht repräsentativen Orten, also solchen mit Hinterbühnencharakter, gegenüberzustellen. Allerdings fanden sich außer der Teeküche im religiösen Handlungsfeld keine Beispiele für interreligiöse Veranstaltungsreihen an nicht repräsentativen politischen oder musealen Orten.

Eine Reihe von anderen Fällen schied außerdem nach und nach aus. So entschied ich mich beispielsweise gegen die »Lange Nacht der Weltreligionen« im Thalia Theater, weil ich mit der Kunsthallenveranstaltung bereits einen Kunstraum im Sample hatte. Für das religiöse Feld schied ein jährlich veranstalteter *Iftar*-Empfang aus, weil es sich hier zwar um eine Veranstaltungsreihe handelte, für jede dieser Veranstaltungen aber immer eine andere Moscheegemeinde in Hamburg als Veranstaltungsort diente. Die endgültige Reduktion des Samples auf die vier Veranstaltungsreihen hatte schließlich auch forschungspragmatische Gründe, da sich besonders die Einzelfallanalysen in Form dichter Beschreibungen als sehr aufwändig erwiesen haben.

Ebenso wie die Eingrenzung der Fälle notwendig ist, muss, wie beschrieben, auch das *tertium comparationis*, also das, was zwischen den Fällen verglichen werden soll, näher bestimmt werden. Für mein zweigliedriges Analyseverfahren erscheint es mir sinnvoll, an Freibergers Schattierungen der Vergleichskategorie anzuschließen, um verschiedene Stadien dieser Kategorie transparent zu machen. Freiberger unterscheidet drei Stadien: das prä-komparative *tertium*, das *tertium comparationis* als Kategorie/Muster sowie das *tertium* als Korrektiv.

Wenn ein Vergleich im Denken heranreift, dann muss für die erste Auswahl der Dinge, die miteinander verglichen werden können, bereits eine vage Idee vom Gegenstand des Vergleichs vorhanden sein. Für dieses vage Bild einer Vergleichskategorie greift Freiberger Webers Begriff des prä-komparativen *tertium* auf. Dieses prä-*tertium* ist geformt von den Voraussetzungen, d.h. vom Vorwissen und den Prägungen der forschenden Person.[68] Ich habe dies in Kapitel 3 und im Abschnitt 4.1.3 bereits als Bedingung dieser Untersuchung thematisiert und will es damit als Rahmen bewenden lassen.

Ausgehend von dem Vorwissen, das in das erste Bild der Vergleichskategorie einfließt, schärft sich diese mit der weiteren reflektierten Auseinandersetzung bis zur festeren Konstruktion des *tertium* als Kategorie bzw. Muster. Dieses heuristisch gereifte Stadium der Vergleichskategorie ist eine Voraussetzung für die systematische Gegenüberstellung der Fälle, gleichzeitig behält die Kategorie im Vollzug der

---

68 Vgl. Freiberger 2019, 94ff.

Gegenüberstellung einen dynamischen Charakter.⁶⁹ Das *tertium* wird im Rahmen der Konklusion einer Untersuchung im Hinblick auf einen Fachdiskurs schließlich zum Korrektiv, wenn es in Form einer empirisch grundierten und theoretisch aufbereiteten Kategorie so gefestigt bzw. ausgereift ist, dass es in vorhandene Diskurse eingespeist und damit für Anschlussforschungen bereitgestellt werden kann.⁷⁰

Ich werde an dieser Stelle im Hinblick auf meine theoretische Sensibilisierung der Räumlichkeit diese zunächst nur als prä-komparatives *tertium* vorstellen, da, wie ich noch zeigen werde, mein Ansatz der Einzelfallanalysen in Form dichter Beschreibungen keiner ausgefeilten systematischen Vergleichskategorie bedarf bzw. diese sich erst im Zuge der Einzelfallanalysen herausbildet. Die Darstellung eines für den Vergleich notwendigen systematischen Verständnisses der Räumlichkeit erfolgt im Zusammenhang mit der zweiten Analysemethode im Abschnitt 4.4.2. Als Explikation des abschließenden *tertium*, d.h. der reifsten Form meiner Vergleichskategorie, mag meine Zusammenfassung der Ergebnisse im Unterkapitel 7.1 verstanden werden.

Im Zuge meiner im folgenden Unterkapitel genauer zu beschreibenden teilnehmenden Beobachtungen und anderweitigen Erhebungen im Untersuchungsfeld hat sich im Austausch mit der Forschungsliteratur und den aufgegriffenen theoretischen Ansätzen ein erstes Bild von der Vergleichskategorie aufgebaut. Ausgehend von den in Kapitel 3 formulierten Raumbezügen der Interaktion habe ich die Vergleichskategorie »Räumlichkeit« mit dem konkretisiert, was ich mir von Goffman über die Situation als Umwelt angeeignet habe. Als Umwelt denke ich die Räumlichkeit besonders vom Veranstaltungsort ausgehend. So verstehe ich die Veranstaltungsorte als Umwelten interreligiöser Veranstaltungen, insofern sie

- physisch die Region(-enkomplexe) bilden, in denen die Handlung stattfindet,
- eine spezifische funktionelle Ausstattung bereithalten,
- symbolisch-materiell gestaltet sind,
- eine individuelle Ortsgeschichte aufweisen,
- für die Veranstaltung hergerichtet werden können,
- ein wesentlicher oder bedeutsamer Bestandteil des Bühnenbildes einer rollenspezifischen Darstellung sein können,
- häufig einer intersubjektiv anerkannten Bestimmung folgen und
- aus diesem Grund einem oder mehreren Handlungsfeldern zugeordnet werden, mit denen eine Reihe von Diskursen verbunden werden können.

Die genannten Eigenschaften der Veranstaltungsorte subsummiere ich unter den Begriff der Räumlichkeit. Sie inkorporieren, was ich in Kapitel 2 als Raumheuristik

---

69 Vgl. ebd., 104ff.
70 Vgl. ebd., 107f.

aus dem Forschungsstand hergeleitet habe, da sie Aspekte des materiellen Raums, des institutionellen Raums, gesellschaftlicher Felder und relevanter Diskurse zusammenbringen. Aufgrund meiner grundsätzlichen Annahme, dass es eine Wechselwirkung zwischen Handeln und Raum in interreligiösen Veranstaltungen gibt, bilden die genannten Eigenschaften das sensibilisierende Suchraster meiner Erhebungen und Einzelfallanalysen für Verbindungen mit dem, was vor Ort im Rahmen einer interreligiösen Veranstaltung geschieht. Dabei gehe ich, wie im Theoriekapitel dargestellt, davon aus, dass die Veranstaltungsorte als Umwelt wesentlich zur kooperativen Herstellung einer Situationsdefinition unter den Beteiligten einer interreligiösen Veranstaltung beitragen. Wie die genannten Umweltaspekte situativ zum Tragen kommen und mit der Interaktion verbunden sind, kann als Konkretion der leitenden Forschungsfrage nach der Wechselwirkung von Raum und Handeln in interreligiösen Veranstaltungen verstanden werden.

Von der Vorstellung des Feldes und der Untersuchungsfälle sowie der noch ›suchenden‹ Fassung meiner Vergleichskategorie komme ich im folgenden Unterkapitel nun zu meinen Erhebungen. Auch dort bin ich darum bemüht, den Prozess der Untersuchung mit den relevanten Entscheidungen transparent zu machen.

4.3 Erhebung und Materialgrundlage

In diesem Unterkapitel widme ich mich den einzelnen Erhebungsmethoden und den jeweils aus dem Erhebungsprozess hervorgegangenen Datensorten, die in ihrer Summe die Materialgrundlage dieser Arbeit bilden. Ich werde mit der teilnehmenden Beobachtung als einer der zentralen Methoden beginnen. Darauf aufbauend erläutere ich die verschiedenen Befragungsverfahren. Zum Schluss werde ich auf Selbstdarstellungen, Beschreibungen und Presseartikel eingehen, die als ergänzende Informationsquellen in die Analysen eingegangen sind.

4.3.1 Teilnehmende Beobachtung

»By participant observation, I mean a technique [...] of getting data [...] by subjecting yourself, your own body and your own personality, and your own social situation, to the set of contingencies that play upon a set of individuals [...] and you try to accept all of the desirable and undesirable things that are feature of their life. That ›tunes your body up‹ and with your ›tuned-up‹ body [...] you are in a position to note their gestural, visual, bodily response to what's going on around them and you're empathetic enough – because you've been taking the same crap they've been taking – to sense what it is that they're responding to. To me, that's the core of observation.«[71]

Goffman beschreibt die teilnehmende Beobachtung als eine Methode des bewussten Eintauchens in die Lebenswelt einer sozialen Gruppe. Dabei sollen Erkenntnisse durch das zunehmende Vertrautwerden mit dieser Lebenswelt und ihren Akteurinnen und Akteuren gewonnen werden. Als ein wesentliches Merkmal teilnehmender Beobachtung nennt Goffman hier vor allem den körperlichen und auch persönlichen Einbezug der forschenden Person. Jenseits einer notwendigen Bereitschaft zur Immersion verunmöglicht die Vielgestalt potenzieller Anwendungsfelder verallgemeinerbare Verfahrensbeschreibungen der teilnehmenden Beobachtung.[72] Es gibt in der Methodenliteratur lediglich eine Reihe von Empfehlungen zu verschiedenen Stadien und Aspekten der Beobachtung, beispielsweise zum Aufbau von Beziehungen, zur Aushandlung der eigenen Rolle und zur Protokollierung der Beobachtungen.[73] Ein wichtiger Aspekt teilnehmender Beobachtungen sind die Feldgespräche, die aufgrund der beschriebenen Involviertheit der forschenden Person nicht nur im Hinblick auf das Forschungsvorhaben (Kontaktpflege, Zugang zu Feldperspektiven) ertragreich sind, sondern von Akteurinnen und Akteuren im Feld auch als selbstverständlich eingefordert werden.[74] Für mich wichtige Einsichten, die aus Feldgesprächen hervorgingen, habe ich in die anschließende Anfertigung von Feldnotizen einfließen lassen.[75]

Hinsichtlich der Zugänglichkeit und der Rolle im Feld stellen interreligiöse Veranstaltungen aus drei Gründen ein äußerst dankbares Anwendungsfeld teilnehmender Beobachtung dar: Zunächst handelt es sich bei den an den Veranstaltungen Beteiligten nicht um Mitglieder einer einzigen geschlossenen sozialen Gruppe. Vielmehr liegt es in der Natur der Sache, dass interreligiöse Veranstaltungen *intergruppal* ausgerichtet sind und ihnen damit eine tendenzielle Offenheit für Neulinge und Personen, die einer anderen Gruppe (z.B. religiösen Tradition) angehören, eingeschrieben ist. Aus diesem Grund stellt die Anwesenheit einer neuen (z.B. forschenden) Person kein prinzipielles Störmoment dar. Nur im interreligiösen Gesprächskreis, der in persönlicher Atmosphäre mit überschaubarer Teilnehmendenzahl stattfindet, führte meine Anwesenheit deutliche strukturelle Veränderungen im Situationsverlauf herbei. So wurde eine Sitzung für mich mit einer kurzen Vorstellungsrunde begonnen und ich konnte im weiteren Verlauf meiner teilnehmenden Beobachtungen auch eigene Akzente setzen. Neben der

---

71 Goffman 1989, 125f.
72 Vgl. Lüders 2010, 393.
73 Vgl. ebd., 387f.
74 Vgl. Knoblauch 2003, 87f.
75 Nähere Informationen zur Anlage der Feldnotizen erfolgen in Zusammenhang mit der dichten Beschreibung im Abschnitt 4.4.1 des Methodenkapitels.

intergruppalen Ausrichtung ist es auch der häufig *öffentliche Charakter* der Veranstaltungen, der zu einer nicht explizit zielgruppenorientierten Ansammlung vieler Menschen führt und die forschende Person im Geschehen unauffällig werden lässt. Beispielsweise werden die meisten von mir untersuchten Veranstaltungen über verschiedene Kanäle (z. B. E-Mail-Listen, Gemeindebriefe, Pressemitteilungen) beworben und auf diese Weise prinzipiell auch über eine Kerngruppe von Akteurinnen und Akteuren hinaus zugänglich gemacht.[76] Selbst der interreligiöse Gesprächskreis ist über eine Webpräsenz zumindest für jene, die auf der Webseite der Kirchengemeinde stöbern, ausgeschrieben. Ein dritter und letzter Grund für eine gute Zugänglichkeit der Veranstaltungen ist schließlich ihr *Planungscharakter*. So sind diese Zusammenkünfte häufig mit einem Thema versehen, bieten im Vorwege einen groben Programmeindruck (z. B. Vortrag und Diskussion) und sehen qua Veranstaltungsformat Rollen für Gäste bzw. Teilnehmende vor, die der forschenden Person einen festen Anhaltspunkt für das Einfinden in die eigene Rolle im Feld bieten.

Meine teilnehmenden Beobachtungen führte ich mit längeren Pausen von 2013 bis 2020 in unterschiedlichen interreligiösen Veranstaltungen durch. Für die vorliegende Arbeit habe ich 26 der über die Jahre (teils im Kontext des ReDi-Projekts, teils danach) angefertigten Feldnotizen verwendet, 16 davon sind Notizen zu den vier ausgewählten Veranstaltungsreihen, die übrigen zehn habe ich im Kontext durchgeführter Feldbegehungen, Interviews und der Gruppendiskussion im interreligiösen Gesprächskreis angefertigt.[77]

Für die Beobachtungsphase lassen sich unterschiedliche Stadien rekonstruieren. Den weiteren Kontext zumindest einiger Fälle meines Forschungsfeldes lernte ich zunächst im Rahmen meiner Projektarbeit im ReDi-Projekt kennen. Meine Kollegin und ich entschieden uns dafür, in den für uns interessanten Stadtteilen Hamburgs neben anvisierten Besuchen in interreligiösen Veranstaltungen *offene Feldbegehungen* durchzuführen. Wir überlegten uns grobe Routen und gingen mit einer Kamera los. Die Routen führten uns jeweils zu religiösen Orten im Stadtteil und einigen Institutionen, denen wir eine potenzielle Beteiligung in interreligiösen Aktivitäten zusprachen (z. B. Bildungseinrichtungen und Stadtteiltreffs). Wir fotografierten alles, was uns relevant für die Eigenart des jeweiligen Stadtteils erschien und im weitesten Sinne mit (religiöser) Vielfalt vor Ort in einem Zusammenhang stand (z. B. Plakataushänge und Aufkleber mit religiöser Symbolik). Wir führten zudem spontane Gespräche mit Personen an einigen der religiösen Orte sowie in Ladengeschäften, die uns z. B. aufgrund religiöser Bezüge im Schaufenster aufgefal-

---

76   Der Grad der Zugänglichkeit variiert allerdings von Fall zu Fall, was eine Auswirkung auf die tatsächliche Zusammensetzung der Besuchergruppe hat. Näheres dazu folgt in den Kapiteln 5 und 6.

77   Vgl. die Übersicht über das zugrunde liegende Datenmaterial im Anhang F.

len waren. Ziel dieser Begehungen war es, einen ersten selbst ›erlaufenen‹ Eindruck vom Feld zu erlangen. Parallel dazu fanden wir über Internetrecherchen und die Informationskanäle der Akademie der Weltreligionen Veranstaltungen, in denen wir erste Beobachtungen durchführten. Das Vorgehen in dieser ersten Phase kann am ehesten

> »als *Nosing Around* bezeichnet [werden] – als aufmerksames aber relativ zielunspezifisches Herumhängen, Mitfließen, Bummeln und Schnüffeln im Feld [...] und unter (relativer) Auskopplung bzw. (vorübergehender) Suspendierung eines moralischen Standpunkts.«[78]

Unsere Eindrücke und Fotodokumentationen hielten wir in einer Art Fotostory-Format fest. Unsere teilnehmenden Beobachtungen führten wir in seltenen Fällen zu zweit, aus pragmatischen Gründen in der Regel allein durch.

Die *ersten breit gestreuten Beobachtungen* führten mich zu einigen Veranstaltungen, die ich für mein Dissertationsvorhaben enger ins Auge fasste und von da an wiederholt aufsuchte. Dazu gehörte beispielsweise das interreligiöse Gespräch in der Kunsthalle. In dieser und anderen Veranstaltungen verlief die Beobachtung zunächst verdeckt, was sich angesichts der genannten Gründe problemlos einrichten ließ und meines Erachtens forschungsethisch unbedenklich war.

Mit steigendem Interesse daran, auch Interviews zu führen, war der *Schritt zur offenen Beobachtung* notwendig. Die Einführung als *Beobachter aus der Wissenschaft* verlief je nach Veranstaltung über verschiedene Wege. Bei Veranstaltungen, an denen die Akademie der Weltreligionen in irgendeiner Form beteiligt war, ließ sich die Einführung z.B. über den Direktor oder Mitarbeitende leicht einrichten.[79] Bei anderen genügte ein kurzes Anschreiben per E-Mail an eine der Leitungspersonen, die dem Forschungsvorhaben immer mit großer Offenheit entgegentraten. In der Position des offenen wissenschaftlichen Beobachters konnte ich in Absprache mit den Veranstaltungsleiterinnen und Veranstaltungsleitern auch methodische Experimente durchführen, beispielsweise Besuchendenbefragungen, deren Ergebnisse später eine wichtige Perspektive für die Analyse der Untersuchungsfälle wurden.[80] Im Gegenzug für die Unterstützung der Leitungen bei der Planung und Durchführung der Befragungen bot ich an, die Ergebnisse der Befragung in Form eines kleinen Evaluationsberichts aufzubereiten. Dies wurde von zwei Personen in Leitungsfunktion dankend angenommen. Zur konzentrierten Betrachtung der Verhandlung materieller Aspekte von Religion in den Veranstaltungen entwickelte ich

---

78 Breuer 2010, 62, Hervorhebungen im Original.
79 Zum Teil waren die Vorteile noch weitreichender, so wurde ich beispielsweise für die Beobachtungen in der Kunsthallenveranstaltung aufgrund der veranstaltungsbezogenen Kooperationsbeziehung vom Eintrittsgeld befreit.
80 Vgl. hierzu Abschnitt 4.3.2 im Methodenkapitel.

außerdem ein Instrument zur Durchführung fokussierter Beobachtungen. So versuchte ich meine Beobachtung durch einen entsprechenden Beobachtungsleitfaden auf »Raumbezüge«, »Rahmenbezüge« und »religiöse Medien« zu beschränken.[81] Ein Test dieses Instruments und die anschließende Anfertigung einer Feldnotiz zeigten jedoch schnell, dass die Selektion zu einem Informationsverlust besonders mit Blick auf den Veranstaltungsverlauf führte. Ich entschied, fortan wie gehabt den Ablauf der Veranstaltung bei der Mitschrift ins Zentrum zu setzen und meine Wahrnehmung ohne gezielten Beobachtungsleitfaden auf das sich schärfende Erkenntnisinteresse meiner Untersuchung zu lenken.

Nach einer intensiveren Analyse- und Theoriephase stellten sich bei meinen wieder einsetzenden Feldaufenthalten ab 2019 zwei neue bzw. nuancierte Aspekte meiner Rolle im Feld ein. So wurde ich jetzt regelmäßig durch die an verschiedenen Veranstaltungen Beteiligten (darunter Leitungspersonen aber auch Teilnehmende) bei meinen Besuchen erkannt und freudig begrüßt. Es waren über die Zeit Beziehungen entstanden, die meine Anwesenheit nunmehr zur Normalität machten und meiner *Rolle als Teilnehmer* stärkere Momente verschafften. Und wieder einmal spielte der interreligiöse Gesprächskreis hierbei eine wichtige Rolle. In diesem Rahmen bestand zwar von Beginn an auch Interesse an meiner Person und meinen persönlichen Haltungen, aber in den späteren Besuchen brachte ich auch von mir aus Stellungnahmen ein oder reagierte auf Aussagen anderer. Und auch in den umliegenden Gesprächen rund um die formaleren Anlässe (z.B. im Rathaus und der Kunsthalle) festigte sich ein Bekanntenkreis. Gleichzeitig wurde ich hin und wieder nach dem Stand meiner Forschung gefragt, wodurch meine Wissenschaftlerrolle präsent blieb. Meine z.B. durch die Besuchendenbefragungen oder durch Vermittlung weiterer Personen für Interviews etablierte *Forschungskooperation* mit Personen im Feld konnte ich gegen Ende meiner Feldbesuche im Zusammenhang mit den angefertigten dichten Beschreibungen, die ich im Rahmen der Feldspiegelung ausgewählten Akteurinnen und Akteuren zum Lesen und Kommentieren gab, intensivieren.[82] Zudem wurde ich in späteren Gesprächen mehrfach um eine fachliche Einschätzung gebeten, beispielsweise zu Plänen der Erweiterung und Akzentverschiebung einer Veranstaltungsreihe, zu einem neuen interreligiösen Veranstaltungsvorhaben sowie zur generellen Situation interreligiöser Aktivitäten in Hamburg. Der Feldausstieg erfolgte auf ›leisen Pfoten‹, sofern ich immer weniger Veranstaltungen beiwohnte und im Kontext der Covid-19-Pandemie ab 2020 die Veranstaltungen selbst weitgehend zum Erliegen kamen.

---

81 Vgl. Beobachtungsleitfaden im Anhang D.
82 Vgl. zur Feldspiegelung im Rahmen der Anfertigung der dichten Beschreibungen Abschnitt 4.4.1.

4.3.2 Befragungstechniken

»Beobachtungen [...] beschränken sich auf die Außenseite des Handelns, die man auch als Verhalten bezeichnet. So genau man sie auch beschreiben kann – denn [sic!] Sinn der Handlungen wird man alleine daraus nicht erfahren.«[83]

Knoblauch verweist hier auf die Tatsache, dass sich feldfremden Forscherinnen und Forschern Sinntiefen von Handlungen verschließen, wenn sie diese lediglich distanziert betrachten und darüber hinaus mit den Personen nicht interagieren. Zwei Wege führen nach Knoblauch zu mehr Verständnis. Mit der teilnehmenden Beobachtung, d.h. der reflektierten persönlichen und körperlichen Involvierung der forschenden Person im Feld habe ich einen Weg bereits vorgestellt. Dieser wird auch als »Methode des ersten Zugangs«[84] beschrieben. Daneben stehen Befragungstechniken als flankierende Methoden.

Befragungstechniken, die in einem engeren Sinne Interviews sind, haben gegenüber teilnehmenden Beobachtungen und in ihrem Zuge stattfindenden Feldgesprächen den Nachteil, dass es sich bei ihnen um Situationen handelt, die durch die interviewende Person herbeigeführt und je nach Interviewform und -stil mehr oder weniger stark geleitet werden.[85] Damit stehen Interviews auch in einem Kontrast zu den oben genannten Feldgesprächen, die im Zuge teilnehmender Beobachtungen stattfinden und im beschriebenen Sinne als natürlich situiert verstanden werden können. Gerade im Rahmen ethnografisch ausgerichteter Forschung besteht eine gewisse Skepsis gegenüber Interviews als künstlich herbeigeführten Gesprächssituationen, wie Dellwing und Prus verdeutlichen:

»Die Fixierung, die in einer Handlungssituation erfolgt ist, muss nicht dieselbe sein, die in der Situation der Reproduktion der Szene im Interview erfolgt: Höchstwahrscheinlich wird es nicht dieselbe Fixierung sein. Die erzählte Situation ist eine andere als die erlebte, und bereits die erlebte war perspektivisch und damit ebenso hochplural.«[86]

Die Rekonstruktion einer Situation im Rahmen eines Interviews, so warnen Dellwing und Prus, ist nicht (oder zumindest selten) identisch mit der eigentlichen Situation. Das liegt daran, dass sich die interviewte Person mit ihren Aussagen

---

83   Knoblauch 2003, 110.
84   Franke/Maske 2011, 109. Franke und Maske verweisen darauf, dass in religionswissenschaftlicher Forschung und generell in qualitativer gegenwartsbezogener Religionsforschung die teilnehmende Beobachtung selten alleinstehend Verwendung findet, sondern in der Regel mit anderen Erhebungsmethoden kombiniert wird, vgl. ebd. In dieser Hinsicht reiht sich die vorliegende Arbeit in die bestehende Forschung methodisch ein.
85   Vgl. Knoblauch 2003, 110f.
86   Dellwing/Prus 2012, 114.

nicht an den »Zielen und Kontexten der Situation [...] orientiert, sondern an den Zielen und Kontexten der *Interviewsituation*, in der ein Selbst vor der interviewenden Person präsentiert wird.«[87] Es ist also geboten, die in Interviews gewonnenen Informationen nicht als Wiedergabe von erlebten Situationen, sondern als Rekonstruktion des Erlebens einer vergangenen Situation zu begreifen.[88]

Allerdings sind Befragungstechniken ein wertvoller Zugang zu Hintergrundinformationen (beispielsweise die rekonstruierte Entstehungsgeschichte einer Veranstaltungsreihe) sowie zu den subjektiven Motiven und Deutungen in Feldsituationen, weswegen sie eine unerlässliche Ergänzung zu den Beobachtungen darstellen.[89]

Insgesamt sind im Laufe des Forschungsprozesses zu dieser Arbeit drei unterschiedliche Erhebungsmethoden zum Einsatz gekommen, die im engeren Sinne als Befragungstechniken gelten können. Das sind (a) leitfadengestützte Interviews mit Leitungspersonen und Teilnehmenden interreligiöser Veranstaltungen, (b) Besuchendenbefragungen mit Hilfe eines Fragebogens und (c) eine Gruppendiskussion. In den folgenden Unterabschnitten werde ich die jeweilige Methode mit Blick auf das Ansinnen, das konkrete Instrument und die Aufbereitung der Daten vorstellen.

Leitfadengestützte Interviews

Leitfadengestützte Interviewverfahren gelten als teilstandardisiert, weil die Inhalte des Interviews durch einen Leitfaden mit mehr oder weniger deutlich ausformulierten Fragen vorgegeben sind, die interviewte Person aber in freier Rede auf die Fragen antworten kann. Gleich, wie ausgefeilt die vorbereiteten Fragen sind – als festes Fragenset oder lose Fragerichtungen –, der Leitfaden wird in der Regel nicht statisch befolgt. Vielmehr ist die endgültige Formulierung und Reihenfolge der Fragen spontan an den Gesprächsverlauf und das jeweilige Gegenüber situativ anzupassen, um den Gesprächscharakter nicht zu stören.[90]

Der Ablauf eines leitfadengestützten Interviews kann als dreigeteilt verstanden werden. Am Beginn steht ein *einleitendes Gespräch*, dem idealerweise bereits Informationen zum Kontext und Ansinnen des Interviews vorausgegangen sind. Für meine Interviews habe ich in der Regel eine E-Mail mit grundlegenden Informationen verschickt. In vielen Fällen waren die Interviewpartnerinnen und Interviewpartner dann aber schon telefonisch oder im persönlichen Gespräch (z. B. im Rahmen einer teilnehmenden Beobachtung) auf die E-Mail vorbereitet worden. Das Vorgespräch in der Interviewsituation diente der Aufklärung über die beabsichtigte Verwendung des Interviews und dem Ausräumen möglicher Unsicherheiten

---

87 Ebd., Hervorhebungen im Original.
88 Vgl. ebd., 112ff.
89 Vgl. Hopf 2010, 350.
90 Vgl. Diaz-Bone 2015, 243.

seitens der Interviewten. Am Ende der Interviews gab ich stets die Möglichkeit, noch »ein abschließendes Wort« zu sprechen, was von nicht wenigen Personen für allgemeine Haltungsbekundungen genutzt wurde. Das daran anschließende *Nachgespräch* diente dann der Klärung noch offener Fragen an mich sowie der Erhebung einiger weniger demografischer Angaben.[91] Zwischen dem einleitenden Gespräch und dem Nachgespräch liegt das eigentliche *leitfadengestützte Gespräch*,[92] das ich mit einer offenen Erzähleinladung begann und in dessen Verlauf unterschiedliche Fragebereiche das Gespräch strukturell stützten.

Es kamen im Rahmen meiner Forschung insgesamt drei verschiedene Leitfäden zur Durchführung der Interviews zum Einsatz.[93] Dies hängt u.a. mit der engen Verbindung zwischen meinem Dissertationsprojekt und meiner Forschungsarbeit im ReDi-Projekt in der frühen Forschungsphase zusammen, die sich mit den Fragebögen zwei und drei dann löste. Mittels der Leitfäden wurden insgesamt 63 Interviews geführt, von denen ich folgende 17 Interviews in die vorliegende Arbeit einbezogen habe:

- Erster Leitfaden: 7 Interviews mit Leitungspersonen und Teilnehmenden
- Zweiter Leitfaden: 1 Interview mit einer Leitungsperson
- Dritter Leitfaden: 9 Interviews (davon 2 in schriftlicher Form) mit Teilnehmenden

Den *ersten Leitfaden* erstellten meine Kollegin und ich mit Fokus auf das Erkenntnisinteresse unseres ReDi-Teilprojekts, d.h. die Formen, Bedingungen sowie Potenziale und Grenzen interreligiösen Dialogs aus der Sicht Beteiligter (und auch Nicht-Beteiligter) zu untersuchen. Einige der Fragen dienten zudem der Erhebung für unser jeweiliges Dissertationsvorhaben. Der Leitfaden war auf Personen in religiös pluralen Stadtteilen Hamburgs ausgelegt, denen wir die Möglichkeit zur Teilnahme an initiierten (Veranstaltungen) und nicht-initiierten (d.h. ungeplanten, im Alltag verorteten) interreligiösen Aktivitäten unterstellten. Entsprechend war die Erzähleinladung des Leitfadens auf die Erfahrungen der interviewten Person mit religi-

---

91 Darunter beispielsweise Geburtsjahr, Religionszugehörigkeit und berufliche Tätigkeit. Eine genauere Angabe findet sich jeweils am Ende der Leitfäden, vgl. Erhebungsinstrumente im Anhang D.
92 Ich unterscheide zwischen ›natürlichen‹ Gesprächen im Rahmen von Feldaufenthalten und Befragungstechniken, die im engeren Sinne Interviews sind, weil sie künstlich hergestellte Situationen sind, denen eine Terminabsprache und Absichtserklärung zum Interview vorausgeht. Wenn ich an dieser Stelle von einem leitfadengestützten Gespräch spreche, dann soll das hier betonen, dass selbst in den künstlich erzeugten Befragungssituationen keine statische Frage-Antwort-Struktur, sondern stets eine Gesprächsatmosphäre anvisiert wurde, in der die Fragen des Leitfadens im Hintergrund das Gespräch stützten.
93 Vgl. Erhebungsinstrumente im Anhang D.

onsübergreifenden Begegnungen im Stadtteil ausgerichtet. In einem anschließenden Fragebereich wurden die im Rahmen der Erstererzählung genannten initiierten und nicht-initiierten Aktivitäten aufgegriffen und z.b. hinsichtlich dialogfördernder bzw. dialoghindernder Umstände vertieft. Ein weiterer Fragenbereich rückte allgemeine Einstellungen und Einschätzungen der interviewten Person zu interreligiösem Dialog sowie zu religiösen Deutungen religiöser Vielfalt in den Blick.

Der *zweite Leitfaden* diente zur Nacherhebung der Leitungsperspektive in einem Fall und kam entsprechend nur einmal zum Einsatz. Hierzu strich ich alle über mein Erkenntnisinteresse hinausgehenden Fragen aus dem ersten Leitfaden, erweiterte ihn auf Grundlage der bisherigen Analysen um weitere Fragen und strukturierte ihn neu. Im Rahmen der Erzähleinladung wurde die Leitungsperson einer interreligiösen Veranstaltung(-sreihe) darum gebeten, etwas über die eigene Person, das Engagement in interreligiösen Aktivitäten sowie die Hintergründe zur in den Fokus gefassten Veranstaltung zu erzählen. Anschließend sah der Leitfaden drei weitere Fragenbereiche vor. Ein Bereich hielt Detailfragen zur Veranstaltung bereit, ein weiterer fokussierte den Veranstaltungsort und in einem letzten Fragenbereich wurde das Augenmerk auf den Zusammenhang zwischen Veranstaltung und Veranstaltungsort gelegt.

Der *dritte Leitfaden* diente schließlich als Grundlage für Interviews mit ausgewählten Teilnehmenden der für mich zunehmend relevant gewordenen Veranstaltungen, die als Kernfälle in diese Arbeit eingegangen sind. Als Erzähleinladung entschied ich mich hier, den Veranstaltungsort ins Zentrum zu setzen, um generelle Deutungen des Raums aufzudecken. Daran schlossen sich wie im zweiten Leitfaden drei Fragebereiche an, die auf Perspektiven der interviewten Person auf den Veranstaltungsort, ihre Erfahrungen in der Veranstaltung sowie den Zusammenhang von Veranstaltung und Veranstaltungsort ausgerichtet waren. Anders als die Interviews anhand des ersten und zweiten Leitfadens, die nach Möglichkeit in für die Interviewten vertrauten Räumen durchgeführt wurden,[94] fanden die Interviews mittels des dritten Leitfadens in der Regel telefonisch statt. Das Angebot des Telefoninterviews machte ich zum Wohl der Niedrigschwelligkeit. Ich suchte für diese Interviews Personen, die einer konkreten Veranstaltung beigewohnt hatten und bereit waren, mit mir zeitnah nach dieser Veranstaltung darüber zu sprechen. Im Zuge der Besuchendenbefragungen, die ich in dreien der vier Kernfälle durchführte, fragte ich die Bereitschaft zu einem Interview ab. Zudem ließ ich mir über die Veranstaltungsleitung und Feldkontakte potenzielle Interviewpartnerinnen und Interviewpartner vermitteln und sprach im Anschluss an die Veranstaltungen vor Ort auch gezielt Personen für ein Interview an. Es stellte sich heraus, dass die Bereitschaft

---

94 Die Interviews fanden bei den Personen zu Hause oder in den Räumlichkeiten von Orten interreligiöser Veranstaltungen statt. In seltenen Fällen führte ich Interviews in unserem Hamburger Büro. In jedem Fall handelte es sich um den Ort der Wahl der interviewten Person.

zu einem Telefoninterview deutlich größer war als bei allgemeiner Interviewanfrage.[95] Auch wenn ich grundsätzlich ›natürlichere‹ *face-to-face*-Interviews bevorzuge, hat sich die telefonische Durchführung trotz fehlender Möglichkeit zur Einschätzung nonverbaler Anteile des Gesprächs m.E. nicht negativ auf die Interviewsituation ausgewirkt.[96]

Die Interviews wurden, mit Ausnahme von zwei Fällen, in denen die Interviewten nur schriftlich auf meine Fragen antworten wollten, mittels eines Audiogerätes aufgezeichnet. Da sich die Analysen auf den Inhalt der Aussagen und nicht beispielsweise auf sprachliche Aspekte konzentrieren, wurden die Interviews unter Verwendung einfacher Konventionen vollständig oder nach Vorauswahl teilweise transkribiert.[97]

Besuchendenbefragungen

Im Laufe der teilnehmenden Beobachtungen und der Interviews mit Leitungspersonen wurde mir deutlich, dass die Teilnehmendenperspektive eine wichtige zu untersuchende Dimension der Räumlichkeit interreligiöser Veranstaltungen darstellt, weil sich durch sie u.a. die Bandbreite möglicher Zuschreibungen an Orte erweitert. Diesen Zuschreibungen und auch Situationsdeutungen nachzugehen, erschien mir angesichts der Mehrdeutigkeit in der sozialen Produktion von Orten, auf die ich im Theoriekapitel zu sprechen kam, besonders geboten. Neben den bereits genannten Interviews mit Teilnehmenden experimentierte ich deshalb, den flexiblen Rahmen der GTM zum Einsatz unterschiedlicher Erhebungsinstrumente nutzend, auch mit einem Fragebogen. Er konnte im Ausklang interreligiöser Veranstaltungen eingesetzt werden, um die frischen Eindrücke einer möglichst großen Gruppe von Teilnehmenden zur Veranstaltung und ihrem Ort zu erheben.

Mittels der Befragungen, die ich im Kontext der für die vorliegende Arbeit relevanten Veranstaltungsreihen durchführte, erhielt ich Antworten von insgesamt 80 Personen:

- Silvesterfeier in der Christuskirche: 42 Befragte von ca. 150 Teilnehmenden
- Rathausveranstaltung: 23 Befragte von ca. 170 Teilnehmenden
- Gespräch in der Hamburger Kunsthalle: 15 Befragte von ca. 40 Teilnehmenden

---

95 Die letzten Interviews führte ich zur Zeit der Kontaktbeschränkungen im Zuge der Covid-19-Pandemie (ab ca. März 2020), in der *face-to-face*-Interviews ohnehin nahezu unmöglich waren.
96 Schulz und Ruddat geben zudem zu bedenken, dass telefonische Kommunikation auch Vorteile für die Interviewsituation bereithalte. Beispielsweise wird die Unsichtbarkeit des Aufnahmegeräts und der schriftlichen Aufzeichnung durch die forschende Person genannt, was Irritationen seitens der Interviewten abmildern könne, vgl. Schulz/Ruddat 2012, Abs. 32.
97 Für eine Übersicht über die verwendeten Transkriptionsregeln vgl. Anhang E.

Die Antworten wurden im Anschluss an die Befragung in einer je eigenen Tabelle zusammengetragen.

Erstmals erprobte ich die Befragung unter Besucherinnen und Besuchern des »Gartens der Weltreligionen«, der als Teilbereich während der Internationalen Gartenausstellung in Hamburg-Wilhelmsburg in Zusammenarbeit mit lokalen Vertreterinnen und Vertretern verschiedener Religionsgemeinschaften realisiert worden war. Die Gartenanlage diente während der Gartenausstellung regelmäßig als Veranstaltungsort interreligiöser Aktivitäten. Meine Befragung bezog sich zunächst jedoch noch vorrangig auf die Wahrnehmung des Ortes selbst und seine Bedeutung im Hamburger Kontext. Erst die zweite Befragung, die zum Ausklang einer Veranstaltung der Reihe im Rathaus stattfand, war auf eine konkrete Veranstaltung hin ausgerichtet. An diese Befragung schlossen sich Befragungen zur »Langen Nacht der Weltreligionen« im Thalia Theater, zum interreligiösen Gespräch in der Kunsthalle und zur interreligiösen Silvesterfeier in der Christuskirche an. Eine Befragung im Rahmen des interreligiösen Gesprächskreises erschien mir angesichts der geringen Teilnehmendenzahl nicht sinnvoll. Ausgleichend diente hier eine Gruppendiskussion, die ich im folgenden Abschnitt eingehender beschreibe.

Die ersten Befragungen waren noch als persönliche Befragung konzipiert, insofern der Fragebogen nicht ausgehändigt wurde, sondern in einem kurzen Befragungsgespräch zum Einsatz kam. Die Antworten der Befragten wurden durch die Fragestellenden stichpunktartig notiert. Im Rathaus und im Theater standen mir für diese recht aufwändige persönliche Befragung studentische Hilfskräfte der Akademie der Weltreligionen zur Seite. In den letzten beiden Befragungen wurde der Bogen im Anschluss an die Veranstaltung und unter hilfreicher Anmoderation der Veranstaltungsleiterinnen und Veranstaltungsleiter an Freiwillige verteilt und größtenteils vor Ort von den Befragten selbst ausgefüllt. Einige wenige Fragebögen erhielt ich noch im Nachgang per Post und per E-Mail.

Ähnlich wie im Interviewleitfaden für die Teilnehmenden, aber in knapperer Form, fokussierten die Fragen des Fragebogens vor allem auf Eindrücke der vergangenen Veranstaltung sowie auf Ansichten über den Veranstaltungsort. So wurde in einem ersten Fragenabschnitt beispielsweise nach den Erwartungen an die Veranstaltung sowie positiven und negativen Eindrücken gefragt. Außerdem wurden die Befragten gebeten, die Atmosphäre der Veranstaltung zu beschreiben. In einem zweiten Fragenabschnitt sollten die Befragten dann eigene Vorstellungen über den Ort im Allgemeinen (z.B. »Museum«) und im Konkreten (z.B. »Hamburger Kunsthalle«) benennen und die Eignung des Ortes für interreligiöse Veranstaltungen beurteilen. Auch hier wurden schließlich einige demografische Daten abgefragt, die z.B. aufzeigen sollten, ob die Teilnehmenden aus der näheren Umgebung kamen und ob sie sich einer religiösen Tradition zugehörig fühlten.

Gruppendiskussion

Die letzte der verwendeten Befragungstechniken erwuchs ebenfalls aus dem ReDi-Kontext. Ursprünglich war das Ansinnen, kollektive Orientierungen und Wissensbestände hinsichtlich religiöser Vielfalt und interreligiösem Dialog einzufangen. Hierfür akquirierten wir Personen aus religiösen Gemeinden in Hamburg. Neben den homogenen Gruppen erschien uns die religiös heterogene Gruppe des interreligiösen Gesprächskreises an der Christuskirche ein spannender Vergleichsfall. Für die vorliegende Arbeit erwies sich die per Videokamera aufgezeichnete Gruppendiskussion als äußerst ertragreich. Das liegt u.a. daran, dass das Format der Gruppendiskussion in Grundzügen die ohnehin geltende Kommunikationsform des Kreises darstellt, der thematische Zuschnitt jeder Sitzung unter großer Offenheit gewählt wird und die Gruppe so für unsere Fragen empfänglich war.

Nichtsdestotrotz handelt es sich auch bei einer Gruppendiskussion um eine künstlich hergestellte Situation. So wird die Diskussionsleitung beispielsweise von einer außenstehenden Person übernommen. Zudem sind die zur Aufzeichnung notwendigen technischen Requisiten (Kamera, Mikrofone sowie Stative) im Raum präsent. Ein standardisierter Ablauf der Gruppendiskussion sieht neben einer kurzen Einführung folgende Phasen vor: die Setzung eines Stimulus und eine Diskussion ohne Einmischung der diskussionsleitenden Person, immanente und exmanente Nachfragen an die Gesamtgruppe durch die diskussionsleitende Person sowie eine direktive Phase, in der widersprüchliche und auffällige Momente der Diskussion thematisiert werden.[98] Zu den Prinzipien der Durchführung einer Gruppendiskussion gehört, dass die diskussionsleitende Person sich bei der Verteilung der Redebeiträge und auch in der Diskussion selbst weitgehend zurückhält und dass die eingebrachten Fragen bewusst vage, d.h. offen oder in Fragereihungen formuliert sind. Letzteres zielt auf eine Themenöffnung ohne Vorgabe eines Orientierungsrahmens für die Diskussionsteilnehmenden und auf die Initiierung einer detaillierten Themenbearbeitung ab.[99]

Für unsere Gruppendiskussion im interreligiösen Gesprächskreis an der Christuskirche erstellten wir einen Diskussionsleitfaden, der entgegen dem vorgestellten Ablaufschema nicht einen, sondern drei Stimuli in Form von Fragereihungen umfasste.[100] Der erste Stimulus betraf Fragen zur Gruppe selbst, ihrer religiösen Vielfalt und zu den Herausforderungen und Voraussetzungen des Miteinanders in der Gruppe. Der zweite Stimulus fokussierte auf den allgemeinen Zustand religiöser Vielfalt und religiöse Erklärungsansätze dazu. Außerdem wurde angesichts dieser Vielfalt die Frage nach dem Wahrheitsanspruch religiöser Traditionen aufgeworfen. Mittels des dritten Stimulus wurden schließlich Potenziale und Grenzen sowie die

---

98 Vgl. Bohnsack 2010, 380ff.
99 Vgl. Przyborski/Wohlrab-Sahr 2008, 111f. und Bohnsack 2010, 381.
100 Vgl. Erhebungsinstrumente im Anhang D.

Reichweite von ›interreligiösem Dialog‹ ins Spiel gebracht. Exmanente Nachfragen ergaben sich aus jenen Fragen der Fragenreihen, die in der Diskussion nicht aufgegriffen worden waren.[101]

Insgesamt führten wir im Rahmen des ReDi-Projektes neun Gruppendiskussionen durch, von denen die Diskussion im Gesprächskreis an der Christuskirche die einzige mit einer religiös heterogenen Gruppe darstellt. Die Videoaufnahme der etwa zweistündigen Diskussion wurde selektiv transkribiert.‹

4.3.3 Ergänzendes Material: Selbstdarstellungen, Dokumentationen und Berichte

Neben den durch die Beobachtungen und Befragungstechniken gewonnenen Informationen habe ich für die Analysen auf eine Reihe von unterschiedlichen weiteren Quellen zurückgegriffen. Dieses ergänzende Datenmaterial werde ich im Folgenden aufschlüsseln.

Als wichtige ergänzende Informationsquelle dienten *Selbstdarstellungen* z.b. auf Webseiten der Veranstaltungsorte bezugnehmender Institutionen und relevanter Personen oder in Form von Faltblättern oder Programmen, die im Rahmen interreligiöser Veranstaltungen auslagen. Die Darstellungen bezogen sich auf eine Veranstaltung(-sreihe), eine beteiligte Gruppe oder den Veranstaltungsort. Dieses Material diente als Grundlage zu weiteren Erhebungen von Feldinterpretationen zur eigenen Veranstaltung bzw. eigenen Beteiligung.

Im Zusammenhang mit Formen der Selbstdarstellung konnte ich in begrenztem Umfang auch auf *Dokumentationen* interreligiöser Veranstaltungen zurückgreifen. Zur Silvesterfeier in der Christuskirche und zur Teeküche erstellte ich einige eigene Fotoaufnahmen. Auf der Webseite der Akademie der Weltreligionen finden sich zudem Beschreibungen und Fotodokumentationen zu zentralen Fällen meiner Untersuchung. Außerdem wurde mir ein Videomitschnitt der Veranstaltungsreihe im Rathaus zur Verfügung gestellt.[102] Für die Kunsthallenveranstaltung konnte ich eine Publikation in die Untersuchung einbeziehen, die von der Leiterin der Veranstaltung in Zusammenarbeit mit Referierenden erstellt worden ist. Darin wurden zwölf Veranstaltungen der Reihe in aufbereiteter Form dokumentiert.[103] Dieses Material untermauerte meine Feldnotizen und war eine wichtige Grundlage zur Revitalisierung von Erinnerungen im Schreibprozess.

---

101   Der Diskussionsleitfaden für die religiös homogenen Gruppen unterscheidet sich lediglich im ersten Stimulus. Hier griffen wir nicht auf die Gruppenerfahrungen zurück, sondern fokussierten auf die religiöse Vielfalt im Stadtteil, in dem die entsprechende Gemeinde bzw. das religiöse Zentrum lag.

102   Eine Übersicht und nähere Informationen zu den Foto- und Videodokumentationen finden sich im Anhang F.

103   Vgl. Koch/Hamburger Kunsthalle 2013.

Schließlich sind auch *Berichte* verschiedener Art in die Analysen eingeflossen. Dazu gehören beispielsweise Beiträge über die Entstehung der ins Auge gefassten Veranstaltungsorte und ihrer lokalen Kontexte im Rahmen historischer Beschreibungen oder in Architekturzeitschriften. Daneben berücksichtigte ich, sofern es mir relevant erschien, Presseartikel, die entweder über eine Veranstaltung berichteten oder einen interessanten Aspekt eines Veranstaltungsortes veranschaulichten. Dieses Material diente vor allem der Erweiterung von Kontextinformationen sowie zur Einordnung der jeweiligen Hintergründe und Transformationen von Orten und ihren Zuschreibungen.

4.4 Analysen

4.4.1 Einzelfallanalysen: Dichte Beschreibungen

Einführung: Dichte Beschreibung als Konstruktionsleistung

> »No longer a marginal, or occulted, dimension, writing has emerged as central to what anthropologists do both in the field and thereafter. The fact that it has not until recently been portrayed or seriously discussed reflects the persistence of an ideology claiming transparency of representation and immediacy of experience. Writing reduced to method: keeping good field notes, making accurate maps, ›writing up‹ results.«[104]

Im Rahmen der so genannten *Writing Culture*-Debatte wurde dem ethnografischen Schreiben besondere Aufmerksamkeit geschenkt und ein grundlegender Perspektivwandel hinsichtlich der Beziehung von Text und Autorin bzw. Autor eingeleitet. Im Zitat verweist James Clifford, ein führender Kopf dieser Debatte, auf das bis dahin selten hinterfragte Ideal ethnografischer Berichterstattung, einen stringenten und unmittelbaren Einblick in den jeweils untersuchten Gegenstand zu liefern. Die Kritik an diesem Ideal richtete sich vor allem auf den Repräsentationsanspruch ethnografischer Texte. So zeigt Gottowik beispielsweise auf, dass »Ethnographen bis zu einem gewissen Grad die Kulturen erfinden, die sie vorgeben, nur zu beschreiben«,[105] und verweist damit auf den Kern des Reflexionsprozesses, den Geertz in den 1970er Jahren maßgeblich mit anstieß.[106] Geertz formuliert diesen Gedanken im Rahmen seines Essays »Dichte Beschreibung« folgendermaßen:

---

104 Clifford 1986, 2. Clifford leitet mit seinem Beitrag »Partial Truths« den Sammelband »Writing Culture« ein, der als eine der wichtigsten Schriften der Debatte betrachtet wird.
105 Gottowik 2007, 122.
106 Vgl. ebd., 120f.

»Da aber bei der Untersuchung von Kultur die Analyse den Gegenstand selbst prägt – wir interpretieren zunächst, was unsere Informanten meinen, oder was sie unserer Auffassung nach meinen, und systematisieren diese Interpretationen dann –, wird die Trennungslinie zwischen [...] Kultur als natürlichem Faktum und [...] Kultur als theoretischer Einheit tendenziell aufgehoben [...]. Kurz, ethnologische Schriften sind selbst Interpretationen und obendrein solche zweiter und dritter Ordnung. [...] Sie sind Fiktionen, und zwar in dem Sinn, daß sie ›etwas Gemachtes‹ sind, ›etwas Hergestelltes‹ [...], nicht in dem Sinne, daß sie falsch wären, nicht den Tatsachen entsprächen oder bloße Als-ob-Gedankenexperimente wären.«[107]

Geertz beschreibt ethnografische Arbeit hier als einen Konstruktionsprozess, in dem der Forschungsgegenstand (zumeist) im Rahmen eines Textes produziert wird, welcher auf Grundlage der Erfahrungen und Deutungen der forschenden Person im Feld beruht. Er verwendet den auf den britischen Philosophen Gilbert Ryle zurückgehenden Begriff der dichten Beschreibung für eine »besondere geistige Anstrengung«,[108] die auf die Offenlegung von Bedeutungsstrukturen gesellschaftlicher Prozesse zielt. Dabei stellt er fest, dass der interpretierende ethnografische Text, ähnlich wie Artefakte im Bereich der bildenden Kunst, die Grenze zwischen der Art der Darstellung und dem eigentlichen Gegenstand verschwimmen lässt.[109] Geertz denkt dieses Problem weiter:

»Diese Tatsache scheint nun ihrerseits den objektiven Status des ethnologischen Wissens zu bedrohen, da sie nämlich nahelegt, daß sein Ursprung nicht in der gesellschaftlichen Wirklichkeit liegt, sondern künstlicher Gelehrsamkeit entstammt.«[110]

Im Grunde steckt in dieser Beobachtung die Frage, ob ein Text, der im Bewusstsein seines produktiven Charakters verfasst wird, noch ein wissenschaftlicher Text im Sinne einer objektiven Betrachtung eines Forschungsgegenstands sein kann. Die drohende Degradierung der Wissenschaftlichkeit hält Geertz jedoch für eine »leere Drohung«[111] und betont:

»Wir haben die Triftigkeit unserer Erklärung nicht nach der Anzahl uninterpretierter Daten und radikal verdünnter Beschreibungen zu beurteilen, sondern danach, inwieweit ihre wissenschaftliche Imagination uns mit dem Leben von Fremden in

---

107 Geertz 1987, 22f., Hervorhebungen im Original.
108 Ebd., 10.
109 Vgl. ebd., 24.
110 Ebd.
111 Ebd.

Berührung zu bringen vermag. Es lohnt nicht, wie Thoreau sagt, um die ganze Welt zu reisen, bloß um die Katzen auf Sansibar zu zählen.«[112]

Geertz zufolge liegt der Wert eines ethnografischen Textes also vor allem in seiner besonderen Leistung: Eine dichte Beschreibung bildet als zu einem Text verwobene »wissenschaftliche Imagination« einen erfahrungsbasierten Zugang zum Forschungsgegenstand. Statt einer Anhäufung von Information steht hierbei die »geschichtete Hierarchie bedeutungsvoller Strukturen«[113] im Vollzug sozialen Verhaltens im Zentrum. Mit seinem Ausspruch »Ethnographie ist dichte Beschreibung«[114] proklamiert Geertz eine interpretative Ethnografie, die bereits durch die Forschungsarbeit im Feld und das Verfassen von Feldnotizen notwendigerweise einen Auslegungsprozess durchläuft.[115] Daneben sind wichtige Merkmale dieser Ethnografie, dass sich ihre Deutung auf den »Ablauf des sozialen Diskurses«[116] richtet und dass sie zum Ziel hat, »das ›Gesagte‹ eines solchen Diskurses dem vergänglichen Augenblick zu entreißen.«[117] Es geht dabei nicht um den Report bloßer Handlungsabläufe – was eben als »dünne Beschreibung«[118] zu bezeichnen wäre –, sondern um die Aufdeckung, d.h. die dichte Beschreibung, der situativen und intersubjektiv geteilten Interpretationen von Handlungen.[119] Der wissenschaftlich-imaginierende Text ist also erfahrungsbasiert, weil er auf Feldforschung beruht, und gleichzeitig so verfasst, dass er beim Lesen (vergangene) Erfahrungen durch die Brille der Autorin bzw. des Autors nachvollziehbar macht.[120] Da, wie bereits im Theoriekapitel aufgezeigt, die ethnografierten Situationen durch ihre Akteure »symbolisch mehrfach konstruiert«[121] sind und es neben der beschreibenden Person und den Beschriebenen keine »neutrale Vergleichsebene [...] gibt und geben kann«,[122] ist diese Art des Zugangs für Geertz alternativlos. Den Gefahren

---

112 Ebd.
113 Ebd., 12.
114 Ebd., 15.
115 Vgl. ebd., 14f.
116 Ebd., 30.
117 Ebd.
118 Gottowik 2007, 119.
119 Geertz führt dies am Beispiel des Zwinkerns vor: Eine Beschreibung des bloßen Handlungsablaufs (Zucken des Augenlids) verschafft noch keinen Einblick in soziale Bedeutungen des Geschehens (Zwinkern, parodiertes Zwinkern), vgl. Geertz 1987, 10ff.
120 Vgl. ebd., 28ff.
121 Müller-Funk 2010, 244.
122 Ebd., 239.

eines Subjektivismus ausweichend und »wissenschaftlichen Obskurantismus«[123] ablehnend, erklärt Geertz entsprechend:

> »Mich hat das Argument, daß man – da vollständige Objektivität in diesen Dingen ohnehin unmöglich sei (was natürlich zutrifft) – genausogut seinen Gefühlen freien Lauf lassen könne, nie überzeugt. Wie Robert Solow bemerkte, könnte man dann mit gleichem Recht sagen, daß man – da eine völlig keimfreie Umgebung nicht möglich sei – Operationen auch in einer Kloake vornehmen könne.«[124]

Statt also wegen der konstruktiven Kraft von Texten ethnografisches Schreiben als Präsentationsform zu verwerfen, schlägt Geertz vor, sich mehr Gedanken über die eigenen Konstruktionen beim Schreiben zu machen. Dies beherzt umzusetzen, ist ein Anliegen, das ich mit meinem Verständnis der dichten Beschreibung verfolge.

Im Folgenden werde ich zunächst auf Grundlage neuerer Literatur einen allgemeinen Blick auf das Schreiben als Methode werfen. Anschließend werde ich konkretisierende Literatur zur dichten Beschreibung sowie zum ethnografischen Schreiben im Zusammenhang mit der Grounded Theory Methodologie heranziehen, um den methodischen Rahmen dichter Beschreibung abzustecken. Darauf folgt eine ausführliche Erläuterung meines Verfahrens der dichten Beschreibung als Schreibanalyse. Abschließend werfe ich noch einen Blick auf die Frage nach der Eigenart dichter Beschreibungen als wissenschaftlichem Produkt.

Schreiben als Werkzeug

In der methodologischen Einordnung zu Beginn dieses Methodenkapitels habe ich bereits auf die Bedeutung der forschenden Person im Forschungsprozess verwiesen und dies im vorangegangenen Unterabschnitt mit der *Writing Culture*-Debatte und dem Blick auf die Konstruktionsleistung ethnografischen Schreibens wieder aufgegriffen. In diesem Unterabschnitt werde ich einen genaueren Blick auf den Schreibprozess werfen, um daraus Kriterien für die dichte Beschreibung als schreibanalytisches Verfahren zu gewinnen. Dazu werde ich im Folgenden Funktionen des Schreibens betrachten und anschließend aktuellere sozialwissenschaftliche und ethnografische Ansätze des Schreibens zusammenführen.

Aus kognitionswissenschaftlicher Perspektive übernimmt das Schreiben im Allgemeinen drei Funktionen. Eine wichtige Funktion besteht in der Speicherung von Wissen. Als externes Speichermedium bildet das Schreiben »ein Mittel zur Verdauerung flüchtiger Gedanken«,[125] was zu einer Entlastung des Gedächtnisses beiträgt.

---

123 Geertz 1987, 42. Er verweist im weiteren Verlauf des Textes z.B. auf Behauptungen, dass mittels »Computertechnik« ein tiefergehendes Verständnis von Menschen, denen man nicht persönlich begegnet, möglich sei, vgl. ebd., 43.
124 Ebd., 42f.
125 Molitor-Lübbert 2002, 33.

Verbunden mit der Speicherfunktion spielt das Schreiben als Kommunikationsmittel eine herausragende Rolle. So können Informationen durch das Schreiben über Jahrtausende und rund um den Erdball und darüber hinaus durch analoge und digitale Technologie verbreitet werden.[126]

Die dritte Funktion des Schreibens möchte ich nun eingehender betrachten, denn sie ist der Grundstein für die analytische Qualität dichter Beschreibungen. Über die Wirksamkeit als Speicher- und Kommunikationsmittel hinaus erweist sich das Schreiben nämlich auch als kreatives »Denkwerkzeug«.[127] Dass das Schreiben einen kreativen Einfluss auf das Denken hat, liegt an dem hermeneutischen Prozess der Textproduktion, der sich im Wesentlichen aus drei Komponenten zusammensetzt:

- Fluide Gedanken und Einfälle werden durch den Formulierungsprozess materialisiert.
- Das Lesen und Überarbeiten entstandener Textteile lässt die Textgestaltung reifen.
- Der entstehende Text entsubjektiviert das Wissen und wird zum Gesprächspartner.

Das Finden der richtigen Worte für den Ausdruck eines Gedankens beschreibt Molitor-Lübbert als »das auffälligste Problem des Textproduzierens«.[128] Dies schließe ein, zwar eine klare Vorstellung von einem Phänomen zu haben, es aber nicht in eine konkrete Formulierung übertragen zu können. In den meisten Fällen jedoch liege ein Formulierungsproblem nicht im Mangel eines geeigneten Wortes, sondern in der mangelnden Reife der zu formulierenden Idee oder einer Unklarheit über den gewünschten Tonfall bzw. der Perspektive begründet. Bei der Suche nach einer geeigneten Formulierung werden Möglichkeiten überprüft und die Vorstellung der auszudrückenden Idee geschärft. Der Formulierungsprozess trägt also eine »gedankenformende Kraft«[129] in sich, die sich in der Schreibpraxis als »Symbolisierung-, Selektions- und Strukturierungsaktivität«[130] konkretisiert.[131]

Sobald die ersten Formulierungen stehen, Gedanken also erstmals textlich materialisiert wurden, beginnt eine »Rückkopplungsschleife zwischen Schreiben und Lesen«.[132] Umformulierungen und Begriffsschärfungen lassen den Text sowie das

---

126 Vgl. ebd.
127 Ebd., 34.
128 Ebd., 35.
129 Ebd., 36.
130 Ebd., 37.
131 Vgl. ebd., 35ff.
132 Ebd., 38.

zusammenhängende Verständnis der Gedanken im Text reifen, sodass das Schreiben hier als produktiv verstanden werden kann. Wichtigstes Element ist hierbei die kritische Selbstlektüre, also ein evaluatives Bewerten des eigenen Textes. Hieraus entwickeln sich ein eigener Schreibstil und ein eigener Standpunkt, der die Form des geschriebenen Wortes annimmt.[133]

Die dritte Komponente des hermeneutischen Prozesses der Textproduktion und zugleich ihre ausgereifteste Form ist das so genannte *epistemische Schreiben*. Bereiter zeigt auf, dass das Schreiben durch seine gestaltbildende Kraft immer auch einen epistemischen Zug in sich trägt. Dieser kann aber durch die Fähigkeit der kritischen Selbstlektüre und hinzukommendes reflektierendes Denken komplexere epistemische Formen annehmen. In diesem Fall ist das Geschriebene weniger als Produkt des Denkens, sondern vielmehr als sein fester Bestandteil zu verstehen.[134] Zusätzlich zur Weiterentwicklung eines Textes erhält der Schreibprozess somit auch eine erweiternde Funktion für das Denken, indem die Auseinandersetzung mit dem Text Zusammenhänge und Fehlschlüsse aufdeckt und so zunehmend Wissen produziert.[135] Das epistemische Schreiben wird dabei durch einen entscheidenden Aspekt befördert. Der entstehende Text übernimmt mit Blick auf das in ihm reifende Wissen eine entsubjektivierende Funktion. Das bedeutet, dass die »schriftliche Exteriorisierung«[136] als Objekt begriffen werden kann, welches der Autorin bzw. dem Autor eine weitergehende Auseinandersetzung mit dem Text als »Dialogpartner«[137] ermöglicht, wie Molitor-Lübbert folgendermaßen beschreibt:

> »Die kognitiven Prozesse, die dabei involviert sein können, umfassen […] nicht nur das ganze Spektrum von Produktionsprozessen, die bei der Konkretisierung und Verbalisierung mentaler Gegebenheiten anfallen, sondern auch und vor allem zahlreiche Rezeptionsprozesse, die beim kontrollierenden und vergleichenden Lesen angeregt werden. Wo die Modalität der Informationsverarbeitung auf diese Weise ständig wechselt, ergeben sich entsprechend vielfältige Möglichkeiten weiterer Assoziationen, neuer Perspektiven und Symbolisierungen, wodurch immer wieder neue Repräsentationen des geschriebenen Sachverhalts geschaffen werden können.«[138]

---

133   Vgl. ebd., 38. Die Ausführungen der Autorin basieren hier auf einem von Bereiter (1980) entwickelten Schreibkompetenz-Modell, welches unterschiedliche Reichweiten der Schreibfähigkeit vom Schreibenlernen im Kindesalter bis zum epistemischen Schreiben umfasst. Das in diesem Absatz beschriebene Stadium fasst Bereiter als »Unified Writing« auf, vgl. hierzu Bereiter 1980, 87f.
134   Vgl. Bereiter 1980, 87f.
135   Vgl. Molitor-Lübbert 2002, 38.
136   Ebd., 41.
137   Ebd.
138   Ebd.

Im epistemischen Schreibprozess entsteht neues Wissen demnach im Zirkel produktiver Gedankenmaterialisierungen, kritischer Selbstlektüre und Reflexion sowie neu aufkommender Assoziationen, die wiederum in produktive Materialisierungen münden. Hierin liegt die Qualität des Schreibens als Denkwerkzeug begründet. Den reflektierten Einsatz epistemischen Schreibens verstehe ich im Folgenden als Grundlage der dichten Beschreibung als wissenschaftliche Analysemethode.

Grundzüge dichter Beschreibungen
Dass die Bedeutung des Schreibens in der Forschung, die sich einer offenen Grounded Theory Methodologie (GTM) zuordnen lässt, präsent ist, zeigen einige Beispiele. So spricht Charmaz mit Blick auf Ideenentwicklung im Forschungsprozess von »rendering through writing«,[139] Breuer betont, dass »GTM-Arbeit [...] zu wesentlichen Teilen aus eigenem *Schreiben*«[140] bestehe, und St. Pierre erklärt: »for me, writing *is* thinking, writing *is* anlysis, writing *is* indeed a seductive and tangled method of discovery.«[141] Nachdem ich diese Bedeutung des Schreibens im vorhergehenden Teil allgemein grundiert habe, werde ich in diesem Unterabschnitt Gedanken zur Konkretion der Anlage dichter Beschreibungen zusammentragen und damit zunächst zu Geertz zurückkehren. Wie eingangs erklärt hat Geertz die dichte Beschreibung als interpretatives Programm vorgelegt. Allerdings liegt eine konkrete Anleitung, wie ein dicht beschreibender Text abzufassen ist, nicht vor und vielleicht kann es sie auch nicht geben.[142] Geertz selbst brilliert mit vielen dichten und aufschlussreichen ethnografischen Texten, die jedoch wenige methodische Anhaltspunkte liefern.[143] Zudem besteht eine begründete Kritik an seinen Schriften: Spencer beispielsweise verdeutlicht, dass Geertz einerseits zwar auf Probleme eines konstruierenden ethnografischen Schreibens hinweise. Dazu gehöre seine Kritik an geschriebenen Imaginationen formaler kultureller Ordnung, an die eigentlich keiner glauben könne. Andererseits verweigere Geertz den Leserinnen und Lesern seiner Texte in der Regel einen Blick auf das Material, also auf die Grundlage seiner teils weitreichenden Interpretationen, und kreiere damit selbst ein Bild, das die Lesenden kritiklos zurücklasse und zur Passivität verdamme.[144] Als klassischen Zug dieser

---

139 Charmaz 2006, 172.
140 Breuer 2010, 103, Hervorhebung im Original.
141 Richardson/St. Pierre 2005, 967, Hervorhebungen im Original.
142 St. Pierre bemerkt beispielsweise aus einer betont postmodernen Perspektive, dass es kein Modell für dieses Schreiben gebe, »since each researcher and each study requires different writing«, Richardson/St. Pierre 2005, 971.
143 In seinem lesenswerten Aufsatz »Die Anatomie der dichten Beschreibung« (1992) bemüht sich Wolff um eine systematische Rekonstruktion der speziellen Komposition Geertz'scher Ethnografien.
144 Vgl. Spencer 2014, 445f.

Art der Darstellung, die Spencer den ethnografischen Naturalismus nennt, identifiziert er die freie indirekte Rede, in der eine allgemein gültige Deutung einer Situation präsentiert werde.[145] Ich folge Spencers Kritik und greife dies als ersten Hinweis für die Anlage dichter Beschreibungen auf: Sie müssen *Quellenmaterial* beinhalten und damit Belege für Interpretationen.

Mit diesem Hinweis hängt die *Situiertheit der Autorin bzw. des Autors* als zweitem Aspekt zusammen. Die schreibende Person ist mit den eigenen Interpretationen selbst sozial verankert und damit niemals objektiv.[146] Richardson sieht diese Erkenntnis als ein Ergebnis postmodernen Denkens und buchstabiert die Situiertheit weiter aus:

> »Qualitative writers are off the hook, so to speak. They do not have to try to play God, writing as disembodied omniscient narrators claiming universal and atemporal general knowledge. They can eschew the questionable metanarrative of scientific objectivity and still have plenty to say as situated speakers, subjectivities engaged in knowing/telling about the world as they perceive it.«[147]

Dieser Anspruch an den Text muss sich auch in der Art der Darstellung widerspiegeln. Durch die Einarbeitung von Quellenmaterial, d.h. von Aussagen aus Beobachtungen, Interviewmaterial oder anderweitigen Quellen, ist ein erster Schritt der Transparenz geschaffen. Die interpretierende Kommentierung[148] dieses Materials aus der Forschendenperspektive sollte, statt Generalisierungen zu liefern, mit einer gewissen Sensibilität für Komplexität aufwarten. Das bedeutet, dass dichte Beschreibungen im Idealfall weniger geschlossene Interpretationen präsentieren, sondern vielmehr unterschiedliche Perspektiven – das heißt die der forschenden Person sowie jene Alternativen, die sich ihr im Zuge der Forschung als naheliegend anbieten – auf wiedergegebenes Material eröffnen und auf dieser Grundlage zur Diskussion einladen.[149]

Neben dem Einsatz von Quellenmaterial, der situierten Autorenschaft und dem Streben danach, unterschiedliche Bedeutungen und Perspektiven aufzudecken, spielt die *Kontextualisierung* der beschriebenen Handlungen eine zentrale Rolle. Dies zeigt beispielsweise Ponterotto in seiner Synthese verschiedener Rezeptionen zur dichten Beschreibung auf:

---

145 Denzin (1989), der unterschiedliche Typen dichter Beschreibungen zu systematisieren versucht, bezeichnet dies als »intrusive description« (95) und zeigt auf, dass bei dieser Art der Beschreibung die Deutung des Autors bzw. der Autorin überwiegt und der »native's point of view« (96) verloren geht, vgl. Denzin 1989, 95f.
146 Vgl. Spencer 2014, 448f.
147 Richardson/St.Pierre 2005, 961.
148 Denzin verwendet hierfür auch den Begriff der dichten Interpretation (*thick interpretation*) als deutendem Kommentar dichter Beschreibungen, vgl. Denzin 1989, 101f.
149 Vgl. Spencer 2014, 449f.

»›Thick description‹ involves accurately describing and interpreting social actions within the appropriate context in which the social action took place. [...] The context for, and the specifics of, the social action are so well described that the reader experiences a sence of verisimilitude as they read the researcher's account.«[150]

Die eingehende Beschreibung des Kontextes der beobachteten Handlung erzeugt bei der Leserin bzw. dem Leser im Idealfall ein Gefühl der Echtheit bzw. Authentizität (*verisimilitude*) der Darstellung. Ponterotto bezieht sich hier auf Denzins Äußerung, dass dichte Beschreibung im Kern Erfahrungen kontextualisieren und Ereignisse nachvollziehbar machen soll: »This is what thick description does. It creates verisimilitude. [...] It inserts history into experience.«[151] Zu Beginn seiner Ausführungen erklärt Denzin aber auch, dass dies eine gewisse Bereitwilligkeit seitens der Lesenden voraussetzt, sich auf die jeweilige Erzählperspektive einzulassen und das geschilderte Erleben mit den eigenen Erfahrungen in Beziehung zu setzen.[152]

Mit Blick auf die Ausgestaltung dichter Beschreibungen, die er vor dem Hintergrund zahlreicher Beispiele systematisiert, stellt Denzin fest:

»A full, or complete, thick description is biographical, historical, situational, relational, and interactional. But not every thick description is full or complete. Some focus on relationships, others on individuals, some on situations, and so on.«[153]

Denzin führt hier unterschiedliche Dimensionen dichter Beschreibungen auf, die in der Schreibpraxis häufig zu finden sind. Hierfür trägt er eine Reihe von Ausprägungen dichter Beschreibungen zusammen. Dazu gehören *Mikrobeschreibungen*, die sich auf einen kleinen Handlungsausschnitt beziehen und diesen ohne weitreichende Interpretationen wiedergeben. Des Weiteren nennt er *makrohistorische Beschreibungen*, die historische Momente zentrieren, den Lesenden in »vivid detail«[154] näherbringen und teils mit *biografischen* und *relationalen* Beschreibungen kombiniert werden, die eine Person bzw. eine Beziehung und ihre Geschichte darstellen. Daneben unterscheidet Denzin *situative Beschreibungen*, die auf ein anschauliches Bild einer Situation und der Verortung einer Person bzw. einer Handlung darin fokussieren, sowie *interaktionale Beschreibungen*, die stärker konkrete Interaktionen zwischen zwei oder mehr Menschen in den Blick nehmen. Die Typen der situativen und interaktionalen Beschreibung scheinen gerade im Hinblick auf die Verortung interreligiöser Aktivitäten besonders interessant zu sein. Allerdings erläutert Denzin auch,

---

150 Ponterotto 2006, 542.
151 Denzin 1989, 83.
152 Vgl. ebd.
153 Ebd., 91.
154 Ebd., 92.

dass viele der genannten Typen dichter Beschreibung in Kombination auftreten,[155] sodass mit Blick auf den Gegenstand dieser Arbeit auch biografische, relationale sowie makrohistorische und Mikrobeschreibungen relevant sind.

Weitere Beschreibungstypen sind beispielsweise *unvollständige Beschreibungen*, die zwar dicht beginnen, dann aber paraphrasieren, sowie *deskriptive Beschreibungen*, die aufgrund der reinen Nennung von Fakten nahezu interpretationsfrei sind. Schließlich führt Denzin noch Beschreibungen auf, die er als *deskriptiv und interpretativ* bezeichnet. Gemeint sind Wiedergaben von situativen Aussagen, die eine Interpretation der in der aktuellen Situation vollzogenen Handlung bzw. in der gemachten Erfahrung beinhalten. Ich verstehe alle genannten Typen als mögliche Komponenten einer umfassenderen dichten Beschreibung.[156]

Zum Verfahren: Dichte Beschreibung als Schreibanalyse

Nachdem ich nun in die dichte Beschreibung als Ansatz eingeführt, den Schreibprozess als Wissen generierend herausgearbeitet und einige Grundzüge zur praktischen Umsetzung dichter Beschreibungen zusammengetragen habe, werde ich in diesem Unterabschnitt mein konkretes Vorgehen erläutern. Auch wenn einige der im Folgenden genannten Schritte und Strategien sicher verallgemeinerbar sind, so ist mir wichtig, an dieser Stelle noch einmal darauf hinzuweisen, dass dichte Beschreibungen je nach Gegenstand, Fragestellung und Schreibstil sehr unterschiedlich generiert und ausgestaltet sein können. Die folgende Darstellung erfolgt anhand zentraler Aspekte der Genese meiner dichten Beschreibungen. Ich beginne, so wie der Interpretationsvorgang selbst, mit Feldbeobachtungen, gehe dann auf den fortschreitenden Schreibprozess ein und beleuchte abschließend eingesetzte Techniken zur Validierung.[157]

Feldbeobachtungen und Feldnotizen: Ich habe bereits eingehend meine Feldforschung, in deren Zentrum die Methode der teilnehmenden Beobachtung steht, umrissen. Ein zentrales Werkzeug für die dichte Beschreibung des Beobachteten ist neben der (rasch verblassenden) Erinnerung die Mitschrift. In allen besuchten Veranstaltungen war es mir möglich, das Geschehen schriftlich zu dokumentieren. Hierzu nutzte ich in der Regel mein Forschungstagebuch. Darin machte ich Notizen zum allgemeinen Ablauf der gegenwärtigen Veranstaltung, einschließlich der Handlungen und Aussagen (meist paraphrasierend, mir wichtig erscheinende

---

155 Dies trifft z.B. auf biografische Beschreibungen zu, die häufig mit situativen Beschreibungen kombiniert werden, vgl. ebd., 92f.
156 Zur Darstellung aller Typen, vgl. Denzin 1989, 91–99.
157 Die Systematisierung meines Vorgehens und Überlegungen zur Anlage dichter Beschreibungen schlugen sich in mehreren Blogbeiträgen nieder, vgl. Kalender 2016a, 2017a, 2017b und 2017c.

Zitate im Wortlaut), und hielt zudem einige Auffälligkeiten zum Ort und zu den Anwesenden fest.

Nach Möglichkeit zeitnah im Anschluss an die besuchte Veranstaltung, teils noch auf dem Rückweg oder ein bis zwei Tage nach dem Ereignis, fertigte ich eine Feldnotiz an. Dabei orientierte ich mich stets an dem Vorschlag Knoblauchs, Erinnerungen (mentale Notizen) der Veranstaltung und die in der Situation entstandenen Mitschriften (Kurznotizen) in ein dreigliedriges Dokument zu überführen.[158] So beginnt jede Feldnotiz mit einer ausführlichen *Deskription des Ablaufs*. In einem weiteren Abschnitt haben *analytische Memos* ihren Platz. Und schließlich folgt ein Abschnitt für *persönliche Notizen*, in dem ich bei Bedarf beispielsweise eigene Empfindungen und persönliche Eindrücke festgehalten habe.[159]

Schreibversuche, Gestaltungselemente und Entwürfe: Als große Herausforderung erwies sich der Übergang von den Feldnotizen hin zu reiferen dichten Beschreibungen. Ich begann damit, eine Feldnotiz zur Kunsthallenveranstaltung zu erweitern, indem ich einzelne Passagen der Deskription durch einige recherchierte Hintergrundinformationen anreicherte oder in lebendigere Szenen umschrieb. Der Schlüssel lag darin, die Ausrichtung des Textes zu ändern. So begriff ich ihn zunehmend als Text für interessierte Lesende und immer weniger als Forschungsnotiz für mich. Diesen Perspektivwechsel machte ich mir zeitgleich auch für die methodischen Überlegungen zu Eigen und erstellte einen Blog zu meinem Dissertationsprojekt, von dem ich mir einen gewissen Zwang zur Veranschaulichung im Schreiben versprach.[160] Die Verschiebung der Textausrichtung auf eine (imaginierte) Lesendenschaft war eine wichtige Veränderung mit Blick auf die Entwicklung der dichten Beschreibung, denn so spielten immer stärker auch Fragen der intersubjektiv nachvollziehbaren und ansprechenden Darstellung eine Rolle, was Einleitungen, Überleitungen und explizitere Einordnungen notwendig machte. Der so entstandene Text kann als ›enge‹, also bedingte dichte Beschreibung verstanden werden, da er zwar informationsreicher und lesefreundlicher war, aber zunächst nur eine enge Perspektive auf das Geschehen warf. In einem reflektierenden Blogbeitrag dazu versuchte ich, diese Enge näher zu beschreiben:

---

158 Immer wieder erwiesen sich die verfügbaren Dokumentationen der Veranstaltungen als hilfreich für die Auffrischung von Eindrücken. Für eine Übersicht über die vorhandenen Dokumentationen vgl. Anhang F.
159 Vgl. Knoblauch 2003, 91ff.
160 Vgl. http://religionsdialogundraum.blogspot.com/. Meine Blogtätigkeit steht in gewisser Weise im Einklang mit klassischen Formen der Präsentation von beobachtungsbasierter Forschung. So zeigen Emerson, Fretz und Shaw beispielsweise auf, dass »participant observation involves not only gaining access to and immersing oneself in new social worlds, but also producing *written accounts and descriptions* that bring versions of these worlds to others.« Emerson/Fretz/Shaw 2014, 352, Hervorhebungen im Original.

»Eng ist die entstehende dichte Beschreibung insofern, als dass sie bewusst die Eigenwahrnehmung der Beobachterin bzw. des Beobachters ins Zentrum stellt und darüber hinausgehende Perspektiven zunächst (weitestgehend) ausklammert. [...] [E]s handelt sich um einen präsentierenden Text, in dem die einzelnen Bestandteile der Feldnotizen (deskriptive, analytische und persönliche Notizen) zu einer schlüssigen Gesamtkomposition arrangiert werden, die eine Art Erfahrungsbericht des Autors bzw. der Autorin darstellt«.[161]

Hier traten also zunehmend auch kompositorische Aspekte in den Vordergrund. Gleichzeitig mit den Formulierungen reiften zudem analytische Überlegungen zur Verknüpfung von Ort und Geschehen, die ich parallel in abstrahierter Form in Memos festhielt.

Bis hierhin basierte die Darstellung im Text neben den zusätzlichen Recherchen vor allem auf meinen Beobachtungen. Die Perspektiverweiterung gelang anschließend durch die weiteren erhobenen Datensorten. Unter Rückgriff auf das Kodierverfahren der GTM[162] und mit Hilfe der Auswertungssoftware MaxQDA analysierte ich die Interviewtranskripte, die Befragungstabelle und das ergänzende Material für den entsprechenden Fall. Die so gefilterten und strukturierten Kodierungen und Kategoriebildungen nutze ich anschließend in zweifacher Hinsicht, um die dichte Beschreibung zu erweitern: Zum einen konnte ich steinbruchartig vorhandene Aspekte um weitere Perspektiven erweitern bzw. bestehende Deutungen überdenken oder untermauern. Zum anderen traten auch neue Aspekte des jeweiligen Falls auf, die ich in den Text einflocht und die somit zu seiner Extensivierung beitrugen.

Bei der so entstandenen ›weiten‹, d.h. um weiteres Material und damit Perspektiven erweiterte, dichten Beschreibung rückten in zunehmendem Maße Fragen der Gestaltung in den Mittelpunkt, von denen ich die wichtigsten kurz besprechen will.

a) *Erzählperspektive:* Mit dem Versuch, die oben kritisierte freie indirekte (und quellenverhüllende) Rede als hauptsächliche Erzählperspektive zu vermeiden, wurde die Frage nach einer geeigneten Autorenhaltung dringlich. Hier entschied ich mich für einen persönlichen Ton, der die *plaudernde Forscherperspektive* stark macht und gleichzeitig direktes Quellenmaterial einbezieht. Dabei kann grob zwischen zwei Einstellungen unterschieden werden. Zum einen trete ich als *nachträglicher Berichterstatter* hervor, der möglichst transparent Abläufe und Beobachtungen im Feld rekapituliert. Dies ist die Grundperspektive, in der auch meine Deutungen der Ereignisse ihren Platz haben. Diese werden bewusst immer wieder durch ›andere‹ Stimmen, d.h. durch das Quellenmaterial (Zitate

---

161 Kalender 2017c.
162 Eine detailliertere Erläuterung des Kodierverfahrens erfolgt im Zusammenhang mit der Vorstellung der systematisch-vergleichenden Analyse im Abschnitt 4.4.2 im Methodenkapitel.

aus Interviews und Befragungen, aber auch z.B. historische oder architektonische Beschreibungen) aufgebrochen, untermauert und kontrastiert. Zum anderen gibt es *szenische Einschübe*, in denen konkrete Situationen durch lebendige Beschreibungen subjektiv und scheinbar in Echtzeit präsentiert werden. Diese Szenen dienen thematischen Überleitungen, sollen bestimmte Aspekte veranschaulichen und beim Lesen das Gefühl der Authentizität verstärken. Wichtig hierbei ist: Bei Szenen, die ich selbst erlebt habe, schöpfe ich aus meiner über Feldnotizen methodisch kontrollierten Erinnerung, bei anderen Szenen versuche ich, Erlebnisse ›zum Leben zu erwecken‹, die mir Andere (z.B. Interviewpartnerinnen und -partner) berichtet haben. In letzterem Fall habe ich bevorzugt jene Personen zu einer Feldspiegelung eingeladen (s.u.).

b) *Fehlende Anonymisierbarkeit:* Die lokale Bekanntheit mancher Personen, aber besonders die Repräsentativität mancher Orte machten eine Anonymisierung der zentralen Akteurinnen und Akteure schwierig. So entschied ich mich, Klarnamen zu verwenden und – sofern die Personen nicht nur protokollarisch, sondern auch in von mir ausgedeuteter Aktion beschrieben wurden – mit diesen Personen in dieser Hinsicht Rücksprache zu halten.

c) *Dekonstruktion vs. Positivismus:* Eine Frage, die sich beim Schreiben und auch als Anfrage von Kolleginnen und Kollegen ergab, die Textteile von mir gegenlasen, zielte auf den Umgang mit dem Quellenmaterial. Sollte es unhinterfragt als von sich aus belegt in den Text einfließen oder war es trotz des offenen Forschungsansatzes legitim, Aussagen zu dekonstruieren? Die Antwort darauf leitete ich aus der Tatsache ab, dass die angefertigten dichten Beschreibungen ja eben bewusst keinen Objektivitätsanspruch erheben, sondern methodisch kontrolliert viele kontextgebundene Perspektiven auf den Gegenstand zulassen, unter der Maßgabe, dass alles unter meiner Feder zusammenläuft. Mit anderen Worten: Einige Aussagen, die sich mir nicht als überzeugend erschlossen, habe ich dekonstruierend kommentiert. Ein Beispiel hierfür ist die eingehende Ausdeutung einer kurzen Zeitungsankündigung zur interreligiösen Silvesterfeier zu Beginn der entsprechenden dichten Beschreibung. Anderen Aussagen, die mich beispielsweise aufgrund meiner Feldforschung überzeugten, habe ich den Einzug in die dichten Beschreibungen als aus sich selbst heraus belegt, d.h. kontextgebunden und authentisch, gewährt. In diesem Selektionsmechanismus liegt womöglich die größte Subjektivitätsfalle dichter Beschreibung, die unbedingt adäquat methodisch eingefangen werden muss. Ich greife dies im nächsten Unterabschnitt zu den Validierungsstrategien noch einmal auf.

d) *Roter Faden:* Die Darstellungen orientierten sich am Ablauf des Geschehens, der sich in jeder Beschreibung als roter Faden herauskristallisierte. Dabei ist zwischen einmaligen bzw. einmalig beobachteten Veranstaltungen und mehrfach besuchten Veranstaltungsreihen zu unterscheiden. Die interreligiöse Silvesterfeier besuchte ich beispielsweise nur ein Mal, sodass sich der rote Faden aus dem

Ablauf dieser einen beobachteten Veranstaltung ergab, angereichert mit Feldbeschreibungen zu anderen Veranstaltungen dieser Reihe. Bei mehrfach besuchten Veranstaltungen einer Reihe bemühte ich mich um eine Synthese des Ablaufs, die dann auf mehreren Beobachtungen basiert.

e) *Gliederung*: Während der Ablauf die grundsätzliche Abfolge von Einzelbeschreibungen, also den groben Aufbau einer dichten Beschreibung, regelte, ergab sich durch den Einbezug des ergänzenden Materials und auch vor dem Hintergrund der raumbezogenen Forschungsfrage für jeden Fall eine andere inhaltliche Gliederung. Diese markierte ich in den Texten durch ›klingende‹ Zwischenüberschriften, die neben ihrer inhaltlich lenkenden Funktion teilweise auch eine Stimmung übertragen sollen.

Validierungsstrategien und Überarbeitungen: Individuelle Assoziationen der forschenden Person, kreative Verknüpfungen und Kontrastierungen sowie weitreichende Selektionsprozesse, sowohl im Erhebungs- als auch im zirkulär ablaufenden Analyseprozess, sind wichtige Aspekte offener Forschung, wie sie beispielsweise im Rahmen einer offenen GTM zum Tragen kommen. Dabei spielt die forschende Person eine Schlüsselrolle, insofern sie »selbst als Subjekt und Person im Kontext der sozialwissenschaftlichen Erkenntnisarbeit«[163] die Forschungsleitung übernimmt. Diese subjektiv einbezogene Offenheit, mit der die Forschenden explizit multiperspektivisch an einen Gegenstand herantreten, ist sowohl das größte Potenzial als auch eine ernst zu nehmende Gefährdung dieses Forschungsansatzes. Denn: In dieser starken Lenkung durch ein vielfältiges soziales Terrain stecken eine Menge subjektiver Schaltstellen, die zu übermäßigen Verzerrungen des Feldes durch die Forschendenperspektive führen können. Aus diesem Grund ist es unerlässlich, Validierungsstrategien einzusetzen.

Insgesamt kann ich vier Techniken anführen, die für die Forschung dieser Arbeit zur Anwendung gekommen sind, um Verzerrungen abzumildern, Schlüsse intersubjektiv nachvollziehbar zu machen und die wahrscheinlichsten Deutungen zusammenzutragen bzw. Fehlschlüsse meinerseits zu minimieren. Das sind im Einzelnen der eingesetzte Methodenpluralismus, Medien der Selbstreflexion sowie die Fach- und die Feldspiegelung.

Methodenpluralismus: Eine wichtige Validierungstechnik ist bereits im Forschungsdesign angelegt. So dient der parallele Einsatz mehrerer Erhebungsmethoden einem mehrperspektivischen Zugriff auf das Forschungsfeld. Auf diese Weise wurden einseitige Darstellungen durch komplexe Bezugnahmen ersetzt und der Präsenz einer Heterogenität subjektiver Interpretationen in der Welt zumindest ein Stück weit Genüge getan. Wie der Einbezug weiterer Datensorten die dichten Beschreibungen anreicherte, habe ich bereits beschrieben.

---

163 Breuer 2010, 115.

4 Methodologischer Ansatz und Vorgehensweise 123

Medien der Selbstreflexion: Die wichtigsten Medien zur Selbstreflexion bildeten das Feldtagebuch, die Feldnotizen, die Memos sowie deren regelmäßige Sichtung. Inhalte der Selbstreflexion sind eigene Vorannahmen zum Forschungsgegenstand, persönliche Voraussetzungen sowie Eindrücke und Erfahrungen in spezifischen Situationen im Feld. Die genannten Formen schriftlicher Notizen übernahmen die Funktion »forschungsbegleitender kritischer Distanznahme«[164] und waren die wichtigste Grundlage für die Rekapitulation des Forschungsprozesses, einschließlich der reflektierten Kontextualisierung von Feldbegebenheiten und der gewonnenen Daten sowie der Genese des Forschungsdesigns.[165]

Fachspiegelung: Mit Dellwing und Prus bin ich in dieser Arbeit von dem Spannungsmoment doppelter Intersubjektivität, nämlich zwischen Fachdisziplin und Forschungsfeld, ausgegangen. Um ein Ergebnis zu erzeugen, das dem fachlichen Erwartungshorizont dieser Arbeit angemessen ist, nutzte ich verschiedene Optionen zur Fachspiegelung. Dazu gehörten Präsentationen meines Forschungsvorhabens in diversen Kolloquien und Peermeetings, auf nationalen und internationalen Fachkonferenzen der Religionswissenschaft, im steten Austausch mit meinen Doktoreltern sowie einer Vielzahl von Fachkolleginnen und Fachkollegen, die ich persönlich, telefonisch und per E-Mail erreichte und die Textteile von mir kritisch kommentierten und/oder einzelne Problemstellungen in und rund um das Forschungsprojekt erörterten. Aus der Fachspiegelung gingen immer wieder neue theoretische und analytische Bezüge hervor, die auf die eine oder andere Art auch ihre Wege in die dichten Beschreibungen gefunden haben.

Feldspiegelung: Neben dem fachlichen Erwartungshorizont zielte die letzte Validierungstechnik auf die andere Seite der Medaille, nämlich auf Akteurinnen und Akteure im Feld. So gab ich ausgewählten Gesprächspartnerinnen und -partnern, zumeist jenen in leitender Funktion, seltener engagierten Teilnehmenden, dichte Beschreibungen, in denen sie selbst eine Rolle spielten, zur kritischen Lektüre und suchte anschließend ein Gespräch darüber. Aus diesen Gesprächen, in denen die Gesprächspartnerinnen und -partner aus einer Metaperspektive auf ihre Veranstaltung und ihr Handeln blicken konnten, erwuchs eine letzte Überarbeitung der dichten Beschreibungen. Die Gespräche verliefen überwiegend sehr produktiv. Die in Ansätzen porträtierten Personen waren einer Auseinandersetzung mit meiner Darstellung ihres Handelns gegenüber aufgeschlossen. Besonders interessant und für die Überarbeitung ertragreich waren jene Stellen, an denen die Personen andere Formulierungen benutzt hätten oder sich auch explizit wünschten. Ich bin diesen Änderungswünschen in der Regel nachgekommen. Bei größeren Deutungsverschiebungen oder -ergänzungen habe ich in den Beschreibungen jeweils diesen

---

164 Ebd., 131.
165 Vgl. ebd., 130f.

Hintergrund vermerkt. Insgesamt sind acht Feldspiegelungen zustande gekommen, fünf davon erreichten mich per E-Mail, ein Gespräch führte ich telefonisch und zwei Gespräche fanden vor Ort statt. Die drei geführten Gespräche habe ich aufgezeichnet und liegen in Transkriptionen vor.

Dichte Beschreibungen als Ergebnis eigener Art

»Das soziale Leben ist so zweifelhaft und komisch, daß gar nicht der Wunsch aufzukommen braucht, es als etwas noch Unwirklicheres zu sehen.«[166]

Der Wert dichter Beschreibungen, so hatte Geertz bereits argumentiert, liegt nicht darin, Informationen anzuhäufen, sondern in ihrer Eigenschaft, den Lesenden einen erfahrungsnahen Einblick in soziale Situationen zu bieten, an denen sie nicht beteiligt waren. Diese wissenschaftliche Imagination ist das, was dichte Beschreibungen leisten. Im Mittelpunkt der methodischen Annäherung steht dabei, wie Goffman es nannte, der »›tuned-up‹ body«,[167] also das persönliche und körperliche Eintauchen der forschenden Person ins Feld.[168] Der im Feld einsetzende Schreibprozess führt über verschiedene Stufen der Überarbeitung und Erweiterung zu einer dichten Beschreibung des Gegenstands.

Um es kurz zusammenzufassen: Dichte Beschreibungen sind Texte oder Textabschnitte,[169] die einen erfahrungsbasierten Zugang zu einem (Forschungs-)Gegenstand liefern und dabei vielfältige Perspektiven auf diesen durch die reflektierte Brille des Autors bzw. der Autorin validiert zusammentragen. Der kompositorische und erzählerische Zug dieser Texte und auch die Betonung, dass wissenschaftliche

---

166 Goffman 1980, 10.
167 Goffman 1989, 125.
168 Knoblauch zeigt auf, dass diese Art der Involviertheit selbst bei einer stark distanzierten Haltung der forschenden Person gegeben ist. Immer entsteht ein Verhältnis zwischen der forschenden Person und den umgebenden Handelnden, die einen persönlichen und körperlichen Einbezug in die Situation nach sich zieht. Hierin liegt die Wichtigkeit der subjektiven Perspektive begründet, die in dichten Beschreibungen fruchtbar gemacht werden soll, vgl. Knoblauch 2003, 73.
169 Denzin unterscheidet zwischen dichten Beschreibungen, die einen Gegenstand umfassend darstellen, und solchen, die sich auf einen Ausschnitt konzentrieren bzw. in der Darstellung einen Schwerpunkt setzen, vgl. Denzin 1989, 91. Meiner Deutung nach kann sich der Begriff der dichten Beschreibung sowohl auf eine kurze Passage beziehen, als auch einen längeren Text mit mehreren Bezugspunkten bezeichnen und somit einerseits für einen Schreibstil und andererseits für eine eigene Textgattung stehen. Als Schreibstil können dichte Beschreibungen strategischer Bestandteil eines (wissenschaftlichen) Textes neben anderen sein. Als Textgattung bezeichnet der Begriff (wissenschaftliche) Texte, die in ihrer Gesamtkomposition auf dichte Beschreibung hin angelegt sind und unterschiedliche Bezugspunkte und Perspektiven zu einem größeren Gegenstand vereinen.

dichte Beschreibungen »Fiktionen«,[170] im Sinne von Produkten, sind, wirft die Frage nach dem Verhältnis zum literarischen Schreiben auf. Ebenso wie Geertz in den 1970er Jahren[171] betonen auch Richardson und St. Pierre nach der Jahrtausendwende, »the difference is the claim that the author makes for the text.«[172] Der hinter dem Text liegende und in ihm angezeigte Anspruch ist also ausschlaggebend. Während ein Roman sich in der Regel mit fiktiven Personen auseinandersetzt, die in zumeist erdachten Situationen zusammenkommen, wird für wissenschaftliche dichte Beschreibungen ein Realitätsbezug ihres Inhalts, das heißt eine Bezugnahme auf reale Personen und reale Begebenheiten, beansprucht und durch einen involvierten Autor bzw. eine involvierte Autorin lebendig präsentiert.[173]

Über den Weg des Schreibens entstehen und reifen zudem Interpretationen des Beobachteten, die sich aus der Forschendenperspektive in Abwägung mit weiteren erhobenen Perspektiven auf das Geschehen ergeben. Der analytische Mehrwert dichter Beschreibungen liegt also vor allem in einer ›erschriebenen‹ Verflechtung von Handlungsdeskriptionen und Deutungen. Dieser Prozess wird von einem begrenzenden Aspekt begleitet: Dichte Beschreibungen sind *perspektivische Momentaufnahmen* und damit *grundsätzlich unabgeschlossen*, da, wie Geertz aufzeigt, die »Untersuchung von Kultur [...] ihrem Wesen nach unvollständig«[174] ist. Der hermeneutische Zirkel um das Ereignis könnte zum einen mit Blick auf die aktuell beschriebenen Situationen fortgeführt werden, indem z.B. weitere Kreise von Lesenden in diese Untersuchung und in die potenziell andauernde Textproduktion einbezogen werden. Zum anderen könnten weitere Beobachtungen in denselben Aktivitäten immer weitere Aspekte der Forschung hinzufügen, z.B. wenn neue Personen in den Aktivitäten involviert sind.

Im beschriebenen Sinne sind die dichten Beschreibungen, die ihren Weg in diese Arbeit gefunden haben, Momentaufnahmen spezifischer interreligiöser Aktivitäten und ihrer Verortungen in Hamburg. Die Beschreibungen der vier Kernfälle sind über den ausführlich hier vorgestellten Schreibprozess entstanden.

4.4.2 Gegenüberstellung: Systematisch-vergleichende Analyse

In diesem abschließenden Abschnitt des Methodenkapitels werde ich mein Vorgehen im Rahmen der zweiten Analysemethode beschreiben. Ich möchte hierzu zunächst an den in der Beschreibung des Forschungsdesigns (4.1.2) erwähnten Pendel-

---

170 Geertz 1987, 23.
171 Vgl. ebd.
172 Richardson/St. Pierre 2005, 961.
173 Vgl. Müller-Funk 2010, 248. Romane halten im Unterschied zu wissenschaftlichen Beschreibungen in der Regel Signale für ihren fiktiven Charakter bereit, vgl. ebd.
174 Geertz 1987, 41.

schlag erinnern. Während die Einzelfallanalysen in Form dichter Beschreibungen dem Eintauchen in die Logiken des Untersuchungsfeldes dienen und die fallspezifischen Aspekte der Räumlichkeit zumindest implizit offenlegen, so richtet sich die hier konzipierte systematisch-vergleichende Analyse darauf aufbauend auf eine theoretisch informierte Gegenüberstellung. Damit beschreite ich den Weg hin zu einer expliziten Theoretisierung der Räumlichkeit interreligiöser Veranstaltungen. Um diesen Weg nachvollziehbar zu machen, werde ich aufzeigen, was eine Gegenüberstellung im Sinne Freibergers und im Anschluss an die GTM bedeutet. Daran anknüpfend werde ich mein am mehrstufigen Kodierverfahren der GTM orientiertes Vorgehen aufzeigen und das in Kapitel 4.2 grundierte Verständnis der Vergleichskategorie »Räumlichkeit« für die systematische Analyse schärfer konturieren.

Freiberger beschreibt die Gegenüberstellung der Fälle als wesentlichsten Akt des Vergleichsprozesses. Im Kern geht es hierbei um das Auffinden von Ähnlichkeiten und Unterschieden zwischen den Fällen im Hinblick auf die Vergleichskategorie. Er betont, dass Ähnlichkeiten zwischen den Fällen eine notwendige Bedingung für die Gegenüberstellung sind. Durch die nähere Bestimmung dieser Ähnlichkeiten kann die Vergleichskategorie konzeptionell ausgearbeitet werden.[175] Er beschreibt diese an den Fällen und den sensibilisierenden Konzepten orientierte theoretische Konstruktion der Vergleichskategorie als *taxonomisch*, insofern es sich hierbei um einen konzeptionell ordnenden und klassifizierenden Vorgang handelt.[176] Die Differenzen zwischen den Fällen, d.h. wenn sich Besonderheiten mancher Fälle als Kontrastfolie für andere Fälle erweisen, schärfen schließlich die konzeptionelle Ausarbeitung der Vergleichskategorie. Diese Art der Kontrastierung bezeichnet Freiberger als *illuminativen* Modus.[177] Freibergers Überlegungen zur Gegenüberstellung sind hilfreich, um den grundsätzlichen Prozess des Vergleichs zu verstehen. Gleichwohl bietet er hier nur eine methodologische Stütze an und es bleibt für einen tatsächlich durchzuführenden Vergleich die Frage, wie konkret vorgegangen werden kann.

Hierfür bietet sich das in der GTM etablierte mehrstufige Kodierverfahren an, da es für den Übergang von Datenmaterial hin zur Theoriegewinnung eingesetzt wird und einige Flexibilität im Hinblick auf die Datensorten bietet. Der Kodierprozess gilt als elementarer Bestandteil der GTM.[178] Das sollte jedoch nicht darüber hinwegtäuschen, dass das Kodieren an sich nicht den Analyseweg darstellt. Der Analyseprozess selbst ist, wie ich bereits im methodologischen Einführungskapitel (4.1.1)

---

175 Vgl. Freiberger 2019, 154ff.
176 Vgl. ebd., 127f.
177 Vgl. ebd., 157. Für eine ausführlichere Besprechung des illuminativen Modus vgl. auch ebd., 126f.
178 Vgl. Dellwing/Prus 2012, 152.

und im Zusammenhang mit der dichten Beschreibung (4.4.1) stark gemacht habe, größer zu denken. Dellwing und Prus schreiben dazu:

> »Man hat ein Feld ausgewählt. Man hat Konzepte eingesetzt, als man in dieses Feld ging. Man hat Zugang, Rapport, Rollen und damit Immersion erreicht. All das war bereits analytische Arbeit: Wenn die Trennung zwischen Planung und Durchführung schon künstlich war, ist es die Trennung von Analyse und Feldphase durch und durch.«[179]

Analytisches Denken ist aus dieser Perspektive nicht vom Forschungsprozess zu unterscheiden. Das Kodieren erhält in diesem durchweg analytischen Prozess eine organisierende Funktion, indem »beim Durchgehen des Materials zwischen Material und Forscher intersubjektiv Ordnung geleistet wird«.[180] Die Ordnung wird dabei auf Grundlage der zirkulär einsetzenden analytischen Reflexion gegenstandsbezogen konstruiert.[181]

Welchen Platz hat nun das Kodierverfahren der GTM in meiner Untersuchung? Dazu muss hier geklärt werden, woraus dieses Verfahren besteht. Gemeinhin wird im Nachgang zum programmatischen Auftakt durch Glaser und Strauss mit dem offenen, dem axialen und dem selektiven Kodieren zwischen drei Stufen des Kodierens unterschieden. Breuer weist auf die Flexibilität im Umgang mit diesen verschiedenen Formen des Kodierens hin und erklärt, dass sie im Forschungsprozess auch mehrfach durchlaufen werden können.[182] Das offene Kodieren besteht in der feingliedrigen Lektüre des Datenmaterials und der Anlage von Kodes, also Oberbegriffen, die einzelnen Stellen (Satzteilen, Sätzen oder ganzen Passagen) des Materials zugewiesen werden. Dieser Vorgang wirft vor dem Hintergrund des Erkenntnisinteresses eine Vielzahl von Ideen für Kontrastierungen auf, die für die weitere Theoriebildung wichtig werden können. Im Laufe des fortschreitenden Kodierens können aufgestellte Kodes zu Kategorien zusammengefasst werden. Dabei handelt es sich um Eigenschaften, Themen, Dimensionen und Subdimensionen, die Aspekte der leitenden Vergleichskategorie zunehmend ausfüllen. Im Zuge dieser Identifikation von relevanten Aspekten entsteht so nach und nach eine ausgefeilte Idee der Vergleichskategorie.[183] Der Übergang zum axialen Kodieren kann fließend sein, wenn beispielsweise eine Reihe von geschaffenen Kategorien zunehmend miteinander in Beziehung gesetzt werden. Durch die Suche nach weiteren Belegen im Ma-

---

179 Ebd., 147.
180 Ebd., 152.
181 Vgl. ebd., 152f.
182 Vgl. Breuer 2010, 76. Für einen praxisnahen Einblick in das mehrstufige Kodierverfahren vgl. auch Kapitel 3 in Strauss 1998, ab 90.
183 Vgl. Breuer 2010, 80ff.

terial wird das entstehende theoretische Gerüst untermauert bzw. hier und da neu gefasst, Eigenschaften der Fälle lassen sich u. U. in Typologien überführen.[184]

An dieser Stelle möchte ich aufzeigen, wie ich das offene und axiale Kodieren in meiner Untersuchung angewandt habe. Wie beschrieben ist bereits die Erhebung im Feld Bestandteil des Analyseprozesses. In ersten Notizen und im Austausch mit der Forschungs- und Theorieliteratur entstanden Ideen, wie sich die Räumlichkeit theoretisch beschreiben lässt. Und so stand ich nach den ersten Erhebungen und zu Beginn des offenen Kodierens des Datenmaterials nicht völlig ohne Vorstellungen da, wonach ich suche. Das in Kapitel 4.2 formulierte prä-*tertium* war zumindest ein Stück weit ausgereift, als ich das Material durch offenes und axiales Kodieren mithilfe der Software MaxQDA zu organisieren begann, um die ersten Entwürfe der dichten Beschreibungen durch weitere Erhebungen und die anhaltende Auseinandersetzung mit dem Datenmaterial weiterzuentwickeln. Die vier ausgereiften dichten Beschreibungen (Kapitel 5) können im Hinblick auf den systematischen Vergleich der Fälle als ein Zwischenstadium der Theoriegewinnung verstanden werden, in dem ich meine Gedanken zur Räumlichkeit interreligiöser Veranstaltungen pro Fall in diesem besonderen Format entwickelt habe. Für die systematisch-vergleichende Analyse habe ich sodann diese dichten Beschreibungen zur Grundlage genommen und sie wiederum durch offenes und axiales Kodieren mithilfe von MaxQDA aufgebrochen. Ziel dieses Vorgehens war es, aus den pro Fall konstruierten zumeist impliziten Aspekten der Räumlichkeit explizite theoretische Zusammenhänge abzuleiten, um so zu einem zunehmend abstrakten Konstrukt für die Vergleichskategorie zu kommen.

Das selektive Kodieren, als dritte Stufe des Kodierprozesses, bereitet die Überführung der Analyseergebnisse in die Ergebnispräsentation vor. Im selektiven Kodieren wird der rote Faden ausgebildet, der die verschiedenen aufgemachten Subkategorien in einen geordneten Zusammenhang mit der Kernkategorie, d.h. in Begriffen Freibergers der leitenden Vergleichskategorie (dem *tertium comparationis*), bringt und eine geschlossene Erzählung ermöglicht.[185] Den genauen Startpunkt der Entstehung dieses roten Fadens nachzuzeichnen, ist aufgrund des breiten Analyseverständnisses, das ich hier angelegt habe, und auch aufgrund der zirkulären Prozessanlage kaum möglich. Wichtig ist hier aber, dass sich im Zuge meiner Kodierarbeit an den dichten Beschreibungen meine Vergleichskategorie zu einem Gerüst ausbauen ließ. Dieses fortgeschrittene *tertium* als Kategorie/Muster möchte ich nun abschließend umreißen, um dann schließlich zu den Ergebnisteilen dieser Arbeit übergehen zu können.

Im Unterkapitel 4.2 hatte ich »Räumlichkeit« ausgehend vom Umweltbegriff in verschiedenen Eigenschaften des Veranstaltungsortes gefasst, denen ich ausgehend

---

184 Vgl. ebd., 84ff.
185 Vgl. ebd., 92f.

von meinen Felderfahrungen eine Relevanz für die Herstellung einer Situationsdefinition zugesprochen habe. Im Zuge der Erstellung der dichten Beschreibung und mehr noch im Rahmen des analytischen Aufbrechens der dichten Beschreibungen sowie vor dem Hintergrund bzw. in Konkretion der in der Einleitung formulierten Unterfragen zur Wechselwirkung von Raum und Handeln habe ich im Laufe der systematisch-vergleichenden Analyse vier Subkategorien der Räumlichkeit in interreligiösen Veranstaltungen herausgearbeitet, die ich hier kurz vorstellen will:

- *Physische Verortung sozialer Anlässe:* Diese Subkategorie bringt die Materialität interreligiöser Veranstaltungsformate in den Blick. Hierbei werden die Veranstaltungsorte als physisch strukturierte, funktional ausgestattete und symbolisch-materiell gestaltete Regionen(komplexe) zum jeweiligen interreligiösen Veranstaltungsformat in Beziehung gesetzt. Zentrale Frage dieser Kategorie ist: *Welche gegebenen materiellen Strukturen konstituieren den Veranstaltungsort und wie korrespondieren diese mit den Anforderungen des sozialen Anlasses?*
- *Orte als interaktiver Fundus:* Im Interaktionsgeschehen werden Elemente der Region als Requisiten in die Darstellungen der Beteiligten einbezogen. Die zweite Subkategorie zielt vor diesem Hintergrund auf eine Betrachtung der Bühnenqualität der bespielten Regionen. Hierbei stehen folgende Fragen im Zentrum der Aufmerksamkeit: *Auf welche Weise wird das Bühnenbild, d.h. werden Elemente der Region, in die Ausgestaltung bzw. Zuschreibung von Rollen einbezogen? Und wie trägt dies zur Herstellung und kooperativen Pflege einer Situationsdefinition bei?*
- *Darstellungen im Zeichen der Handlungsfelder:* Die dritte Subkategorie bringt das Interaktionsgeschehen mit dem abstrakten Raum, d.h. den Handlungsfeldern ins Gespräch. Das Hauptinteresse liegt hierbei auf der Beziehung zwischen der Ausgestaltung der Rollen im Interaktionsverlauf und den ausgehandelten Bestimmungen des jeweiligen Veranstaltungsortes. Somit lautet die leitende Frage dieser Kategorie: *In welcher Relation stehen die in einer Zusammenkunft vollzogenen Handlungsmuster (d.h. Rollen) zu den Bestimmungen und Handlungsfeldern, denen ein Veranstaltungsort zugerechnet wird?*
- *Soziale Anlässe und Handlungsfelder:* Mit Hilfe der letzten Subkategorie wird der Fokus ausgehend von der physischen Verortung des sozialen Anlasses auf die Handlungsfelder hin ausgeweitet. Hierbei wird insbesondere das Verhältnis zwischen der Bestimmung eines Ortes, die sich neben seiner Gestaltung und Ausstattung besonders auch aus seiner diskursiven Zuordnung zu einem oder mehreren Handlungsfeldern speist, und dem jeweiligen interreligiösen Veranstaltungsformat näher betrachtet. Dabei werden im Rahmen der Interaktionsordnung notwendigerweise Beziehungen zwischen den Handlungsfeldern diskursiv verhandelt. Die leitende Frage für diese Kategorie lautet: *In welcher Relation stehen die sozialen Anlässe zur Bestimmung des Veranstaltungsortes und wie wird diese diskursiv verortet?*

Die Kurzbeschreibungen dienten mir im Analyseprozess als Anker zur weiteren Kodierarbeit und Untermauerung. Bei ihrer Erarbeitung habe ich zum Teil MaxQDA weiter genutzt, zum Teil Kodes und kodierte Textstellen in Word-Dokumente überführt und per Maus sortiert, Schaubilder und Tabellen entworfen und allerhand handschriftliche Notizen gemacht. In Kapitel 6 werden diese Subkategorien als Dimensionen der Verbindung von Raum und Handeln ausführlich vorgestellt. An dieser Stelle habe ich sie kurz charakterisiert, um auch den Übergang von der Analyse (entworfene Subkategorien) hin zur Präsentation (Dimensionen der Verbindung von Raum und Handeln) transparent zu machen.

4.5 Hinweis zur Angabe von Belegstellen

Die Analysen in den folgenden zwei Kapiteln basieren auf dem hier vorgestellten umfangreichen Datenmaterial. Die jeweils angegebenen Seitenzahlen in den Belegstellen beziehen sich auf ein gebündeltes Datendokument, das ich als »gesonderten Datenanhang« der Dissertation an der Universität Göttingen eingereicht habe. Dieser Datenanhang ist nicht öffentlich zugänglich. Eine tabellarische Übersicht über das erhobene Material findet sich im Anhang F.

5 Ergebnisteil I: Dichte Beschreibungen der Fälle

5.1 Interreligiöse Silvesterfeier in der Christuskirche Eimsbüttel

Zum Jahresausklang in die Kirche

Ende Dezember 2014 titelte die Onlineausgabe des Hamburger Abendblatts anlässlich des nahenden Silvestertages: »Die besten Party-Tipps für Kurzentschlossene in Hamburg«. In dem zugehörigen Beitrag wurden Informationen und Tipps rund um den bevorstehenden Jahreswechsel gesammelt. Neben Warnhinweisen der Feuerwehr vor leichtfertigem Umgang mit Feuerwerkskörpern, Ideen für ein gelungenes Fondue oder Raclette, einem rechtlichen Hinweis für das Silvesterfest in der Mietwohnung sowie Abwehrtechniken gegen den gefürchteten Kater am Tag danach bot der Artikel, wie der Titel schon vorgab, ein buntes Potpourri an Veranstaltungsempfehlungen. Aufschlussreich ist das Spektrum der Events, die aus dem reichhaltigen Angebot der Stadt für diejenigen zusammengestellt wurden, die den Jahresübergang feiernd verbringen wollten. Es reichte nach eigenen Angaben »vom Silvester-Rave bis zum Kirchenfest«, womit offenbar zwei besonders prägnante Veranstaltungen als gegensätzliche Pole für den Titel dieses Abschnitts ausgewählt wurden. Es ist wohl nicht zu gewagt, hierin einen Ausdruck für die Annahme des Journalisten zu sehen, dass ekstatisch ausgelassenes Tanzen nicht so richtig zu einem Kirchenfest passe und beide Veranstaltungen unterschiedliche Klientel bedienten. Der Rave wurde in knappster Charakterisierung auf folgende Formel gebracht: »Lauter geht es an diesem Abend wohl nicht.« Demgegenüber erscheint die Ankündigung für das Kirchenfest in nüchterner Förmlichkeit: »Die Christuskirche in Eimsbüttel lädt zu einer interreligiösen Silvesterfeier. Daran nehmen Vertreter der jüdischen und islamischen Gemeinde, der Sikhs, des Hindu-Tempels und der [sic!] Tibetisch-Buddhistischen Zentrums teil.«[1] So wurde die interreligiöse Feier als Angebot für den Silvesterabend in Anschlag gebracht, die laut einer Ankündigung auf dem Serviceportal der Evangelisch-Lutherische Kirche in Hamburg »So herrlich anders«[2] ist

---

1 Hamburger Abendblatt 2014.
2 Petersen 2010.

und damit auch im Angebot der Kirchengemeinde eine Alternative zu sonstigen Aktivitäten darstellt.

Im Rahmen einer Befragung, die ich im Anschluss an die interreligiöse Silvesterfeier im Jahr 2016 durchführte, brachten einige der Teilnehmenden diesen alternativen Charakter zum Ausdruck. So erklärte ein älterer Herr jüdischen Hintergrunds[3] beispielsweise, die Veranstaltung richte sich vor allem an »Menschen, die dem Silvesterlärm entgehen und spirituell das alte Jahr beschließen wollen.«[4] Auch hier findet sich eine Vorstellung von typischen Feierlichkeiten, die mit Lärm verbunden werden, wohingegen das Angebot der Christuskirche statt des Lärms spirituelle Erfahrung verspricht.

Dass sich die wiederkehrende Veranstaltung von Seiten der Initiatorinnen und Initiatoren ganz bewusst um ein Alternativangebot zu sonstigen Feiern an diesem letzten Abend im Jahr handelt, betont auch Pastor Helmut Kirst,[5] der die interreligiöse Silvesterfeier seit einigen Jahren organisiert und leitet. In einer Publikation der Nordkirche mit dem Titel »Gute Nachbarschaft leben«, in der die interreligiöse Silvesterfeier laut Untertitel neben anderen Aktivitäten als Beispiel »zur Förderung des christlich-islamischen Dialogs«[6] angeführt wurde, ging Pastor Kirst auf die Eignung des festlichen Kontextes ein:

> »Der Termin der Jahreswende bot sich […] an, weil dieser Termin keine spezifisch christliche Prägung hat, das Kirchenjahr beginnt mit dem 1. Advent. So bietet dieser im säkularen gesellschaftlichen Leben wichtige Termin den Religionen die Möglichkeit zu einer inhaltlich geprägten interreligiösen Begegnung, durchaus auch als inhaltliche Alternative zu den ansonsten an diesem Abend stattfindenden Festen und Feiern zur Jahreswende.«[7]

Die hier vorgenommene Charakterisierung als »inhaltliche Alternative« mag auf die Überzeugung verweisen, dass die anderen Feierlichkeiten insofern anders ausgerichtet seien, als dass es bei ihnen in der Regel vielmehr um das Feiern an sich und nicht um eine festlich gerahmte und spirituelle Bezugnahme auf ein gesellschaftlich relevantes Thema geht. Der Mangel an religiöser Prägung der üblichen Feierlichkeiten am Jahresübergang wird im Zitat als Potenzial für eine von christlicher Hegemonie unbelastete interreligiöse Begegnung gedeutet. Zudem lässt sich die inter-

---

3   Ich spreche hier von Hintergrund, weil auch aus Sicht der Akteurinnen und Akteure die Zuordnung zum Teil Vergangenheit oder zumindest vage ist, wie ich mancherorts in diesen dichten Beschreibungen noch einmal deutlich machen werde.
4   Befragung_Christuskirche, 270.
5   Bei den in dieser Arbeit angegebenen Namen handelt es sich um Klarnamen. Für eine Reflexion der Anonymisierbarkeit im Rahmen der dichten Beschreibungen vgl. Abschnitt 4.4.1.
6   Der vollständige Titel der Publikation lautet »Gute Nachbarschaft leben. Informationen und Beispiele zur Förderung des christlich-islamischen Dialogs in der Nordkirche«.
7   Kirst 2013, 63.

religiöse Aufladung auch als allgemeine Stärkung des Religiösen in einer (scheinbar zunehmend) säkularen Gesellschaft lesen, für die in dieser Jahreszeit gerade noch das Weihnachtsfest, so Pastor Kirst im Interview, eine starke Bedeutung habe.[8]

Die interreligiöse Silvesterfeier wurde zur Jahrtausendwende an der Christuskirche im Hamburger Stadtteil Eimsbüttel u.a. vom damaligen Pastor Wolf Heymann ins Leben gerufen. Heymann engagierte sich bereits in früherer Zeit für eine Verständigung zwischen den Religionen und organisierte seit Beginn der 1990er Jahre ausgehend von interreligiösen Gesprächen und mit Rückhalt im Gemeinderat ein interreligiöses Friedensgebet am Volkstrauertag, das bis heute eine wichtige Veranstaltung im Kalender der Gemeinde ist. Daneben öffnete sich die Kirchengemeinde auch für andere Begegnungen und Praktiken jenseits des christlichen Spektrums, beispielsweise durch die Etablierung einer Kriya Yoga-Gruppe und wiederkehrende Veranstaltungen mit Musik aus dem Bereich des Sufismus. Mit einigem Recht kann also von einer gewissen Tradition der Offenheit der Gemeinde die Rede sein, aus der heraus sich die Idee entwickelte, den Übergang in das Jahr 2000 in interreligiöser Form gemeinsam mit Vertreterinnen und Vertretern anderer Religionsgemeinschaften zu gestalten. Dabei spielte nicht zuletzt auch der gesellschaftliche Diskurs um die Bedeutung der Jahrtausendwende eine Rolle, der im Rahmen der interreligiösen Arbeit in der Christuskirche die Frage aufwarf, welche »theologischen Dimensionen«[9] hiervon berührt sind.[10] Pastor Kirst, der Nachfolger Heymanns, formulierte zur Umsetzung der interreligiösen Silvesterfeier folgende Grundintention:

> »Nach einer zweitausendjährigen Geschichte, die von Konflikten zwischen den Religionen und Konfessionen bestimmt war, von Abgrenzungen und gegenseitigen Entwertungen, sollte hier zum Beginn des dritten Jahrtausends unserer Zeitrechnung ein deutliches Zeichen gesetzt werden für ein friedliches und konstruktives Zusammenleben der Menschen aus den verschiedenen großen Religionsgemeinschaften in Hamburg.«[11]

Pastor Kirst, der wie sein Vorgänger ein glühender Verfechter interreligiöser Verständigung ist, rückt hier die Bedeutung der Veranstaltung als positives Zeichen für die Möglichkeit friedlichen Zusammenlebens in einer weltanschaulich pluralen Gesellschaft ins Zentrum. Dabei hält er, wie er weiter im Text betont, den Dialog miteinander für prinzipiell alternativlos.[12] Die interreligiöse und interkulturelle Begegnung beschäftigte ihn bereits im Theologiestudium. Dort begeisterte er sich

---

8   Vgl. Interview_Kirst, 13f.
9   Ebd., 14.
10 Vgl. ebd., 13f.
11 Kirst 2013, 63.
12 Vgl. Interview_Kirst, 18.

Anfang der 1980er Jahre für die »Theologie der Religionen«, einem theologisch wertschätzenden Blick auf nicht-christliche Religionen, und trug dies in seine Arbeit als Pastor im Hamburger Stadtteil Altona. Dort baute er erste institutionelle Kontakte u. a. zu islamischen Gemeinden und örtlichen Schulen auf, um z. b. durch eine neu gegründete gemeinsame Initiative den sozialen Zusammenhalt angesichts soziodemografischen Wandels und zunehmender Auflösung sozialer Infrastruktur im Stadtteil zu stärken. Dies geschah durchaus auch in Wiederbelebung lokaler Traditionen, wie er im Interview beschrieb:

> »Das heutige Hamburg-Altona war früher ja eine eigene Stadt und der Altonaer Bereich gehörte lange, lange Zeit mit zu Dänemark und die dänischen Könige haben im Unterschied zu Hamburg eine sehr tolerante Religionspolitik betrieben (--) und auch in Altona war zu dänischer Zeit diese tolerante Religionspolitik gepflegt worden [...], nech, also so dieser Grundgedanke religiöser Toleranz (--) an diese alte Tradition anknüpfend ist dann diese Initiative entstanden.«[13]

Mit der hier beschriebenen Tradition der Toleranz und dem wertschätzenden Blick auf andere Religionen im Gepäck übernahm er Jahre später das Pfarramt an der Christuskirche im benachbarten Stadtteil Eimsbüttel, wo er neben anderen Aktivitäten mit dem Friedensgebet am Volkstrauertag und nicht zuletzt der interreligiösen Silvesterfeier eine bereits ausgeprägte interreligiöse Arbeit erbte und bis heute weiterführt.

Dieser kurze biografische Streifzug und die bisherigen Charakterisierungen machen mit zusammenfassendem Blick einen dreifachen Zweck der interreligiösen Silvesterfeier deutlich. Zunächst wird mit der Veranstaltung ein zu säkularen Traditionen des Silvestertages bewusst (inter-)religiös geprägtes Alternativangebot gemacht, um die Rolle von Religion in der Gesellschaft insgesamt zu stärken. Darüber hinaus soll sie die guten Kontakte und das gegenseitige Vertrauen unter den Beteiligten der unterschiedlichen religiösen Institutionen qua Zeremonie stärken. Und schließlich wird die Aktivität im Sinne eines guten Beispiels in den Stadtteil und die breitere Bevölkerung entsendet, um auf diese Weise auf die Möglichkeit und Notwendigkeit des friedlichen Zusammenlebens zwischen den Religionen hinzuweisen und damit den sozialen Zusammenhalt in der Gesellschaft zu fördern.

Im Laufe der Jahre haben sich für die interreligiöse Silvesterfeier in der Christuskirche mehr oder weniger feste Elemente etabliert, die von einer Teilnehmerin mittleren Alters und ohne religiösen Hintergrund z.B. auf folgende Weise knapp zusammengefasst wurden:

> »Das ist eine Veranstaltung, wo die Vertreter der verschiedenen Religionen, einen Abend gestalten äh mit Musik und Texten, Gebeten, Vorträgen und wo/der Abend,

---

13 Interview_Kirst, 13.

der ist offen eben für alle Menschen und wo sozusagen auch hinterher Austauschmöglichkeiten bestehen.«[14]

Während die Teilnehmerin die einzelnen Bestandteile der Veranstaltung hier u.a. als Kette aus Redebeiträgen, Musik und Gebeten definierte, betonte ein anderer Teilnehmer, mit jüdischem Hintergrund und ebenfalls mittleren Alters, die religiöse Prägung des Gesamtarrangements:

> »[E]s ist eine gottesdienstliche Veranstaltung mehrerer Religionen gemeinsam, wo natürlich nicht der übliche Gottesdienst stattfindet dieser speziellen Religion, sondern jede Religion trägt etwas bei und dadurch entsteht etwas ganz Eigenes. Das ist ja kein normaler christlicher Gottesdienst zum Beispiel.«[15]

Die Aktivität wurde hier in Abgrenzung zu dem, was der Teilnehmer als übliches Handeln in einer Kirche ansieht, als »gottesdienstliche« Handlung eigenen Typs definiert, deren Arrangement seine Eigenheit aus der religiös pluralen rituellen Beteiligung ziehe. Was in beiden Beschreibungen nicht anklang, aber beispielsweise von Pastor Kirst hervorgehoben wurde, ist das vorher festgelegte Thema, das im Zuge eines Abstimmungsprozesses unter den Beteiligten für jede Veranstaltung gewählt wird. Passend zu diesem Thema werden seitens der religiösen Vertreterinnen und Vertreter Texte aus der religiösen Quellenliteratur ausgewählt und vorgelesen oder rezitiert und zumeist auch vor dem Hintergrund der Thematik gedeutet. Die einzelnen Beiträge wechseln sich mit musikalischen Darbietungen ab, die in der Regel in einem Zusammenhang mit einer spezifischen religiösen Tradition stehen. Die Veranstaltung endet in der Regel mit Segensworten aus den Traditionen und klingt bei einem gemeinsamen Abendessen und Gesprächen im Gemeindesaal der Christuskirche aus.[16]

Kirche im Nordwind

Eine interreligiöse Feier zum Jahreswechsel in einem Kirchengebäude erschien mir ein spannender Fall zur Untersuchung der Wechselwirkung von Raum und interreligiösem Handeln zu sein. Bevor ich im Dezember 2016 an der Feier teilnahm, suchte ich den Kontakt zu Pastor Kirst, den ich bereits aus anderen Feldaufenthalten kannte. Ich informierte ihn über meine Forschungsabsicht und den Wunsch, eine schriftliche Befragung der Veranstaltungsteilnehmerinnen und -teilnehmer im Anschluss an die Veranstaltung durchzuführen. Er sicherte mir seine Kooperation zu. So bereitete ich die Befragung vor und machte mich am Silvesternachmittag auf, um an

---

14   Teilnehmendeninterview_Christuskirche_1, 162.
15   Teilnehmendeninterview_Christuskirche_2, 168.
16   Vgl. Kirst 2013, 63.

einem für mich ungewöhnlichen Arbeitstag diesem Festakt der Religionen beizuwohnen. Unter Zeitdruck verließ ich die U-Bahnhaltestelle »Christuskirche« wenige Minuten vor 17 Uhr und ging schnellen Schrittes zu meinem Ziel. Die Temperatur bewegte sich irgendwo zwischen dem Nullpunkt und drei Grad. Es war bereits seit einigen Tagen diesig und der Wind frischte nach wenigen ruhigen Tagen langsam wieder auf. Gemäß meiner chaotischen Forschernatur hatte ich etwas zu spät an diesem Tag mit dem Druck der Fragebögen begonnen und selbstverständlich streikte der Drucker schon nach wenigen Seiten. Die komplizierte Suche nach alternativen Druckmöglichkeiten hatte dazu geführt, dass ich die ursprünglich anvisierte S-Bahn verpasste. Ich befand mich dementsprechend auf einem leicht erhöhten Stresslevel.

Trotz dieser selbst verschuldeten widrigen Umstände konnte ich die gelöste Stimmung, die sich vielerorts an Silvester breitmacht, auf meinem Weg zum Veranstaltungsort gut spüren. Ich sah Menschengruppen mit lustigen Hüten, Personen mit Sektflaschen unterm Arm oder dem Mitbringsel zum Raclette-Essen. Die Zeit schien sich an diesem Tag in einem immer enger werdenden Tunnel gespannt auf eben jenen Augenblick zuzubewegen, der oft mit dem ausgelassenen Abzählen der letzten Sekunden des ablaufenden Jahres empfangen wird. Die Luft war geschwängert mit dem Geruch von Schwarzpulver und hin und wieder zogen typische Rauchschwaden vorüber. Zu hören sind wie jedes Jahr bereits seit einigen Tagen, vielleicht Wochen, überall die kleinen Explosionen, die von kleinen bis großen Feuerwerkskörpern, den »Böllern«, ausgehen. In dieser Mischung aus angespannter Hast, Bölleremissionen und erwartungsvollem Ausnahmezustand ging ich dem Gebäude der Christuskirche entgegen.

Von der U-Bahnhaltestelle kommend nähert man sich dem Backsteingebäude aus Südost und läuft zum Haupteingang die lange Südseite der Kirche ab. Der Weg ist nicht sehr weit und tatsächlich war die gute Erreichbarkeit der Kirche einer der Gründe, die in der Befragung für ihre Eignung als Ort interreligiöser Begegnung angeführt wurden.

Die Christuskirche steht heute im zentrumsnahen Stadtteil Eimsbüttel und wurde 1886 ursprünglich als Hamburger Vorortkirche eingeweiht.[17] Wenige Jahrzehnte zuvor waren im Zuge eines Aufschwungs das Hamburger Zentrum aufgrund regionalen Zuzugs und auch die umliegenden Dörfer aufgrund verstärkter Bautätigkeiten angewachsen. So auch das Dorf Eimsbüttel, das urkundlich im 13. Jahrhundert erstmals in Erscheinung trat,[18] über Jahrhunderte im Besitz eines Nonnenklosters lag und in der ersten Hälfte des 19. Jahrhunderts, zur Zeit der Eingliederung in das Hamburger Stadtgebiet, seine dörflichen Strukturen noch

---

17 Vgl. Grabbe 2008, 83.
18 Vgl. ebd., 7.

bewahrt hatte.[19] Dann setzte der Wandel ein und im Zuge des Bedarfs an neuem Wohnraum avancierte der kleine Vorort zum florierenden Bauplatz. Die ersten Miethäuser entstanden und Verbindungsstraßen wurden angelegt. Nach der Aufhebung der Hamburger Torsperre am Übergang in das Jahr 1861 stieg die Einwohnerzahl des Vororts in nur einem Jahrzehnt um das Doppelte, ein Jahrzehnt später sogar um das Dreifache an.[20] Mit der Verstädterung wuchs auch der Bedarf nach entsprechender Infrastruktur, in diesem Zuge entstand die Christuskirche als zentrale Evangelisch-Lutherische Kirche für den Hamburger Vorort Eimsbüttel,[21] der kurz darauf in den Rang eines Stadtteils erhoben wurde.[22]

Mit dem Bau der Kirche wurde Anfang der 1880er Jahre der Architekt Johannes Otzen beauftragt, der sie als neugotisches Backsteingebäude konzipierte. Otzen musste seine gestalterisch aufwändigen Pläne im Zuge der Umsetzung aufgrund unzureichender Finanzierung beschneiden.[23] In einem Beitrag für die Deutsche Bauzeitung bemängelte er deshalb, dass die errichtete Kirche angesichts der »ziemlich reichen Formen […] an der Grenze zulässiger Zierlichkeit angelangt«[24] sei. Trotz der scheinbar als zu zart empfundenen Statur des Kirchengebäudes spricht beispielsweise der Architekturkritiker Dieter Bartetzko von einem »unverkennbar preußischen Bauwerk«.[25] Als Großstadt des Deutschen Reiches und aufgrund seiner großen Werften war Hamburg wiederholtes Ziel von Luftangriffen im Zweiten Weltkrieg. 1942 und 1944 wurden große Teile der Christuskirche zerstört.[26] Zu Beginn der 1950er Jahre ließen die Wiederaufbauarbeiten in der Stadt auch in Trümmern liegende Teile der Kirche auferstehen, dies allerdings in deutlich vereinfachter Form. So traten zum erhaltenen Turm bescheidene und vergleichsweise schlicht gehaltene Neubauten hinzu,[27] dank derer die Christuskirche heute u.a. auch »als typischer Vertreter des Purismus der jungen Bundesrepublik«[28] gilt.

Bereits zu Vorkriegszeiten hatten sich neben der Gemeinde an der Christuskirche zwei weitere evangelisch-lutherische Gemeinden mit eigenen Kirchenhäusern in Eimsbüttel etabliert. Gegen Ende der 1950er Jahre war eine vierte Gemeinde hin-

---

19 Vgl. ebd., 9. Die Herrenhäuser hingegen, die als Landsitze gedient hatten, wurden im Zuge der französischen Besatzung 1813/14 weitgehend zerstört, vgl. ebd., 15.
20 Vgl. ebd., 15f. Bis 1860 waren die Tore Hamburgs über Nacht nur gegen Zahlung einer Gebühr passierbar.
21 Vgl. ebd., 83.
22 Vgl. ebd., 16.
23 Vgl. Haider/Gretzschel 2013, 177.
24 Johannes Otzen, zitiert in Haider/Gretzschel 2013, 177.
25 Bartetzko 2009, 63.
26 Vgl. Grabbe 2008, 83.
27 Vgl. Haider/Gretzschel 2013, 178.
28 Bartetzko 2009, 63.

zugekommen. »Dann änderten sich die Zeiten«,²⁹ wie auf der Webseite der Kirchengemeinde Eimsbüttel unaufgeregt der zunehmende Mitgliederverlust und die daraus hervorgehende Umstrukturierung der Gemeinden eingeleitet wird. Im Jahr 1998 fiel der Entschluss, die vier Gemeinden in Eimsbüttel zu einer einzigen zusammenzufassen, 2005 folgte die Entwidmung von zwei der vier Kirchengebäuden.³⁰ Die u.a. durch den Wegfall zweier Gebäude verbesserte finanzielle Lage ermöglichte einen aufwändigeren Umbau des Inneren der Christuskirche in den Jahren 2007/08. Bartetzko beschreibt in blumigen Worten den Ausdruck, den das zuständige Architekturbüro dem neuen Innenraum verliehen habe:

> »Stölken Schmidt begannen den Umbau mit dem Abbruch der durchgehenden drückenden Deckentonne Vogts [i.e. der Architekt des Wiederaufbaus, M. K.], unter deren Randauflagern Reste des Obergadens und der neugotischen Gewölbe zum Vorschein kamen. Sie und die ziegelsteinernen Langhausstrukturen Otzens wurden sorgfältig gereinigt und bilden nun, durch das Fehlen der einstigen opulent-drückenden Ausmalung sehr viel grazieler wirkend, die festliche Grundstruktur des Raums. Im selben Sinne ›erleichternd‹ wirken die neue weiße Flachdecke und die neuen gläsernen Emporenbrüstungen mit edelstählernen, gut proportionierten Halterungen.«³¹

Insgesamt wird der Umbau hier als Befreiungsakt beschrieben. So wurde das Innere der Kirche versiert von drückenden Elementen (Betondecke, Bemalungen) wortwörtlich »gereinigt«.³² Das neue Arrangement erstrahlt in weißem Glanz, der von den freigelegten Backsteinelementen bordiert wird, welche, wie im Zitat betont wird, als Grundlage für »die festliche Grundstruktur des Raums« dienen und damit auf eines der Ansinnen dieser 1,5 Millionen Euro teuren Neugestaltung³³ verweisen. Neben der neuen Eignung für Festivitäten spielte zudem ein die Sinne affizierender Gedanke eine Rolle, wie Bartetzko abschließend notiert:

> »Anspruchsvolle Ästhetik als Appell an Geist und Gemüt ist seit je ein Leitmotiv von Sakralarchitektur. In der Christuskirche [...] erscheint sie als dezidiert zeitgenössische, als eine Art edler Arte povera, die die Rückkehr der Kirche in den Kreis

---

29 Kirchengemeinde Eimsbüttel 2016.
30 Vgl. ebd.
31 Bartetzko 2009, 63.
32 Christian Winkler, der Prädikant der Gemeinde, erinnert sich im Zuge der Lektüre dieses Textabschnitts an das dominante Grau vor dem Umbau: »[D]ie gesamten Kirchenwände waren in der Farbe grau gestrichen, alles komplett [...]. Das war schon sonderbar«, Feldspiegelung_Christuskirche_1, 290.
33 Vgl. Bartetzko 2009, 63.

maßgeblicher Auftrags- und Impulsgeber qualitätvoller Architektur und Kunst signalisiert.«[34]

Mit minimalistischem Einsatz gestalterischer Elemente ist dem Anspruch nach also ein Innenarrangement entstanden, das durch elegant-kunstvolle Zurückhaltung »Geist und Gemüt« der Kirchenbesucherinnen und -besucher, d.h. zum Nachdenken und zum Sich-Einfühlen, anregen soll. Damit steht das Innere der Christuskirche in gewissem Kontrast zur Außenwirkung des neugotischen Turms sowie der backsteinernen Schlichtheit des Neubaus aus der Nachkriegszeit.

Unter dem Turm befindet sich der Haupteingang überragt von drei Spitzgiebeln. Am Silvesterabend im Jahr 2016 erreichte ich das Eingangsportal trotz der Verspätung doch noch pünktlich, erklomm die drei steinernen Stufen und durchschritt die große halbrunde Holztür, deren Flügel an diesem Abend beide einladend offenstanden. Im Kirchenvorraum standen zwei Gemeindemitglieder bereit, die den Eintretenden ein Programmblatt[35] zur Veranstaltung reichten. Ich nahm das Blatt, betrat den für Festakte hergerichteten Kirchenraum und huschte nach einer kurzen Orientierung an den bereits gut gefüllten Bankreihen vorbei. Die Holzbänke sind mit roten Filzmatten gepolstert und wirkten aufgrund ihres hellen Holztons und ihres geradlinigen Designs sehr modern auf mich. Sie stehen in zwei mal fünfzehn Reihen, die einen zentralen Gang flankieren. Rechts und links zwischen den Bankreihen und den Wänden des Mittelschiffs verlaufen zwei schmale Säulengänge, darüber befinden sich jeweils Emporen. Über dem Eingangsbereich thront klassischer Weise eine große Orgel, ihr gegenüber liegt der von einem spitz zulaufenden Doppelbogen[36] umhegte Altarraum. In der Nähe des Altarraums, im Bereich zwischen der ersten Bankreihe und den Stufen zum Altarraum, stand Pastor Kirst zusammen mit anderen Personen und traf letzte Vorbereitungen. Ich zeigte ihm kurz an, dass ich zugegen war und wählte anschließend, zur besseren Übersicht, einen Platz in der vorletzten Reihe am Gang. Es war wider Erwarten noch ein wenig Zeit, die Situation auf mich wirken zu lassen.

Das gedimmte Licht dominierte die Stimmung des Raums, auch dies war eine technische Neuerung im Zuge der Umbaumaßnahmen.[37] Davon abgesehen war die Weihnachtsszenerie im Altarraum ein Blickfang. Rechts vom schwarzstählernen Altar stand ein über dreieinhalb Meter hoher Weihnachtsbaum, der mit verschiedenfarbigen und -förmigen Sternen geschmückt und durch Lichterketten erleuchtet

---

34 Ebd.
35 Vgl. Feldnotiz_Silvesterfeier, 435.
36 Der Doppelbogen am Übergang vom Kirchenschiff in den Altarraum geht auf den Wiederaufbau in den 1950er Jahren zurück und wird als »expressionistisch« von der übrigen Innen- und Außengestaltung der Kirche abgegrenzt, vgl. Bartetzko 2009, 63 und Haider/Gretzschel 2013, 178.
37 rundfunk.evangelisch 2011.

war. Auf der linken Seite prangte in vielleicht vier Metern Höhe eine große weißgelblich leuchtende Laterne in gezackter Sternform, ein so genannter Herrnhuter Stern, der, wie mir Pastor Kirst im Nachgespräch erläuterte, als Weihnachtsstern seit langem zur adventlichen Dekoration gehört.[38] Darunter, aber nur von Nahem sichtbar, befand sich eine Krippenszene mit arrangierten Holzfiguren und Tannenzweigen.

Zur Veranstaltung waren schätzungsweise 150 Personen zugegen, die sich auf die Bankreihen verteilten. Darunter befanden sich vor allem ältere Menschen, ich konnte jedoch auch ein paar Familien mit Kindern ausmachen. Im weiteren Verlauf meldeten sich zudem mindestens zwei Säuglinge lauthals zu Wort. Außerdem ließ sich anhand spezifischer Kleidungsstücke (z.B. Kippa, Kopftücher, Gewänder des Pastors und des Hindupriesters) sowie Symbole (z.B. Kreuzanhänger) und auch angesichts der Thematik die naheliegende Vermutung anstellen, dass unter den Besucherinnen und Besuchern Angehörige verschiedener religiöser Traditionen waren. Die meisten Anwesenden, manche durch halblaute Plaudereien die Zeit vertreibend, warteten gebannt auf das, was vorn gleich passieren würde.

Hindupriester vor dem Kreuz

Der Beginn der Veranstaltung gestaltete sich schweigend. Das Plaudern im Raum klang aus, als Rolf Peters die Stufen vom Altarraum herabstieg. Seine äußere Erscheinung (Jeans, Pullover, darüber ein graues, offenes Jackett) kennzeichnete ihn mit keinem Faden als Hinduvertreter dieses Abends. Bei interreligiösen Feierlichkeiten sind traditionsspezifische Kleidungen nicht unüblich, was insbesondere für die Beteiligten gilt, die im Rahmen der Veranstaltung als Vertreterin bzw. Vertreter einer Tradition verstanden werden, sodass Herr Peters sich auch für eine andere Erscheinung hätte entscheiden können. In der Hand hielt er eine brennende Kerze, die er bedächtig zu einer Laterne trug, die zentral auf der Vorderbühne, d.h. im Bereich zwischen der ersten Bankreihe und dem erhöhten Altarraum, stand. Dank eines kleinen Hockers, auf dem die Laterne stand, und einem nestartigen Tuchrrangement ganz oben drauf, maß das gesamte Gebilde etwa Hüfthöhe. Der Sinn des Tuchnestes blieb zunächst offen und klärte sich erst im weiteren Verlauf der Veranstaltung auf.

Im dämmrigen Licht, das den Kirchenraum warm einhüllte, traten besonders die beleuchteten Elemente der beschriebenen Weihnachtsszenerie hervor. Vor allem die christliche Symbolik fiel ins Auge. Hierin gliederte sich die brennende Kerze in der gläsernen Laterne harmonisch ein. Das Entzünden des Feuers an einer brennenden Kerze auf dem Altar bildete den rituellen Auftakt. Dieser Akt erinnerte mich unwillkürlich an das Entzünden des olympischen Feuers, das ebenfalls einen Startpunkt markiert. Dass das Licht vom Altar auf die Bühne der interreligiö-

---

38 Vgl. Feldspiegelung_Christuskirche_2, 302. Auf der Webseite des Herstellers wird der Herrnhuter Stern charakterisiert als »Ursprung aller Weihnachtssterne«, Herrnhuter o.J.

sen Feier gewissermaßen heruntergetragen wurde, mochte praktische Gründe haben. In diesem Sinne diente der Altar als Tisch für die Vorbereitung der Kerze. Auf einer anderen Ebene konnte dieses Herabsteigen des Feuers jedoch auch als eine traditionsspezifische Rahmung gelesen werden, zumindest wurde hier das (christlich-)religiöse Bühnenbild in das Geschehen eingebunden. Dass sich die eigentliche Handlung der Feier vor dem Altarraum, d.h. vor dem Hintergrund der weihnachtlichen Szenerie und dem eigentlichen Ort religiöser Zeremonie in der Kirche abspielte, verkörpert die christliche Gastgebendenschaft der Aktivität. Die Kirche umhegt und beherbergt hier im wahrsten Sinne das sich nun anbahnende multireligiöse Ereignis. Dass der Hinduvertreter und nicht beispielsweise Pastor Kirst, der ebenfalls im Altarraum zugegen war, von der christlich geladenen Erhöhung schritt und wie eine frohe Botschaft die Laterne mit dem Licht erfüllte, lässt sich unterschiedlich deuten. So könnte darin beispielsweise eine Art Hilfstätigkeit des Hinduvertreters für den Hausherrn Pastor Kirst angedeutet sein. In einer zumindest der Perspektive des Veranstalters wohl näherkommenden Deutung signalisiert die Handlung des Hinduvertreters die gemeinsame Verantwortung für die Feier. Im Interview betonte Pastor Kirst, dass »tiefes Vertrauen so im Laufe der Jahre entstanden ist«,[39] das er als einen der zentralen Aspekte bei der Gestaltung der Feier erachte und für ihn die notwendige Bedingung für eine gegenseitig wahrgenommene »spirituelle Ausstrahlung und Präsenz«[40] sei. Diese gegenseitige Öffnung stelle die »starke Kraft«[41] interreligiöser Feiern dieser Art dar, die nicht nur aus Vertrauen geboren werden, sondern auch Vertrauen wachsen ließe.[42] Vor dem Hintergrund dieser Überlegung kann die Einstiegsszene als Bestätigung eines im Vertrauen zusammengewachsenen Ensembles gelesen werden, zu dem bis zu diesem Zeitpunkt Rolf Peters und Pastor Kirst zählten.

Nach der Etablierung der leuchtenden Laterne im Zentrum des Bühnenbildes begab sich Peters an ein Pult, von den Bankreihen aus gesehen linksstehend. Eine kleine Gruppe von Musikerinnen und Musikern gesellte sich zu ihm, die auf dem Programmzettel als »Krishna-Tempel-Musikgruppe« angekündigt wurde. Sie begannen zu trommeln, zu klingeln, zu singen und erzeugten damit eine Stimmung, die meiner Wahrnehmung nach die im Raum stehende weihnachtliche Aura herausforderte. Während das Entzünden der Kerze sich noch harmonisch ins Bild gefügt hatte, schien mir durch die Musik auf eindrücklichste Weise ein interreligiöser Kontrast hergestellt. Ein Hindupriester gesellte sich nach einiger Zeit zu den Musikerinnen und Musikern und tauchte nach kurzer Durchquerung der Vorderbühne in den christlichen Hintergrund ein, indem er die erste Stufe zum Altar hinaufschritt. Es

---

39   Interview_Kirst, 14.
40   Ebd., 17.
41   Ebd.
42   Vgl. ebd.

dauerte, zumindest in meiner Wahrnehmung, einen kurzen Moment, Darbietung und Bühne zu verarbeiten, sodass der Priester mit seinen beginnenden Bewegungen auf der Stelle zunächst undefiniert das Bild bereicherte. Dann aber meine ich erkannt zu haben, was dort passierte: Er tanzte.

Dies ist ein guter Moment, die Aufmerksamkeit auf Aussagen der Teilnehmenden zu lenken, die um ein grundsätzliches Verständnis von »Kirche« kreisen, da sich diese Vorstellungen in einen Bezug zum tanzenden Hindupriester setzen lassen und so Wahrnehmungen der beschriebenen Situation verdeutlichen.[43] So werden die folgenden Ausführungen zu Vorstellungen über den Kirchenraum den tanzenden Hindupriester als außergewöhnliches Ereignis im Kirchenraum hervorheben.

Unter den Aspekten, die Teilnehmende der Veranstaltung mit Kirche im Allgemeinen und auch mit der Christuskirche im Besonderen verbanden, spielt die Qualifizierung des Ortes als »religiös« eine zentrale Rolle. In der weiteren Spezifizierung treten dann vor allem religiöse Lehren betreffende und rituelle Bezüge in den Vordergrund: Die Kirche ist ein religiöser Ort, weil sie (a) auf einen »geistlichen Überbau«, d.h. ein Set von Vorstellungen, Lehren und die Geschichte einer bestimmten Religionsgemeinschaft verweist – und damit zumindest in religiöser Hinsicht keinen neutralen Ort darstellt[44] – und weil sie (b) Raum für die Ausübung von Religion, d.h. für religiöse Praktiken, bietet und in diesem (hier vornehmlich christlichen) Sinne ein »Gotteshaus« darstellt. Vor diesem Hintergrund könnte der rituell anmutende Tanz des Hindupriesters, der ja durchaus als Hindupraktik gelesen werden könnte,[45] als nicht-christliche Praxis im Kirchenraum deplatziert erschienen sein.

Dies ist bei einem genaueren Blick auf die traditionelle Prägung des Kirchenraums umso brisanter. Ein Teilnehmer, mittleren Alters mit jüdischem Hintergrund, betonte beispielsweise, dass es sich bei einer Kirche um einen speziellen religiösen Ort handele:

»Also ein Kirchenraum hat für mich nichts Heiliges, per se. [...] [F]ür mich persönlich ist es kein sakraler Ort, aber es ist natürlich ein sakraler Ort für Christen. Das erkenne ich an [...]. [Es] gehört zur Ethik, dass ich nicht den Ort, der einer anderen Person heilig ist, irgendwie sozusagen beleidige oder dort einen Skandal verursa-

---

43   Die Teilnehmendenkonzepte von »Kirche« bzw. Elemente solcher Konzepte erwuchsen neben den Teilnehmendeninterviews aus zwei Fragen des Fragebogens, nämlich Frage 10: »Was verbinden Sie allgemein mit dem Ort ›Kirche‹?« und Frage 11: »Was unterscheidet die Christuskirche von anderen Orten in der Stadt?«, vgl. Befragung_Christuskirche, 272f.

44   Einige Antworten in der Befragung thematisieren die Abgrenzung von Kirchen zu ›neutralen‹ Orten, als solche beispielsweise die Kongresshalle und Musikhalle genannt werden, vgl. Befragung_Christuskirche, 274.

45   Zum Tanz als festes rituelles Element religiöser Praxis in Hindutempeln, vgl. beispielsweise David 2009.

che. Wie schon gesagt, also es ist ein sakraler Ort für eine andere Religion, deren Überzeugung ich aber größtenteils nicht teile«.[46]

Im Vordergrund steht hier zum einen der Aspekt der Sakralität, dessen Zuschreibung sich laut Zitat aus einer religionsspezifischen Perspektive begründet und nicht universell ist. In diesem Licht ließe sich der Tanz des Hindupriesters als Anerkennung der sakralen Qualität des Raums lesen, insofern er ihn für seine eigene rituelle Praxis für angemessen hält. Zum anderen spiegelt sich im Zitat aber auch eine Regelhaftigkeit des Raums, die sich vor allem aus einem ethischen Gebot ableitet. Eine andere Teilnehmerin, mittleren Alters und ohne religiöse Zugehörigkeit, verwies ebenfalls auf Regeln richtigen Verhaltens in einer Kirche:

> »Nach wie vor ist es für mich schon auch ein bisschen, also Kirche als heilige Stätte ist also von der Bedeutung her schon so, also wenn ich mich dort hinein begebe, dass das fast automatisch, also [...] der religiöse oder geistliche Überbau sozusagen, der das irgendwie für mich schon so ein bisschen definiert auch, so dass ich jetzt eben nicht in der Kirche anfange zu essen oder laut zu reden oder so, also einen gewissen Verhaltenskodex gibt es ja dann auch«.[47]

Die Regeln des Raums, hier wörtlich der Verhaltenskodex, wurden von der Teilnehmerin nicht aus einer ethischen Empfindsamkeit gegenüber den religiösen Anderen, sondern vorrangig aus einer Zuordnung zu einer Sphäre abgeleitet, der ihrer Ansicht nach durch zurückhaltendes Verhalten Respekt zu zollen ist. In diesem Sinne hatte der Tanz des Hindupriesters Potenzial, einen Affront auszulösen, sofern der Tanz nicht als zurückhaltendes Verhalten zu deuten war. Während in der einen Aussage ethische Normen des Miteinanders angeführt wurden und in der anderen ein allgemeiner Sakralcharakter des Ortes anklang, so verwiesen doch beide Aussagen auf die Frage angemessenen Verhaltens. Dieses leitete sich hier aus Vorstellungen über den Raum »Kirche« ab, wirkte in den Arbeitskonsens über das Verhalten der Teilnehmenden der interreligiösen Silvesterfeier hinein und machte den Tanz gerade deshalb zu einer Besonderheit.

Der Begriff »Kirche« ging in den Zuschreibungen der Teilnehmenden jedoch über einen im beschriebenen Sinne ehrfurchtgebietenden Ort noch hinaus. Zu einem differenzierteren Bild gehören Qualitäten des Raums, die sich mit »Ort der Stille« bzw. »Ort der Spiritualität« überschreiben lassen. Als Ort der Stille stellt eine Kirche demnach einen Rückzugsraum »für die menschliche Seele«[48] dar, wie ein älterer Herr mit evangelisch-lutherischem Hintergrund in der Befragung erklärte. In dieser Hinsicht unterscheide sich eine Kirche nicht von einer Moschee oder Synagoge,

---

46 Teilnehmendeninterview_Christuskirche_2, 167.
47 Teilnehmendeninterview_Christuskirche_1, 161.
48 Befragung_Christuskirche, 272.

so seine Einschätzung. In Auffassungen dieser Art stand die Herstellung und Pflege innerer Ruhe und Sammlung im Zentrum. Einige der Befragten sahen Kirchen, gerade auch vor dem Hintergrund der entsprechenden Tradition an der Christuskirche, zudem als geeigneten Ort für Meditation. Dies schlägt den Bogen zur zweiten Qualität. Mehrfach wurde Kirche als spiritueller Ort beschrieben, insofern der eigene Glaube gepflegt werden könne und Raum bestehe, um »Gott nahe [zu] sein«.[49] Zudem wurde der in Kirchen als üblich beschriebenen religiösen Praxis, z.B. in Form von Gottesdiensten oder persönlicher Zwiesprache, spirituelle »Anregung für den eigenen Weg«[50] und die Möglichkeit der Reflexion über Fragen, die über die Alltagswirklichkeit hinausgehen,[51] zugesprochen. Gedeutet als spirituelle Praxis lässt sich der tanzende Hindupriester konzeptionell vielleicht am ehesten in diesen Aspekt der Vorstellungen vom Kirchenraum eingliedern. Der eine oder andere mag hier nostalgisch eine Tiefe der Spiritualität hineingelesen haben, die möglicherweise im eigenen Glauben vermisst wird.

Der *en gros* als religiös wahrgenommene und mit Stille und Spiritualität assoziierte Raum »Kirche« lässt sich in der Vorstellung der Teilnehmenden schließlich einem Spannungsfeld zuordnen, das auf der einen Seite von Gemeinschaftssinn, gesellschaftlicher Verantwortung und öffentlicher Bezugnahme und auf der anderen Seite von Weltabgewandtheit und Exklusivität begrenzt wird. Neben dem rituellen Handlungsaspekt spielte für Vorstellungen von Kirchen Gemeinschaft und Gemeinschaftsstiftung eine wesentliche Rolle. Damit war zum einen eine Zugehörigkeit zu einer Gemeinschaft von Gläubigen einer spezifischen religiösen Tradition (beispielsweise dem evangelisch-lutherischen Christentum) angesprochen, mit Blick auf die interreligiöse Silvesterfeier wurde die imaginierte Gemeinschaft zum anderen aber auch allgemeiner auf eine solche unter Gleichgesinnten ausgeweitet. In Letzterem steckte zudem der Gedanke einer offenen Geisteshaltung, die der Christuskirchengemeinde in der Befragung und den Teilnehmendeninterviews konkret zugeschrieben wurde. Diese Haltung werde zum Wohle der Gesellschaft eingesetzt und schaffe über ein soziales Engagement und auch interreligiöse Zusammenarbeit Verständigung. Das Kirchengebäude und die zugehörigen Räumlichkeiten der Gemeinde fungierten beispielsweise als Ort der interreligiösen und interkulturellen Begegnung. Schließlich bestand eine eigenständige öffentliche Bezugnahme auf Kirche, die Kirchengebäude als historisch bedeutsame Orte hervorhob und unabhängig von der religionsgemeinschaftlichen Verankerung als allgemein gesellschaftlich relevante Orte fasste. So betonten einige der Teilnehmenden eine eigene Schönheit alter Kirchengebäude sowie ihre

---

49 Ebd.
50 Ebd.
51 Vgl. Teilnehmendeninterview_Christuskirche_1, 161.

geschichtsträchtige Ausstrahlung, die im folgenden Zitat mit der Eignung als interreligiöser Begegnungsort zusammengedacht wird:

> »An solchen Orten kann man natürlich, da sie irgendwie die Gefühle der Menschen ansprechen, kann man besser solche [d.h. interreligiösen, M. K.] Veranstaltungen abhalten, als an einem völlig profanen Ort, der jetzt weder schön ist noch irgendwie Würde ausstrahlt oder alt ist oder, ja, also z.B. in irgendeiner Turnhalle würde jetzt nicht wirklich passen. [...] Also das Rathaus hat jetzt auch Säle, die mehrere hundert Jahre alt sind und hat, denke ich, hat eine ähnliche Wirkung auf die Psyche der Menschen, wie ein Kirchenraum zum Beispiel.«[52]

Als kulturgeschichtlich bedeutsame und kunstvoll gestaltete Orte bilden Kirchen, neben anderen Orten, die diese Eigenschaften aufweisen, in der Vorstellung dieses Teilnehmers einen angemessen würdevollen Rahmen für interreligiöse Begegnungen. Unabhängig vom Bereich der Begegnung werden Kirchen als geeignete Veranstaltungsorte für Ausstellungen und ganz besonders für (allen voran klassische) Musikkonzerte betrachtet. Dies gilt nicht nur für so genannte »Kulturkirche[n]«,[53] sondern bezieht sich auch auf den traditionell verankerten Platz von Musik in Kirchen. So verbanden viele der Befragten Kirche auch mit musikalischen Beiträgen, die im wahrsten Sinne des Wortes ihren Widerhall in der häufig auf die Akustik hin konzipierten Kirchenarchitektur[54] finden.

Auf der anderen Seite des Spannungsfeldes – d.h. gegenüber dem gemeinschaftsstiftenden Charakter von Kirchen – waren ein paar Zuschreibungen zu finden, die in Kirchen ein institutionelles Relikt vergangener Zeiten sahen, das durch zunehmend verhärtete dogmatische Starre den Zugang zur Welt weitgehend eingebüßt habe. Begriffe wie »Kirchturm« und »Glaubenspanzer«[55] fungierten als Sinnbilder für Abschottung, und die übliche Praxis in Kirchen wurde als »nicht modern, ohne Zeitbezug« und »langweilig«[56] beschrieben. Zudem wurde Gemeinschaft hier eher als Erhaltung eines exklusiven Kreises wahrgenommen, der die Differenz zum Anderen in den Mittelpunkt stelle.

Nehmen wir die verschiedenen Elemente der Konzeptualisierung des Begriffs »Kirche« und steigen wieder in die eingangs beschriebene Szene ein, so lässt sich ein tanzender Hindupriester im Altarraum der Kirche zusammenfassend als Ausnahmesituation beschreiben. Der Hindupriester bewegte sich rhythmisch zur Mu-

---

52 Teilnehmendeninterview_Christuskirche_2, 171.
53 Befragung_Christuskirche, 273. Gemeint sind entwidmete Kirchengebäude, die für kulturelle Zwecke einer Neuverwendung zugedacht sind.
54 Schroer beispielsweise nennt unter den »architektonischen Gestaltungsprinzipien« zur Schaffung einer »für einen kirchlichen Raum typischen Atmosphäre« neben der »Lichtgebung« auch die »Akustik«, Schroer 2015, 29.
55 Befragung_Christuskirche, 272.
56 Ebd.

sik und drehte sich dabei. Sanft ließ er die Arme wiegen, hob sie bald hoch und senkte sie wieder. Musikalische Darbietung an sich passt prinzipiell in diesen Raum, in diesem Fall wirkte sie den meisten aber wohl als exotische Einlassung, da Gesang und Klang weder in einem christlich-religiösen Bezug standen, noch der (europäischen) Klassik entnommen waren. Als angestammter Ort des christlichen Glaubens, seiner Lehren und seiner Geschichte erzeugten der Kirchenraum und der in ihm bzw. vor ihm tanzende Hindupriester eine Spannung, die als Aufeinandertreffen unterschiedlicher religiöser Systeme die Aufmerksamkeit der Zuschauenden herausforderte. Im Tanz wendete der Hindupriester sich mal zu den Anwesenden und mal zum Altar und dem dahinter prangenden Buntglasfenster, in das dezent ein Kreuz eingearbeitet ist. Seine ungehemmte Performanz zeugte von einer geringen Berührungsangst mit dem Kirchenraum, die wie aufgezeigt aus einer bestimmten Perspektive als Herausforderung in diesem Raum gelesen werden könnte. Dass der Hindupriester aus einer anderen Sicht aber den Raum als Ort seiner spirituellen Praxis erwählt hatte, wurde von einer Teilnehmerin beispielsweise als Leichtigkeit gedeutet. Eine Leichtigkeit, die sie in starkem Kontrast zu medial präsenten religiösen Konflikten stehen sah.[57] Der Hindupriester wird vor dem Hintergrund dieser Deutung zur im Raum tanzenden Verkörperung der Utopie einer befriedeten Welt. Die Kirche ihrerseits wird gemäß ihrer Bestimmung zum Ruheort, an dem sich diejenigen versammeln, die sich unter Gleichgesinnten dieser Utopie zuwenden und Kraft für die Gegenbeispiele schöpfen, die ihnen im Alltag begegnen. Dies deckt sich mit Aussagen in der Befragung zur gastgebenden Kirchengemeinde. Die Aktivitäten der Christuskirche, einschließlich der interreligiösen Silvesterfeier, wurden als positives Gegenbeispiel zur Abschottung der Kirche gegenüber anderen Religionsgemeinschaften gedeutet, bei häufig gleichzeitigem Bedauern, dass es sich um eine Ausnahme handle, und dem Wunsch, dass es diese Bemühungen viel häufiger geben müsste.[58] Dass der Hindupriester in diesem Raum auf diese Weise handeln konnte, deutet Pastor Kirst als Veranstalter der Silvesterfeier weniger als noch zu erarbeitende Utopie, sondern vielmehr als einen Ausdruck für zumindest in diesem Veranstaltungsrahmen real gewordene Verständigung.[59]

So irritierend und für mich gleichzeitig bezaubernd die Szene des tanzenden Hindupriesters war – Pastor Kirst benannte sie im Nachgespräch als einen dieser »magischen Momente«[60] dieser Veranstaltungsreihe –, so schnell ging sie auch zu Ende. Die Musik verstummte plötzlich, die Protagonisten räumten mit kurzem »Dankeschön« und ohne Applaus die Bühne und Pastor Kirst, der die Moderation dieses Abends übernahm, trat an das kleine Pult.

---

57 Vgl. Befragung_Christuskirche, 267.
58 Vgl. ebd., 272ff.
59 Vgl. Feldspiegelung_Christuskirche_2, 297f.
60 Ebd., 296.

Religiöse Schutzräume

In seiner kurzen Begrüßungsrede betonte Pastor Kirst die enge Bindung, die zwischen den beteiligten Mitgliedern der Religionen bestehe und die in dieser interreligiösen Silvesterfeier besonders zum Ausdruck komme. Gekleidet in seinen schwarzen Talar und mit ruhigen Gesten erklärte er, dass dies gerade vor dem Hintergrund der aktuellen Stimmung in der deutschen Gesellschaft ein wichtiges Symbol für den gemeinsamen Willen sei, gegen Hass und gegenseitige Ausgrenzung aufzustehen. Dementsprechend lautete auch das Motto der Veranstaltung: »Hass ist keine Alternative«. Die Wahl eines gemeinsamen Themas sei ein wichtiger Punkt der Vorbereitung auf diese Veranstaltung, wie Pastor Kirst im Interview beschrieb:

> »[Die] Vorbereitung sieht also so aus, wird also stark von uns aus getragen, von der Christuskirche aus. Und dass wir im Vorwege natürlich absprechen, welches Thema dran ist, also ich sagte z.B. ›Schöpfung‹ war mal ein Thema oder ›Vertrauen in den Religionen‹, und dass wir dieses Thema denn aus unterschiedlichen religiösen Traditionen beleuchten und dazu Wortbeiträge haben und Textbeiträge haben und das dann so in einer Abfolge, Verlauf dieses Abends, das sind dann immer etwa zwei Stunden, ist also eine längere Feier auch, also Gottesdienste sind ja sonst in der Regel etwa eine Stunde. Und dass wir uns thematisch vorher verständigen, welches Thema das ist und dann die Beteiligten sozusagen schauen, was aus ihrer jeweiligen religiösen Tradition dazu beigetragen werden kann.«[61]

Aus den Schriftlesungen, kurzen Interpretationen der religiösen Vertreterinnen und Vertreter sowie musikalischen Beiträgen wurde ein vielfältiges Programm zusammengestellt, das in der Regel auf die eine oder andere Weise Bezug auf das Thema nahm. Die Veranstaltung, die ich 2016 besuchte, stand unter dem starken Eindruck gleich mehrerer Gewalttaten gegen Flüchtlingsunterkünfte in Deutschland und größerer Terroranschläge, die sich im Laufe des Jahres an verschiedenen Orten in Europa ereignet hatten. Dazu gehören Anschläge am Flughafen und einer Metrostation in Brüssel, an der Strandpromenade in Nizza und auf den Weihnachtsmarkt am Berliner Breitscheidplatz 12 Tage vor der Silvesterfeier. Besonders der Anschlag in Berlin mit 12 Toten und 56 Verletzten nahm einigen Platz im öffentlichen Diskurs ein und blieb über Monate danach medial präsent,[62] wohl auch deshalb, weil es sich um einen der wenigen terroristischen Anschläge in Deutschland handelte, der Todesopfer zur Folge hatte. Am Silvesterabend weniger als zwei Wochen nach diesem erschütternden Ereignis sprach nun Pastor Kirst deutlich und routiniert feierlich, während draußen laute Böller explodierten und so die Ausführungen über die angsterfüllte Stimmung im Land lautmalerisch lebendig werden

---

61 Interview_Kirst, 15.
62 Der Diskurs fokussierte sich u.a. auf behördliches Fehlverhalten, vgl. hierzu beispielsweise einen Beitrag auf Spiegel Online, Diehl 2017.

ließen. Das Dämmerlicht in der Kirche könnte dem einen oder der anderen plötzlich den Eindruck eines Bunkers vermittelt haben. Der silvesterliche Ausnahmezustand könnte an eine Krisen-, vielleicht Kriegssituation erinnern: die (religiöse) Vielfalt unter Beschuss. Die Worte des Pastors, in denen er das gewachsene Vertrauen zwischen den religiösen Traditionen hervorhob und die Zusammenkunft »in großer Verschiedenheit« als »Zeichen einer friedvollen Gemeinschaft«[63] lobte, könnten in dieser Überzeichnung eine beschwörende Ermutigung für jene sein, die den Feinden der friedvollen Koexistenz aller Menschen entgegenstehen. Als solche Feinde waren die terrorisierenden, religiös-fanatischen und spaltenden Menschen gemeint, die dieser scheinbar letzten Bastion der Freiheit und des Friedens nichts anhaben können. Das Kirchengebäude mit seinen dicken Mauern schützte in diesem Szenario die interreligiöse Friedensallianz vor dem Außen und eröffnete im Inneren einen Freiraum. Grundlage dieser Allianz und des anvisierten Friedens, so Pastor Kirst sinngemäß, müsse das gegenseitige Verständnis sein sowie der Wille, sich gegenseitig zuzuhören. Passend dazu wurde die Gemeinschaft zum gemeinsamen Singen eingeladen:

»Schwei – ge und hö – re,
nei – ge dei – nes Her – zens Ohr.
Su – che den Frie – den!«

Die Melodie wurde zunächst auf der Orgel vorgespielt und die Strophe anschließend in der Gruppe fünf Mal gesungen. Das monotone, fast meditative Singen erinnerte mich an Protestlieder friedlicher, aber unbeugsamer Demonstrierender.

Im Anschluss trat programmgemäß Rolf Peters vom Bhakti Yoga Zentrum, der eingangs bereits die Laterne mit einer Kerze bestückt hatte, hier offiziell als Vertreter des Hinduismus, an das Pult und reaktivierte (wenn er denn verloren war) den Eindruck einer bedrohlichen Zeit mit dem einleitenden Satz: »Heute sprechen wir über das Thema Hass.« In seinem Rückbezug auf die »Welt des Hinduismus« konstatierte er ein ganz grundsätzliches Einstellungsproblem vieler Menschen, das auf einer Überbetonung des Materiellen fuße. Unbegrenzter Konsum und auch das Streben nach unbegrenztem Ruhm seien Aspekte, die einem glücklichen Leben entgegenstünden. Da alles mit allem zusammenhänge, stünde auch der Mensch in Abhängigkeit zu seinem Ökosystem, glaube aber irriger Weise, dass er dessen Mittelpunkt darstelle. Die »ewige Welt, nach der wir uns sehnen« und von der sich unsere Seele »vor undenklichen Zeiten« abgewendet habe, sei nur durch eine Überwindung dieses Irrglaubens zu erreichen.[64] Den Worten des Hinduvertreters folgte eine weitere Musikeinlage der Krishna-Tempel-Musikgruppe, die durch besonders anmuti-

---

63 Vgl. Feldnotiz_Silvesterfeier, 431f.
64 Vgl. ebd., 432.

gen Gesang einer hellen und klaren Stimme einen prägnanten Gegenpol zum pessimistischen Nachhall des vorangegangenen Beitrags darstellte. Viele der Teilnehmerinnen und Teilnehmer hoben in der Befragung die Schönheit des Gesangs als besonders positiven und berührenden Beitrag dieser Veranstaltung hervor.[65] Das Lied könnte unter dem Eindruck des Plädoyers für ein ökologisches Gleichgewicht und auch dem erhaben-harmonischen Ausdruck nach den Einklang allen Lebens thematisiert haben. Bezeichnend war, dass die tiefe Stille, die sich nach sanftem Abklingen des Liedes im Raum ausbreitete, nur durch die reine Stimme eines Babys in den vorderen Reihen durchbrochen wurde.[66]

Biblische Zwischenrufe und ›orientalische‹[67] Klänge

Auf den in meiner Wahrnehmung harten Exotismus folgte die Rückkehr zumindest in die biblische Gedankenwelt. Michael Nüssen, auf dem Programmblatt als Vertreter des Judentums ausgewiesen, begab sich mit langsamen Schritten zum Podium. Er wirkte in seiner gebeugten körperlichen Haltung bedächtig, seine Stimme klang ein wenig gebrochen. Leise begann er von Adam und Eva und ihren Söhnen Kain und Abel zu berichten. Der Brudermord von Kain an Abel, so sage es die jüdische Tradition, habe den Hass in die Welt gebracht. Eine weitere Geschichte, »einige Generationen später«, erzähle wiederum von Brüdern. Jakob habe seinen Bruder mit einem Trick um den Segen des Vaters gebracht, die Brüder entzweien sich, finden aber in einer Versöhnungsszene wieder zusammen. Jakob, so resümierte der Redner, »hat gegen seine Schattenseiten gekämpft«, und die Geschichte so ein positives und vorbildliches Ende genommen. Bei der anschließenden Anmoderation eines hebräischen Liedes sprang Pastor Kirst kurz ein und erklärte, dass auf der Rückseite des Programmblattes versehentlich das falsche Lied abgedruckt worden sei. Er sprach die zwei Zeilen des eigentlichen Liedes kurz vor und erklärte dann mit Blick auf den jüdischen Vertreter, der neben ihm stand: »Wir zwei Brüder hier vorne stimmen das jetzt mal an und Sie steigen einfach ein.« Spätestens mit dieser pointierten Verbrüderung, aber eigentlich schon mit Michael Nüssens Betreten der Bühne, war das Ensemble dieses Abends um eine weitere Person angewachsen.[68]

Das Christentum repräsentierte der Hausherr Pastor Kirst im Anschluss gleich selbst. Er leitete mit einem Hinweis auf die Anschläge in jüngster Zeit ein und erklär-

---

65 Vgl. Befragung_Christuskirche, 267.
66 Vgl. Feldnotiz_Silvesterfeier, 432.
67 Ich bin mir der Belastungen dieses Begriffs, die Edward Said herausgearbeitet hat, sehr bewusst und grenze mich ausdrücklich von kolonialistischen Verwendungen ab, vgl. Said 2012. Wenn ich ihn im Rahmen meiner Ausführungen dennoch benutze, dann um im Raum stehende Deutungen der Performanz einzufangen. Diese Deutungen sind Ausdruck für spezifische Muster in der Wahrnehmung arabischer Musik, wie beispielsweise die Zuschreibung von Monotonie. Vgl. hierzu einen aufschlussreichen Beitrag von Weinrich 2011.
68 Vgl. Feldnotiz_Silvesterfeier, 432.

te, dass Religionen dabei mal das »Ziel von Hassattacken« seien (z.B. Anschlag auf eine Moschee in Zürich) und mal zu deren Begründung (z.B. Anschlag auf den Weihnachtsmarkt in Berlin) herangezogen würden. Angesichts dieses ambivalenten Verhältnisses genüge es nicht, einen Zusammenhang zwischen Religion und Gewalt zu leugnen, wie es vielfach getan werde. Vielmehr müsse ein selbstkritischer Blick auf die jeweils eigene religiöse Tradition geworfen werden. Dem möglichen Gewaltpotenzial, das bestimmte Interpretationen in den verschiedenen Traditionen aufzeigten, stellte Pastor Kirst eine biblische Mahnung aus dem 1. Johannesbrief gegenüber (»Lasst uns lieben, denn Gott hat uns zuerst geliebt« 4:19) und appellierte an eine wohlwollende und offene Haltung in der Begegnung. Sein Beitrag endete mit dem gemeinsam gesungenen Lied »Ubi caritas«, das im Kern von der Verwandtschaft, Nächstenliebe und Gottesnähe handelt.

Auf diese biblischen Zwischenrufe folgte ein islamischer Beitrag, mit dem die im interreligiösen Geschehen übliche monotheistische Trias vervollkommnet wurde. Samir Schabel, ein junger Mann mit Vollbart, nun ebenfalls Mitglied des Ensembles, gesellte sich ans Pult und begann unvermittelt eine Rezitation der ersten Koransure, die klangvoll im großen Kirchenraum widerhallte. Dem Arabischen schloss sich eine deutsche Übersetzung an, darauf eine weitere Rezitation mit Übersetzung. Dann verwies auch er aus der Atmosphäre dieser Tage schöpfend auf die drückende Stimmung in den vorangegangenen Wochen, während im Hintergrund Kirchenglocken (diesmal vielleicht mit der Aura eines Warnsignals für einen bevorstehenden Angriff?) ertönten. Auch der muslimische Vertreter wendete sich gegen eine zu große Macht von Spaltern und beschwor die anwesende Gemeinschaft vor dem Hintergrund eines weiteren Koranzitates standhaft zu sein und gerecht zu handeln.[69]

An dieser Stelle möchte ich nochmal einen allgemeineren Blick auf das Veranstaltungskonzept werfen. Auch wenn das vorher vereinbarte Motto der Veranstaltung durch die Statements und auch Schriftlesungen der einzelnen Traditionen immer wieder an die Oberfläche drang, ist es doch ein anderer Aspekt des Ansatzes der Veranstaltung, der bei den Veranstaltungen zumindest den Initiatorinnen und Initiatoren nach im Vordergrund steht. Pastor Kirst beschreibt diesen Ansatz in seinem kurzen Beitrag für die Publikation »Gute Nachbarschaft leben« der Nordkirche folgendermaßen:

> »Hier [d.h. im Rahmen der Silvesterfeier, M. K.] wird nicht über Fragen der Religionen diskutiert, das hat an anderer Stelle seinen Ort, sondern hier geben Menschen einander Anteil an ihrer gelebten Frömmigkeit.«[70]

In seiner Charakterisierung der Veranstaltung, die Bezeichnung »Feier« soll es bereits nahelegen, betont Pastor Kirst die Möglichkeit gegenseitiger Anteilnahme an

---

69 Vgl. ebd., 432.
70 Kirst 2013, 63.

gelebter Religion. Dies setzt er in Kontrast zu Veranstaltungen, in denen Diskussionen im Vordergrund stehen. Im Interview führte er diesen Punkt weiter aus:

> »[E]s gibt ja unterschiedliche Ebenen, auf denen der interreligiöse Dialog praktiziert wird. Und bei uns in der Gemeinde ganz stark auf der Ebene der gemeinsamen interreligiösen Feiern. [...] Und ich empfinde es schon als etwas Besonderes, [...] wir diskutieren ja nicht über ein Thema dabei, sondern wir geben uns Anteil an der eigenen Frömmigkeit und Spiritualität, also an dem, was uns sozusagen von Herzen oder emotional sehr wichtig ist. Der Glaube trägt uns ja, ne, der hat ja eine ganz starke emotionale Dimension auch.«[71]

Ein weniger später konkretisierte er den Aspekt der inneren Anteilnahme:

> »[W]o ich dann auch als Christ das empfinde, ja, da ist etwas, was mich auch innerlich berührt [...], dass sozusagen über die Grenzen der unterschiedlichen Kulturen und Traditionen hinaus so irgendwo in der Tiefe auch etwas sehr Verbindendes ist [...], jeder lebt ja erstmal in seiner religiösen Prägung, aber dass man so spürt, auch die Ernsthaftigkeit und die tiefe Spiritualität anderer religiöser Traditionen, ich finde das also eine wichtige Erfahrung«.[72]

Während Pastor Kirst die grundsätzliche Notwendigkeit einer inhaltlichen Auseinandersetzung der Religionen, bei der auch die unterschiedlichen Standpunkte markiert werden sollen, betonte, wird im institutionellen Rahmen der Christuskirchengemeinde eine mehr gefühlsbetonte, auf Erfahrung unterschiedlicher religiöser Praxis gerichtete Begegnung anvisiert. Es gehe nicht nur um eine traditionsspezifische Positionierung zur gewählten Thematik, sondern auch und vor allem um das gegenseitige Eintauchen in religiöse Wahrnehmungsräume und Imaginationen als eine bestimmte auf das Miterleben fokussierte Ebene interreligiösen Dialogs. So lässt sich der Reigen aus indischen Klängen, dem tanzenden Hindupriester, biblischen Geschichten, einem lateinischen und einem hebräischen Lied und der Koranrezitation als vielstimmiges und vielgestaltiges Spiel verstehen, in das die Anwesenden erlebend einbezogen werden sollen. Die im Ansatz gleichberechtigte Beteiligung der Vertreterinnen und Vertreter kommt hier bei aller individuellen Ausprägung durch die gleiche zeitliche Begrenzung zum Tragen.

Das Erleben der Koranrezitation kam in einer Aussage Christian Winklers, des Prädikanten der Christuskirchengemeinde, zum Ausdruck:

> »Also wenn aus dem Koran rezitiert wird, also gesungen wird, [...] dann ist das erst mal <u>ganz</u> anders, dann denken sie an Urlaub in Tunesien oder sonst wo. Die <u>Art</u> des Gesangs, rein musikalisch betrachtet, ist völlig anders als die abendländische Art

---

71 Interview_Kirst, 13f.
72 Ebd., 16.

zu singen. Krieg ich schon fast Lust es mal zu lernen in einem Workshop oder so, mir gefällt es nämlich gut«.[73]

Die hier als klangliche Darbietung wahrgenommene Rezitation spiegelte zum einen die musikalische Affinität Winklers, der im Rahmen seines Engagements an der Christuskirche eigene spezielle Andachten anbietet, in denen u.a. die Evangelien gesungen werden. Zum anderen reflektierte er über mögliche Assoziationen, die der Klang auslöse und seiner Vermutung nach tendenziell mit Ferne und Urlaub verbunden werde und verweist damit auf orientalisierende Charakteristika.

Was die Koranrezitationen einleiteten, wurde durch die folgenden Saxophonklänge, die laut Programm »Musik aus islamischer Tradition« repräsentierten, perfektioniert. Eine Musikerin betrat von rechts die Bühne und blies gekonnt ins Mundstück ihres glänzenden Instruments. Ich fühlte mich an einen anderen Ort versetzt und konnte förmlich sehen, wie die nahöstlich anmutenden Klänge, ausgehend von dem dynamisch gespielten Saxophon, wie arabeske Rauchschwaden zu einer imaginären Kuppel emporstiegen. Die neu eingezogene weiße Decke im Innenraum der Kirche, der ja bewusst für feierliche Inszenierungen hergerichtet worden war, eignete sich wie eine Leinwand hervorragend als Projektionsfläche für diese akustische Übermalung des Raums. Dies wurde in der Besuchendenbefragung durch die Aussage einer Teilnehmerin, mittleren Alters mit evangelisch-lutherischem Hintergrund, formelhaft auf den Punkt gebracht. Sie stellte auf die Frage, was ihr an der heutigen Veranstaltung besonders gut gefallen habe, zuallererst die »Stimmung und Schlichtheit der Kirche«[74] in den Vordergrund. Der schlichte Ausdruck, der sich im Kontext der multireligiösen Situation auch als gestalterische Zurückhaltung der christlichen Gastgeber deuten lässt, korreliert hier mit dem Wunsch, ein gegenseitiges Eintauchen in die religiöse Praxis der jeweils anderen zu ermöglichen.

Zwischen zwei Stücken, die auf dem Saxophon dargeboten wurden, erschien die Leiterin des interreligiösen Gesprächskreises, der sich regelmäßig in den Räumlichkeiten der Christuskirche trifft, und verlas ein Friedensgebet, das bisweilen Franz von Assisi zugeschrieben wird. Die noch nachhallenden klanglichen Überlagerungen ließen diese kurze Wortmeldung fast untergehen. Am Ende des zweiten Stücks erschall, wie zuvor, kein Applaus, wohl eine Reminiszenz auf das allgemeine Verständnis der Anwesenden davon, was üblicherweise in einer Kirche stattfindet und nicht stattfindet. Herr Winkler erinnerte sich später, dass zwar nicht geklatscht wurde, »aber der Wunsch zu applaudieren ist vielfach wahrnehmbar. Doch: den meisten wird bewußt sein: es ist eben kein Theater und auch kein

---

73 Interview_Winkler, 62.
74 Befragung_Christuskirche, 267.

Konzert!«[75] Damit unterstrich er neben der Unangemessenheit von Applaus noch einmal den ›gottesdienstlichen‹ Aspekt der Veranstaltung, den ich zu Beginn dieser dichten Beschreibung aus der Perspektive eines Teilnehmers bereits hervorgehoben hatte.

Durchlässige Kirchenmauern und andere Auflösungen

Der ›Welt des Islams‹ entstiegen lud uns anschließend Wolfgang Trescher, in seiner Rolle als buddhistischer Vertreter aus dem Tibetischen Zentrum, zu einer Meditationsübung ein. Liebe, so erklärte er mit den Worten des Dalai Lama, sei das »Herz aller Religionen«. Liebe bzw. »liebende Güte« sei auch das zentrale Motiv der Metta-Meditation, einer Übung der »Zugewandtheit zu seinen Nächsten«. In vier Stufen sollten wir, auf Wunsch auch geschlossenen Auges, innerlichen Kontakt zu unseren Mitmenschen aufnehmen und »der Verbindung«, die laut Buddhismus zwischen allen Lebewesen bestehe, »nachspüren«.[76] Dabei richte sich die Betrachtung zunächst auf das eigene Selbst, dann auf die Menschen, die einem nahestehen, anschließend auf diejenigen, die man gar nicht kenne und schließlich auf jene, mit denen man möglicherweise in einem Konflikt stehe. Kurz vor Beginn rief der Redner nochmal das Motto der Veranstaltung »Hass ist keine Alternative« in Erinnerung.

Begleitet von der gelassenen Stimme des Referenten, versanken die Anwesenden in Schweigen. Sofern man die Einladung annahm, »einige Minuten gemeinsam einen Weg [zu] gehen«,[77] hatte man nun die Gelegenheit, sich auf diesen mentalen Spaziergang zu begeben. Vor meinem inneren Auge entstand ein Gewirr von pulsierenden Netzwerken, die von den Anwesenden ausgingen. Ich stellte mir die Verbindungen zwischen diesen individuellen Netzwerken vor und versuchte mich darin einzufügen. Insgesamt war dieser erste Teil gut geeignet, sich selbst umgeben von einer Vielzahl anderer Menschen im Raum wahrzunehmen. Eine Teilnehmerin erklärte später im Interview:

> »[D]ie Herzmeditation ich glaub von dem buddhistischen Vertreter dort, der hat ja auch, ja so ne Art Saalmeditation gemacht, die fand ich halt auch sehr sehr äh ja, sehr schön, zu einem selbst führend, Herz öffnend«.[78]

Diese Selbstwahrnehmung und -verortung fand unter vorgegebener Ausblendung der Zeit bzw. von Zeitprojektionen statt. So leitete Trescher die Anwesenden dazu an, nicht an Zukünftiges oder Vergangenes zu denken, sondern »nur im Jetzt« zu bleiben. Er machte lange Pausen zwischen seinen begleitenden Worten, sodass sich die Weisungen gedanklich ausbreiten konnten. Neben der zeitlichen kam es

---

75 Feldspiegelung_Christuskirche_1, 291.
76 Feldnotiz_Silvesterfeier, 432f.
77 Ebd., 433.
78 Teilnehmendeninterview_Christuskirche_1, 162.

auch zu einer räumlichen Ausblendung oder zumindest Überlagerung, die mit dem empfohlenen Schließen der Augen und damit der Ausblendung visueller Reize bereits eingeleitet worden war und sich mit der Aufforderung, nun »aus dem Raum heraus [zu] treten«, verstärkte. Der Spaziergang führte die Anwesenden vom Ich und dem näheren Umfeld hin zu Personen, die nicht an der Veranstaltung teilnahmen. Ein mentaler Schritt vor die Tür, der sich auch als imaginative Auflösung des Kirchenraums beschreiben ließe. Gleichzeitig hallten von Zeit zu Zeit die umgebenden Detonationen der Böller im Raum wieder. Eine situative Umdeutung dieser Explosionen im näheren Umfeld der Kirche könnte hier die Sprengung der Kirchenmauern sein, herbeigeführt durch mentale Visualisierungen von Beziehungslinien zu Verwandten, Freundinnen und Freunden, die sich irgendwo außerhalb der Kirche befanden. Unter weiterer Anweisung weitete sich der Fokus auf die »noch viel viel größere Gruppe derjenigen, die wir gar nicht kennen«. Wie beim Zoomen aus einer Karte vergrößerte sich damit der Radius der Menschen, die hier gedanklich einbezogen wurden, bei gleichzeitiger Schrumpfung des Erdballs. Die Teilnehmenden wurden so zu ausströmenden Geistern, die einen wohlwollenden Blick auf die Menschen der Welt warfen, wie eine imaginierte Massenbewegung, die ihren Ausgangs- und Mittelpunkt in dem kleinen Kirchenraum in Hamburg-Eimsbüttel hatte. Schließlich wurde eine Rückbewegung initiiert, durch die Anleitung zur Begegnung mit jenen, mit denen man möglicherweise in einem Konflikt stand. Auch diese Menschen, so der Sprecher, strebten nur nach Glück, und auch für sie solle man »sein Herz weiten«. Die Reise endete mit einem Appell, die Offenheit mit in den Alltag zu nehmen. Nach einer Weile wurden wir mit den Worten »wir kommen nun zurück« sanft aus der inneren Versenkung oder je nach Wahrnehmung dem angenehmen Dämmerzustand geholt.[79]

Mit dem buddhistischen Referenten und der Metta-Meditation endete der Präsentationsreigen mit Beiträgen aus den beteiligten religiösen Traditionen. Alles in allem schien die Aufeinanderfolge religiöser Einblicke, wie sie in der Veranstaltung angelegt war, auf Zustimmung und Interesse bei den Teilnehmenden zu stoßen. Zumindest zeigte die Befragung, besonders im Hinblick auf die Frage, was negativ an der Veranstaltung aufgefallen sei, dass in der Wahrnehmung der Teilnehmenden hier vor allem eher technische Probleme eine Rolle spielten, beispielsweise dass die Referenten schwer zu verstehen waren oder etwas zu lange gesprochen haben. Ein paar Mal wurde kritisch angemerkt, dass die religiöse Repräsentation diesmal fast ausschließlich von Männern getragen wurde und eine weibliche Perspektive, anders als in anderen Jahren, weitgehend gefehlt habe. Auch die fehlende Repräsentanz der Sikhs, die bei früheren Veranstaltungen dieser Reihe beteiligt gewesen waren, wurde bedauert. An anderer Stelle der Befragung wurde ein weiterer Punkt deutlich, der zumindest eine ambivalente Beurteilung des Veranstaltungskonzeptes

---

79 Vgl. Feldnotiz_Silvesterfeier, 432f.

aufzeigt, nämlich die Frage, ob im Rahmen der Veranstaltung ein »interreligiöser Dialog« stattgefunden habe. Dies spiegelte sich auch in folgender Reflexion Pastor Kirsts mit Blick auf die gesamte Veranstaltungsreihe wieder:

> »Manchmal ist das so, auch im Feedback, das man hinterher bekommt, dass es heißt, ja das war jetzt sehr stimmig, das passte zusammen. War auch schon so die Kritik, dass die sagten, naja, die Blöcke stehen so nebeneinander«.[80]

Das hier als Mangel wahrgenommene Nebeneinander der Religionen korrespondiert durchaus mit dem Grundgedanken der Anteilnahme an der spirituellen Praxis des jeweils Anderen und einer daraus resultierenden nach innen gewandten Auseinandersetzung. Pastor Kirsts Wahrnehmung deckt sich mit Aussagen in der Befragung, die an dieses Konzept einen engeren Dialogbegriff anlegten und darunter die direkte inhaltliche Auseinandersetzung miteinander zur Grundlage haben. Im Kern stehen sich zwei Positionen gegenüber: Eine Gruppe war der Ansicht, schon »das Teilen (Zeit verbringen, andere erleben als interessant anders – tiefer o.ä.) ist dialogisch«.[81] Eine andere Gruppe erklärte einschränkend: »Die Beteiligten kamen nicht miteinander ins Gespräch – leider. Aber besser als gar nichts«.[82] Ausgehend von dieser Kritik und auch schon ersten Umsetzungsversuchen überlegte der Kreis der Beteiligten der Veranstaltung, die Beiträge aus den religiösen Traditionen noch stärker aufeinander zu beziehen, indem beispielsweise ein spezifischer Text aus einer der Traditionen ins Zentrum gestellt wird und alle auf ihre Weise darauf reagieren können. Ein anderer Ansatz, der bereits erprobt wurde, ist stärker performativ gelagert und beinhaltet wie bei einer Veranstaltung zum Thema Schöpfung eine Art Gabentausch (z.B. von Feigen und Weintrauben).[83]

Pastor Kirst leitete zum letzten offiziellen Teil dieser Veranstaltung über. Das, was mit dem Entzünden der Laterne und dem Tanz des Hindupriesters begann, wurde mit kollektiver Performanz zu Ende gebracht. Die Anwesenden wurden eingeladen, »im stillen Gebet« nach vorne zu kommen, bereitliegende Teelichter zu nehmen und sie an der auf dem Altar stehenden Kerze zu entzünden, die, wie wir nun erfuhren, im Rahmen der Aktion »Friedenslicht aus Betlehem«[84] von Pfadfinderinnen und Pfadfindern in die Kirche gebracht worden war. Das Friedenslicht, an dem zu Beginn der Veranstaltung auch die prominente Laterne auf der Bühne entzündet worden war, steht im Kontext einer klaren christlichen Idee, wie die Initiatoren der Aktion auf der zugehörigen Webseite darlegen:

---

80   Interview_Kirst, 15.
81   Befragung_Christuskirche, 270, Hervorhebungen im Original.
82   Ebd., Hervorhebungen im Original.
83   Vgl. Interview_Kirst, 15f.
84   Ringe deutscher Pfadfinderinnen- und Pfadfinderverbände: Friedenslicht (o.J.).

>»Mit dem Entzünden und Weitergeben des Friedenslichtes erinnern wir uns an die weihnachtliche Botschaft und an unseren Auftrag, den Frieden unter den Menschen zu verwirklichen.«[85]

Die weihnachtliche Botschaft, die in Form des Kerzenlichts ihren Weg von der »Geburtsgrotte Jesu« in Bethlehem über Wien[86] nach Hamburg genommen hat, nahm in der Christuskirche konsequenter Weise ihren Platz in der weihnachtlichen Szenerie, nämlich zentral auf dem Altar ein. Dass die Anwesenheit des Lichts allein nicht genügt, sondern von Taten begleitet werden soll, zeigt eine weitere Erklärung der Initiatoren der Friedenslicht-Aktion:

>»Das Friedenslicht ist kein magisches Zeichen, das den Frieden herbeizaubern kann. Es erinnert uns vielmehr an unsere Pflicht, uns für den Frieden einzusetzen.«[87]

Im Kontext dieser Aktion und der rahmenden Bedeutung des Lichts für die Silvesterfeier in der Christuskirche kann die Veranstaltung angesichts des im Zitat formulierten Auftrags als eine Einlösung der friedensbringenden Botschaft verstanden werden, die hier ausgehend von der christlich initiierten Aktion interreligiöse Gestalt annimmt.

Pastor Kirst lud also die Anwesenden dazu ein, an der Verbreitung der Friedensbotschaft teilzuhaben, und nun lüftete sich auch das Geheimnis um das tuchartige Arrangement auf der Laterne. Dieses beinhaltete Kärtchen, die sich die Teilnehmenden nach Entzünden einer Kerze mitnehmen konnten. Auf diesen Kärtchen waren gesammelte »Segensworte der Religionen« gedruckt, die einen durch das kommende Jahr tragen mögen. Erst zaghaft, aber dann in einer langen Schlange arbeiteten sich viele der Anwesenden nach vorn und brachen so die räumliche Trennung zwischen Ensemble und Zuschauendenraum auf, was sich zum einen als performativer Bruch verstehen ließ, insofern die bisher auf den Bänken verweilenden Gäste nun auf die Bühne strömten. Zum anderen fand sich hier aber auch ein impliziter liturgischer Verweis auf die evangelisch-lutherische Abendmahlspraxis, bei der der rituelle Einbruch der Gottesdienstgemeinde auf der Bühne Bestandteil der üblichen Vorstellung an diesem Ort ist. Auch ich holte mir ein Kärtchen. Auf meinem stand geschrieben: »In jedem Menschen ist etwas Kostbares, das in keinem anderen ist. Martin Buber«.[88] Die Segensworte, wie die des jüdischen Philosophen Martin Bu-

---

85 Ebd.
86 Die Friedenslicht-Aktion geht auf eine Initiative des Österreichischen Rundfunks zurück, der bis heute jährlich ein Kind nach Jerusalem entsendet, das dort das Licht entzündet und dann per Flugzeug nach Wien bringt. Von dort findet in Kooperation mit anderen Vereinen und Institutionen eine Verbreitung u.a. nach Deutschland statt, vgl. ebd.
87 Ebd.
88 Feldnotiz_Silvesterfeier, 433.

ber, der sich mit seinen theoretischen Überlegungen zum Dialog auf seine Weise um interreligiöse Verständigung verdient gemacht hatte, schlossen einen weiteren Kreis. So ging mit dem Frieden, der durch das Licht aus Bethlehem Einzug gehalten und an dem die Veranstaltungsbesucherinnen und Veranstaltungsbesucher teilhaben konnten, auch die Mitnahme einer Weisheit einher, die aus dem reichen Topf der religiösen Traditionen angeboten wurde. Die auf der Bühne prominent platzierte Laterne, auf der diese Weisheiten griffbereit lagen, war hoch symbolisch wie die gemeinsame Quelle, aus der, nach Ansicht mancher, die Religionen ihre Weisheit beziehen.

Forscher ohne Deckung – Epilog und Ausklang

Es dauerte eine ganze Weile, bis alle Interessierten vorn waren und die Menge sich wieder auf den Bänken eingefunden hatte. Pastor Kirst ergriff ein letztes Mal das Wort, dankte für die gute Zusammenarbeit zwischen den Beteiligten und erinnerte an die anschließende gesellige und kommunikative Abendrunde im Gemeindesaal. Wie zuvor besprochen verwies er auch auf mich und meinen Fragebogen und bat mich, zu meiner Überraschung, aufzustehen. Ich kam sozusagen aus der Deckung, damit man mich kurz beäugen konnte. Dann sollte ich sogar nach vorn ans Podium kommen und beantwortete von dort die aus dem Publikum eingeworfene Frage nach dem »Wozu überhaupt?«. Die freundliche Ankündigung und auch die Tatsache, dass mich nun alle einmal gesehen hatten, wirkten sich äußerst positiv auf die Befragung aus. Es gab sogar mehr Nachfrage als vorhandene Fragebögen, sodass ich mir eine ganze Reihe von E-Mail-Adressen notierte und versprach, den Bogen per E-Mail zu verschicken.

Der Übergang vom offiziellen zum geselligen Teil dieser Veranstaltung war abgesehen von meiner Fragebogenaktion, die im Eingangsbereich der Kirche stattfand, von gesprächigem Übersiedeln in den durch einen Zwischengang mit dem Kirchenraum verbundenen Gemeindesaal geprägt. Der Schlussakt selbst wird in dem kleinen Beitrag von Pastor Kirst folgendermaßen umrissen:

> »Danach [d.h. nach der Feier, M. K.] wird eingeladen zum Beisammensein im Gemeindehaus der Christuskirche, zu Gesprächen und zum Austausch mit einem kleinen Imbiss, mit Tee und anderen nichtalkoholischen Getränken.«[89]

Das hier betonte Fehlen alkoholischer Getränke markiert neben möglichen anderen Erwägungen die pointierte Rücksichtnahme auf Musliminnen und Muslime, die an der Veranstaltung teilnehmen. Der geschaffene alkoholfreie Raum wurde begleitet von einem Buffet, das von den beteiligten religiösen Gemeinden zusammengestellt wurde. Dass nach dem Regenbogen religiöser Vorstellungen nun die Begegnung unter und mit den Teilnehmenden im Zentrum stand, lässt sich an zahlrei-

---

89 Kirst 2013, 63.

chen Betonungen in der Befragung und den Interviews herauslesen. Gefragt nach dem, was ihr besonders gut an der Veranstaltung gefallen habe, nannte beispielsweise eine ältere Dame mit evangelisch-lutherischem Hintergrund: »mit Freunden zusammensitzen bei gutem Essen und Gespräch«.[90] Auch waren es diese Gespräche, die den Teilnehmenden häufig besonders intensiv in Erinnerung blieben, wie ein älterer Herr, der sich als Agnostiker versteht, beschrieb:

> »[A]lso besonders in Erinnerung ist mir [...] [das] gemütliche[...] Beisammensein, das ist mir in Erinnerung, mit welchen Personen ich zusammengesessen habe und das waren auch eher neue Personen, vielleicht waren besondere eine, kann man sagen, eine Bekannte, mit der ich etwas mehr jetzt Kontakt habe und vorher habe ich sie weniger gekannt, also kann man sagen, dass das auch in dieser Hinsicht gute Gelegenheit war, bisschen noch mehr ins Gespräch zu kommen, ja.«[91]

Zum einen diente der gesellige Teil der Stärkung freundschaftlicher Beziehungen. So fanden sich an den im großen Raum auf zwei Ebenen verteilten Tischen einige offensichtliche Freundesgruppen, die fröhlich bei Speis und Trank miteinander plauderten. Zum anderen war der Aufbau und die Pflege von neuen oder bislang marginalen Kontakten eine wichtige Funktion. Einige Besucherinnen und Besucher kamen auf mich zu, um mich nach meiner Forschung zu fragen, aber auch um offenbar einen (weiteren) Kontakt in der (Religions-)Wissenschaft zu gewinnen. Es ergaben sich zudem einige Gespräche mit Personen, die ich bereits aus anderen Feldaufenthalten kannte. Der ausklingende Abend im Gemeindesaal war wie der Hauptteil der Veranstaltung selbst nochmal auf zwei Stunden, d.h. bis irgendwann zwischen 21 und 22 Uhr angelegt, woran sich eine ebenbürtige Bedeutung erkennen lässt. Das Treiben war auf gewisse Weise spirituell angereichert durch die vorangegangenen Darbietungen. So wurde der zentrale Brennpunkt der Aufmerksamkeit zwar aufgelöst, aber im Hinblick auf die vielen kleinen Fortläufer im geselligen Teil ließe sich hier auch von vielen Bühnen sprechen, auf denen das Erlebte verarbeitet wurde. Zudem herrschte eine festliche Stimmung, die sich auch mit dem besonderen Kontext des Silvestertages in Verbindung bringen ließe. Zumindest aus Pastor Kirsts Sicht handelt es sich um einen der Höhepunkte des Jahres, insofern es mit bis zu 250 Personen eine der größten und in ihrer Ausrichtung eine der bedeutendsten wiederkehrenden Veranstaltungen an der Christuskirche ist.[92] Gleichwohl erklärte Prädikant Winkler im Gespräch einschränkend, dass es womöglich dennoch Gemeindemitglieder der Christuskirche gibt, die noch nie von der Veranstaltung gehört haben.[93]

---

90 Befragung_Christuskirche, 266.
91 Teilnehmendeninterview_Christuskirche_3, 137.
92 Vgl. Feldspiegelung_Christuskirche_2, 310f.
93 Vgl. Interview_Winkler, 65.

In jedem Fall war es eine intensive und farbenfrohe Veranstaltung an jenem Silvestertag 2016. Ich verabschiedete mich von Pastor Kirst und einigen anderen Gästen. Kurz nach 21 Uhr machte ich mich schließlich von der Kirche auf und durchschritt mit zahllosen Eindrücken überhäuft die letzten Stunden dieses Jahres. Der Nordwind wehte unbeirrt.

5.2 Interreligiöser Gesprächskreis in der Pfarrhaus-Teeküche der Christuskirche Eimsbüttel

Von der Uni in die Gemeinde

> »Und das hat sich eben vor allen Dingen ergeben, weil ich in den interreligiösen Seminaren an der Universität ziemlich begeistert teilgenommen habe als Gastschülerin. [...] Und darüber hinaus habe ich von [...] dem federführenden Menschen an der Universität, dass es überhaupt zu diesem Dia/diesem Seminar gekommen ist, den Auftrag, oder wollen wir mal sagen, nicht Auftrag, 'nen bisschen hoch gegriffen, aber die Ermunterung diesen/dieses, was an der Universität verbreitet wurde, in die Gemeinden zu tragen. Und ich war sofort dabei.«[94]

Während sie in diesen wenigen Sätzen die Vorgeschichte des interreligiösen Gesprächskreises beschrieb, sah Petra von Langsdorff mich unverwandt an. Ihr Gesicht trug die Würde des Alters. Sie wurde Mitte der 1930er Jahre geboren und erlebte den Zweiten Weltkrieg im Alter von vier bis neun; ein Kriegskind. Sie hatte kurzes Haar, gräulich an den Schläfen, oben schneeweiß. Selbstironisch beschrieb sie, dass sie »so genannte Künstlerin«[95] sei. Um ihre Lippen spielte ein verschmitztes Lächeln, ihre Augen funkelten mich an und zeugten von Leidenschaft.

Die Freude an der Auseinandersetzung mit der Gesellschaft, besonders mit der Vielfalt der Religionen, teilt sie mit den anderen Mitgliedern des Gesprächskreises. Viele von ihnen haben bereits in den 1980er Jahren an Veranstaltungen der Universität Hamburg teilgenommen. Als Gasthörende besuchten sie eine Veranstaltung zur »Theologie der Religionen« am Institut für Missions-, Ökumene- und Religionswissenschaft des Fachbereichs Evangelische Theologie. Aus dieser ging u.a. auf Initiative des Lehrstuhlinhabers Olaf Schumann die »Arbeitsgemeinschaft interreligiöser Dialog« hervor. Diese Arbeitsgemeinschaft bildet über Jahrzehnte eine wichtige Säule interreligiöser Aktivitäten an der Universität und zwischen Akteuren der Hamburger Stadtgesellschaft, darunter Vertreterinnen und Vertreter der ansässi-

---

94 Interview_von Langsdorff, 20.
95 Ebd.

gen Religionsgemeinschaften.[96] Letztere brachten sich im universitären Veranstaltungsrahmen zu religionsvergleichenden Themen wie »Recht und Gerechtigkeit« oder »Vorstellungen über ein Leben nach dem Tod« ein. Daneben gab es bis heute eine Reihe von Aktivitäten, die auf Wirken der Arbeitsgemeinschaft zurückgehen, darunter die Einrichtung des Gesprächskreises Interreligiöser Religionsunterricht, der ab den 1990er Jahren das Konzept des für Hamburg spezifischen »Religionsunterrichts für Alle« konzipiert.[97]

Frau von Langsdorff nahm wissbegierig zusammen mit anderen Gasthörenden an den universitären Veranstaltungen teil. Olaf Schumanns Vorschlag, die in der Veranstaltung aufgeworfenen Gedanken und Diskurse in die Hamburger Religionsgemeinden zu tragen, nahm sie dankbar an, wie sie im obigen Zitat beschreibt. Auf der Webseite des Interreligiösen Frauennetzwerks Hamburg, dessen Mitglied sie ist, nennt sie als weitere wichtige Person die damalige Bischöfin Maria Jepsen, die sich dafür ausgesprochen habe, »dass in christlichen Gemeinden jene Offenheit einziehen möge, die vor ungefähr 30 Jahren für die Universität Hamburg eingerichtet werden konnte.«[98] In dieser Hinsicht stellte der neu formierte Gesprächskreis »eine Art Abspaltung«[99] von der universitären Veranstaltung dar, die, so ein langjähriges weiteres Mitglied des Kreises, eine deutlich lockere Atmosphäre des Gesprächs zulasse als es der akademische Seminarkontext erlaube.[100]

Eine Anlaufstelle für den Gesprächskreis war mit Frau von Langsdorffs eigener Gemeinde, der Kulturkirche Bugenhagen in Hamburg-Barmbek, schnell gefunden. Hier gründete sie den Kreis im Jahr 2001 mit anderen Gasthörenden als interreligiösen »Dialog-Treffpunkt«, der sich von Beginn an als ergänzender Beitrag zur universitären Veranstaltung verstand und beispielsweise auch den regulär Studierenden offen stand.[101] Als Kulturkirche sprach der Ort aufgrund eines Theatersaals, eigener Musikräume und eines Cafés mit kultureller Bespielung Personen aus dem kulturschaffenden und kunstinteressierten Bereich an.[102] Entsprechend engagierte sich der neu entstandene Dialog-Treffpunkt auch mit selbst organisierten Ausstellungen und Veranstaltungen zu interreligiösen Themen, beispielsweise mit einer Ausstellung zum Thema »Geschwisterreligionen« unter Beteiligung eines muslimischen und eines jüdischen Referenten.[103]

Wenige Jahre nach der Einrichtung des Gesprächskreises kam es jedoch zu einem regelrechten Zusammenbruch der Gemeinde in der Bugenhagenkirche, der

---

96 Vgl. IMÖR 2018.
97 Vgl. Schura Hamburg 2016.
98 Vgl. von Langsdorff o.J.
99 Teilnehmendeninterview_Teeküche_1, 176.
100 Vgl. ebd.
101 Vgl. Feldnotiz_Teeküche_1, 360.
102 Vgl. Klinkhammer et al. 2011, 349.
103 Vgl. Feldnotiz_Teeküche_1, 364.

die Gemeindeauflösung und den Verlust des Kirchengebäudes zur Folge hatte.[104] Der Dialog-Treffpunkt musste sich also einen neuen Ort für die regelmäßigen Treffen suchen und fand diesen ab 2004 schließlich in der Christuskirche in Hamburg-Eimsbüttel. Im Gespräch erklärte Frau von Langsdorff zum neuen Ort: »Es stand noch [eine andere Kirche, M. K.] zur Auswahl. Aber es wurde dann diese, Gott sei Dank, denn wir sind hier sehr gut aufgehoben.«[105] Die Christuskirche war eine naheliegende Wahl, da zu den Hauptthemen der Gemeinde auch interreligiöse Dialogarbeit zählt, die sie u.a. in Form interreligiöser Friedensgebete am Volkstrauertag und interreligiöser Silvesterfeiern ausgestaltet. In diese Aktivitäten ist der Gesprächskreis heute auch eingebunden und gliedert sich mit seinen regelmäßigen Treffen in die interreligiöse Arbeit der Gemeinde ein.[106]

Im Vorfeld zu meinen Besuchen im interreligiösen Gesprächskreis an der Christuskirche, der mir im Rahmen anderer Feldaufenthalte als spannende Aktivität empfohlen wurde, nahm ich eine Internetrecherche vor und fand wenig. Es gab eine knappe Beschreibung auf der Webseite der Christuskirche, die aktuell[107] nicht mehr zu finden ist. Mittlerweile gibt es die bereits zitierte Webseite des Interreligiösen Frauennetzwerkes Hamburg, auf der Frau von Langsdorff den Gesprächskreis als »Interreligiösen Dialog-Kreis an der Christuskirche-Eimsbüttel« umreißt.[108] Dass der Kreis zumindest online wenig präsent ist, mag mit verschiedenen Gründen zusammenhängen. Ein Hinweis findet sich in einer von Klinkhammer et al. 2011 veröffentlichten Studie, die sich mit dem Fokus auf »Interreligiöse und interkulturelle Dialoge mit MuslimInnen in Deutschland« bereits mit dem Gesprächskreis auseinandergesetzt hat. Darin schreiben die Forschenden:

> »Der Interreligiöse Arbeitskreis hat selber keine ausgearbeitete Satzung, die Gruppe veröffentlicht keine Manifeste oder Flyer. Größere Veranstaltungen, an denen Mitglieder des Arbeitskreises beteiligt sind, werden in der Regel über andere Organisationen oder Institutionen finanziert und beworben. Daher besteht kein Bedarf an festeren organisatorischen Strukturen oder Fördermitteln.«[109]

Der Drang der Mitglieder des Gesprächskreises, mit ihrem dialogorientierten Engagement in die Gesellschaft hineinzuwirken, kanalisiert sich, so Klinkhammer et al. in ihrer Analyse, vor allem über die Anbindung einzelner Mitglieder an andere Initiativen. Der Gesprächskreis selbst richtet sich in seinen Treffen also vorwie-

---

104 Vgl. Rebaschus 2003.
105 Vgl. Interview_von Langsdorff, 20.
106 Vgl. Klinkhammer et al. 2011, 349.
107 D.h. im Januar 2023.
108 Vgl. von Langsdorff o.J.
109 Klinkhammer et al. 2011, 350.

gend nach innen. Diese Perspektive wird gestützt durch eine Aussage Frau von Langsdorffs zur Mitgliedsstärke des Gesprächskreises:

»Die Gruppe ist, wenn wir es mögen, recht klein. Also nicht mehr als zehn. Also, dass wir unter uns sind [...], wir bevorzugen hin und wieder ganz klein zu sein. Ich bin auch nicht böse, wenn nur einer kommt, das ist/kommt selten vor, aber ich find's gut. Ja.«[110]

Die Treffen des Gesprächskreises in der Küche fungieren so auch als eine Art Rückzugsraum für die Reflexion von Themen im kleinen Kreis, gewissermaßen dem harten Kern. Auch die Uhrzeit, wie Frau von Langsdorff weiter erklärte, mittwochs zwischen 14 und 16 Uhr, habe eine mindernde Wirkung auf die Anzahl der Teilnehmenden. Gleichzeitig betonte sie, dass zur Anfachung weiterer Gesprächsthemen und für neuen Input auch regelmäßig Referierende eingeladen werden. Zu den Treffen kommen neben dem harten Kern dann auch noch assoziierte Mitglieder, die über eine Mailingliste erreicht werden und die Gruppe zu besonderen Terminen auf bis zu dreißig Personen anwachsen lassen.

Der prinzipielle Vorzug des kleinen, intimen Gesprächs in der Teeküche, in dem die geringe Außenwerbung u.a. begründet zu liegen scheint, beinhaltet jedoch kein exklusives Selbstverständnis des Kreises. Neue Gesichter werden mit interessierter Offenheit ins Gespräch integriert. Allerdings steht der Aspekt der Intimität durchaus in einem gewissen Spannungsverhältnis zu einem Sendungsbewusstsein des Gesprächskreises. Gemeint ist eine Art Vision, dass offener und ehrlicher Dialog über die religiösen und sonstigen kulturellen Grenzen hinweg überall und zu jeder Zeit stattfinden sollte. Auf dieses Spannungsverhältnis werde ich am Ende dieser Beschreibung nochmal zu sprechen kommen.

In der Peripherie

Der interreligiöse Gesprächskreis trifft sich in der Regel jeden Mittwoch im Pfarrhaus der Christuskirche. Das Gelände der Christuskirche befindet sich in der Fruchtallee in Hamburg. Von dort aus gelangt man mit dem Fahrrad in unter zehn Minuten auf den Campus der Universität, zum repräsentativen Hauptgebäude der Universität am Dammtor sowie in den Gorch-Fock-Wall, wo die Evangelische Theologie und die ebenfalls an der Universität angesiedelte Akademie der Weltreligionen seit einiger Zeit zu finden sind. Dies alles sind wichtige Bezugsorte für den interreligiösen Gesprächskreis, der sich wie beschrieben gewissermaßen als Sendbote religionsbezogener universitärer Inhalte und Diskurse versteht und diese in die Hamburger Gemeinden zu tragen sucht. Bilden die universitären Orte im Verständnis der Gesprächskreismitglieder eine Art Quelle und Zentrum, so stellt

---

110 Interview_von Langsdorff, 22.

die Christuskirche in gewisser Hinsicht die Peripherie dar, in die sie ihre (frohe) Botschaft der Offenheit hineintragen will.

Als ich mich an einem frühen Nachmittag im September 2013 zum ersten Mal auf den Weg machte, um einem Treffen des Gesprächskreises beizuwohnen, musste ich das Gebäude erstmal suchen. Am augenfälligsten ist das Kirchengebäude rechterhand. Dahinter erstreckt sich ein Anbau mit Gemeindesaal und Büros. Links des begrünten Kirchhofs befinden sich hintereinander drei Gebäude, von denen die hinteren beiden zur Gemeinde gehören. Die Hausnummer fünf fand ich schließlich an »einer der gründerzeitlichen Klinkervillen des Pastorats«,[111] die sich von der nahegelegenen U-Bahnhaltestelle aus gesehen ganz hinten im Kirchhof befindet. Das Pfarrhaus ist von einem Zaun und Sträuchern umgeben und dadurch ein wenig versteckt. Die Eingangstür war, wie bei späteren Besuchen auch, verschlossen. Die Klingeln daneben gaben Auskunft darüber, dass in diesem Gebäude das Pastorat, Büroräume, Seminarräume, ein Meditationsraum sowie ein Keller samt Küche zu finden sind.[112] Da ein Hinweis auf den interreligiösen Gesprächskreis gänzlich fehlte, betätigte ich nacheinander jede der vorhandenen Klingeln und wurde schließlich mittels eines Summers eingelassen. Frau von Langsdorff fing mich ab und führte mich durch ein altes Treppenhaus in die im Keller des Gebäudes gelegene Teeküche.[113]

Die Teeküche des Pfarrhauses ist vom kleinen Kellerflur aus über eine hohe weiße Holztür erreichbar. Der Raum mit rechteckigem Grundriss verfügt auf der gegenüberliegenden Seite der Tür über Souterrainfenster, die durch geschwungene Gitter vor der Außenwelt geschützt zu werden scheinen und durch die man wie aus einem Bunker auf das Gewächs und den Eingangsweg vor dem Haus blicken kann. Prominent, leicht rechts im Raum gelagert, steht die Küchentafel, zu Beginn meiner Besuche ein großer ovaler Holztisch, mittlerweile eine rechteckige Tischlandschaft aus aneinander gestellten Tischen mit weißer Oberfläche. An der rechten Wand steht eine lange Holzbank, an den anderen Tischseiten ist Platz für etwa zehn Stühle. Der Rest der Küche wirkt zusammengewürfelt: ein freistehender Kühlschrank, eine Spüle, eine Spülmaschine, Schränke mit einer Arbeitsplatte, irgendwo dazwischen ein tiefhängendes Spülbecken aus vergangenen Zeiten und dahinter gelbliche Kacheln. Der Boden besteht aus großen weißen und kleinen rötlichen Fliesen.[114] Bei meinen wiederholten Besuchen machte alles trotz einer Renovierung vor einiger Zeit einen gebrauchten Eindruck auf mich oder anders formu-

---

111 Klinkhammer et al. 2011, 350.
112 Vgl. Fotodokumentation_Teeküche, 465.
113 Klinkhammer et al. berichten, dass in Ausnahmefällen, d.h. bei besonderen Gästen und erwartetem größeren Andrang, auch andere Räumlichkeiten, z.B. der Gemeindesaal, genutzt werden, vgl. Klinkhammer et al. 2011, 350.
114 Vgl. Fotodokumentation_Teeküche, 466ff.

liert: Die Teeküche ist nicht verwaist, sondern wird augenscheinlich regelmäßig genutzt. Man könnte sie im Sinne des Soziologen Alphons Silbermann als Wohnküche beschreiben, insofern »sich die starre Funktionsfixierung der Küche im Wohnerlebnis auflöst«.[115] Das Wohnerlebnis liegt in der beschriebenen Beheimatung des Gesprächskreises begründet, der den Raum sozial ausfüllt und damit gewissermaßen ein Doppelleben der Teeküche produziert: »als steriles Kochlabor im Zellenformat ebenso wie als kommunikatives Zentrum«.[116] Die regelmäßige Belebung der Teeküche durch den Gesprächskreis erhebt diese von ihrer stark funktionalen Ausrichtung – d.h. als Ort, an dem kurz Tee gekocht oder Essen aufgewärmt wird, um es dann z.B. mit hinüber ins Büro zu nehmen – in den Stand einer Wohnküche, die neben ihrer Eigenschaft als Produktionsort für Speisen und Getränke auch zu einem Ort für regelmäßige zentrierte soziale Interaktion wird.

Dass sich die Mitglieder des Kreises, die wie die Einrichtung der Küche selbst auch irgendwie zusammengewürfelt sind, in dieser im Keller befindlichen Teeküche treffen und damit einen randständigen Ort für die Gespräche nutzen, hat seine Gründe. Bei verschiedenen Gelegenheiten kam ich mit einigen von ihnen auf den Ort ihrer Treffen zu sprechen. Ein Mitglied, ein Mann mittleren Alters mit jüdischem Hintergrund, beschrieb das so:

> »Na in der Küche also ist mir angenehmer als wenn das in der Kirche wäre, weil es ist hier neutraler, also das ist zwar jetzt so, rein äußerlich, nicht so schön vielleicht, aber das ist nicht wichtig. Also jeder Ort, wo man frei reden kann und Positives bewirken kann, ist ein guter Ort.«[117]

Als Gegenbild zur Küche als möglichem Veranstaltungsort wurde hier der Kirchenraum zur Sprache gebracht. Dabei wurden zwei trennende Merkmale betont. Zum einen empfand der Interviewte den Kirchenraum äußerlich ansprechender als die Teeküche, die in ihrer dekorativen Armut als tendenziell »nicht so schön« beschrieben wurde. Dem steht allerdings die empfundene Neutralität gegenüber, die er hinsichtlich der Küche als Ort freier Rede definierte. Auf meine Nachfrage, ob er denn in einer Kirche das Gefühl habe, nicht frei reden zu können, sagte er:

> »[D]och, schon, schon, aber dann würde man/das wäre kein neutraler Ort. das wär der Ort einer bestimmten Religion. Und, da würde man sich eher fühlen wie, sozusagen ein Gast, der jetzt, wo anders hinkommt, hier dagegen, das ist ein neutraler Ort.«[118]

---

115 Silbermann 1995, 7.
116 Miklautz et al. 1999, 11.
117 Teilnehmendeninterview_Teeküche_1, 183.
118 Ebd.

Während der Kirchenraum hier weitestgehend als repräsentativer Raum verstanden wird und einen deutlich formellen Charakter der Interaktion erzeugt, der den Vertreter der Gemeinde zum Gastgeber und die Hinzukommenden zu Gästen macht, gelten für die Teeküche andere Bedingungen. Sie ist zum einen zwar ein dem Gesprächskreis zur Verfügung gestellter Ort, wodurch die Mitglieder des Kreises ebenfalls zu Gästen werden. Allerdings beleben sie diesen Ort nun schon seit über fünfzehn Jahren, woraus sich eine Form der Beheimatung des Kreises in der Küche ergibt, die auch durch die Peripherie der Küche bzw. ihren geringen Repräsentationscharakter für die Gemeinde der Christuskirche ermöglicht wird. Im Vergleich zum Kirchenraum bildet die Teeküche zudem Gelegenheit für informellere Interaktionen, die im Zitat als freie Rede in neutralem Raum gezeichnet wird. Die Küche fungiert also als lockerer Gesprächsraum mit geringen formellen Anforderungen an die Anwesenden und einer als freier empfundenen Möglichkeit des Gesprächs. Die Zusammenkunft gestaltet sich also eher als ein Beisammensein unter Freunden und Bekannten als unter Gastgebenden und Gästen.

Mit Goffman gesprochen könnte die Teeküche aufgrund ihrer Verortung und Bedeutung im Kontext der Kirchengemeinde als Ort mit tendenziellem Hinterbühnencharakter beschrieben werden. Typisch hierfür ist die Möglichkeit informeller Umgangsformen.[119]

Der Küchentisch als Arena

Der beschriebene Hinterbühnencharakter der Teeküche spielte für das, was in den Treffen während meiner Besuche des Gesprächskreises stattfand, eine große Rolle. Bei einem meiner Besuche im Mai 2019 wurde ich Zeuge einer Szene, die ich mir im Kirchenraum der Christuskirche nur schwer vorstellen kann. Es war im Gespräch bereits einige Zeit und mit steigender Spannung in der Luft um den Islam gegangen. Herr G.,[120] ein älterer Herr indischer Herkunft und mit hinduistischem Hintergrund, erklärte mit energischer Stimme, dass das kriegerische Element dieser Religion bereits im Koran und in den Hadithen angelegt sei. Sein von einem leichten Akzent getragener, aber durchdringender Duktus hallte noch mit der appellierenden Frage nach, ob Europa auf das islamische Machtstreben vorbereitet sei, als eine Dame mit islamischer Zugehörigkeit das Wort ergriff. Sie machte wenige Gesten beim Sprechen, was auch damit zusammenhängen mochte, dass sie gerade fastete. Sie erklärte, dass nicht alle Menschen muslimischen Glaubens nach einer Weltherrschaft

---

119 Erste Gedanken hierzu habe ich 2019 in einem kurzen Blogbeitrag veröffentlicht, vgl. Kalender 2019.
120 Die Mitglieder, die mit ihrem Klarnamen beispielsweise im Internet im Zusammenhang mit der Veranstaltung genannt werden, werden in Absprache auch in diesem Text mit Klarnamen aufgeführt. Alle anderen Mitglieder werden ohne Namensnennung oder, wenn es sich um eine häufig wiederkehrende Person handelt, mit einem Namenskürzel benannt.

strebten und er sich doch bitte mit Vorurteilen zurückhalten solle. Ihr Gegenüber, tatsächlich auf der anderen Seite des Küchentisches sitzend, reagierte fast schreiend und verbat sich den Vorwurf des Vorurteils. »Ich habe doch Augen im Kopf«, brüllte er und begründete seine Haltung mit langjährigen Erfahrungen mit Muslimen in Indien. Dies sei kein Grund, in allem den Teufel zu sehen, widersprach die Muslimin selbst nunmehr mit gehobener Stimme. Ein Dritter am Tisch versuchte die Situation zu beruhigen. Nach einiger Zeit brach eine vierte Person nach Phasen des Zuhörens emotional aus und verurteilte die islamkritischen Einlassungen Herrn G.s, die er »nun schon seit zwanzig Jahren« in den Gesprächskreis einbringe. »Wie kommst du zu dem Schluss, die Gläubigen sind alle dumm?«, fragte sie vorwurfsvoll, worauf er zurückfeuerte: »Wie kannst du annehmen, die Gläubigen sind alle integer?« Es folgte ein kurzes Wortgefecht, das sprachlich auch ins Saloppe überging, worauf Herr G. affektiert die Nase rümpfte und den Jargon kritisierte. Seine Gegenspielerin reagierte mit den Ausrufen »Joaa, joaaaaa«, die sie in hohen Tönen äffend von sich gab.[121]

Die spezifische Kommunikationskultur des interreligiösen Gesprächskreises, die in der beschriebenen Szene in einer Nuance angedeutet ist, ist ein ganz zentraler Aspekt in der Charakterisierung der Aktivität an diesem Ort, sodass ich hierauf im Folgenden vertieft eingehe. Klinkhammer et al. bemerken im Rahmen ihrer Studie hinsichtlich der Gesprächskultur:

> »Dass es bei den Diskussionen gelegentlich kontrovers zugeht, gehört zur Selbstbeschreibung der Gruppe, die mit einem Schmunzeln stolz darauf ist, dass sie den Raum im Souterrain der Villa auch deshalb gewählt hat, weil die lautstark ausgetragenen Dispute andere Gruppen im Hause stören könnten.«[122]

Die Treffen des Gesprächskreises werden zuweilen also laut abgehalten. Der Prädikant der Christuskirche, dessen Büro sich einige Zeit in einem Nebenraum der Teeküche befand, bestätigte mir im Gespräch die hier im Zitat anklingende immer wieder hochkochende Stimmung. Angesichts der Lautstärke, die dies mit sich bringe, habe er mit dem Gesprächskreis, den er mittlerweile selbst regelmäßig besuche und moderiere, eigens die Vereinbarung getroffen, dass die Türen geschlossen bleiben, um den Lärm während seiner Arbeit auf ein erträgliches Maß zu minimieren.[123] Der von Klinkhammer et al. genannte Stolz auf diese Art der offenen Auseinandersetzung zeigte sich mir bei verschiedenen Gelegenheiten auch in Form einer Kritik an anderen Formen des interreligiösen Dialogs, der zu sehr mit Samthandschuhen geführt werde. Frau von Langsdorff betonte im Gespräch ihre Ablehnung dagegen,

---

121 Vgl. Feldnotiz_Teeküche_5, 449f.
122 Klinkhammer et al. 2011, 351.
123 Vgl. Interview_Winkler, 55.

dass ihre Gruppe »so'n Softie-Kreis wird, das/das wollen wir ja nicht, ja.«[124] Im Interview unterstrich Herr G. als langjähriges Mitglied diese Haltung und die Kritik an verbreiteten Formen interreligiösen Dialogs:

> »Und jetzt ist so in dieser interreligiöse Dialog, finde ich, es fehlt an einer wirklichen Offenheit und Ehrlichkeit. Es ist immer noch zu viel Diplomatie und dem anderen nicht wehtun zu wollen mit Kritik/obwohl ich verstehe Kritik nicht als wehtun strenggenommen. Man muss eher für die Kritik dankbar sein. […] Und stattdessen wird ein Klima erzeugt, also kritisieren heißt jemanden verletzen. […] dass jede Kritik an unserer Ideologie oder Religion ist eine Verletzung unserer Gefühle oder ist eine Bedrohung unserer Existenz.«[125]

Kritik an den im Raum stehenden Aussagen ist, so die Äußerung im Zitat, eine wichtige Grundlage zu wechselseitiger Anregung und eigener Weiterbildung. Die darin eingebettete Forderung nach schonungsloser Offenheit und ernsthafter Auseinandersetzung mit unterschiedlichen Haltungen und Äußerungen zu den behandelten Themen kann als eine Art Maxime des Gesprächskreises bezeichnet werden. Dass die kritikfreudige Herangehensweise bereits früh in der Geschichte des Gesprächskreises verankert wurde, beschreibt Frau von Langsdorff mit Verweis auf ein frühes Mitglied der Gruppe. Dieses hatte für einen chaotischen Stil, d.h. nicht vorstrukturierten Gesprächsverlauf, argumentiert, der einerseits dem und der einzelnen Teilnehmenden Prägepotenzial für das Gespräch, andererseits der Aktivität aber auch einen kämpferischen Zug verleihe. Frau von Langsdorff spitzte diese Dynamik zu folgendem Satz zu: »Man muss hier kämpfen, um seine Meinung zu äußern.«[126] Der Küchentisch, auf dem die aufgebrachten Themen behandelt – ja wörtlich »klein gestückelt«[127] – werden sollen, wird somit zur Arena der Meinungsäußerung.

Dass diese Form der intensiven Auseinandersetzung Risiken beinhaltet, lässt sich erahnen. Die teils explosive Stimmung macht hin und wieder den Mitgliedern selbst zu schaffen. So erklärten gleich mehrere Personen, dass sie bisweilen aufgewühlt und emotional mitgenommen aus einem Treffen gingen, wie hier im Statement einer Dame mit buddhistischer Zugehörigkeit: »Es gab durchaus Kontroversen; da ging ich raus und dachte, ohje.«[128] Gelegentlich nehmen Mitglieder dann auch einige Zeit Abstand zur Gruppe, um die letzten Konfrontationen zu verarbeiten. Und schließlich macht es der Kommunikationsstil Außenstehenden trotz einer sehr herzlichen und interessierten Kultur der Aufnahme von Neulingen im Kreis

---

124 Interview_von Langsdorff, 26.
125 Teilnehmendeninterview_Teeküche_2, 199.
126 Feldnotiz_Teeküche_5, 448.
127 Interview_von Langsdorff, 20.
128 Gruppendiskussion_Teeküche, 244.

schwierig, einen dauerhaften Zugang zu bekommen, sofern die Streitlust nicht geteilt oder zumindest als irritierend und ungewohnt empfunden wird.

Die Ordnung der »Zwerge«

Frau von Langsdorff blickte lächelnd in die Runde. Gerade hatte sie den Auftakt zu einem weiteren Treffen des Gesprächskreises gemacht. Sie berichtete davon, wie sie bei einer günstigen Gelegenheit gemeinsam im Gesprächskreis gesammelte Ideen auf akademischer Ebene eingebracht habe. »Wir sind die Zwerge«, sagte sie und erklärte, dass ihr wichtig gewesen sei, als Zwergin »den Oberen auf akademischer Ebene« Ideen aus dem Kreis als Ideen »von unten«[129] an die Hand zu geben. Das Zwergenbild wurde von anderen aus der Gruppe kritisch reflektiert. Ein Mitglied erklärte, er verstünde sich zwar als Zwerg, aber wohl in einem anderen Sinne, als sie es darstelle. »Jeder ist ein anderer Zwerg«, bekräftigte Frau von Langsdorff schnell und erklärte, dass sie, nüchtern gesprochen, die oft nicht gehörte Stimme von ehrenamtlich Aktiven in dem Bild einfangen wolle. Auf der anderen Seite des Tisches regte sich nun auch Christian Winkler, der als Prädikant in der Christuskirche tätig ist. Er begrüßte zwar prinzipiell, dass der Gesprächskreis als Stichwortgeber in verschiedenen Kontexten fungiere. Auch der Verweis auf Zwerge sei für ihn nachvollziehbar, sofern es darum gehe, versteckte oder selten gehörte Stimmen zu verbildlichen. Allerdings habe er angesichts seiner Tätigkeiten an der Christuskirche als Leiter von Gottesdiensten und anderen Veranstaltungen Schwierigkeiten, sich selbst als Zwerg zu sehen.

Mit seiner offiziellen Rolle in der Kirchengemeinde, die z.B. auch durch seine Präsenz auf der Webseite und in anderen Medien unterstrichen wird, bildet Christian Winkler, wie ich im Folgenden zu zeigen versuche, eine der wenigen Ausnahmen unter den Mitgliedern des Gesprächskreises. Der Kern besteht aus ca. zehn Personen, mehrheitlich im Rentenalter. Unter den regelmäßig Anwesenden sind Personen mit jüdischem, christlichem, islamischem, buddhistischem, hinduistischem und explizit atheistischem Hintergrund, wobei mit Hintergrund sowohl aktive Identifikationen als auch ehemalige Zugehörigkeiten oder irgendwas dazwischen gemeint sein kann. Tatsächlich steht ein nicht unerheblicher Anteil der Mitglieder in einer kritischen Distanz zu den Institutionen der eigenen (bzw. ehemaligen) religiösen Tradition. Entsprechend beschrieb Herr G., der nach Möglichkeit immer beteiligt ist, dass sich unter den Kernmitgliedern der Gruppe »keine großen Religionsverteidiger«[130] befänden und meinte dies wohl im Sinne der unkritischen Gefolgschaft einer religiösen Tradition im Rahmen einer bestimmten Institution.

---

129   Feldnotiz_Teeküche_5, 451.
130   Teilnehmendeninterview_Teeküche_2, 201.

Die schwache institutionelle Orientierung der Mitglieder des Gesprächskreises ist ein zwar nicht alle Mitglieder umfassendes, aber doch weitgehend einigendes Element. So ist eine gewisse Randständigkeit mit Blick auf die Zugehörigkeit zu einer religiösen Gruppe ein wiederkehrender Aspekt in den Biografien der Beteiligten. Ein Mann mittleren Alters beschrieb beispielsweise, dass er sich heute dem Judentum zugehörig empfinde, und erläuterte: »Also ›zugehörig empfinde‹ bedeutet von meiner Überzeugung her und von der Praxis her, nicht von der Gruppenzugehörigkeit.«[131] Während hier also eine Übernahme religiöser Praktiken und Vorstellungen vollzogen wurde, geht dies nicht mit einer sozialen Anbindung einher, in diesem Fall zumindest nicht an eine jüdische Gemeinde. Ein weiteres Beispiel ist eine ältere Dame, die von einem ehemals christlichen Selbstverständnis kommend zum Islam konvertiert ist. Dies geschah, nachdem sie Anfang der 1980er Jahre einem Sufi-Meister in Hamburg begegnet sei. Dieser, ursprünglich aus dem Iran stammend, war nach seinem Aufenthalt in Deutschland in die USA migriert. Sie hatte damals erwartet, dass sich die Anzahl der Schülerinnen und Schüler dieses Meisters in Hamburg vergrößern würde, dies blieb aber aus, sodass sie nach eigener Wahrnehmung wohl die einzige Schülerin geblieben sei. Sie hatte lange Zeit damit verbracht, ihre Religion nahezu allein auszuleben, und sieht auch heute noch einen gewissen Abstand zu anderen Musliminnen und Muslimen: »andere Muslime nehmen mich nicht ernst«,[132] beschreibt sie und betont, dass ihr das nichts ausmache. In gewisser Weise trat das auch in dem bereits beschriebenen Disput über die grundsätzliche Eroberungstendenz des Islam zwischen ihr und Herrn G. zu Tage. Nachdem sie sich selbst als Beispiel für eine nicht kriegerisch gesinnte Muslimin angeführt hatte, erklärte er, dass sie als späte Konvertitin ja nicht von klein auf hineingewachsen sei und attestierte ihr damit eine Art Außenseiterstatus. Als ich selbst im Rahmen meiner Rolle als teilnehmender Beobachter einwarf, dass ich aber von Geburt an eine muslimische Zugehörigkeit habe, und anschließend seine Theorie des kriegerischen Islams zu relativieren versuchte, identifizierte er mich als nur »ein Halber«, was in meiner Wahrnehmung eine Anspielung auf meine deutsche Mutter und meinen türkischen Vater war und für ihn eine tiefergehende Intoxikation mit kriegerischer Gesinnung wohl abmilderte.[133]

Die Szene verdeutlichte, neben der Breite an zugelassenen Positionen im Kreis, das weitgehende Fehlen von Vertretungsverständnis und das Außenseitertum, das viele Beteiligte mit Blick auf ihre jeweiligen religiösen Traditionen einnehmen. Und auch wenn Herr G. in seiner Rolle als einer der Wenigen mit eigener Migrationsgeschichte als wichtiger Ansprechpartner zu Fragen des Hinduismus im Kreis betrachtet wird, beschrieb er sich selbst als »kein in dem Sinne traditioneller Hindu

---

131 Teilnehmendeninterview_Teeküche_1, 177.
132 Feldnotiz_Teeküche_5, 450.
133 Vgl. ebd., 449f.

oder Brahmane oder sowas«.[134] Vielmehr habe er seine religionskritische Haltung bewahrt, die er sich im Rahmen seines Studiums des Ingenieurwesens, seiner naturwissenschaftlichen Interessen und unter dem Eindruck der sozialen und medialen Umwälzungen Ende der 1960er und Anfang der 1970er Jahre angeeignet habe, und stehe damit in einer gewissen Distanz zu seiner Hindutradition.[135] Andere Mitglieder des Kreises bewegten sich in ihren Biografien durch verschiedene esoterische Vorstellungswelten oder stehen aufgrund divergierender Ansichten innerhalb konflikthafter Beziehungen mit der religiösen Einstellung der eigenen Tradition, des Elternhauses bzw. der weiteren Familie.

Im Rahmen einer Gruppendiskussion, die ich 2013 zusammen mit einer Kollegin in diesem Gesprächskreis durchgeführt habe, gaben wir eine Liste herum, in die die Teilnehmenden einige Informationen eintragen sollten, darunter auch Hinweise auf die Zugehörigkeit zu einer Religion und einer religiösen Gemeinde bzw. einem Zentrum. Als Antworten wurden u.a. notiert: »christlich buddhistisch schamanisch geprägt«, »konfessionslos aber gottgläubig« oder »religiöse Gemeinde gesucht«. Nur drei der zehn Anwesenden notierten eine konkrete Gemeinde, der sie sich zugehörig fühlen, einer davon gab an, mit jüdischem Selbstverständnis einer muslimischen Gemeinde anzugehören.[136] Viele der Beteiligten teilen also Eigenschaften religiöser Wanderer.[137] Und auch wenn einige wenige durchaus eine engere Bindung zu einer religiösen Institution haben, so ist das Suchen ein wichtiges einigendes Element des Gesprächskreises, wie Herr Winkler, gefragt nach dem Gemeinsamen der Teilnehmenden, beschrieb: »das Suchen und das Fragen. Das Verstehen wollen, das Interesse an dem anderen Thema, an der anderen Denkweise und an dem anderen Menschen, der auch auf der Suche ist.«[138] Der Gesprächskreis bildet für viele also eine Plattform, um den eigenen Fragen mit anderen nachzugehen, wie auch ein weiteres Mitglied aus der eigenen christlichen Warte heraus beschrieb:

»Was ist das, was uns verbindet? [...] Die Sehnsucht nach Gott. Also ich komme eigentlich hierher, weil hier andere Menschen sind, [...] die sich auch Gedanken

---

134 Teilnehmendeninterview_Teeküche_2, 198.
135 Vgl. ebd.
136 Vgl. Feldnotiz_Gruppendiskussion Teeküche, 382f.
137 Ich beziehe mich hier auf eine Darstellung von Martin Engelbrecht, der religiöse Wanderer als Personen beschreibt, die u.a. der Überzeugung sind, dass sie auch jenseits enger Traditionsgrenzen nach der Wahrheit suchen dürfen und dies selbstermächtigend in Anspruch nehmen. Darüber hinaus beschreibt er eine Experimentierfreude im Umgang mit religiöser Erfahrung, die nicht mit ziellosem Umherirren zu verwechseln sei, sondern Ausdruck eines tiefen Vertrauens in die eigene Urteilsfähigkeit sei, vgl. Engelbrecht 2009, 35ff.
138 Interview_Winkler, 54.

machen auf der Suche nach der Wahrheit, also zieht mich meine Sehnsucht nach Gott auch hier in diesen Kreis, um hier gemeinsam die Wahrheit zu suchen.«[139]

Dass die Gruppe in der Teeküche damit eine Art Ersatz oder zumindest eine Ergänzung für eine religiöse Gruppenzugehörigkeit darstellt, deutet sich bereits in einer Beurteilung Klinkhammers et al. an:

> »Nicht wenige, die einer Religionsgemeinschaft den Rücken gekehrt haben, scheinen ihr Bedürfnis, sich mit religiös besetzten Themen auseinanderzusetzen, im Interreligiösen Arbeitskreis stillen zu können.«[140]

Als eingeschworene Gemeinschaft aus Suchenden, die in der Mehrheit keine institutionell legitimierte Vertretungsfunktion für eine bestimmte religiöse Tradition übernehmen, bilden die Gesprächskreismitglieder eine Gruppe für sich. Die Teeküche bildet aufgrund ihres genannten peripheren und nicht repräsentativen Charakters einen geeigneten Rahmen, denn es gibt im Grunde keinen anderen Bezugsort, der sich aus der Gruppe heraus als möglicher anderer Treffpunkt ergeben würde.

Die Auseinandersetzung mit religiösen Themen aus unterschiedlichen Haltungen heraus und mit individuellen Interessen setze, so ein Teilnehmer mit jüdischem Hintergrund im Interview, eine progressive Haltung voraus, die er ebenfalls als Gemeinsamkeit der Gesprächskreismitglieder herausstellte: »[A]lle sind in irgendeiner Weise progressiv eingestellt, also für Dialog. Für religiösen Pluralismus.«[141] Sehr aufschlussreich für diese progressive Haltung war eine Szene während der bereits angesprochenen Gruppendiskussion. In der von drei Fragenkomplexen gelenkten Diskussion wurde innerhalb der Gruppe selbst die Frage aufgeworfen, ob es Personen oder Personengruppen gebe, die im Kreis nicht als Gesprächspartnerinnen oder Gesprächspartner akzeptiert werden könnten. Den Auftakt bildete der Beitrag eines Teilnehmers mit christlicher Zugehörigkeit:

> »[I]ch wollte noch mal [...] alle ansprechen, wie wir, wie wir damit umgehen, wenn sich Bewegungen als Religionen darbieten, die wir nicht akzeptieren können [...], wenn hier ein Jihadist sitzen würde, der die Bombe dabei hat, würden wir den als Partner im religiösen Dialog akzeptieren? Oder wenn hier ein christlicher Evangelikaler sitzen würde, der uns erzählt, dass Reichtum ein Zeichen der Gnade Gottes wäre und Schwarze sind schwarz, weil es 'ne Strafe Gottes ist, würden wir den am Tisch [...] akzeptieren?«[142]

Die kritische Anfrage, die auf die Grenzen der Gesprächsbereitschaft des Kreises zielte, wurde munter von den anderen zum Anlass genommen, allgemeine Regeln

---

139 Gruppendiskussion_Teeküche, 244.
140 Klinkhammer et al. 2011, 351.
141 Teilnehmendeninterview_Teeküche_1, 181.
142 Gruppendiskussion_Teeküche, 261.

zur Beteiligung zu formulieren. Ein früher Ausruf war, dass diese kritischen Haltungen gerade deshalb, weil sie so konträr zur Grundhaltung der meisten Mitglieder stünden, zugelassen werden sollten. Dies wurde damit begründet, dass es eben jene Haltungen sind, die einem »draußen auf Schritt und Tritt«[143] begegneten und dass ein Dialog mit ihnen »nicht [...] immer wirkungslos«[144] sei, es also eine gewisse Hoffnung auf Änderung gäbe. Schnell wurden von anderen jedoch Einschränkungen formuliert. So müsse eine gewisse Dialogbereitschaft gegeben sein, die auch eine selbstkritische Betrachtung ermögliche. Eine Teilnehmerin u.a. mit buddhistischer Zugehörigkeit erklärte beispielsweise:

> »Also ich erlebe, habe das auch häufig in dem Kreis hier so erlebt, auch dass, wenn jemand wirklich mit so 'nem Impetus, den man auch richtig dann anfassen kann, ankommt und überzeugen will, da kommt er eigentlich bei vielen hier in dem Kreis gar nicht gut an, dann gibt es wirklich richtig so Hakeleien, die die dann wirklich auch noch ausgetragen werden wollen.«[145]

Ohne eine gewisse Fähigkeit zur Selbstkritik, die auch bei anderen Gelegenheiten betont wurde, könne es keinen echten Dialog im Sinne einer inhaltlichen und ergebnisoffenen Auseinandersetzung geben. Außerdem wurde, wohl scherzhaft gemeint, gefordert, dass etwa ein Jihadist – gemeint ist eine Person mit islamisch motivierter Bereitschaft zu Gewalt – sich vor einem Gespräch durchsuchen lassen müsse. Dies wurde mit allseitigem Lachen kommentiert. Das Lachen wiederum wurde von einer ernsthaften Forderung gedämpft, dass sich dann der Fairness halber aber alle, einschließlich der Mitglieder des Gesprächskreises, durchsuchen lassen müssten. Auch dies stand im Kontext der kritischen Selbstbetrachtung, die entsprechend der verbreiteten Haltung im Gesprächskreis mit einer progressiven Haltung für die wechselseitige Begegnung einhergeht.[146]

Treibendes Suchen

Im Juli 2019 erreichte ich die Christuskirche frühzeitig und traf nur Frau von Langsdorff an, die gerade telefonieren gehen wollte. Wir unterhielten uns kurz. Sie erzählte mir eine Neuigkeit in Bezug auf eine Sache, über die wir beim letzten Mal gesprochen hatten, dann entschuldigte sie sich, um zu telefonieren. Ich suchte mir ein Plätzchen am großen Küchentisch, legte meine Tasche und meine Jacke ab und schlenderte noch einmal zum Fenster, um hinaus zu sehen. Dann kam auch schon das nächste Mitglied an. Wir begrüßten uns und ich wurde scherzhaft gefragt, ob ich noch nicht genug vom Gesprächskreis habe.

---

143 Ebd., 262.
144 Ebd.
145 Ebd., 243.
146 Vgl. ebd., 262.

Jedes Treffen des interreligiösen Gesprächskreises beginnt mit diesem Eintrudeln der Teilnehmenden, freundschaftlichen Begrüßungen und Plaudereien. Aufgrund des herzlichen persönlichen Kontakts stellt der Gesprächskreis für die Teilnehmenden auch eine Art soziale Heimat dar, die Klinkhammer et al. als »freundschaftliches Lebensnetzwerk von Menschen in ihrer zweiten Lebenshälfte«[147] beschreiben. Frau von Langsdorff rahmte dieses Lebensnetzwerk als Familie:

> »[Wir] fühlen [...] uns zwar als Familie, wenn es irgendwo hingeht, also alle kommen immer zu meinen Ausstellungen, soweit sie Zeit haben. [...] Aber sie fühlen sich nur so als Familie, so wo man auch gerne mal wieder Abstand nimmt, ja. Also insofern, dass wir sagen: ›Wir treten geschlossen auf‹, Nein! Das is nicht. [...] Es sei denn, es ist ein Thema, was wirklich alle, alle angeht. [...] Das wäre, wenn morgen hier 'ne Naturkatastrophe wäre, da würden wir wahrscheinlich alle helfen.«[148]

Als Familie vereint die Mitglieder des Kreises nicht nur die gemeinsame Auseinandersetzung mit religionsbezogenen Themen, sondern vor allem auch die gewachsene Vertrautheit untereinander. Diese äußere sich beispielsweise darin, dass die Mitglieder einander gut kennen, sich nach dem Gesundheitszustand oder neuen Entwicklungen erkundigten, gegenseitig aufeinander hörten, aber auch mal wütend aufeinander seien. Und auch das Auseinandertreiben, die Beschäftigung mit den eigenen Dingen jenseits des Familienkreises, wird im Zitat als typische Eigenschaft familiärer Verbindung gesehen.

Die Plaudereien finden rund um die Treffen statt und werden von Vor- bzw. Nachbereitungen begleitet. Die Vorbereitungen waren lange Zeit geprägt davon, dass die Gruppe neben dem Kochen von Tee und Kaffee mitgebrachte Speisen, wie Kekse, Schokolade, Datteln und Feinkost verschiedenster Art, auspackte und auf dem Küchentisch anrichtete. Klinkhammer et al. sprechen in ihrer Beschreibung auch vom Herrichten »einer kleinen ›interreligiösen Mahlzeit‹«,[149] die der Stärkung für die in der Regel auf zwei Stunden angesetzten, aber teils auf bis zu vier Stunden ausgedehnten Treffen dient. Hierfür bietet der Kontext der Küche natürlich einen besonders praktischen Rahmen. Bei meinen letzten Besuchen im Gesprächskreis war die Verpflegung jedoch auf Wasser beschränkt. Dies trüge, wie ich im Gespräch mit Frau von Langsdorff erfuhr, einer aus dem Kreis stammenden Kritik Rechnung, die sich auf das als überbordend wahrgenommene Buffet bezog. Um der potenziellen »Völlerei«[150] keinen Raum zu geben, wurde in der Gruppe entschieden, bis auf weiteres auf Speisen völlig zu verzichten. So reduzieren sich die Vorbereitungen seitdem auf das Bereitstellen von Wasserkaraffen und Gläsern.

---

147 Klinkhammer et al. 2011, 352.
148 Interview_von Langsdorff, 26.
149 Klinkhammer et al. 2011, 352.
150 Feldnotiz_Teeküche_5, 448.

Die begrüßenden Unterhaltungen gingen, wie ich mehrfach beobachtet habe, oftmals schon in erste inhaltliche Gespräche über, sodass ein ritueller Auftakt des Treffens leicht verschoben einsetzte. Auch dies ist ein Zeichen für den tendenziell sparsam vorgeplanten Verlauf, der von einer zurückhaltenden Moderation geprägt ist. Gleichwohl versteht sich Frau von Langsdorff durchaus in einer steuernden Funktion, wie sie selbst beschrieb:

»Meistens komme ich rein und knalle das [ein Thema, M. K.] sofort auf den Tisch, damit sie gar nicht erst in andere Gespräche untereinander verwickelt werden. Damit gleich an einem Strang gezogen wird und dann plätschert das so dahin bis es dann in die religiöse Ebene kommt oder in die philosophische Ebene. Das hab‹ ich natürlich in der Hand, dass es jetzt nicht abgleitet, ja.«[151]

In ihrem Bemühen die Diskussion nicht abschweifen zu lassen und gleichzeitig Raum für die individuellen Perspektiven zu geben, entscheidet sich die Moderatorin häufig für den Vorrang des freien Diskussionsraums. Die Teilnehmenden können sich weitgehend mit ihren eigenen Hintergründen und Interessen ins Gespräch einbringen. Anders als es das im vorherigen Abschnitt genannte »Zwergen«-Bild suggerieren mag, agieren die Beteiligten dabei oftmals nicht als Laien in den jeweiligen Themen. Ein Mitglied erklärte beispielsweise, dass neben anderen Elementen eben »ein gewisser Bildungsstand«[152] nötig sei, damit interreligiöser Dialog »erfolgreich stattfinden kann.«[153] Tatsächlich besteht im Kreis ein gewisses intellektuelles Selbstverständnis, das sich auch daraus speist, dass viele der Beteiligten eine akademische und kulturelle Bildung mitbringen und lehrend, schriftstellerisch oder musikalisch aktiv waren und zum Teil noch sind.

Die auslotende, aber fast beiläufig zurückhaltende Moderation, der Raum für individuelle Interessen und die speziellen Kenntnisse, die einige Beteiligte mitbringen – in Themen der Philosophie, der Geschichte, den Naturwissenschaften, der Mystik etc. – führen zu dem Gesprächsverlauf, den Frau von Langsdorff im Zitat andeutet. Das Geschehen trägt kein festes Korsett. Dahinplätschernde und rauschende Phasen wechseln sich dabei unregelmäßig ab. Die Beteiligten treiben von einem Feld ins andere, suchen Bezüge und öffnen hier und da thematische Fässer. Dieses Treiben wurde jüngst in der Gruppe kritisch zur Diskussion gestellt. Einige Teilnehmende wünschten sich einen systematischeren Verlauf, d.h. eine klarere Struktur, um im Gespräch nicht regelmäßig in Spezialthemen Einzelner, beispielsweise »ins Mittelalter« abzudriften.[154] Dies sei nicht das erste Mal, dass seitens der Teilnehmenden mehr Struktur eingefordert wird, wie mir Frau von Langsdorff im Rahmen

---

151 Interview_von Langsdorff, 26.
152 Teilnehmendeninterview_Teeküche_1, 190.
153 Ebd.
154 Vgl. Feldnotiz_Teeküche_4, 448.

der Feldspiegelung erläuterte. Allerdings seien alle bisherigen Versuche dazu immer verworfen worden, weil allen Beteiligten das Abarbeiten von Tagesordnungspunkten zu langweilig geworden sei.[155]

Das Geschehen im Gesprächskreis vollzieht sich in der Regel im Modus einer suchenden Neugier, wie Frau von Langsdorff beschrieb:

> »[I]ch würde sagen [...] es ist eine naturgegebene Begabung zu einer gewissen kindlichen Offenheit für das, was es gibt. Ein Staunen, dass es das gibt und aber eben auch eine, ich wiederhole mich, es ist eine/eine Sucht ist vielleicht ›n bisschen zu/aber es ist eine unglaubliche Liebe, über die gar nichts anderes geht.«[156]

Während die beschriebene Sucht, d.h. das leidenschaftliche Streben nach einer inhaltlichen Auseinandersetzung mit den Religionen, die Mitglieder des Kreises im Kern bewege, so gibt es Figuren, die dieses Streben zur Perfektion gebracht zu haben scheinen und häufig ein Bezugspunkt waren, wenn es um die »richtige« Haltung bzw. die »richtige« Einstellung und auch die nötige Überzeugungskraft für die Offenheit im interreligiösen Dialog ging.

Eine häufig genannte Figur ist der 2013 verstorbene Imam Seyed Mehdi Razvi. Ich habe ihn in meiner Forschung, die in Hamburg etwa im gleichen Jahr begann, nicht in interreligiösen Aktivitäten erlebt, aber er ist mir in verschiedenen interreligiösen Kontexten in Hamburg immer wieder als Bezugsgröße begegnet. Razvi (geboren 1930) stammte ursprünglich aus dem Nordosten Indiens und zog nach einer Enteignung durch die indische Regierung mit seiner Familie in das neu gegründete Pakistan. In den 1950er Jahren migrierte er zusammen mit seiner aus Ostpreußen stammenden Frau, die er auf einer Zugfahrt kennengelernt hatte, nach Deutschland. Mit seinen in Pakistan und Deutschland erworbenen akademischen Kenntnissen in den Bereichen islamischer und christlicher Theologie, der Rechtswissenschaft und der Islamwissenschaft bekam er Mitte der 1970er Jahre die Gelegenheit, am schiitisch orientierten Islamischen Zentrum Hamburg eine deutschsprachige Gemeinde zu gründen.[157] Er gilt angesichts der vielfachen Bezugnahmen auch noch Jahre nach seinem Tod als einer der Heroen des interreligiösen Dialogs in Hamburg. Dass besonders seine charismatischen Eigenschaften in Erinnerung bleiben, zeigt folgende Aussage Herrn Winklers, dem Prädikanten der Christuskirchengemeinde:

> »[I]ch hab erlebt, wie Menschen aufgrund ihres/ihrer Erscheinung und dem, was sie verkörpern, wertemäßig, Haltung und gelebtes Leben, verehrt werden. Das, was ich ihm gegenüber erlebt habe [...] ist so ziemlich das/das größte [...], die Menschen verehren diesen Mann. Sie vergöttern ihn nicht, sie verehren ihn.

---

155 Vgl. Feldspiegelung_Teeküche_1, 313.
156 Interview_von Langsdorff, 38f.
157 Vgl. Behr 2013.

Und das, was er sagt und seine Haltung und seine Lebenserfahrung und die/die Bereitschaft und die Fähigkeit dieses weiter zu geben, ich sag mal zum Wohle der Menschen miteinander. Für den war der interreligiöse Dialog immer sehr wichtig«.[158]

Als Bezugsfigur ist Imam Razvi in zweierlei Hinsicht für den interreligiösen Gesprächskreis relevant. Er verkörpert einerseits die große Offenheit und dialogbereite Haltung, die sich die Mitglieder des Gesprächskreises zu einem gewissen Grad auch selbst abverlangen. Andererseits steht Imam Razvi auch für eine aus dieser Haltung und langjährigen Erfahrung hervorgehende Tiefe des Wissens über die Geschichte und Zusammenhänge religiöser Traditionen, nach der – so kann man es wohl formulieren – auch die Mitglieder streben.

Dieses Streben, das Frau von Langsdorff im Interview auch mit dem Begriff der Sucht verband, entwickelt dabei eine gewisse Abhängigkeit:

»Wenn morgen einer der Pastoren [...] sagt: ›Wir brauchen den Raum‹ oder ›das kostet zu viel‹, was weiß ich, egal, was, dann sind wir eben weg, ja. [...] also das glaub‹ ich nicht, das glaub‹ ich überhaupt nicht. Aber wenn es so wäre [...] dann würden wir woanders uns versammeln. Ja. Das steht fest. Also wir können nicht mehr ohne dem.«[159]

Die Teeküche wird hier als momentaner Raum deklariert, der für den Gesprächskreis zwar mit einer gewissen Tradition, aber dennoch eine temporäre Bleibe darstellt. So, wie die Gruppe sich in ihrem Handeln durch die Themen treiben lässt, so lässt sich auch die Verortung ihrer Aktivität im Sinne einer Art Nomadentum betrachten.

... was auf den Tisch kommt

Der große Tisch in der Teeküche des Pfarrhauses an der Christuskirche wird, wie bereits beschrieben, seit einiger Zeit seltener mit Leckereien eingedeckt. Dafür wird an ihm noch stets eine breite Palette von Inhalten verhandelt. Die Themen finden dabei verschiedentlich ihren Weg zu Tisch, wie Frau von Langsdorff beschrieb:

»Es kann [...] sein, dass jemand rein kommt und sagt: ›Ich war jetzt gerade in den USA‹, das ist heut der Fall. Und dann sag‹ ich: ›Kannst du uns nicht mal ›n bisschen erzählen?‹ Oder es kommt einer rein und sagt: ›Also heute müssen wir <u>das</u> besprechen!‹ Ja? [...] es ist völlig unkompliziert.«[160]

---

158 Interview_Winkler, 57.
159 Interview_von Langsdorff, 27.
160 Ebd.

Erlebnisse und persönliche Eindrücke werden wie vor der Tür aufgelesene Schnipsel in die Gruppe getragen und zur Diskussion gestellt. Bei einer Gelegenheit brachte eine Dame aus dem Kreis beispielsweise ein Thema aus einer Radiosendung ein, das sie »regelrecht elektrisiert«[161] habe. Bei der Morgentoilette hatte sie die Besprechung eines Buches verfolgt, das die These vertrete, Jesus sei nicht am Kreuz gestorben, sondern habe überlebt. Sichtlich bewegt von diesem Gedanken wünschte sie sich einen Austausch darüber mit den anderen Mitgliedern des Gesprächskreises.[162]

Werden solche Schnipsel nicht spontan eingebracht, platziert Frau von Langsdorff ein vorbereitetes Thema zu Beginn eines Treffens oder zumindest nach den vorhergehenden Unterhaltungen. Hierzu beschreibt sie auf der Webseite des Interreligiösen Frauennetzwerks:

> »Tagesthemen [...] haben zunächst Vorrang und werden aus möglichst vielen Blickwinkeln betrachtet. Da bei uns die unterschiedlichsten Berufe, Konfessionen, Erfahrungen aufeinandertreffen, <u>üben</u> wir einen Dialog der Religionen, der Philosophien, der Mystiken, der atheistischen Einstellungen und auch der Wissenschaften.«[163]

Themen des aktuellen Tagesgeschehens, die während meiner Feldforschung ins Gespräch gebracht wurden, waren beispielsweise die Konsolidierungsgespräche in Berlin kurz nach der Bundestagswahl im September 2013, der Eklat um den ehemaligen Bischof von Limburg und der übertönte Bau seines Bischofssitzes sowie Entwicklungen rund um die so genannte ›Flüchtlingskrise‹ ab 2015. Die Vielfalt der Perspektiven auf die Themen ergibt sich auch aus den unterschiedlichen Interessen der Gruppenmitglieder, die hierbei wie beschrieben nicht als Vertreterinnen und Vertreter bestimmter religiöser Traditionen aufeinandertreffen, sondern sich aus persönlicher Warte in die Gespräche einbringen. Die persönliche, auf Erfahrungsaustausch basierende Begegnung bewirke auch das wechselseitige Eintauchen in Lebenswelten, wie der Prädikant Winkler, gefragt nach besonders positiven Erinnerungen an die Treffen des Gesprächskreises, ausführte:

> »Also durch einen der sehr emotional agiert [...] [der] hat mir geöffnet, wie Schauspieler so drauf sind. ja? Ich hab mich mal gefragt, wie es sein kann, das ›n Schauspieler [...] auf Knopfdruck, bildhaft, heftig weint [...] Das ist mir völlig unklar gewesen. Das hat er mir vermittelt. Und das find ich durchaus ›n starkes Detail für mich, weil ich dadurch den Zugang zu 'ner anderen Lebenswelt, 'ner anderen Branche oder wie man das auch immer bezeichnen will, bekommen habe. [...] Also

---

161 Feldnotiz_Teeküche_5, 449.
162 Vgl. ebd.
163 Von Langsdorff o.J.

durchaus ›n positiver Moment, auch wenn das so mit Religion nichts zu tun hat, aber es war was mit <u>Lebenswelten</u> und Religion hat immer was mit Lebenswelten zu tun.«[164]

Der Gesprächskreis biete vor diesem Hintergrund und im Kontext der intimen Küchenatmosphäre die Gelegenheit hier auch nachzuhaken, sich in die Erläuterungen der anderen einzufühlen und sich im direkten Gespräch damit auseinanderzusetzen.

In den Gesprächen, die ich beobachtete, stießen die Beteiligten immer wieder auf bestimmte Aspekte. Dazu gehörten Versuche, Konzepte aus einer Tradition in eine andere zu übersetzen. Bei einer Gelegenheit stellte ein Mitglied mit losem christlichem Hintergrund die Rolle von Gewalt und Zerstörung in den Religionen zur Diskussion. Dabei erläuterte er, dass dies zwar beispielsweise in der Kreuzigungsszene Jesu eine Rolle spiele, die Szene selbst für ihn aber erst durch das Eintauchen in hinduistische Konzepte der konstruktiven Kraft von Zerstörung verständlich geworden sei.[165]

Ein weiterer häufig aufkommender inhaltlicher Aspekt betraf religiöse Unterschiede zwischen den Traditionen. Hier, wie auch bei anderen Themengebieten gingen die am Gesprächskreis beteiligten Mitglieder je nach Fragestellung unterschiedliche Bündnisse ein. Dabei bildeten sich im Gespräch mal polytheistisch-monotheistische, mal religiös-nichtreligiöse oder wie bereits angesprochen auch pro- bzw. antiislamische Trennlinien ab. In diesen Zusammenhängen wurden häufig auch Aspekte des religiösen Fundamentalismus und (politische) Vereinnahmungen von Religion besprochen.

Zudem zeichnete sich während meiner Besuche immer wieder eine ganz entscheidende Grenzziehung ab, die auf zwei unterschiedlichen erkenntnistheoretischen Zugängen zu den gewählten Themen beruht. So wählten einige der Teilnehmenden vorzugsweise einen religiös-emotionalen Zugang, argumentierten erfahrungsbasiert und mit mystischen Bezugnahmen, indem sie beispielsweise über Metaphern Bezüge herstellten. Dies wurde von anderen herausgefordert, die darin die Gefahr einer Verklärung der Diskussion und Realitätsferne sahen und demgegenüber auf logische Beweisführungen und (natur-)wissenschaftliche Erkenntnissen bestanden.[166]

Eine seit seiner Gründung wichtige Bezugsquelle für Themen ist für den Gesprächskreis nach wie vor die Universität. Tatsächlich lässt sich eine eigentümliche Verbindung zwischen einigen universitären Akteurinnen und Akteuren mit höchsten politischen und zum Teil auch juristischen Ebenen der Hamburger Stadtgesell-

---

164 Interview_Winker, 56.
165 Vgl. Gruppendiskussion_Teeküche, 250.
166 Vgl. ebd., 244.

schaft in der Vergangenheit und auch zur Zeit meiner Erhebungen nachzeichnen. Hieraus ergab sich eine einflussreiche Präsenz für die Förderung des im weitesten Sinne interreligiösen Dialogs. Zu den angestoßenen Projekten gehörten der dialogische Religionsunterricht an den Schulen sowie die Verträge der Stadt mit den muslimischen Verbänden und dem alevitischen Verband. Für den interreligiösen Gesprächskreis war zunächst der Fachbereich für evangelische Theologie der Hauptanker, später verlagerte sich dies auf die nach der Jahrtausendwende eröffnete Akademie der Weltreligionen. Bei meinem ersten Besuch im interreligiösen Gesprächskreis war ich wissenschaftlicher Mitarbeiter in einem Drittmittelprojekt an der Akademie. Vermutlich auch deshalb wurde das Treffen inhaltlich durch ein kurz vorhergehendes Ereignis dominiert. Jüngst waren nämlich alle Gasthörenden, einschließlich der Mitglieder des interreligiösen Gesprächskreises, von einer Lehrveranstaltung der Akademie ausgeschlossen worden. Der Grund lag im wiederholt kritischen Auftreten eines Gaststudenten, der mit seiner Agitation scheinbar den Lehrbetrieb beeinträchtigt hatte. Die Haltungen der Mitglieder des Gesprächskreises bewegten sich zwischen Zustimmung, solche »Spektakel«[167] zu unterbinden, bis zur Ablehnung der Zensur und damit Schaffung eines »friedlichen Vakuum[s]«[168] für Studierende an der Universität. Allen gemeinsam war jedoch ein tiefes Bedauern über den Ausschluss, waren sie doch gewissermaßen einem wichtigen Anschub für die eigenen Diskussionen beraubt.[169]

Während die Besuche an der Universität der Inspiration dienen, um mit neuem Input in die Teeküche zurückzukehren und ihn dort zu besprechen, bilden die in den Kreis eingeladenen Referierenden eine weitere wichtige Themenquelle.

> »Die kommen dann hierher und hier dürfen wir eben [...] ›undogmatisch‹ sein, d.h. wir hauen auf ›n Tisch und sagen: ›Nein! Das glaube ich nicht‹, oder ›Das kann nicht sein‹ oder ›Oh! Das hör ich gerne‹, also wie auch immer. Auf jeden Fall ist es eine Ergänzung zu dem was in der Uni geschieht, in dem eben viele Leute die Zeit bekommen, wirklich Stellung zu nehmen. Und das wird dann weitergeführt, wenn der Referent nicht mehr da ist«[170]

Die Referierenden werden also in den intimen Kreis eingeladen und können dort, so Frau von Langsdorff im Zitat, im Vergleich zum Universitätskontext ungezwungener über die Themen sprechen. Bei den Referierenden handelt es sich in erster Linie um Personen aus verschiedenen Bereichen der Universität, die sich mit Religion auseinandersetzen, sowie um Vertreterinnen und Vertreter verschiedener Religionsgemeinschaften in Hamburg und auch darüber hinaus. Dabei wird ein breiter

---

167 Feldnotiz_Teeküche_1, 360.
168 Ebd.
169 Vgl. ebd.
170 Interview_von Langsdorff, 20.

Blick angelegt und der (inner-)religiösen Vielfalt Rechnung getragen, indem in der Vergangenheit beispielsweise auch Personen der russisch-orthodoxen oder koptischen Kirche, des Bahaitums oder des Alevitentums eingeladen worden sind. Mehrfach im Jahr sucht sich der Gesprächskreis über diesen Weg neuen Input.

Kiesel für Kiesel

Die Mitglieder des Gesprächskreises hatten sich aus zweierlei Gründen jenseits des universitären Raums als interreligiöser Gesprächskreis formiert. Ein Grund klang bereits an: Es sollte ein Transfer stattfinden, bei dem die wahrgenommene geistige Offenheit, die durch interreligiöse Vernetzung an der Universität entstanden war, in den scheinbar als weniger offen wahrgenommenen religiösen Gemeinden in Hamburg Einzug halten sollte. In dieser Hinsicht unterlag der Arbeit des Gesprächskreises die Idee einer Multiplikationsrolle, insofern eine bestimmte Haltung der Offenheit eingeübt und in die Gemeinden und damit auch in die breitere Gesellschaft getragen werden sollte. Wenn man so will, war das der Versuch, dem Elfenbeinturm zu entkommen. Der zweite Grund klang ebenfalls verschiedentlich an, soll hier aber nochmal zugespitzt werden: In Abgrenzung zu offizielleren Formaten interreligiöser Aktivitäten, z. B. medienwirksamen Spitzentreffen religiöser Vertreter, engagieren sich die Mitglieder des Gesprächskreises für eine Auseinandersetzung, die ihrer Ansicht nach ohne fehlplatzierte Zurückhaltung, d. h. ehrlich und mit offen kritischer Haltung geführt wird. In dieser Hinsicht sind Aussagen über den vermeintlichen Schonraum Universität zu verstehen, der fataler Weise für Studierende geschaffen werde. Dies liege aber in der Natur der Sache, wie ein Mitglied des Kreises beschrieb:

> »[J]edes Institut [...] hat diesen Nachteil, dass sie müssen sich gesellschaftlich in der Mitte halten, also sehr diplomatisch sein. Gegenüber den Politikern, gegenüber den verschiedenen gesellschaftlichen Kräften, gegenüber den Geldgebern. Und dies erzwingt eine Neutralität, also eine systemische Neutralität. Und dadurch wird der Dialog eigentlich wertlos. Der bringt nichts. Weil man nicht ehrlich sein kann.«[171]

Statt Watte wünschen sich die Gesprächskreismitglieder demnach auch hier mehr Kritikfreude. Vor allem deshalb bringen sie sich in Universitätsveranstaltungen nach wie vor gerne ein, um Studierenden, die dort zu wenig Zeit haben, um in die Tiefe zu gehen, den Weg in den Gesprächskreis zu ebnen. Die Teeküche wird damit zu einer Art Raum der zwanglosen Vertiefung universitärer Inhalte.

Der Weg zu ihm wird jedoch zu selten begangen und so stehen die Beteiligten vor zwei großen Fragen, die in meinem Beisein hin und wieder aufkamen und

---

171 Teilnehmendeninterview_Teeküche_2, 202.

das eingangs angesprochene Spannungsverhältnis zur Multiplikationsrolle begründen. Zum einen gibt es ein massives Nachwuchsproblem. Der Gesprächskreis altert und es fehlen jüngere Menschen, die den Kreis mit neuen Perspektiven bereichern und selbst als Multiplikatoren fungieren könnten. Interessanterweise wurde die Anwesenheit von überwiegend älteren Personen von einem Mitglied auch positiv beschrieben, insofern sich bei den Beteiligten eine gewisse gesellschaftliche Unabhängigkeit eingestellt habe, die eine nötige Distanz zu den verhandelten Themen schaffe. Demgegenüber seien deutlich jüngere Menschen noch sehr im Netz familiärer und anderweitig gesellschaftlicher Zwänge verhaftet. Gleichzeitig, gab das Mitglied zu, habe er aber auch keine Ahnung, ob und auf welche Weise ein Dialog unter jüngeren Menschen stattfinde.[172]

Zum anderen steht der Mangel an Nachwuchs im Schatten einer größeren Fragestellung, die sich auf die Ziele und die Leistungsfähigkeit des Gesprächskreises richtet. Bei einem meiner Besuche im Mai 2019 gelangten die Beteiligten im Gespräch zu dieser Frage und es wurde zunächst mehrheitlich festgestellt, dass der Effekt, den der Gesprächskreis mit seiner Arbeit erziele, doch recht überschaubar sei, weil nicht sehr viele Menschen erreicht würden. Ein jüdisches Mitglied der Gruppe formulierte als eigentliches Ziel eine »vorurteilsfreie Gesellschaft ohne Vernichtungskrieg«, was allseits befürwortet wurde. Herr G. kritisierte, dass dies aber nicht »nur ein Prozent« der Menschen einbeziehen dürfe, »es müssen viel mehr Leute werden«, die sich hierfür engagieren. Eine muslimische Teilnehmerin gab jedoch zu bedenken: »Wir sind völlig überfordert, das Große zu lenken. Das Große ist Gottes Sache«. Das jüdische Mitglied griff dies auf und betonte, dass jede und jeder aber seinen »winzigen Teil« dazu beitragen könne, indem im Kleinen und im Alltag eine Dialogkultur gepflegt werde.[173]

Ein anderes Mitglied, mit christlichem Hintergrund, ging bei einer anderen Gelegenheit ebenfalls auf das Wirken im Kleinen ein:

»Wir haben ja heutzutage [...] nicht mehr nur zwei Augen, wir haben ja Tausend Augen und mit diesen Tausend Augen schauen wir in die ganze Welt. Und wir, wir haben eine Flut voll Informationen, die wir gar nicht bearbeiten können, also es gibt mehr Informationen als wir an Verarbeitungsvermögen haben [...] und dann sehe ich Probleme, die sind so überdimensional, dass, dass ich jede Hoffnung, jeden Mut verliere das angehen zu können; ist es nicht eigentlich unsere Aufgabe [...], das was uns tagtäglich passiert, und zwar nicht in den Medien, sondern was tatsächlich im Leben passiert, daran unsere spirituelle Haltung zu schulen [...] wenn ich [...] wirklich nur das nehme, was tatsächlich meinen zwei Augen, meinen zwei Ohren präsentiert wird in den, in den 24 Stunden des Tages, dann

---

172 Ebd., 201.
173 Vgl. Feldnotiz_Teeküche_5, 449.

habe ich vielleicht 'ne kleine Chance, dass ich wenigstens den Platz vor meiner Haustür hinkriege.«[174]

In dem Zitat steckt ein Plädoyer für die Konzentration und die Auseinandersetzung mit der eigenen Lebenswelt. Hier positiv zu wirken und durch eine offene Dialoghaltung auch die kritische Auseinandersetzung mit den jeweils anderen zu wagen, ist dabei die angezeigte Herausforderung. Der Gesprächskreis wirkt hierfür wie eine Ausbildungsstätte. Immer wieder ermahnten sich die Mitglieder zur Selbstarbeit, entsprechend reflektierte eine Teilnehmerin mit muslimischem Hintergrund während der Gruppendiskussion:

> »[W]enn mich dieser Kreis fit macht und wenn ich [...] in der Lage [bin, M. K.] mit Mitgliedern verschiedener Religionen und Kulturen zu reden [...], dann ist das ein kleiner Tropfen, und steter Tropfen höhlt den Stein, [...] mehr können wir nicht tun, aber das sollten wir tun.«[175]

Etwas später nahm sie diesen Gedanken nochmal auf:

> »Und, und das ist denke ich auch letzendes für mich die Frage des Dialoges, des Dialoges im kleinen Kreis, den wir führen, [der, M. K.] hat für mich die in Anführungsstrichen therapeutische Aufgabe meine eigene Fähigkeit zur Vielfalt zu erweitern. In einem für mich geschützten Kreis.«[176]

In dieser Deutung trainieren die Mitglieder des Gesprächskreises ihre Fertigkeiten im Austausch mit den anderen, um sich für die Begegnungen außerhalb des »geschützten« Raums vorzubereiten und zu stärken. Die Küche ist somit nicht nur ein Raum zum Einfühlen in andere Lebenswelten und Lernen über verschiedene Inhalte, sondern auch zur Weiterentwicklung von Fähigkeiten.

Dass einzelne Mitglieder teils mit der Unterstützung anderer Mitglieder gezielt nach einem Transfer ihrer Arbeit aus der Teeküche in die breitere Gesellschaft hinein streben, zeigt eine Liste, die Frau von Langsdorff mir zukommen ließ und auf der sie die Aktivitäten des Kreises zusammengetragen hat. Darunter finden sich neben ihrem eigenen intensiven Engagement für Amnesty International (beispielsweise über Ausstellungen ihrer Bilder) Bemühungen darum, in Ostdeutschland für die Vielfalt der Religionen und die interreligiöse Begegnung zu sensibilisieren. Dies geschieht beispielsweise in Lübz, wo der Gesprächskreis mehrmals im Jahr entsprechende Vortragsveranstaltungen mit Personen verschiedener religiöser Traditionen in der Stadtkirche organisiert. Zu den Hamburger Aktivitäten des Kreises gehörten auch beratende Tätigkeiten und Mediationen, beispielsweise bei der Vermitt-

---

174 Gruppendiskussion_Teeküche, 254f.
175 Ebd., 251.
176 Ebd., 260.

lung zwischen muslimischen Eltern und ihrem jugendlichen Sohn, der sich in eine Klassenkameradin mit christlichem Hintergrund verliebt hatte.[177]

Planungen und Nachbesprechungen der Aktivitäten außerhalb der Teeküche sind zeitlich den eigentlichen Gesprächskreistreffen vorgelagert. So treffen sich die an Aktionen beteiligten Mitglieder hin und wieder eine Stunde vor dem Gesprächskreistreffen, damit »der aktuelle Gesprächsbedarf davon [d.h. von den Planungen, M. K.] frei bleiben kann.«[178] Erst im Anschluss an solche gelegentlichen Planungstreffen beginnt also der wöchentlich aufs Neue gesuchte inhaltliche Austausch, bei dem hart diskutiert wird und manchmal lauthals die Fetzen fliegen, bei dem sich die Mitglieder mit der eigenen Biografie, mit Wünschen, Ideen und Erfahrungen einbringen und sich in die Lebenswelt anderer hineinzudenken bemühen, bei dem auch gescherzt und gelacht wird. Die Teeküche ist in diesen Zeiten ein Ort voller Missstimmungen und Einvernehmlichkeiten. Bis schließlich die ersten Mitglieder, noch halb im Gespräch, ihre Jacken überwerfen und sich freundschaftlich verabschieden und die Gruppe so Stück für Stück kleiner wird. Die Übriggebliebenen machen sich schließlich daran, die benutzten Gläser zu spülen und den Raum – schließlich ist man Gast – ordentlich zu hinterlassen.

5.3 Vortragsreihe »Religionen und Dialog in der Stadt Hamburg« im Hamburger Rathaus

Eine politisch-wissenschaftliche Initiative

»Wir GRÜNE unterstützen seit Jahren den interreligiösen Dialog in Hamburg und fordern ein gleichberechtigtes Zusammenleben der Religionen in einer modernen Einwanderungsgesellschaft. Die Ausübung von Religionen darf nicht in die Garagen und Hinterhöfe verbannt werden. [...] Zu einer reifen demokratischen Stadtgesellschaft gehört es, ein gleichberechtigtes Ausüben von Religionen zu ermöglichen. Mehr noch, es ist unsere Pflicht, gemeinsam den Dialog der Religionen zu gestalten und dafür zu streiten.«[179]

Was sich hier wie ein Abschnitt in einem Parteiprogramm liest, ist Inhalt eines Flyers, den die Hamburger Bürgerschaftsfraktion der politischen Partei Bündnis 90/ DIE GRÜNEN herausgegeben hat. Darin wird das Engagement in Sachen Religionsdialog u.a. neben der Förderung ortsansässiger »Kreativwirtschaft« als zentrales Betätigungsfeld grüner Politik in Hamburg hervorgehoben. Es ist ein offenkundiges

---

177 Vgl. Feldnotiz_Teeküche_1, 366.
178 Von Langsdorff o.J.
179 Aus einem Flyer der Bürgerschaftsfraktion von »Bündnis 90. Die Grünen« mit dem Titel »Kunst, Kultur & Religionen« (ca. 2013), Feldnotiz_Rathaus_2, 422.

Anliegen, das Thema auch auf höchster politischer Ebene in Hamburg zu bearbeiten oder zumindest deutlich zu machen, dass es an dieser Stelle ein Bewusstsein für die Thematik und eine entsprechende Handlungsbereitschaft gibt.

Die Wendung »Garagen und Hinterhöfe« kann hier als Aufgreifen des Diskurses um die Entwicklung religiöser Migrantengemeinden gesehen werden. Besonders mit Blick auf muslimische Gemeinden gilt der Begriff der »Hinterhofmoschee«[180] als Sinnbild für eine prekäre infrastrukturelle Situation, die zudem die Anrüchigkeit des Verborgenen in sich trägt.[181] Bemühungen um eine Verbesserung der räumlichen Situation stehen dabei auch im Zeichen einer stärkeren lokalen Partizipation der Gemeinden. Der seit Jahren stattfindende Öffnungsprozess muslimischer Gemeinden, begleitet etwa von räumlichen Verbesserungen bis hin zum Moschee(neu-)bau, steht auch im oben zitierten Flyer im Kontext einer zunehmend gleichberechtigten Teilhabe, die, so seine Herausgeberinnen und Herausgeber, politisch begleitet und gefördert werden muss. Aber diese Bemühung um Lageverbesserung und Empowerment ist nur ein Pfad, der hier aufgezeigt wird. Ein weiterer wird zum Schluss als aktives gestaltendes Einbringen der Politik in »den Dialog der Religionen« benannt und umfasst u.a. eigene Initiativen in diesem Bereich.

Vor dem Hintergrund dieses zweiten Pfades wurde im Jahr 2012 erstmals eine Veranstaltung mit dem Titel »Alevitentum – Impulse für Gesellschaft, Wissenschaft und Politik« in Kooperation mit der Akademie der Weltreligionen der Universität Hamburg, die ihren Forum-Humanum-Gastprofessuren die Möglichkeit geben wollte, Perspektiven aus der Forschung im öffentlichen Raum zu diskutieren,[182] sowie von der GAL-Fraktion organisiert. Die zentralen Personen zur Initiierung der Veranstaltung waren der Direktor der Akademie der Weltreligionen, Professor Dr. Wolfram Weiße, und Christa Goetsch, zu jener Zeit Mitglied der GAL-Fraktion in der Hamburgischen Bürgerschaft und ehemalige Zweite Bürgermeisterin Hamburgs. Frau Goetsch beschrieb im Interview den politischen Kontext, in dem die erste Veranstaltung im Jahr 2012 stattfand:

> »[D]ie Staatsverträge wurden ja geschlossen mit der evangelischen, also mit der Nordelbischen Kirche, dem Heiligen Stuhl, also direkt mit Rom und mit der jüdischen Gemeinde. In dieser Debatte haben wir gesagt, sozusagen protestierend,

---

180 »Hinterhofmoscheen« als Moscheen in umfunktionierten Räumen widmet sich beispielsweise Bärbel Beinhauer-Köhler 2010.
181 U.a. in diesem Zusammenhang stehen mediale Diskurse um so genannte Parallelgesellschaften, die von islamistisch motivierten Anschlägen angefeuert ein vielfach negativ gefärbtes Licht auf die Unzugänglichkeit muslimischer Gemeinden wirft. Kritisch zum Begriff der Parallelgesellschaft hat sich beispielsweise Wolfgang Kaschuba im Tagesspiegel geäußert, vgl. Kaschuba 2007. Zur wissenschaftlichen Diskussion des Begriffs vgl. beispielsweise Halm/Sauer 2004, Nagel 2012b oder Baumann 2015.
182 Vgl. Feldspiegelung_Rathaus_2, 345.

das kann man machen, aber es muss für die Muslime und die Aleviten gleiches gelten, unsere Stadt ist nicht nur christlich geprägt und jüdisch, sondern wir haben hier einen Anteil von Muslimen und Aleviten, die ebenfalls ein Recht haben. [...] Und meine erste Veranstaltung zu der Dialogreihe im Rathaus war mit dem Fraktionsvorsitzenden der SPD, um ihn auch ein bisschen, ich sag mal zu treiben, dass wir wollen, dass die Verhandlungen fortgeführt werden und natürlich auch zu einem Ende geführt werden.«[183]

Die Veranstaltung zum Alevitentum war der Auftakt zu einer Veranstaltungsreihe, die seitdem unter dem Titel »Religionen und Dialog in der Stadt Hamburg« ca. zwei Mal im Jahr im Hamburger Rathaus stattfindet. Frau Goetsch beschrieb in ihren Ausführungen die Verbundenheit der Veranstaltungsinhalte mit politischen Prozessen in Hamburg. 2012 waren die Verträge zwischen der Stadt Hamburg und Institutionen ausgewählter Religionsgemeinschaften und vor allem die anschließend im Raum stehende Vertragsschließung mit weiteren religiösen Verbänden ein parteipolitisch umstrittenes Thema. So wurden beispielsweise über parteipolitische Färbungen politische Meinungsverschiedenheiten in die Veranstaltung hineingetragen. Im Interview betonte Frau Goetsch, dass dieses Hineintragen unterschiedlicher politischer Positionen zu verschiedenen aktuellen Fragen auch beabsichtigt ist:

»[W]ie gesagt war ein Prinzip der Veranstaltung ja, dass ich nicht jetzt eine grüne Veranstaltung daraus mache, politisch gesehen, sondern von vornherein sage, das ist eigentlich etwas Interfraktionelles. Ich initiiere das zwar und mach das in Kooperation mit der Akademie, aber ich lade immer auch aus den anderen Fraktionen die Vertreter ein«.[184]

Ins Leben gerufen und betrieben als Kooperation mit der Universität ist die Veranstaltung demnach nicht als politisch grün gedacht. Vielmehr solle, wie Frau Goetsch im Gespräch mehrfach betonte, die Wichtigkeit der Thematik auch im Austausch mit jeweils einem Vertreter einer der anderen Fraktionen der Hamburgischen Bürgerschaft gewürdigt werden. Zu den aktuellen politischen Prozessen, die in der Veranstaltung aufgegriffen wurden, gehörten neben den Staatsverträgen, die die Stadt Hamburg mit der Alevitischen Gemeinde und drei muslimischen Verbänden noch im Jahr 2012 abgeschlossen hatte, beispielsweise auch die Diskussion um das spezifische Format des Hamburger Religionsunterrichts (Religionsunterricht für alle) oder die Übernahme der entwidmeten Kapernaumkirche in Hamburg-Horn durch eine muslimische Gemeinde.

---

183 Interview_Goetsch, 147f.
184 Interview_Goetsch, 148.

Herzstück der Veranstaltungsreihe bildet der Vortrag eines bzw. einer der internationalen Professorinnen und Professoren der Akademie der Weltreligionen, die finanziert durch die »Udo Keller Stiftung Forum Humanum« seit 2011 wechselnd und semesterweise an der Akademie gastieren. Mit der Akademie als universitäre Institution und dem jeweiligen Fachvortrag einerseits sowie der grünen Initiative und dem Einbezug anderer Fraktionen der Bürgerschaft andererseits kann die Veranstaltung als ein vornehmlich politisch-wissenschaftlicher Austausch verstanden werden. Und tatsächlich ist auf der Webseite der Akademie zu lesen, dass die Veranstaltung

»halbjährlich ein Forum [bietet] für den Austausch zwischen der Akademie [...], PolitikerInnen der Hamburgischen Bürgerschaft und der Stadtöffentlichkeit zur Frage des Stellenwertes von Religion für das Zusammenleben in unserer Gesellschaft.«[185]

Hier wird die Veranstaltungsreihe als eine Art öffentliches Austauschforum gerahmt. In einem Schlusswort auf einer der Veranstaltungen erklärte Herr Weiße, der Direktor der Akademie der Weltreligionen, zudem, dass es sich bei der Reihe »um das einzige kontinuierlich stattfindende Gespräch zwischen Wissenschaft und Politik handle«,[186] womit die Veranstaltung unter sonstigen religionsbezogenen Aktivitäten besonders herausgehoben wird. Außerdem wird die Stadtöffentlichkeit als weitere Gesprächspartnerin ins Spiel gebracht, womit auf die noch zu betrachtende Zusammensetzung des Publikums verwiesen ist. Wie sich zeigen wird, findet das Geschehen sowohl vor als auch mit dem Publikum der Veranstaltung statt.

Aus Sicht der befragten Besucherinnen und Besucher lassen sich Art und Ansinnen der Veranstaltung hinsichtlich ihrer Funktion noch ein wenig konkretisieren. Eine Besucherin, selbst Mitarbeiterin der Akademie, gefragt nach dem Interesse der politischen Seite, beschrieb:

»Die machen das, um zu zeigen, dass sie [...] mit den gesellschaftlichen oder wissenschaftlichen Kräften zusammenarbeiten, die dieses Thema sozusagen in einem demokratisch anerkennenswerten Sinne behandeln und bearbeiten [...] und insofern schmückt sich die Politik an der Stelle auch ein Stück selbst [...], wenn sie sozusagen solche Gäste ins Rathaus einlädt und damit demonstriert, dass man sich dem Thema in einer spezifischen Weise zumindest bereit ist, gegenüber zu öffnen«.[187]

Die Aussage stellt die Bemühungen der politischen Initiatoren in den Kontext ihrer Außenwirkung. Dass hierbei das Rathaus eine ganz besondere Rolle spielt, diese

---

185 Akademie der Weltreligionen: Religionen und Dialog 2021.
186 Feldnotiz_Rathaus_2, 421.
187 Teilnehmendeninterview_Rathaus_2, 221.

politische Wahrnehmung für das Thema anzuzeigen, werde ich im Laufe dieser Beschreibung noch deutlicher machen. Für die Akademie der Weltreligionen, die in Gestalt ihres Direktors oder eines Vertreters bzw. einer Vertreterin und der Gastprofessorinnen und -professoren ja ebenfalls Initiatorin ist, stellen diese Gespräche eine Möglichkeit dar, »die Ergebnisse, die [...] innerakademisch verhandelt werden, einem breiteren Publikum verständlich zu machen und bekannt zu machen«,[188] so zumindest in der Sicht eines älteren Besuchers mit evangelisch-lutherischem Hintergrund.

Das bürgerliche Schloss

> »Ihr bürgerschaftlicher Stolz, den wir heute feiern, kristallisiert sich in der Maxime: ›Es gibt über dir keinen Herren und unter dir keinen Knecht‹; niedergeschrieben – so wird kolportiert – im Stadtrecht von 1270. Was für ein kraftvoller Satz! Und was ist das, wenn nicht der selbstbewusst formulierte Anspruch auf bürgerliche Selbstbestimmung und Souveränität. [...] Und dieses Selbstverständnis manifestiert sich sogar in der Architektur dieses Rathauses. Was andere zur Ehre ihrer Monarchen bauten, schufen Ihre Vorfahren für ihre gewählten Vertreter. Trotz seines Turms und seiner Giebel ist das hier kein Königsschloss, sondern das Haus freier Bürgerinnen und Bürger. Oder, lieber Bürgermeister Tschentscher, wie man in Lettland zu sagen pflegt: ›Nicht jeder, der im Schloss wohnt, ist ein König.‹ Ich weiß in Bellevue, wovon ich rede…«.[189]

Der zitierte Ausschnitt entstammt einer Rede, die Bundespräsident Frank-Walter Steinmeier 2019 im Hamburger Rathaus anlässlich des traditionellen Matthiae-Mahls hielt. Das Mahl, das ursprünglich am Matthias-Tag (24. Februar) in Hamburg ausgerichtet wurde, ist seit Mitte des 14. Jahrhunderts belegt. Zum Brauchtum des Festmahls gehört die Einladung politischer Verbündeter Hamburgs, so war neben Steinmeier auch der lettische Präsident Raimonds Vējonis zugegen.[190] Steinmeier nahm in seiner Rede verschiedentlich auf die Bedeutung des Mahls und die Rolle Hamburgs als bürgerlich geprägtem Stadtstaat Bezug. In der Rede wurde zudem das Rathaus thematisiert und gemäß einer verbreiteten Wendung als bürgerliches Schloss gerahmt. Damit wurde seine Bedeutung als repräsentativer Ausdruck einer wohlhabenden und republikanischen Hansestadt hervorgehoben.

Das Hamburger Rathaus ist angesichts der mindestens bis ins 9. Jahrhundert zurückreichenden Siedlungsgeschichte Hamburgs und der ab dem 13. Jahrhundert steigenden Bedeutung der Stadt für den nordeuropäischen Handel vergleichsweise

---

188 Teilnehmendeninterview_Rathaus_1, 211.
189 Steinmeier 2019.
190 Vgl. Senatskanzlei Hamburg 2019.

jung.¹⁹¹ Es war Ende des 19. Jahrhunderts neu errichtet worden, als Ersatz für das alte Rathaus. Dieses war, nachdem es mehr als 500 Jahre als Regierungssitz gedient hatte, strategisch gesprengt worden, um den Zerstörungen des großen Stadtbrandes von 1842 Einhalt zu gebieten. Als provisorischer Ort der Parlamentsgeschäfte hatten anschließend ein Waisenhaus und eine dazugehörige Kirche gedient, bis schließlich ein halbes Jahrhundert später im Oktober 1897 das neue noch nicht vollständig eingerichtete Rathaus unweit des alten Standortes eingeweiht werden konnte.¹⁹² Der Architekturstil des Baus, der aufgrund seines prächtigen Erscheinungsbildes auch als »Palast«¹⁹³ beschrieben wird, gilt als eine Mischung aus italienischer Hochrenaissance und deutscher Renaissance.¹⁹⁴ Die Außenfassaden und Innendekorationen sind reich an verschiedensten Bezügen, hergestellt beispielsweise über zahlreiche Bronze- und Steinfiguren, »welche Fabelwesen, Tugenden, Engel, biblische [sic!] Gestalten, Heilige, Fürsten, Handwerker und kauzige Gestalten darstellen.«¹⁹⁵

Das unten im zentralen Turm an der Frontfassade gelegene Hauptportal führt vom Rathausplatz über eine kleine Vorhalle in die so genannte Rathausdiele, eine weitläufige Halle, deren Gewölbe von massigen Säulen getragen werden. Von hier aus kann man rechter Hand den Flügel des Hamburger Senats (entspricht der Regierung des Stadtstaats) und linker Hand den Flügel der Hamburgischen Bürgerschaft (entspricht dem Parlament) erreichen.¹⁹⁶ Unter den Räumlichkeiten der Hamburgischen Bürgerschaft findet sich auch der Kaisersaal, in dem die Vortrags- und Podiumsreihe, die im Zentrum dieser Beschreibung steht, stattfindet.

Bevor ich aber zum Kaisersaal und der darin verorteten Veranstaltung komme, möchte ich auf die Bedeutungen eingehen, die dem Rathaus von Beteiligten und Teilnehmenden der Veranstaltungsreihe als Ort zugeschrieben wurden, weil diese eine erhebliche Rolle für die Verortung der interreligiösen Veranstaltung im Rathaus spielen. Das Hamburger Rathaus ist aufgrund seiner zentralen Lage, seiner pompösen Erscheinung und seiner historischen und lokalpolitischen Bedeutung ein exponierter Ort in der Hamburger Innenstadt. Auf Grundlage des Interviews mit einer Organisatorin, einer Umfrage unter Besucherinnen und Besuchern und Interviews mit ausgewählten Teilnehmenden lassen sich im Anschluss an die oben be-

---

191 Schafer o.J.a.
192 Bargen 2012, 10ff. Trotz früher Entwürfe war ein Neubau lange verschoben und erst nach der Gründung des Deutschen Reiches von 1871 mit der Einrichtung einer Rathausbaukommission wieder ernsthaft verfolgt worden, vgl. Heidner 2013, 62f.
193 Heidner 2013, 178.
194 Vgl. ebd., 151. Auf der Webseite der Stadt Hamburg ist demgegenüber von einem neoklassizistischen Bau die Rede, vgl. Schafer o.J.b.
195 Heidner 2013, 179.
196 Denjenigen, die sich einen eigenen (zumindest digitalen) Eindruck verschaffen wollen, empfehle ich einen eigens eingerichteten virtuellen Rundgang, vgl. Hemke o.J.

reits eingeleiteten Charakterisierungen Grundzüge für die Wahrnehmung des Ortes »Rathaus« nachzeichnen: als kunstvolles Gebäude, als historischer Ort und als Repräsentationsort. Der erste dieser Grundzüge, der kunstvolle Charakter, wurde dem Rathaus immer wieder zugesprochen, auch ganz unabhängig von seiner vielfältigen Symbolik und politischen Bedeutung. Dabei spielten Attribute wie schön, beeindruckend, prachtvoll, prunkvoll etc. eine Rolle.[197] In der Eigenschaft als kunstvolles Gebäude unterscheide sich das Rathaus damit allerdings nicht von anderen ähnlich ausgefeilten Bauwerken der Stadt. Eine Veranstaltungsbesucherin, gefragt nach der Eignung des Rathauses für die Veranstaltungsreihe, erklärte beispielsweise: »Das Rathaus ist ein schöner Veranstaltungsort, aber es gibt sicherlich auch Alternativen.«[198] In seiner Materialität wurde dem Rathaus demnach zwar eine prinzipielle Eignung zugesprochen, machte es aber dadurch nicht zur einzig möglichen Wahl.

Neben dem Kunstcharakter spielte die Zuschreibung als historischer Ort eine wichtige Rolle. Dies zeigte sich u.a. in der Bezugnahme in der oben zitierten Rede Steinmeiers oder auch in Aussagen während der interreligiösen Veranstaltung. Zu Beginn einer Veranstaltung der Vortragsreihe bedankte sich beispielsweise die stellvertretende Direktorin der Akademie der Weltreligionen bei der politischen Mitorganisatorin dafür, dass »wir zum siebten Mal an diesem wundervollen historischen Ort sein dürfen.«[199] Die mit dieser Bezugnahme hergestellte Verortung des Rathauses in der Hamburger Geschichte führt, wie sich noch zeigen wird, zu einem Bedeutungsgewinn für die Veranstaltung selbst. Die Bandbreite an symbolischen Bezügen, die in der materiellen Gestaltung des Rathauses und seiner vielen Räumlichkeiten aufgemacht werden, begründet und verstärkt seine Historizität. Hierunter fallen Bezugnahmen auf Phasen und Aspekte der Hamburger Stadt- und Gesellschaftsgeschichte, auf das Heilige Römische Reich sowie auf Heiligenfiguren und antike Gottheiten.

Die genannten Bezüge verweisen bereits auf ein ganz wesentliches Charakteristikum, das für die Wahrnehmung des Hamburger Rathauses zentral ist: sein prinzipieller Repräsentationscharakter. Während die Deutung als kunstvoller Ort die allgemeine Erscheinung des Rathauses ins Zentrum rückte und die Wahrnehmung als historischer Ort sich auf die etwas mehr als hundertjährige Geschichte des Bauwerks sowie auf die vielen symbolischen Bezüge in seiner Gestaltung bezog, möchte ich im Folgenden mit dem Begriff des Repräsentationsortes stärker seinen gesellschaftlichen Stellenwert in den Blick nehmen.

Ein eingangs bereits genannter zentraler Aspekt ist die Rahmung als bürgerliches Schloss. Die Betonung der Bürgerlichkeit des Schlosses, und damit der Ver-

---

197 Befragung_Rathaus, 283.
198 Ebd.
199 Feldnotiz_Rathaus_3, 424.

weis auf den fehlenden monarchischen Kontext, verweist auf die selbstzugeschriebene Unabhängigkeit Hamburgs, die beispielsweise auch in der Bezeichnung Freie und Hansestadt Hamburg zum Ausdruck kommt. Die Reichhaltigkeit des Bauwerks wurde vor diesem Hintergrund als Betonung eines gewissen Wohlstands gedeutet, wie sich in der Aussage einer Teilnehmerin zeigte:

»[D]as Rathaus [...] ist in einer Weise ausgestattet, [...] die gewissermaßen sichtbar macht, dass da das wohlhabende Bürgertum dem Adel gezeigt hat, dass es auch anders geht und dass es mit sozusagen seinen Mitteln den Adel schlagen kann und er einen ähnlichen Reichtum mit den ähnlichen Mitteln der Repräsentation etc. weiß, darzustellen. Und das zeigt das Hamburger Rathaus in einer exzeptionellen Weise.«[200]

Der architektonisch ausgedrückte Wohlstand wird hier in eine Konkurrenz zum Adel gesetzt, dem das Hamburger Bürgertum selbstbewusst etwas entgegenstellen wollte. Dies geschah auch unter dem Eindruck der Gründung des Deutschen Kaiserreichs von 1871 und Hamburgs Rolle als aufstrebender Wirtschaftsstandort und Freistaat innerhalb des Reichs.

Neben dem stadtrepublikanischen Selbstverständnis und der bürgerlichen Abgrenzung zum Patriziat spielte zusätzlich, zumindest in der Wahrnehmung eines älteren Teilnehmers, ein Pastor im Ruhestand, das Verhältnis zu den Kirchen eine gewisse Rolle:

»Rathaus und Kirche sind sozusagen in der mittelalterlichen Stadtgesellschaft die beiden Orte, nich, wo die dort lebenden Menschen sich versammeln. [...] die beiden Orte Kirche und Stadt repräsentiert durch die großen Kirchen und das Rathaus, wobei in Hamburg interessanter Weise sich das durch diesen Neubau dann nochmal zugunsten der Munizipalgemeinschaft eben verlagert hat, weil das Rathaus dann einfach noch prächtiger geworden ist als die Kirchen, nich, die die es dort ja auch in der Nähe gibt.«[201]

Das Rathaus und die Hauptkirchen werden hier historisch als zentrale Orte der Hamburger Stadtgesellschaft gerahmt, die in erster Linie der Versammlung der Bevölkerung dienten. Mit Blick auf die äußere Erscheinung wurde zudem betont, dass das Hamburger Rathaus deutlich repräsentativer ausfalle und sich daran eine größere Bedeutung ablesen lasse. Der Hinweis, dass das Rathaus die »Stadt« repräsentiert, bringt uns schließlich zur politischen Rahmung des Rathauses.

Mit einer gewissen Selbstverständlichkeit wurde das Rathaus von meinen Gesprächspartnerinnen und -partnern dem politischen System zugeordnet. Dazu ge-

---

200 Teilnehmendeninterview_Rathaus_2, 217.
201 Teilnehmendeninterview_Rathaus_1, 210.

hörten Zuschreibungen wie: das Rathaus als »gebaute Politik«,[202] als »Repräsentation der lokalen Politik der Stadt«,[203] als »Zentrum der Hamburger Politik«[204] oder als »erste ›Räumlichkeit‹ der Stadt«. Laut weiterer Aussagen »symbolisiert [das Rathaus] die Vertretung der Stadt« und »repräsentiert [...] die Bürger«.[205] Zentral bei dieser Zuordnung des Rathauses zum politischen Feld war die Verhandlung öffentlicher Angelegenheiten als grundlegende Funktionszuschreibung. Der bereits zitierte Pastor im Ruhestand, der die interreligiöse Veranstaltung im Rathaus regelmäßig besucht, erklärte dazu:

> »Natürlich ist es ein politischer Ort, also da werden die Belange der der Republik ausgehandelt, die *res publica*, nich, und also es ist ein imminent politischer Ort, es ist nicht einfach nur ein Schaustück, nich. Sondern da wird über das Wohl und Wehe entschieden, nich, der Bürger«.[206]

Als Wirkungsstätte zentraler politischer Gremien, Ort der politischen Verhandlung und weitreichender Entscheidungen für die Stadt ist das Rathaus von bedeutendem öffentlichem Interesse. In dem Zitat ist mit der Wendung »Wohl und Wehe« auch eine gewisse Schicksalhaftigkeit angesprochen, die den Entscheidungen im Rathaus anhänge.

Die politische Bedeutung in Kombination mit dem Motiv des Versammlungsortes prägt das Bild des Rathauses als öffentlicher Diskursraum. Als solcher wurde das Rathaus insbesondere vor dem Hintergrund der Religionsthematik, die der Vortragsreihe »Religionen und Dialog in der Stadt Hamburg« inhärent ist, von Orten abgegrenzt, die dezidiert dem religiösen Bereich zugeordnet werden. Moscheen, Synagogen und Kirchen seien gemäß dieser Deutung auf traditionsspezifische Weise gefärbt, könnten Vertreterinnen und Vertreter der jeweils anderen Traditionen als Gastgebende aufnehmen, aber eben in diesem Sinne nicht neutral sein. Demgegenüber wurde die Politik in Gestalt des Rathauses und seiner politischen Vertreterinnen und Vertreter als neutrale dritte Instanz ins Spiel gebracht. Im Rahmen der Besuchendenbefragung wurde dies an den vielen Betonungen der Neutralität deutlich. Ein Mann mittleren Alters mit evangelisch-lutherischem Hintergrund beschrieb beispielsweise zur Eignung des Rathauses als Veranstaltungsort:

> »Ein hervorragender Ort, weil es das Boot ist, die neutrale Plattform für interreligiösen Dialog. Staat muss das schaffen, der richtige Ort für derartige Veranstaltungen.«[207]

---

202 Ebd., 216.
203 Teilnehmendeninterview_Rathaus_2, 217.
204 Teilnehmendeninterview_Rathaus_1, 215. Vgl. auch Interview_Goetsch, 156.
205 Befragung_Rathaus, 283.
206 Teilnehmendeninterview_Rathaus_1, 210.
207 Befragung_Rathaus, 283.

Das Rathaus als gemeinsamer politischer Bezugsraum wird hier im Sinnbild des gemeinsamen Bootes, in dem man sprichwörtlich sitzt, als geteilter Raum gerahmt. In seiner Vermittlungsfunktion gilt er dabei als religiös neutral. Ein älterer Herr mit muslimischem Hintergrund befürwortete ebenfalls das Rathaus als Veranstaltungsort und zeigte auf, dass seine Neutralität zu einer geringeren Hemmung führte, über Religion zu sprechen, was ihn von religiösen Orten unterscheide. Ein junger Mann ohne religiöse Zugehörigkeit beschrieb demgegenüber die Schwierigkeit der Auseinandersetzung staatlicher Instanzen – als solche identifizierte er das Rathaus – mit religiösen Institutionen vor dem Hintergrund der Säkularität des Staates. Da das Volk allerdings der Souverän sei, repräsentiere das Rathaus das Volk und erlaube ihm somit, Veranstaltungsort für interreligiöse Begegnung zu sein. Vor dem Hintergrund bedaure er jedoch, dass in der von ihm besuchten Veranstaltung konfessionslose Positionen nicht berücksichtigt würden.[208]

Zum Stelldichein im Kaisersaal

Nach Einbruch der Dämmerung an einem Dienstag im Dezember 2013 machte ich mich auf, um die Veranstaltungsreihe im Hamburger Rathaus mit dem Titel »Religionen und Dialog in der Stadt Hamburg« erstmals zu besuchen. Auf dem Rathausmarkt standen bereits die Buden des traditionellen Weihnachtsmarktes, der vor dem Hintergrund des historischen Rathausgebäudes, dem vergleichsweise kleinen Platz und der besonderen Beleuchtung eine eigentümliche Atmosphäre hatte und die Monumentalität des Rathauses unterstrich. Viele Menschen drängten sich durch die engen Gassen zwischen den Buden. Im Eingangsbereich des Rathauses wandelten einzelne Personen und Kleingruppen umher. Englische Wortfetzen flogen durch die Luft, was auf Touristen hindeutete. Ich betrat das Rathaus, suchte meinen Weg durch die große Rathausdiele und lief über mehrere teils mit rotem Teppich bekleidete Treppen in den linken Rathausflügel Richtung Kaisersaal. Der Weg wurde über eigens für die Veranstaltung aufgestellte Schilder angezeigt. Vor dem Eingang zum Kaisersaal tummelten sich wenige Menschen. Einige nutzten die Garderobe davor, um ihre Jacken und Mäntel aufzuhängen, andere gingen gemächlich in den Saal. Ich folgte ihnen hinein.

Unerwarteterweise wurde der reich ausstaffierte, große und rechteckige Raum musikalisch mit sanfter persischer Musik untermalt. Eine Zuordnung der Klänge zum Iran war anlässlich des geladenen Redners dieses Abends naheliegend, ein aus dem Iran stammender islamischer Philosoph. Der Kontrast zwischen den aus Lautsprechern strömenden Klängen und der Ausstattung des Saals stand für mich unkommentiert im Raum.

Vierzehn Stuhlreihen waren auf ein erhöhtes Podium an der Stirnseite des Saals hin ausgerichtet. Außerdem befand sich jeweils eine Stuhlreihe an der hinteren und

---

208 Vgl. ebd., 283.

an den seitlich gelegenen Wänden. Ich erkannte unter den anwesenden Personen einige Mitarbeitende der Akademie der Weltreligionen, die noch Informationsblätter mit dem heutigen Programm auf den Sitzen auslegten. Mit den Hilfskräften, die mich bei der Besuchendenbefragung im Anschluss an die Veranstaltung unterstützen sollten, traf ich letzte Absprachen. Dann suchte ich mir einen Platz in einer der Seitenreihen und ließ die Szene einen Augenblick auf mich wirken.[209]

Es dürfte vielen Menschen nicht schwerfallen, den Kaisersaal als prachtvoll zu beschreiben. Zu den besonderen Ausstattungsmerkmalen des Saals gehören Marmor, lederne Wandverkleidungen, goldene Wandleuchter, zwei umfangreiche kranzartige Deckenleuchter sowie eine mit Stuckdekor, aufwändigen Reliefs und Gemälden übersäte Decke. Aufgrund dieser kunstvollen Deckengestaltung erklärt von Bargen in ihrer historischen Betrachtung des Hamburger Rathauses: »Es gibt einen Raum im Rathaus, den müsste man eigentlich im Liegen genießen«.[210] Im Zentrum der Darstellungen steht das Thema der Seefahrt. Aufgezeigt wird die Einbindung Hamburgs, als Tor zur Welt, in die weitreichenden internationalen Handelsnetzwerke. So finden sich einerseits symbolische Darstellungen von deutschen Hafenstädten und andererseits verschiedene Regionen der Welt, mit denen Handel getrieben wurde und wird.[211] Darum herum finden sich vielgestaltige Darstellungen, darunter Meerjungfrauen, Fratzen mit aufgerissenen Mündern, zahlreiche Anker etc. Eine Entschlüsselung aller Bezüge würde bei weitem den Rahmen dieser Beschreibung sprengen. Insgesamt lässt sich aber ein weltumspannendes Netzwerk nachzeichnen, das über die Motive der Seefahrt und des Handels in der Decke des Kaisersaals zum Ausdruck kommt.

Auf den ersten Blick erschienen mir diese räumlich präsente Bezugnahme auf Hamburg als das ›Tor zur Welt‹ für eine interreligiöse Thematik und das Selbstverständnis als weltoffener republikanischer Stadtstaat sehr passend. In Gesprächen taten sich jedoch zwei potenzielle Spannungsmomente auf. Zum einen beleuchtete beispielsweise eine Gesprächspartnerin im Teilnehmendeninterview die Art der Beziehung zu anderen Teilen der Welt, die in die Grundthematik des Raums eingelassen ist, und stellte kritisch fest:

> »[D]er Kaisersaal ist insofern irgendwie amüsant, weil er ja sozusagen Dimensionen also an den Wänden sozusagen Stationen der Weltgeschichte zum Gegenstand nimmt und die, wenn man so will, in der Struktur der Kolonialgeschichte darstellt«.[212]

---

209 Vgl. Feldnotiz, Rathaus_1, 388f.
210 Bargen 2012, 52.
211 Die Symbolisierungen »ferner« Länder bedienen sich dabei verbreiteten Stereotypen. In einem Bereich beispielsweise, der sich auf Nordamerika bezieht, sind ein Büffel, ein amerikanischer Ureinwohner und ein Trapper abgebildet, vgl. ebd.
212 Teilnehmendeninterview_Rathaus_2, 218.

Dass der Bau des Rathauses zeitlich mitten in die Epoche des Imperialismus fällt, ermöglicht Deutungen des Kaisersaals und seiner Thematik, die auf eine selbsterhöhende Stellung Hamburgs und damit des Deutschen Reichs gegenüber anderen Teilen der Welt hindeuten.[213] Einschränkend ergänzte die Teilnehmerin aber, dass eine solche Deutung, sollte sie bei der Dekoration des Kaisersaals einen Hintergrund gebildet haben, dem heutigem Verständnis der Wirkenden im Rathaus entgegenstehe. Angesichts der Öffnung für Themen religiöser Vielfalt beispielsweise im Rahmen der Veranstaltungsreihe erklärte sie:

> »[E]s gibt sozusagen einerseits [...] eine Fortsetzung, aber auch ein sich in Distanz Setzen zu dem, was die Geschichte ist und wenn man so will, ist es genau [...] diese leichte Ambivalenz, die es darin gibt, die aber sozusagen das Gesamtprojekt dessen, wie sich dieses Rathaus in dieser Debatte verstehen will – wir öffnen uns, wir zeigen uns interessiert und nehmen an solchen Diskussionen teil, aber wir geben auch einen klaren Rahmen vor, [...] nämlich den demokratisch legitimierten – so an dem sich das dann auch wieder bestätigt. Ja, also insofern, ist sozusagen auch der Widerspruch, der da vielleicht in Teilen zum Kaisersaal selber als historischer Ort auftreten mag, kein sozusagen wirklich [...] großer.«[214]

Gemäß dieser Deutung steht die Inbeziehungsetzung Hamburgs zur Welt, die über die Anlage des Kaisersaals angesprochen ist, in einem Zusammenhang mit dem Anliegen der Veranstaltung, zwischen politischer Instanz und einer vielfältigen Bevölkerung zu vermitteln. Gleichzeitig kann die Historie des Rathauses und sein Verweis auf die Geschichte als Randnotiz der Veranstaltungsreihe gelesen werden, die nämlich eine lange Tradition der Öffnung Hamburgs zur Welt anzeigt, gleichzeitig die Art der Beziehung aber nach heutiger Sicht in ein anderes Licht werfe.

Verbunden mit dem kolonialen Erbe, das gewissermaßen in den Knochen des Kaisersaals steckt, ist ein zweites Spannungsmoment, das weniger mit der interreligiösen Thematik, als vielmehr mit dem Selbstverständnis des Rathauses selbst zu kollidieren scheint. Gemeint ist hier der Bezug zur Monarchie. Tatsächlich stellt allein der Titel »Kaisersaal« die im vorigen Abschnitt betonte Bürgerlichkeit des Rathauses und die Konkurrenz zum Adel mindestens ein Stück weit in Frage. In zwei von drei der tiefgehenden Interviews mit Teilnehmenden wurde der Kaisersaal (neben anderen Räumlichkeiten des Rathauses) entsprechend auch als Ausdruck vergangener Zeiten und damit als Relikt verhandelt.[215] Dass die beiden damit nicht allein stehen, zeigt eine rezente Initiative der Bürgerschaftsfraktion der Linken, die

---

213 Ein anderer Teilnehmer spricht von der »Dominanz der weißen Herrschaft«, die in den »kolonialen Symbolen« an der Decke des Kaisersaals mitschwinge, vgl. Teilnehmendeninterview_Rathaus_1, 215.
214 Teilnehmendeninterview_Rathaus_2, 223.
215 Vgl. Teilnehmendeninterview_Rathaus_1, 215 und Teilnehmendeninterview_Rathaus_2, 222.

sich vor eben diesem Hintergrund für eine Umbenennung des Saals in »Republikanischer Saal« engagieren.²¹⁶

Für die Veranstaltungsreihe selbst löst sich die Spannung zwischen Kaiserbezug und Republikanismus und auch der Kolonialbezug in der Wahrnehmung der Beteiligten jedoch weitgehend auf. Der Saal war noch vor Fertigstellung des Rathauses so benannt worden, nachdem Kaiser Wilhelm II. hier die Eröffnung des Nord-Ostsee-Kanals gefeiert hatte.²¹⁷ Christa Goetsch, ehemalige Zweite Bürgermeisterin Hamburgs und eine der Initiatorinnen der Veranstaltung, hebt im Interview hervor, dass diese Bezugnahmen auf das Kaiserreich und auch auf die deutsche Kolonialgeschichte keine Bedeutung für die Auswahl des Ortes hatten. Hierfür waren eher pragmatische Aspekte, nämlich die Repräsentativität und die passende Größe des Raums, die eigentlichen Kriterien.²¹⁸ Das heißt, insgesamt gibt es wohl hier und da eine Wahrnehmung problematischer Aspekte des Raums, es überwiegt aber die Akzeptanz, dass es sich um einen historischen Raum handle, der Teil einer sich entwickelnden Geschichte sei und dessen festlich-repräsentative Erscheinung als Veranstaltungsrahmen im Vordergrund stehe. Die Besuchendenbefragung untermauerte eine fast einhellige positive Haltung zur Eignung des Saals und zeigte, dass die Personen, die die Veranstaltung besuchten, den Veranstaltungsort in dieser Hinsicht schätzen.²¹⁹

Pflege des Hamburger Lokalkults

Frau Goetsch trat an das eindrucksvolle Pult, auf dessen Vorderseite in Gold und Rot das Große Hamburgwappen zu sehen war und in späteren Veranstaltungen bisweilen mit einem Plakat der Akademie der Weltreligionen beispielsweise mit der Aufschrift »Theologie im Plural« überklebt wurde. Ihre Ärmel waren hochgezogen, sodass sie in meinen Augen eine gewisse Tatkraft ausstrahlte. Umrahmt von den gold- und bernsteinfarbenen Tönen der Einrichtung lächelte sie in die Menge. Dann ergriff sie das Wort und lobte in hohen Tönen die besondere Rolle, die Hamburg bundesweit in Fragen des interreligiösen Dialogs spiele. Es sei von »Hamburg als Hauptstadt des interreligiösen Dialogs« die Rede, erklärte sie mit einigem Stolz. Das liege an hochkarätigen Projekten wie der Nacht der Weltreligionen im Thalia Theater, dem besonderen dialogischen Religionsunterricht und der mitinitiierten Einrichtung der Akademie der Weltreligionen. All die vielen auch unter Beteiligung der Hamburger Politik angestrengten Bemühungen wirkten, so Frau Goetsch beteuernd, bis tief in die Gesellschaft und befruchteten zudem intrareligiöse Prozesse, etwa die gemeinsame Ausrichtung des islamischen Opferfestes durch Beteiligung

---

216 Vgl. Werner 2019.
217 Vgl. Bargen 2012, 52.
218 Vgl. Interview_Goetsch, 156f.
219 Vgl. Befragung_Rathaus, 283.

verschiedener Verbände. So etwas wäre »vor einiger Zeit nicht denkbar gewesen« und zeuge von einer besonderen Dialogbereitschaft und -arbeit in Hamburg. Die Zuhörenden lauschten gebannt und andächtig.[220]

An diesem Abend hatten insgesamt ca. 170 Besucherinnen und Besucher den Weg zur Veranstaltung auf sich genommen. Die Besuchsstärke korreliere jeweils mit der Thematik, erklärte Frau Goetsch später im Interview. So habe der Saal bei der ersten Veranstaltung, die im Kontext der Verhandlungen um Verträge zwischen der Stadt und den muslimischen Verbänden und dem alevitischen Verband stand, mit ca. 200 Personen fast seine Kapazitätsgrenzen erreicht. Zu anderen Veranstaltungen kamen dagegen nur ca. 80 Personen.[221] Von meiner gewählten Seitenlinie beobachtete ich an diesem Abend, wie immer mehr Menschen in den Saal strömten, um der Veranstaltung an diesem Ort beizuwohnen. Ich sah dort ältere Menschen und solche mittleren Alters sitzen, zudem wenige Personen jüngerer Altersgruppen, darunter sicher ein paar Studierende, die sich auf die Plätze verteilt hatten. Zu sehen war alltägliche und zum Teil auch etwas festlichere Kleidung. Ich erkannte einige Gesichter aus der Akademie sowie Personen, die mir aus verschiedenen Feldaufenthalten bekannt waren. Einige führende Vertreterinnen und Vertreter religiöser Zentren und Verbände hatten sich eingefunden und auch Mitglieder der Giordano Bruno Stiftung, die sich laut Selbstdarstellung auf der Webseite als »tragfähige humanistische, rationale und evidenzbasierte Alternative zu den traditionellen Religionen«[222] versteht. Bei meinen verschiedenen Besuchen dieser Veranstaltung waren auch einige traditionsspezifische Accessoires zu sehen, die auf eine bestimmte weltanschauliche Positionierung hindeuten. So trugen stets einige wenige Herren und manchmal auch eine Frau eine Kippa, manche Damen kamen mit Kopftüchern, bei einer Gelegenheit trug ein breitschultriger Herr ein Poloshirt mit der Rückenaufschrift: »Globalize Human Rights Now!«. Aus all dem ließ sich schließen, dass die Gruppe der Zuhörenden hinsichtlich der religiösen Zugehörigkeit und auch Nicht-Zugehörigkeit stark durchmischt war. Die Anwesenheit religiöser Vertreterinnen und Vertreter wurde seitens der Veranstaltenden deutlich gemacht, indem diese Gruppe in den Begrüßungen neben anderen Personen aus der Gesellschaft explizit angesprochen wurde.

Abgesehen von der religiösen Zugehörigkeit lässt sich u.a. aufgrund der Besuchendenbefragung sagen, dass die Veranstaltungsreihe zu großen Teilen Menschen mit akademischer Bildung anzieht. Dass dies kein Zufall ist, zeigte Frau Goetsch im Interview auf, indem sie erklärte, dass diese wissenschaftlich-politische Initiative vor allem über kleinere E-Mailverteiler der Grünen Fraktion sowie über den deutlich

---

220 Vgl. Feldnotiz_Rathaus_1, 389.
221 Vgl. Interview_Goetsch, 149.
222 Giordano Bruno Stiftung 2021.

weitreichenderen E-Mailverteiler der Akademie der Weltreligionen beworben werde. Über Letzteren würden neben einigen zentralen religiösen Akteuren der Stadt vor allem akademische Gruppen angesprochen. Plakataushänge oder andere mediale Ankündigungen gab es nicht. Diese Vorauswahl der Zuhörenden wurde in der Planung eher wenig reflektiert. Dies sei, so Frau Goetsch, angesichts der stets guten Beteiligung aber auch nicht notwendig gewesen.[223] Auch der Zuschnitt auf einen politisch-wissenschaftlichen Austausch und die Ankündigung internationaler Fachvorträge begünstigte den Besuch durch Menschen mit akademischer Bildung.

Eine scheinbare Hürde für die Teilnahme ist darüber hinaus die notwendige vorherige Anmeldung per E-Mail. Nur zu einer einzigen von mir besuchten Veranstaltung wurde der Anmeldestatus der Besucherinnen und Besucher dann aber vor Ort tatsächlich auch überprüft. Zwei junge Damen saßen im Eingangsbereich unweit des Kaisersaals und hakten eine Liste ab. Zu dieser Veranstaltung war der Innen- und Sportsenator des Stadtstaats, Andy Grote, als Grußwortgeber und Gesprächspartner auf dem Podium geladen. Seine Beteiligung wurde zudem von zwei Sicherheitskräften, die sich nahe am Eingang postierten, begleitet.[224] Diese Maßnahme war bei der Veranstaltung mit Abulkarim Soroush und dem vorhergehenden Innensenator im Jahr 2013 noch nicht als nötig erachtet worden, was möglicherweise mit einer anschließend gestiegenen Aufmerksamkeit für Terroranschläge zusammenhängt.[225] Ansonsten diente das vorherige Anmeldeverfahren wohl eher der Abschätzung des Teilnahmeandrangs und der Planung der Bestuhlung.

Als weitere Hürde mag gewirkt haben, dass einige der geladenen Gastprofessorinnen und -professoren ihren Vortrag auf Englisch hielten. Zwar wurde eine gekürzte deutsche Skriptversion für die Zuhörenden auf den Sitzen ausgelegt, jedoch bleibt in der Situation der Veranstaltung die Hörfähigkeit im Englischen als ungeschriebene Voraussetzung bestehen.[226] Ein älterer Herr bemerkte beispielsweise: »Das Papier zum Nachlesen ist für zu Hause schön, aber eine Simultanübersetzung wäre besser.«[227] So waren zumindest jene, die dem Vortrag sprachbedingt nicht folgen können, auf eine schnelle Lektüre und die anschließende Podiumsdiskussion zurückgeworfen. Im Nachgespräch erläutert Goetsch, dass die Organisation dieser Veranstaltungsreihe mit minimalen finanziellen Mitteln auskommen musste, sodass eine Simultanübersetzung weit außerhalb der Möglichkeiten lag.[228] In der

---

223 Vgl. Interview_Goetsch, 150f.
224 Vgl. Feldnotiz_Rathaus_4, 427.
225 So hat es 2016 deutschlandweit eine Reihe von islamistisch motivierten Terroranschlägen teils mit Todesopfern und einer erhöhten Zahl von Verletzten gegeben, vgl. hierzu Verfassungsschutz 2021.
226 Z.B. Sallie King, vgl. Feldnotiz_Rathaus_2, 417.
227 Befragung_Rathaus, 281.
228 Vgl. Feldspiegelung_Rathaus_1, 336.

Podiumsdiskussion traten die Gastprofessorinnen und -professoren, die der deutschen Sprache nicht mächtig sind, oft in den Hintergrund. Hin und wieder habe ich beobachtet, dass ihnen das Geschehen und auch direkte Fragen an sie übersetzt wurde. So beispielsweise in der Veranstaltung mit Soroush, dem die damalige Professorin für islamische Theologie Katajun Amirpur als Übersetzerin zur Seite saß.

Ich möchte nun zu den Begrüßungen zurückkehren und einen allgemeineren Blick auf sie werfen. Die Begrüßung wurde in allen meinen Besuchen von einer Vertreterin der Grünen, die gelegentlich als »Hausherrin«[229] betitelt wurde, begonnen. Darauf folgte immer ein Vertreter bzw. eine Vertreterin der Akademie der Weltreligionen als kooperierende Institution. Im letzteren Beitrag wurde die Arbeit der Akademie in Wissenschaft und Gesellschaft vorgestellt. Dass die Begrüßungen eine gewisse Zeit in Anspruch nahmen, beschrieb auch ein älterer Teilnehmer im Interview, gefragt nach seiner Wahrnehmung der Atmosphäre der Veranstaltung:

> »[Die Atmosphäre] ist einerseits sehr förmlich mit den langen Begrüßungen [...] also es ist so eine gewisse, so ein gewisses Ritual, nich man kommt nicht gleich zur Sache und es dauert ne halbe Stunde.«[230]

Die hier als lang wahrgenommenen Einleitungen bildeten demnach den rituellen Auftakt der Veranstaltung und dienten dabei neben der Einführung der Referentin bzw. des Referenten auch dazu, den größeren Rahmen der Veranstaltung abzustecken. Ein wichtiges Element dieses Rahmens bildete die Hervorhebung Hamburgs als weltoffene und religiös plurale Stadt, wie oben bereits anhand einer Begrüßung Frau Goetschs aufgezeigt. Frau Goetsch, die in vielen meiner Beobachtungen die politische Gastgeberin repräsentierte, erklärte dazu im Interview:

> »[A]lso es gab meistens schon immer mal wieder Themen in der Gesellschaft, die ich dann aufgegriffen hab in meinen Begrüßungsreden, die mit Rassismus zu tun hatten, die mit Vorfällen in der Gesellschaft zu tun hatten, wo es dann immer wieder darum ging, wie können wir in unserer Gesellschaft über den Diskurs über das/wie kriegen wir das gemeinsame Zusammenleben in einer Einwanderungsgesellschaft hin und das ist eine Herausforderung, das ist eben nicht mal so einfach.«[231]

Probleme des gesellschaftlichen Zusammenlebens und das Ziel des sozialen Friedens in der pluralen Stadt legen die Grundierung zur Betonung einer Notwendigkeit der Arbeit, die einerseits auf politischer Ebene mit Blick auf die religiöse Vielfalt in der Stadt getan wird. Andererseits wird die Bedeutung der Akademie der Weltreligionen, als ein wichtiges Ergebnis dieser Arbeit und als Verankerung sowohl im

---

229 Videodokumentation_Rathaus, 476.
230 Teilnehmendeninterview_Rathaus_1, 212.
231 Interview_Goetsch, 149.

konkreten Dialog als auch in dessen wissenschaftlicher Reflexion und Praxis hervorgehoben. Damit dienen die Begrüßungen auch der expliziten Verankerung des eingangs genannten Anspruchs, mit dieser Veranstaltungsreihe die Wahrnehmung und Würdigung des Themas religiöser Vielfalt auf politischer und wissenschaftlicher Ebene öffentlich anzuzeigen.

Der Schulterschluss zwischen einer bestimmten dialogfördernden Haltung seitens der Politik und der Akademie der Weltreligionen als wissenschaftlicher Institution wurde auf verschiedene Weise in den Veranstaltungen bekräftigt. Einer von vielen Markern dieser Art war beispielsweise die Wendung »unsere Professorin«,[232] die Frau Goetsch wählte, um das Wort an die damalige stellvertretende Direktorin der Akademie, Katajun Amirpur, zu übergeben. Frau Goetsch betonte im Interview die intensiven und teils schwierigen Koalitionsverhandlungen zwischen den Grünen und der CDU im Jahr 2008, die schließlich zur Einrichtung der Akademie der Weltreligionen und des Lehrstuhls für islamische Theologie geführt haben.[233] Das Possessivpronomen »unsere« kann vor diesem Hintergrund bedeutungsschwanger als politische Errungenschaft der Einrichtung einer Professur für islamische Theologie gelesen werden.

Grüße an das Land der Freiheit

Ein kleinerer Herr mit einem grauen, kurzgeschnittenen Vollbart, einer Halbglatze und einer großen Brille trat an das Pult. Sein dunkles Sakko, das weiße Hemd, der schwarze Pullover sowie seine Gestik und Mimik strahlten eine professorale Aura aus. Er war als Professor Dr. Abdulkarim Soroush angekündigt worden, der in diesem Semester die Forum Humanum Gastprofessur an der Akademie der Weltreligionen bekleidete. An diesem Abend trat er als Gastredner an das Pult im Kaisersaal.[234] Der Sprachwechsel ins Englische markierte hier auch den Wechsel von den Begrüßungen zu einem der Hauptakte des Abends. Tatsächlich bezeichnete Frau Goetsch die Vorträge der Gastprofessorinnen und -professoren bei einer anderen Gelegenheit als »Anlass zu dieser Veranstaltungsreihe im Rathaus«,[235] womit sie die zentrale Stellung dieser Vorträge innerhalb der Veranstaltungskonzeption anzeigte. In einer langen Einleitung rekurrierte Soroush auf den Zustand von Religion in der Postmoderne, streifte die Säkularisierungsthese, dergemäß die Religion eigentlich verschwinden müsste, verwies auf wissenschaftliche Ideen ihrer scheinbaren Wiederkehr sowie auf einen erkennbaren Dualismus von Säkularismus und politisierter Religion. Es sei auffällig, erklärte er in flüssigem Englisch mit leicht persischem Akzent, dass der Islam die Religion sei, für die in akademischen, politischen und

---

232 Feldnotiz_Rathaus_1, 389.
233 Vgl. Interview_Goetsch, 148.
234 Vgl. Feldnotiz_Rathaus_1, 389f. sowie Fotodokumentationen_Rathaus, 471.
235 Videodokumentation_Rathaus, 471.

gesellschaftlichen Diskursen verschiedene Konzepte zur Beschreibung verwendet würden. Als Beispiele führte er Begriffe wie den moderaten, den liberalen und den radikalen Islam an. Mit Verweis auf den Titel dieser Veranstaltung – »Verantwortung von MuslimInnen in der Gesellschaft« – betonte er, dass er statt einer soziologischen und politologischen eher eine »religiöse, kulturelle« Perspektive einnehmen wolle.[236]

Er begann seinen Vortrag mit seinem persönlichen Verfolgungshintergrund. Als Kritiker des religiösen Systems im Iran lebe er im Exil. Mit wenigen Ausnahmen sei die freie Meinungsäußerung und der offene kritisch-akademische Austausch »in den ›muslimischen Ländern‹« nahezu unmöglich. »Such is the freedom in our Countries«, bekräftigte er seine Einschätzung mit bitterem Bedauern. Demgegenüber lobte er die Freiheit, die Menschen mit muslimischem Hintergrund in Deutschland eine friedliche Ausübung ihrer Religion ermögliche.[237]

Die beschriebene Szene zeigt auf, dass viele der Gastvorträge den Horizont der Veranstaltung von der Hamburger Selbstbeschau nicht nur auf die nationale beschränkten, sondern sehr oft auf eine internationale Perspektive hin ausweiten. So wird das kleine Pult im Kaisersaal des Rathauses zum Medium für einen globalen Blick auf die Situation religiöser Vielfalt und Freiheit. Bei einer anderen Veranstaltung sprach die Professorin Dr. Manuela Kalsky, die ihren Vortrag mit dem Satz einleitete: »Ich nehme Sie gleich mit in die Niederlande.« Bevor sie das tat, bedankte sie sich für die Einladung, »in diesem schönen Kaisersaal sprechen zu dürfen« und bestätigte die vorherigen Begrüßungsreden mit dem Hinweis, dass Hamburg »in der Tat die ›Hauptstadt des interreligiösen Dialogs‹« sei.[238] Ihre Überleitung ließe sich als Weg lesen vom Kaisersaal, als Repräsentanz des weltoffenen Hamburgs, in die Niederlande. Mit dem Vortrag der Gastprofessorinnen und -professoren als akademischem Hauptakt der Veranstaltung ist also häufig ein Herauszoomen aus Hamburg und damit ein internationaler Blick verbunden.

Durch diese erweiterte Perspektive der Veranstaltung gehen zum Teil auch weitreichende Rollenzuschreibungen einher. Ein Beispiel dafür beobachtete ich in einer Veranstaltung mit Sallie King, einer aus den Vereinigten Staaten stammenden Professorin für Philosophie und Religion, die sich selbst als Buddhistin und Quäkerin versteht. Aus dem Publikum hatte sich, nachdem das Plenum eröffnet worden war, ein älterer Herr zu Wort gemeldet und sich als ein aus Indien stammender Vertreter des Hinduismus in Hamburg vorgestellt. Etwas später in der Veranstaltung kam King nochmal auf den Herrn aus dem Publikum zu sprechen. Sie stimmte ihm in seinen Aussagen zu und bedankte sich schließlich bei ihm für die gute Behandlung

---

236   Vgl. Feldnotiz_Rathaus_1, 389f.
237   Vgl. ebd.
238   Vgl. Feldnotiz_Rathaus_4, 428.

des Buddhismus im Land beispielsweise durch die Aufnahme des Dalai Lama und sprach ihn damit stellvertretend für den indischen Staat an.[239]

Ein weiterer Aspekt des Einbezugs der Gastprofessorinnen und -professoren verweist auf ein Spannungsmoment zwischen religiösen und nicht-religiösen Rollenaspekten, das sich durch die gesamte Veranstaltungsreihe zieht und sich beispielsweise in Soroushs Aussagen, nicht aus soziologischer, sondern aus einer religiösen Perspektive sprechen zu wollen oder in Kings Dankbarkeit für die gute Behandlung des Buddhismus in Indien zeigte. Eine andere Szene brachte dieses Spannungsmoment nochmal deutlicher zum Vorschein. Während der Podiumsdiskussion einer Rathausveranstaltung, zu der die Professorin Dr. Carola Roloff über »Buddhismus – Impulse für Gesellschaft, Wissenschaft und Politik« sprach, ergriff der Moderator das Wort. Er fragte:

> »Man sieht ja häufig, dass Menschen sagen, ich meditiere oder ich fühle mich ganz leicht als Buddhist, denn ich habe mal den Dalai Lama gehört, der hat mich überzeugt. Wie geht es da jemandem, der oder die in dieser Religion verankert ist? Ist das eher so eine Art Voyeurismus oder Buddhismus light, von dem man sich gefährdet sieht oder sagt man sich, ein anfängliches Interesse ist ja ein Interesse, das fortgesetzt werden kann, warum soll ich mich da ärgern?«[240]

Als Buddhologin und buddhistische Nonne fühlte sich Roloff auf die Frage hin offenbar doppelt angesprochen, weil sie in der Veranstaltung einen wissenschaftlichen Vortrag gehalten hatte, die Frage aber auch ihre persönliche religiöse Haltung berührte. Deshalb hob sie das Mikrofon nachdenklich an und fragte zurück: »Fragst du mich das jetzt als Buddhistin oder als Wissenschaftlerin, welchen Hut soll ich aufsetzen?«[241] Ihre Antwort sorgte für allgemeines Lachen im Saal. Tatsächlich spiegelt sich hier das Bemühen der Akademie der Weltreligionen, Forschung im Hinblick auf religiöse Vielfalt und Dialog zu betreiben, bei gleichzeitiger Verankerung der Forschenden in ihren jeweiligen religiösen Traditionen. Die Forum Humanum Gastprofessuren dienen dazu, dieses Spektrum der Stimmen zu erweitern. So kommt es, dass viele der Rednerinnen und Redner in der Rathausveranstaltung eine akademische Position innehaben und gleichzeitig auf die eine oder andere Weise Mitglied der Tradition(en) sind, mit der (bzw. denen) sie sich forschend auseinandersetzen. Dass dies nicht immer gilt, ist an Ausnahmen, besonders in jüngeren Auflagen der Veranstaltung, zu belegen. Dazu gehören beispielsweise Wissenschaftlerinnen und Wissenschaftler, die sich u.a. im Bereich der Religionswissenschaft bzw. Religionssoziologie und Ethnologie verorten. Einzige nicht-akademische Ausnahme bildet

---

239 Vgl. Feldnotiz_Rathaus_2, 420.
240 Videodokumentation_Rathaus, 474.
241 Ebd.

Aiman Mazyek, der 2019 als Vorsitzender des Zentralrats der Muslime in die Rathausveranstaltung eingeladen worden war und damit nicht die Rolle des Gastprofessors bediente.[242]

Die zwei Hüte, auf die Roloff in ihrer Frage anspielt, verweisen auf eine Flexibilität, die den Gastprofessorinnen und -professoren abverlangt wird, nämlich das Changieren zwischen religiöser Zugehörigkeit, akademisch reflektierter Innenperspektive und einer gesellschaftsbezogenen Draufschau. Dies wird in der Veranstaltungssituation im Vortrag, in der Podiumsdiskussion durch Aussagen der anderen Gäste und Fragen des Moderators sowie in der anschließenden Öffnung für Fragen aus dem Plenum auf unterschiedliche Weise eingefordert.

Mit den beiden Hüten, vor allem mit dem der religiösen Zugehörigkeit, möchte ich hier nochmal den Blick auf die Frage lenken, inwiefern es sich bei dieser Veranstaltungsreihe um eine *interreligiöse* Veranstaltung handelt. Auf den ersten Blick können diesbezüglich Zweifel bestehen. Jede Veranstaltung dieser Reihe ist auf eine religiöse Tradition oder einen Religion und Säkularisierung betreffenden Aspekt hin ausgerichtet und rückt damit also nicht zwangsweise – oder sogar eher selten explizit – ein religionsübergreifendes Thema ins Zentrum. Außerdem hatte ich eingangs bereits beschrieben, dass im Selbstverständnis der Veranstaltenden ein wissenschaftlich-politischer Dialog angelegt wurde. Aus diesem Grund bildet die Anwesenheit von Politikerinnen und Politikern als Podiumsbeteiligte neben den Gastprofessorinnen und -professoren die Basis für die anvisierte Diskussion.

Das Podiumskonzept der Veranstaltung sieht vor, dass neben zwei Personen aus unterschiedlichen Fraktionen der Bürgerschaft und in der Regel einer Person, die den akademischen Hauptvortrag hält, auch immer eine vierte Person dabei ist, die das Thema entweder aus einer weiteren wissenschaftlichen Perspektive und/oder einer explizit religiösen Perspektive bedient. Dass dies auch als Strategie zur Herstellung eines interreligiösen Bezugs gedeutet werden kann, zeigte die Aussage eines älteren Teilnehmers, der mit kritischem Blick eine Einschätzung zur Anwesenheit einer Professorin für das Alevitentum auf einer Veranstaltung anlässlich der Gastprofessur der evangelisch-lutherischen Theologin Manuela Kalsky abgab:

> »[V]on der Veranstaltungsstrategie hätte ich, hätte mir gereicht, wenn die Frau Kalsky und der Innensenator [...] das hätte mir gereicht, die Frau, die Alevitin hat da ihre Sprüche aufgesacht und sozusagen das Lob des Alevitentums betrieben, aber das passte überhaupt nicht da rein [...]. Fand ich. Also, auf die hätte man gut und gerne verzichten können. [...] [Sie] sollte sozusagen das Interreligiöse jetzt legitimieren, nich. Aber eigentlich war es keine interreligiöse Veranstaltung [...]. Aber gut, also sie hatten gefragt, was ist mit dem interreligiösen/also der war in diesem Fall nicht so sta/also war sozusagen durch den/durch die Anwesenheit und

---

242 Vgl. Akademie der Weltreligionen: Religionen und Dialog 2021.

die Worte der alevitischen Professorin war er war er sozusagen formell da, aber, ok.«[243]

Die Anwesenheit der Professorin für das Alevitentum wird hier als formelle Begründung des interreligiösen Aspekts beschrieben. Demgegenüber wird in der Auseinandersetzung zwischen der Hauptrednerin und einem politischen Podiumsbeteiligten, in dem Fall dem Hamburger Innensenator, der eigentliche Schwerpunkt der Veranstaltung ausgemacht.

Dass die bereits seit Beginn der Veranstaltungsreihe fest eingeplante Anwesenheit einer weiteren religiösen bzw. traditionsspezifischen Perspektive auf dem Podium nicht nur formell ein interreligiöses Moment erzeugt, sondern auch inhaltlichen Ausdruck erfahren hat, spiegelt eine Erinnerung Frau Goetschs:

> »[A]lso für mich war der bewegendste Moment, muss ich sagen, als Frau Bruckstein als jüdische Philosophin sich mit [der islamischen Theologin, M. K.] Katajun Amirpur ausgetauscht hat und das im Kaisersaal, das f/also wie gesagt so 'ne Festung von protestantisch-abendländischem Hamburg und dann diese beiden Wissenschaftlerinnen auf hohem Niveau, das das war für mich ein sehr, ja ich würde schon fast sagen, berührender Moment, weil/also mehr Dialog geht eigentlich gar nicht, ne«.[244]

Das Beispiel verweist darauf, dass durch die Anwesenheit mehrerer Wissenschaftlerinnen und Wissenschaftler, die zu einer religiösen Tradition arbeiten und dieser womöglich auch angehören, eine Gelegenheitsstruktur für einen religiös inhaltlichen Austausch geschaffen wird. Darüber hinaus betont Frau Goetsch, dass es noch mehr Gelegenheitsstrukturen gibt:

> »[I]ch glaube, es ist per se schon ein Dialog [...] im ganzen Format, weil sowohl vom Publikum als auch vom Podium die verschiedenen Religionsvertreter aufeinanderstoßen. Es ist [...] ein Dialog dann doch auch durch die Gastprofessoren, weil die ja auch immer in einer interdisziplinären Art und Weise auch referieren und eben im besten Fall auch dann mit den jeweiligen Vertretern von Politik und entweder untereinander, wenn es verschiedene sind, als eben auch je nachdem, wer da sitzt, ob da [...] der CDU-Vertreter [...], der auch ein bisschen Ahnung hat, ne, von dem Thema. Dann passiert ja auch noch was anderes, als wenn da ein Politiker sitzt, den man erstmal überhaupt informieren muss.«[245]

Folgt man Frau Goetsch in ihren Ausführungen, so lässt sich abschließend eine Konzeption der Veranstaltung zusammentragen, die eine Einordnung der Aktivität als

---

243 Teilnehmendeninterview_Rathaus_1, 213.
244 Interview_Goetsch, 151.
245 Ebd.

interreligiös angelegte Veranstaltung nahelegt. Zunächst ist der inter- (zumindest aber multi-)religiöse Bezug im äußeren Rahmen der Veranstaltungsreihe verankert, wie auch der allgemeine Titel der Reihe »Religionen und Dialog in der Stadt Hamburg« anzeigt und in den Begrüßungen mit ihren obligatorischen Anteilen (besonders das Anliegen der Akademie der Weltreligionen betreffend) bekräftigt wird. Darüber hinaus könnte die strategische Setzung eines vierten Podiumsgastes als Versuch gedeutet werden, bisweilen den religiösen Blick auf das jeweilige Thema noch weiter zu differenzieren. Als weiterer Bezugspunkt kommen die politischen Vertreterinnen und Vertreter ins Spiel. Diese werden über ihre politische Profession, aber mitunter auch als religiöse Personen in den Diskurs eingebunden, sodass einige von ihnen somit auch einen zweiten Hut tragen. Und schließlich bildet die Öffnung für Fragen aus dem Publikum durch die Anwesenheit von Vertreterinnen und Vertretern unterschiedlicher religiöser Gemeinden, Zentren und Verbände eine wichtige Gelegenheitsstruktur u.a. für einen religiös inhaltlichen Austausch.

(Partei-)Politische Ziele

Soroush hatte sich in seinem Vortrag zur Haltung von Musliminnen und Muslimen in Deutschland geäußert. Er hatte betont, dass ein Selbstverständnis als Staatsbürger wichtig sei und die hier Lebenden sich auch mit der Geschichte und Kultur des Gastgeberlandes auseinandersetzen müssten. Nun saß der Moderator Wolfram Weiße mittig auf dem Podium. Rechterhand hatten Amirpur und Soroush als wissenschaftliche Vertretungen dieses Abends Platz genommen. Auf der anderen, entsprechend der politischen Seite befanden sich der Hamburgische Innensenator, Michael Neumann von der SPD, sowie Frau Goetsch. Neumann erhielt das Wort. Sein sehr kurz geschnittenes Haar verlieh ihm einen leicht militärischen Zug, der zu seiner tatsächlichen Tätigkeit bei der Bundeswehr, die er vor und nach seinem Ministeramt verfolgte, passte. Er widersprach Soroushs Formulierung, dass Deutschland das Gastgeberland sei. Muslimische Menschen lebten zum Teil schon in dritter Generation in Deutschland, deshalb sei der Gastgedanke nicht richtig. »Wir sind nicht das Gastland, sondern es ist unser gemeinsames Land«, betonte er und mit Blick auf die Stadt fügte er hinzu: »hier sind alle Hamburgerinnen und Hamburger«.[246]

Frau Goetsch war sichtlich unruhig auf ihrem Stuhl und erbat sich das Wort. Sie hatte bereits in ihrer Begrüßungsrede mit Blick auf die aktuelle Zunahme der Zahl aus Afrika stammender Flüchtlinge in Hamburg erklärt, die Politik »versagt auf ganzer Linie«.[247] Dies konnte bereits als Seitenhieb gegen den Anwesenden Innensenator verstanden werden. Nun ergriff sie das Mikrofon und widersprach Neumann

---

246 Vgl. Feldnotiz_Rathaus_1, 391.
247 Im Kontext stand die medial höchst präsente Problemlage auf der italienischen Insel Lampedusa, die sich zu einem der Hauptorte für die Ankunft über das Meer kommender Flüchtlinge

mit Blick auf die Gleichheit aller Einwohnerinnen und Einwohner. Denn, so erklärte sie, Menschen, die keine deutsche Staatsbürgerschaft haben, haben unweigerlich weniger Rechte, »einige sind also gleicher als andere«. Auf diesen Beitrag machte sich Applaus im Publikum breit.[248]

Den bewussten Einbezug einer weiteren aus der Politik kommenden Person, die aber immer aus einer anderen Fraktion stammt, habe ich eingangs bereits als wichtiges Anliegen der Mitinitiatorin und Grünen-Vertreterin Frau Goetsch beschrieben. Auf diese Weise sollen auch auf politischer Seite verschiedene Perspektiven auf die Themen eröffnet werden. Dass hierbei die parteipolitischen Grenzen aufschimmern, ist naheliegend und je nach Thema und politischem Gast auch gewollt, wie Frau Goetsch später im Interview erklärt:

> »Das habe ich dann natürlich auch teilweise ein bisschen gesteuert, muss ich dazu sagen [...] das hing auch immer von der aktuellen politischen Lage ab, [...] wie man miteinander spricht und wie/ob man vor allen Dingen das Gemeinsame betont zu dem interreligiösen Dialog zu stehen, zu interreligiösem Religionsunterricht, das ist ja auch immer ein ganz wichtiger Punkt, das hängt von den Personen ab, die eingeladen sind.«[249]

So diente die Veranstaltung hin und wieder auch dazu, bestimmte politische Vertreterinnen und Vertreter mit Fragen religiöser Vielfalt zu konfrontieren und für politische Vorhaben empfänglich zu machen.

Neben der im Zitat angesprochenen besonderen Hamburger Form des Religionsunterrichts war ein immer wieder aufkommendes Thema der Abschluss und die Weiterführung der oft so genannten Staatsverträge mit ausgewählten Hamburger Religionsgemeinschaften. Zwei Wortmeldungen aus dem Plenum zeigen auf, wie dies mitunter in die Veranstaltung eingebracht wurde und machen nebenbei noch einmal deutlich, dass auch das Publikum zur interreligiösen bzw. multireligiös-politischen Auseinandersetzung in dieser Veranstaltung beiträgt. In der Veranstaltung mit Frau King erhob sich der zuvor erwähnte Herr indischer Herkunft. Er war mir bereits bei Veranstaltungen verschiedenster Art als Hinduvertreter begegnet und wird auf der Webseite der Akademie der Weltreligionen als Vertreter der Hindu Gemeinde für den Beirat der Akademie geführt. Zudem ist er ein Mitglied im Zentral-

---

aus Afrika entwickelte. Vgl. beispielsweise einen Bericht der Deutschen Welle mit dem Titel »Lampedusa ist auch in Hamburg«, Bohne 2013.
248 Vgl. Feldnotiz_Rathaus_1, 391. Im weiteren Verlauf fokussierte sich die Diskussion noch auf die Schwierigkeit muslimischer Personen in Deutschland, als deutsch akzeptiert zu werden, sodass ihnen immer ein wenig der Gaststatus anhänge, wie beispielsweise Amirpur betonte. In der anschließenden Besuchendenbefragung wurde der Diskurs um Gleichheit, Staatsangehörigkeit und Gaststatus als konfliktreichste Situation der Veranstaltung aufgegriffen, vgl. Befragung_Rathaus, 279f.
249 Interview_Goetsch, 152.

rat der Inder in Hamburg e.V., möglicherweise auch ein Grund, warum Frau King ihn stellvertretend für den indischen Staat adressierte. Bedächtig schritt er an das Mikrofon, das für Kommentare und Fragen aus dem Plenum aufgestellt worden war und begann seinen Beitrag mit der Forderung, dass alle »Weltreligionen« gleichwertig zu behandeln seien. Aus diesem Grund, er hob im Redefluss seine geöffnete Hand und lächelte, würden die buddhistischen und auch die Hindugemeinden bald »an ihre Tür« klopfen. Darauf folgte ein Lachen im Publikum. Die Aussage war offensichtlich an politische Entscheidungstragende gerichtet. Ein ehemaliger Schulsenator von der FDP, der an diesem Abend zu den politischen Podiumsbeteiligten zählte, fühlte sich angesprochen und erwiderte etwas später, dass Verträge mit weiteren Religionsgemeinschaften denkbar seien, aber die Frage der Repräsentanz jeweils geklärt werden müsste, was sich bislang als schwierig erwiesen habe.[250] In einer anderen Szene, die sich 2012 in der Veranstaltung mit der Buddhologin Roloff abspielte, ergriff ebenfalls ein älterer Herr das Wort. Seine Brille saß weit vorne auf der Nase und ein weiß-grauer Haarkranz umgab seinen Kopf. Beim Sprechen blickte er immer wieder auf einen beschriebenen Zettel in seiner Hand. Es handelt sich bei ihm um eine bekannte jüdische Stimme in verschiedenen interreligiösen Aktivitäten Hamburgs, die auch mit der Arbeit der Akademie der Weltreligionen eng verbunden ist.[251] In seinem mit leichtem Akzent vorgetragenen Kommentar erklärte er:

>»Was Religionen betrifft: Ich kenne nicht Religionen erster Klasse und Religionen zweiter Klasse. [...] Was ist mit den Buddhisten, den Hindus und Bahai und viele andere Religionen, die wir haben [...]? Ich betrachte diese Religionen nicht als Religionen zweiter Klasse. Z.B. die Hindus ist viel älter als meine jüdische Religion. Liebe Politiker, bisschen Tempo.«[252]

Auch hier folgte allgemeine Heiterkeit auf die freundliche, aber bestimmte Aufforderung in Richtung der politischen Personen auf dem Podium, sich hinsichtlich weiterer Verträge mit Hamburger Religionsgemeinschaften zügiger auf den Weg zu machen. Wie eingangs beschrieben, waren die Verhandlungen zwischen der Stadt und drei muslimischen sowie einem alevitischen Verband in Hamburg schon für die erste Veranstaltung dieser Reihe ein begleitendes Thema. Nach abschließender Unterzeichnung dieser Verträge im Jahr 2012[253] und auch vor dem Hintergrund vor-

---

250 Vgl. Feldnotiz_Rathaus_2, 418.
251 Sein langjähriges Engagement in Fragen interreligiöser Verständigung zeigt sich u.a. an der Verleihung der »Medaille für treue Arbeit im Dienste des Volkes in Bronze« durch den Hamburger Senat im März 2016, vgl. Akademie der Weltreligionen: Ehrenmedaille 2016.
252 Videodokumentation_Rathaus, 475.
253 Der Wortlaut dieser Verträge ist einer Drucksache der Bürgerschaft zu entnehmen, vgl. Bürgerschaft der Freien und Hansestadt Hamburg 2012.

hergehender Verträge mit der Katholischen Kirche 1994,[254] mit der Nordelbischen Evangelisch-Lutherischen Kirche 2005[255] sowie mit der Jüdischen Gemeinde in Hamburg 2007[256] flammten in den folgenden Veranstaltungen im Rathaus immer wieder Fragen nach möglichen Fortsetzungen auf. Das lag zum einen an diesen stetigen Einforderungen aus dem Publikum, aber auch an der Agenda, der die politische Mitorganisatorin und ihr Mitorganisator von der Akademie der Weltreligionen durch die Grußworte, die Auswahl der Gäste auf dem Podium und die Moderationen Ausdruck verliehen.

Gretchenfrage und weitere Stimmen

Ein junger Mann, vielleicht ein Student, trat an das Mikrofon, das vor dem Podium und seinen neugierig der Frage entgegenblickenden Mitgliedern aufgebaut war. Er hatte sich die Veranstaltung angehört und u.a. die Forderungen nach weiteren Verträgen mit anderen Religionsgemeinschaften vernommen. Nun formulierte er die Frage, die ihn bis hierhin beschäftigte: Der deutsche Staat sei doch seiner Verfassung nach säkular ausgerichtet. Ist es nicht so, dass die »Staatsverträge mit Religionsgemeinschaften« die Säkularität des Staates untergraben? Eine kritische Frage. Blicke wurden ausgetauscht. Die wissenschaftlichen Expertisen auf dem Podium blieben stumm, denn dies war eine zutiefst politische Frage. Der Moderator leitete die Frage an den neben ihm sitzenden Innensenator weiter. Dieser erklärte, dass es unterschiedliche Härtegrade des säkularen Staates gebe. Eine harte Form sei im Laizismus Frankreichs verankert. In Deutschland hingegen finde sich eine weiche Form, in der der Staat mit den Religionsgemeinschaften Kooperationen eingehe. Das sei auch deshalb wichtig, weil die Religionsgemeinschaften wichtige soziale Beiträge zur Gesellschaft leisteten, auf die der Staat nicht verzichten könne.[257]

Grundsatzfragen dieser Art, besonders das Verhältnis von Staat und Religion betreffend, habe ich in dieser Veranstaltungsreihe immer wieder beobachtet. Ein Grund liegt ganz offensichtlich gerade im programmatisch angelegten Aufeinandertreffen von Politik und religiöser Vielfalt in dieser Veranstaltungsreihe. Eine Kombination, die auch gerade vor dem Hintergrund der immer wieder betonten politischen Prozesse beispielsweise um die Verträge und den Religionsunterricht, unweigerlich diese Gretchenfrage aufbringt. Hinzu kommt, wie einige der Besucherinnen und Besucher der Veranstaltung in der Befragung betonten, dass die gelegentliche Anwesenheit auch hochrangiger Politikerinnen und Politiker des

---

254 Vgl. Erzbistum Hamburg 1994.
255 Der Vertrag ist verankert im Kirchenrecht der Nordkirche, vgl. Evangelisch-Lutherische Kirche in Norddeutschland 2005.
256 Dieser findet sich beispielsweise als Anlage zum dazugehörigen Landesgesetz Hamburgs, vgl. Landesrecht Hamburg 2007.
257 Vgl. Feldnotiz_Rathaus_1, 392.

Stadtstaats geschätzt werde.[258] Dies könnte auch ein Anlass für Grundsatzfragen sein, da sich hier die Gelegenheit ergibt, das Wort direkt an sie zu richten und Antworten gewissermaßen aus erster Hand zu erhalten. Andersherum zieht das Rathaus auch eine bestimmte Klientel an, die diesen Zugang zu Politikerinnen und Politikern sucht und nutzen möchte.[259]

Frau Goetsch musste sich dieser teils auch mit kritischem Unterton geführten Frage nach der Beziehung zwischen Staat und Religion einige Male stellen. In der gleichen Veranstaltung sagte sie beispielsweise, dass Religion prinzipiell zwar Privatsache sei, aber das Zusammenleben von Menschen, die sich unterschiedlichen religiösen Traditionen zugehörig fühlen, auch politisch positiv begleitet und geregelt werden müsse. Die Verträge seien ein Instrument, um zudem auch Anerkennung für die jeweiligen Gruppen auszudrücken.[260]

Nicht nur hinsichtlich dieser Grundsatzanfrage stellte eine Besucherin in der Befragung fest: »bei den Fragen vom Publikum knisterte es ein wenig«.[261] Insgesamt kamen neben interessierten Nachfragen regelmäßig auch kritische Fragen, die das Podium auf die eine oder andere Weise herausfordern. Eine häufige Anfrage war beispielsweise der Ruf nach Beachtung nicht-religiöser Menschen. Gerade im Kontext des Rathauses, dem als zentraler politischer Ort des Stadtstaates und Forum der Hamburger Öffentlichkeit ein Repräsentanzanspruch für alle Bürger zugesprochen wird, sind die Stimmen derer, die sich eben keiner religiösen Tradition zugehörig fühlen, immer wieder zu hören. Ein Mann aus dem Publikum fragte beispielsweise kritisch an die Personen auf dem Podium, warum es keinen Einbezug »der größten Bevölkerungsgruppe«, nämlich der »Säkularen« gebe. Einige Personen klatschten auf die Frage hin demonstrativ Beifall.[262] Säkulare sind dabei offensichtlich mit nicht-religiösen Menschen gleichgesetzt. Selbstkritisch wurde das in weiteren Veranstaltungen von organisierenden Personen aufgegriffen, die beispielsweise bei Aufzählungen relevanter Gruppen für die Veranstaltung auch Nicht-Religiöse aufführen[263] oder bislang fehlende Einbindung beispielsweise der Humanistischen Union als Mangel und noch ausstehende Aufgabe benannten.[264]

Nach den Begrüßungen, dem Hauptvortrag, den Podiumsfragen und schließlich der Öffnung zum Plenum bildet der informelle Ausklang eine letzte Gelegenheit der Anwesenden, Fragen zu stellen und ins Gespräch zu kommen. Der formelle Teil selbst wird in der Besuchendenbefragung als zwar interessant, aber auch sehr

---

258 Befragung_Rathaus, 283.
259 Dies gilt beispielsweise für ›säkulare Stimmen‹, vgl. Feldnotiz_Rathaus_2, 420.
260 Vgl. Feldnotiz_Rathaus_1, 391.
261 Befragung_Rathaus, 280.
262 Vgl. Feldnotiz_Rathaus_2, 420.
263 So beispielsweise Kinder mit nicht-religiösem Hintergrund im Kontext des Religionsunterrichts, vgl. Videodokumentation_Rathaus, 474.
264 Vgl. Feldnotiz_Rathaus_3, 425.

lang wahrgenommen. Bedauert wird hin und wieder, dass zu wenig Zeit am Ende für Plenumsfragen bleibe. Eine Besucherin erklärte zur Veranstaltung mit Soroush, dass die Veranstaltung zwar »sehr gelungen« sei, aber besonders die »letzte Fragerunde« sei zu viel gewesen, denn »die Leute wurden unruhig«.[265] Gleichwohl endet jede Veranstaltung der Reihe mit Dankesworten auf dem Podium und ins Publikum. Die Menschen strömten aus dem Saal, einige verweilten noch kurz im Foyer des Kaisersaals, wo manchmal Stehtische und bereitstehende Getränke die Kleingruppenbildung unterstützen. Dies war ein guter Kontext, um Befragungen mit einigen der verbleibenden Besucherinnen und Besucher zu führen. Angesichts des langen Abends lösten sich die Kleingruppen schließlich nach überschaubarer Zeit auf. Die Letzten machten sich auf, durch die prächtigen Gänge des Rathauses über den roten Teppich bis in die geräumige Rathausdiele, hinaus in die von der Alster geschwängerte Luft auf dem Rathausvorplatz, von wo sie sich dann zügig in alle Richtungen verstreuten.

5.4 Gesprächsreihe »Kunst im Interreligiösen Dialog« in der Hamburger Kunsthalle

Mit anderen Augen sehen

Marion Koch, die als freie Mitarbeiterin im Bereich Bildung und Vermittlung der Hamburger Kunsthalle arbeitet, führte eine Gruppe von Imamen aus der Region durch eine Ausstellung. Etwas aufgeregt trat sie an ein Werk heran. Die Imame verteilten sich im Halbkreis um sie herum. Sie berichtete über das Gemälde, seinen historischen Kontext und die religiösen Inhalte des Bildes. Zu sehen waren u.a. Personen, die Turbane tragen. Sie erklärte, dass es sich um eine Darstellung Abrahams und seiner Zweitfrau Hagar handle. Die Szene verweise auf die biblische Erzählung um die Verstoßung Hagars und ihres Sohnes Ismael. In der Gruppe wurde getuschelt. Einige übersetzten flüsternd Frau Kochs Worte, da nicht alle Imame in der Gruppe fließend Deutsch sprachen. Ein Imam meldete sich zu Wort. Er zeigte auf, dass die Geschichte im Koran ebenfalls zu finden sei.

Über ein Jahrzehnt später erinnerte sich Frau Koch im Interview an diese Szene:

»Und dann erläuterte der Imam die Geschichte, wie sie im Koran erzählt ist: der Ort, an dem Hagar ihr Kind hingelegt hat, ist der Ort, wo die Kaaba steht und wo die Pilgerfahrt Hadj hinführt. Ich war völlig fasziniert aber auch überrascht über so eine Unkenntnis von mir. Zugleich bemerkte ich, wie unterschiedlich ein Gemäl-

---

265 Vgl. Befragung_Rathaus, 281.

de gelesen werden kann, je nachdem aus welchem Blickfeld, mit welchem Hintergrund, mit welcher Geschichte die Betrachtenden ins Museum kommen.«[266]

Der Begegnung war ein Besuch Frau Kochs und des Direktors der Kunsthalle in einer Hamburger Moscheegemeinde vorausgegangen. Anlass war die geplante Installation des Künstlers Gregor Schneider, die bereits in Venedig und Berlin umgesetzt werden sollte, aber an beiden Orten schließlich aufgrund möglicher Beschwerden seitens islamischer Gemeinden oder sogar Ängsten vor islamistischen Anschlägen untersagt worden war.[267] Unter dem Titel »Cube Hamburg 2007« sollte der Bau eines schwarzen Würfels mit Seitenlängen von über dreizehn Metern auf einem Außenplatz der Kunsthalle errichtet werden. Mit der Erscheinung des Baus spielte der Künstler bewusst auf die Kaaba an, also das religiöse Zentrum des islamischen Kosmos.

Die Hamburger Kunsthalle suchte auch aufgrund der Umstände an den anderen geplanten Ausstellungsorten zunächst Kontakt zu muslimischen Gemeinden vor Ort. Durch Vermittlungen kam schließlich die Einladung durch das Bündnis islamischer Gemeinschaften (BIG) in eine Moscheegemeinde zustande, die Frau Koch gemeinsam mit dem Direktor antrat, da sie die Ausstellung »Bilder vom Orient« kuratiert hatte. Im Gespräch kristallisierte sich eine positive Haltung seitens der muslimischen Gesprächspartner heraus, der Spiegel schrieb später, das Projekt »stieß sogar auf Gegenliebe, ja pure Begeisterung.«[268]

Im Gegenzug für die Einladung in die Moscheegemeinde und das sehr gute Gespräch lud das Museum Imame des BIG zu einer Führung in die Kunsthalle ein. Für die Führung bot sich eine Ausstellung an, die Frau Koch als Ausstellungsparcours unter dem Titel »Bilder des Orients« selbst entworfen hatte. Parcours meint hier, dass die zugehörigen Kunstwerke nicht in einem Raum zusammengetragen wurden, sondern sich vielmehr über die gesamte Ausstellungsfläche der Kunsthalle verteilten. Die Thematik der Ausstellung hängt auch mit einem Perspektivwechsel zusammen, den Frau Koch in Folge der Terroranschläge in New York 2001 durchgemacht hatte, wie sie im Interview beschrieb:

»Eine entscheidende Veränderung meines Blickes auf die Darstellung von ›Orientalen‹, vom ›Orient‹ als geografischen Ort kam durch 9/11 und die damit einhergehende mediale Visualisierung ›des Bösen‹. Zunächst stellte ich bei mir selbst dieses ›scannen‹ der Mitmenschen, etwa auf dem Flughafen, fest, und war darüber sehr erschrocken. [...] Ich fragte mich, woher diese Bilder kamen. Klar wa-

---

266 Interview_Koch, 96, nachträglich redigiert durch die Interviewte.
267 Der Künstler Schneider beschreibt, dass ihm in den E-Mails der Bau »auf Grund der politischen Bedingungen in Berlin – in Venedig war es die politische Natur« – nicht gestattet worden sei, vgl. Welt Online.
268 Klaas 2007.

ren sie medial gemacht. Ich fragte mich jedoch auch, wie die Darstellungen von Muslimen und Musliminnen, von arabischen Ländern und deren Bewohnerinnen und -bewohnern in der europäischen Kunstgeschichte ist. Also in Bildern, mit denen ich täglich zu tun habe. [...] Und so habe ich mich in der Sammlung der HH Kunsthalle umgeschaut. Daraus entstanden ist der Ausstellungsparcours Bilder vom Orient.«[269]

Mit dem veränderten medialen Diskurs über den Islam stellte sich Frau Koch also die Frage nach Darstellungsweisen und gelangte ihrer Profession entsprechend zur Verarbeitung von Vorstellungen, »die sich europäische Künstler vom ›Orient‹ über die Jahrhunderte gemacht haben«,[270] in Kunstwerken. Bis dahin hatten religiöse Aspekte kein zentrales Thema für sie gespielt. Die in den 1960er Jahren geborene Pfälzerin versteht sich selbst zwar als religiös in einem weiteren Sinne, pflegt aber ein distanziertes Verhältnis zur Institution Kirche. Sie studierte u.a. Europäische Kunstgeschichte in Heidelberg, Hamburg und Rom und hatte sich dabei auch für kulturelle Überschneidungen interessiert. Die Begegnung mit den Imamen in der Führung durch die »Bilder vom Orient« ist einer der Schlüsselmomente, der Frau Koch zur Umsetzung weiterer Ideen in der Kunsthalle in Kooperation mit Vertretern und Vertreterinnen religiöser Traditionen animierte, wie sie aufzeigte:

»[D]as fand ich so faszinierend diese Gedanken und Blicke von Menschen weiterer Religionen wahrzunehmen, dass ich gedacht hab: OK, das muss öffentlich gemacht werden, das kann nicht nur ich glücklicherweise mitbekommen. Denn ich empfand die Gedanken der Imame zu den Kunstwerken eine absolute Bereicherung. So ist die Idee und das Konzept für die Veranstaltungsreihe *Kunst im Interreligiösen Dialog* entstanden.«[271]

Eine zweite Gelegenheit, das interreligiöse Veranstaltungskonzept umzusetzen, bot sich 2008 im Kontext einer Mark Rothko-Ausstellung. Die Werke des Künstlers, die durch den Künstler häufig in einen religiösen Bezug gestellt worden waren, zeichnen sich einerseits durch gegenständlich jüdisch inspirierte Thematiken einerseits und durch gegenstandslose, große Farbflächen andererseits aus. Der Direktor der Kunsthalle hatte Frau Koch vor dem Hintergrund ihrer guten Erfahrungen aus einer ersten kleinen interreligiösen Veranstaltungsreihe vorgeschlagen, auch hier religiöse Vertreter und Vertreterinnen einzubeziehen. Und so organisierte sie drei Veranstaltungen mit jeweils den vier gleichen Referierenden aus unterschiedlichen religiösen Traditionen. Die überaus positive Erfahrung daraus führte schließlich zur

---

269 Interview_Koch, 90, nachträglich redigiert durch die Interviewte.
270 Webseite Koch o.J.
271 Interview_Koch, 91, nachträglich redigiert durch die Interviewte.

kontinuierlichen Veranstaltungsreihe: *Kunst im Interreligiösen Dialog.* Seit 2010 findet diese acht Mal im Jahr in der Kunsthalle statt.

Das Konzept der Veranstaltungsreihe sieht drei Personen vor, die aus jeweils einer anderen religiösen Tradition heraus vor dem Hintergrund zweier Kunstwerke und einer für jede Veranstaltung festgelegten Thematik Fragen gestellt bekommen. Ein wichtiger Zug der Reihe sei zudem, wie Frau Koch zu Beginn einiger Veranstaltungen, bei denen ich zugegen war, erklärte, dass sie sowohl interreligiös als auch intrareligiös gedacht sei.[272] Interreligiös bezieht sich hierbei auf den Einbezug von Vertreterinnen und Vertretern unterschiedlicher religiöser Traditionen. Intrareligiös ist die Veranstaltungsreihe, insofern die Vertreterinnen und Vertreter von Veranstaltung zu Veranstaltung auch unterschiedliche konfessionelle Schattierungen einer Religionsgemeinschaft spiegeln sollen. In der Regel sind Personen aus dem Bereich des Christentums, des Judentums und des Islams gemeint, aber auch aus dem Buddhismus und den Hindureligionen werden hin und wieder Referierende eingeladen.

Nach den Voraussetzungen für den Einbezug religiöser Traditionen gefragt, sagte Frau Koch, dass Personen aus der Bahai-Religion gut denkbar wären. Auf die provokante Nachfrage nach der Scientology Kirche erklärte sie:

> »Da hätte ich keine Lust zu. [...] Ich weiß letztendlich eigentlich zu wenig über Scientology, aber das wenige was ich weiß ist für mich einfach sehr abschreckend, weil es doch eine ganz starke hierarchische Struktur gibt, die für mich nichts von Offenheit und Bereitschaft, sich auf andere Religionen oder auf die Vielfalt von Religionen einzulassen, beinhaltet. Und das ist für mich Voraussetzung. Also, dass die Vielfalt der Religionen von den Referierenden erstmal grundlegend als eine Bereicherung gesehen wird«.[273]

Dass die hier betonte Offenheit der Referierenden auch auf Seiten der Besucherinnen und Besucher wahrgenommen wird, klingt in der Darstellung einer Teilnehmerin mittleren Alters mit pantheistischem Hintergrund an, die ich im Interview um eine Grundbeschreibung der Veranstaltung zum Thema »Tod und Trauer« bat:

> »Das war eine horizonterweiternde, verständnisaufbauende interkulturelle Veranstaltung, in der es möglich war, sich sehr konzentriert gemeinsam also aus der Perspektive der verschiedenen Religionen [...] was zu erfahren und sich auszutauschen und auseinanderzusetzen über die verschiedenen Vorstellungen von Tod, Trauer, Abschiedsprozessen [...] an einem konkreten Gegenstand, das fand ich besonders interessant, weil es konkret war, nich, also [...] kein allgemeiner theoretischer Austausch, sondern die Tatsache, dass man sich mit zwei verschiedenen

---

272   Vgl. Feldnotiz_Kunsthalle_2, 369.
273   Interview_Koch, 100f., nachträglich redigiert durch die Interviewte.

Kunstwerken beschäftigt hat und auch [...] das Publikum Gelegenheit hatte sich zu äußern, fand ich einen guten Prozess auf Augenhöhe«.[274]

Die Rahmung als verständnisaufbauende Veranstaltung verweist auf die wechselseitige Öffnung der Beteiligten für die Darstellung der jeweils anderen, die zumindest diese Teilnehmerin als wesentlich für die Veranstaltung hervorhebt. Mit dem Begriff der Augenhöhe ist zudem ein respektvoller und anerkennender Umgang miteinander angesprochen. Das Bild der Augenhöhe wird auch in einer Buchdokumentation aufgegriffen, in der Frau Koch zwölf Veranstaltungen der Reihe unter dem Titel »Auf Augenhöhe. Interreligiöse Gespräche über Kunst«[275] zusammengetragen und herausgegeben hat.

Jede Veranstaltung steht unter einem zumeist sehr offen formulierten Leitthema, für das sowohl in religiösen Traditionen als auch in der Kunst Anknüpfungspunkte gefunden werden können. Offene Themen in der Vergangenheit waren neben »Tod und Trauer« beispielsweise »Musik«, »Was auf den Tisch kommt«, »Reichtum und Bereicherung«, »Opfer«, »Gerechtigkeit und Freude«. Zu den im engeren Sinne religiösen Themen gehören u.a. »Gottesvorstellungen und Abbild Gottes«, »Initiationsriten« sowie »Gebets- und Gotteshäuser«. Passend zum jeweiligen Thema wählt Frau Koch stets zwei Kunstwerke aus dem Bestand der Kunsthalle aus, wobei das erste Kunstwerk älter ist und nach Möglichkeit in einem religiösen Zusammenhang steht bzw. deutlicher religiöse Bezüge aufweist und das zweite jüngeren Datums ist und vielleicht auch weltlichere und gegenwärtige Fragen ins Zentrum rückt.[276]

Alte Farben in neuem Licht

»Es mag verwundern, dass ein interreligiöser Dialog in einem Museum stattfindet, dessen Sammlung vorwiegend christlich-abendländisch geprägt ist. Grundlage der Darstellungen zahlreicher Gemälde sind jedoch Erzählungen der hebräischen Bibel (des Alten Testaments). Die Erzählungen wiederum sind auch Gegenstand der Tora und des Korans. Diese Tatsache ist für Marion Koch der Ausgangspunkt, um Referentinnen und Referenten verschiedener Religionsgemeinschaften zu den Dialogen in die Kunsthalle einzuladen.«[277]

Dieses Zitat entstammt einem Vorwort von Professor Hubertus Gaßner, der zwischen 2006 und 2016 Direktor der Hamburger Kunsthalle war. Er hatte das Vorwort anlässlich der bereits erwähnten Publikation verfasst, in der zwölf Veranstaltungen

---

274 Teilnehmendeninterview_Kunsthalle_1, 227.
275 Koch/Hamburger Kunsthalle 2013.
276 Vgl. Interview_Koch, 97.
277 Koch/Hamburger Kunsthalle 2013, 4.

der interreligiösen Gesprächsreihe in Buchform dargestellt werden. Seinen Bemerkungen lässt sich eine grundlegende Charakterisierung der Veranstaltung im Kontext der Kunsthalle entnehmen. So sei die Tatsache, dass ein »interreligiöser Dialog« – als welchen er die Gespräche explizit beschreibt – in der Kunsthalle stattfinde, eher verwunderlich. Die Verwunderung lässt sich entweder auf den Ort selbst beziehen, dass nämlich ein Museum tendenziell nicht als Ort interreligiösen Austauschs gesehen wird. Oder sie bezieht sich auf die »christlich-abendländisch« gerahmte Sammlung des Museums und zeigt damit auf, dass die vornehmlich als spezifisch religiös qualifizierten Kunstwerke scheinbar nicht zu religionsübergreifenden Gesprächen einladen. Dies sei »jedoch«, so Gaßner, gerade durch die verzweigte Verwandtschaft zwischen den Erzählungen in Bibel, Tora und Koran gegeben, sodass dies als Ausgangsbasis für die interreligiösen Gespräche dienen könne. Damit beschreibt auch er die gemeinsame inhaltliche Grundlage der Referierenden, welche in den Kunstwerken als integralem Bestandteil der Veranstaltung eine materielle Gestalt hat.

Während meiner Feldforschung im Rahmen der interreligiösen Gespräche wurde mir eindrücklich die Bedeutung der Kunstwerke[278] für diese Aktivität vor Augen geführt. Sie bilden in gewisser Weise den Brennpunkt, in dem die Eigenschaften der Hamburger Kunsthalle als Bildungs- und Kulturraum und als Veranstaltungsort interreligiöser Aktivität gebündelt werden. Während ich im weiteren Verlauf dieser Beschreibung nochmal eingehender auf die Funktionen der Kunstwerke in der Veranstaltung zu sprechen komme, möchte ich hier zunächst die Aufmerksamkeit auf den Ort, seine Geschichte und ihm zugeschriebene Charakteristika lenken.

In verschiedenen Gesprächen, die ich im Feld führte, wurde die Hamburger Kunsthalle als Insel beschrieben. Frau Koch beispielsweise erklärte: »Auf der einen Seite wohnt der Kommerz und auf der anderen Seite ist ein Stadtteil ich glaube mit der größten Religionsvielfalt. [...] Auf dichtestem Raum.«[279] Die Verbindungen des Museums in beide Richtungen sind sporadisch. In Richtung Stadtzentrum, mit seinen Einkaufspassagen und -straßen finden hin und wieder Werbeaktionen für Ausstellungen statt. Auf der anderen Seite des Hamburger Hauptbahnhofs, der gemeinsam mit der Kunsthalle beide Stadtteile voneinander abgrenzt, liegt der Stadtteil St. Georg, der mit einer Mischung aus Bahnhofsrückviertel, alternativem Angebot, einer starken LGBT-Szene und einer ausgeprägten religiösen Vielfalt aufwartet.[280] Tatsächlich haben einige der Referierenden der interreligiösen Gespräche ihre Gemeinden oder Zentren in St. Georg. Frau Koch erläuterte dazu:

---

278 Für meine ersten Überlegungen zur Rolle der Kunstwerke für die interreligiöse Gesprächsreihe in der Kunsthalle vgl. auch Kalender 2016b, 436ff.
279 Interview_Koch, 105.
280 Vgl. beispielsweise hamburg magazin.

»[I]ch würde sagen, dass es diese freundschaftliche Verbindung über die Referierenden auch zu manchen Gemeinschaften gibt. Aber es existiert in dem Sinne keine enge Verbindung zum bzw. mit dem Museum.«[281]

Die Hamburger Kunsthalle hat über die genannten Verbindungen hinaus demnach geringen Lokalbezug und kann insofern als Insel verstanden werden. Das hängt auch damit zusammen, dass die Kunsthalle ein überregionaler Anziehungspunkt ist. Die über die Region hinausstrahlende Wirkung zeigt sich u.a. an einem Bericht in der Welt, in der die Hamburger Kunsthalle als »Hamburger Prachtbau« und »Norddeutschlands wichtigstes Kunstmuseum«[282] beschrieben wird. In dem Beitrag aus dem Jahr 2016 wird die nach umfassender Modernisierung nahende Neueröffnung der Kunsthalle angekündigt. Schon im Titel wird der Umbau als »Renaissance« beschrieben. Dabei wird auf die Wiedergeburt eines ursprünglich aufklärerischen Ansatzes der Hamburger Kunsthalle angespielt, für den ich im Folgenden einen Blick auf die Entstehungsgeschichte des Gebäudekomplexes werfe. Ich unternehme diese Zeitreise, weil sich darin ein pädagogischer Geist offenbart, der sich in der Gegenwart u.a. in den interreligiösen Gesprächen neu manifestiert und ihre räumliche Kontextualisierung damit anschaulich vor Augen führt.

Der heutige Komplex besteht aus drei aneinandergereihten Gebäuden, von denen das mittlere Gebäude das älteste ist. Dieser Gründungsbau war 1869 eröffnet worden, um zahlreichen privaten Kunstspenden und Nachlässen, die an die Stadt gegangen waren, einen Platz zu geben.[283] Der Bau mit seiner Fassade im Stil der Neorenaissance gilt, so zumindest in einer Erläuterung des Architekturjournalisten Gefroi, als »Ausdruck von Bürgerstolz, Freiheitsgeist und Aufklärung« und als ein »Ort, der von der Kultiviertheit des Hamburger Bürgertums künden sollte«.[284] Erst 1886 übernahm dann der Kunsthistoriker Alfred Lichtwark die Leitung der Kunsthalle als ihr erster Direktor. Sein Anspruch an die Kunsthalle als Bildungsort verdichtet sich in einem vielzitierten Satz aus seiner Antrittsrede: »Wir wollen nicht ein Museum, das dasteht und wartet, sondern ein Institut, das tätig in die künstlerische Erziehung unserer Bevölkerung eingreift.«[285] Damit griff er eine bereits etablierte Hamburger Tradition auf, akademische Vorlesungen auch für die Allgemeinheit zugänglich zu machen.[286] So organisierte er Vorlesungen, die sich kunstgeschichtlich mit der Sammlung der Kunsthalle befassten und lud lokale und auswärtige Dozenten ein. Diese Vorträge, aus dem das heutige Veranstaltungsangebot

---

281 Interview_Koch, 106, nachträglich redigiert durch die Interviewte.
282 Grund 2016.
283 So zumindest die Darstellung in einem Bericht des NDR, vgl. Rügemer 2019.
284 Gefroi 2016, 41.
285 Zitiert in der Chronik Hamburger Kunstgeschichte, die an der Universität Hamburg als Weblog aufgebaut wird, vgl. Hoffmann 2018.
286 Vgl. ebd.

erwachsen ist, wurden u.a. in Hamburger Zeitungen beworben. Lichtwark selbst beteiligte sich aktiv an diesem pädagogischen Angebot. Ein weiterer Satz seiner Rede zeigt die enge Bindung seiner Lehre mit den ausgestellten Kunstwerken: »Wir wollen nicht über die Dinge, sondern von den Dingen und vor den Dingen reden«.[287] Aus dem Satz lässt sich eine Notwendigkeit für den Diskurs am Kunstobjekt lesen, was seine Anwesenheit voraussetzt und nochmal die Wichtigkeit der Kunstwerke als Medien des Gesprächs unterstreicht. Der Gründungsbau war hierfür allerdings zunehmend ungeeignet, da durch opulente Bauelemente, wie eine raumgreifende Treppe, und auch durch zahlreiche Schenkungen und Erwerbungen die Raumnot wuchs. So wurde unter Lichtwarks Regie ein großzügiger neoklassizistischer Anbau geplant, der mit kleineren Ausstellungräumen stärker auf die Anforderungen der Kunstvermittlung zugeschnitten wurde. Gefroi urteilt später, es wurden »kleine, intime Räume geschaffen, in denen man mit ausgestellten Werken wundervoll Zwiesprache halten kann.«[288] Lichtwark starb im Jahr 1914, der Anbau wurde erst 1921 fertiggestellt.[289]

Mit der Galerie der Gegenwart trat 1997, also fast 80 Jahre später, das dritte Gebäude, auf der anderen Seite des Altbaus gelegen, hinzu. Die drei Gebäude sind miteinander verbunden und bilden zusammen ein Labyrinth aus auf verschiedenen Ebenen gelegenen Ausstellungräumen und Korridoren. Umfangreiche Sanierungs- und Modernisierungsarbeiten bis 2016, die in den Augen Gefrois durch eine »noble, zurückhaltende Art«[290] geprägt waren, sollten dem Gebäudekomplex eine neue Orientierung schaffende Struktur geben. Der Haupteingang, der in den 1920er Jahren in den Neubau verlegt worden war, kehrte in den Altbau zurück. Von hier sind heute die Kunstwerke für Besucherinnen und Besucher auf zwei Rundgängen (in Richtung Gegenwartskunst einerseits und Kunst vor 1960 andererseits) zugänglich.[291]

Dieses noch heute »komplizierte Gefüge«,[292] so in den Worten Gefrois, ist also der räumlich-physische Kontext der interreligiösen Gespräche. Neben vielen anderen gegenwärtigen Veranstaltungen und Führungen der Hamburger Kunsthalle steht diese Veranstaltungsreihe in langer Bildungstradition der Institution, wie beispielsweise die Leiterin der Abteilung Bildung und Vermittlung der Kunsthalle in einem Vorwort zur bereits erwähnten Publikation der Veranstaltungsreihe nachdrücklich erläutert:

---

287 Vgl. ebd.
288 Gerfoi 2016, 41.
289 Vgl. ebd.
290 Ebd., 42.
291 Vgl. ebd., 41f.
292 Ebd., 43.

»Die Veranstaltungsreihe *Kunst im Interreligiösen Dialog* [...] eröffnet neue Sehweisen. Wenn die Referierenden aus ihrer Perspektive über Bilder der Hamburger Kunsthalle sprechen, dann bringen sie zu den ausgewählten Themen neben ihrem Fachwissen über religiöse Fragen auch ihre Lebenswelt und ihre Kultur ein. [...] Nun ist die Geschichte der Museumspädagogik eng damit verbunden, einem breiten Publikum Zugang zu Sammlungen zu ermöglichen. [...] Audience Development ist ein aktuelles Stichwort um das Ringen um Nichtbesucher, Teilhabegerechtigkeit und soziale Inklusion. Museumspädagogik fällt hier eine wichtige Aufgabe zu. Sie ist integraler Bestandteil der Institution Museum und realisiert maßgeblich und nachhaltig ihren Bildungsauftrag.«[293]

Lichtwarks pädagogisches Ansinnen, das sich ja auch baulich in für die Kunstlehre kleineren Räumlichkeiten niederschlug, prägte somit ein früh einsetzendes und vor dem Hintergrund religiöser und kultureller Pluralisierung in der Stadt besonders heute bedeutsames Selbstverständnis der Kunsthalle: Nicht nur im Zwiegespräch mit den Kunstwerken, sondern auch in gezielten Lehrangeboten im Angesicht der Kunstwerke soll »kulturelle Bildung für alle«[294] zugänglich sein. In diesem Licht erstrahlen die interreligiösen Gespräche als Bildungsangebot und die Kunsthalle als Ort des Lernens und der kulturellen Bildung.

Wo geht's denn hier zum interreligiösen Dialog?

An einem Donnerstagabend Mitte August 2013 erreichte ich guter Dinge die Hamburger Kunsthalle zu meinem dritten Besuch der Veranstaltungsreihe »Kunst im Interreligiösen Dialog«. Zu dieser Zeit startete die Veranstaltung noch im zum Hauptbahnhof gelegenen Teil des Gebäudekomplexes. In diesem kreisrunden, von hohen Säulen umgebenen und mit blassgrünem Kuppeldach versehenen Bau, der so genannten »Rotunde«, lag der durch ein pompöses steinernes Vordach geschützte Eingangsbereich. Da es noch nicht dämmerte, erstrahlte das monumentale Museumsgebäude in vollem Licht. Vom Eingang gelangten Besucherinnen und Besucher durch einen rechteckigen Eingangsflur, in der sich die Garderobe befand, in den hohen Kuppelsaal der Kunsthalle.

In diesem Foyer warteten bei meinem Eintreten an diesem Abend bereits einige Personen, darunter auch Marion Koch, die Organisatorin und Moderatorin der Veranstaltung, die gerade in ein Gespräch mit einem älteren Herrn vertieft war. Als sie mich bemerkte, näherte ich mich den beiden. Frau Koch begrüßte mich und verschaffte mir, wie zuvor vereinbart, eine kostenfreie Eintrittskarte.[295] Da sie die Veranstaltungsreihe mehrfach pro Jahr seit 2010 in Kooperation mit der Akademie

---

293 Koch/Hamburger Kunsthalle 2013, 5, Hervorhebungen im Original.
294 Ebd.
295 Der reguläre Preis des Tickets lag im Jahr 2014 bei 8 Euro Eintritt zuzüglich 3 Euro für die Veranstaltung.

der Weltreligionen organisierte, erhielt ich als Mitarbeiter der Akademie im Vorfeld meiner Feldforschung niedrigschwellig Kontakt zu ihr. So konnte ich meine Forschungsabsicht frühzeitig bekunden und wir vereinbarten meine mehrfache Teilnahme. Neben der Akademie der Weltreligionen als festem Kooperationspartner wird die Veranstaltung zudem in wechselnder Zusammenarbeit mit einigen Religionsgemeinschaften und auch Bildungsinstitutionen (z.B. die Evangelische und die Katholische Akademie Hamburg) durchgeführt. An diesem Abend waren u.a. die Jüdischen Gemeinschaften sowie die Schura, d.h. der Rat der islamischen Gemeinschaften Hamburgs beteiligt.

Nachdem ich meine Eintrittskarte erhalten hatte, organisierte ich mir einen Klapphocker. Andere Personen, die offensichtlich ebenfalls an der Gesprächsveranstaltung teilnehmen wollten, hielten bereits Klapphocker in den Händen, da insgesamt maximal zwei Kunstwerke Gegenstand der Veranstaltung sind, sodass bei den langen Stehzeiten gerade ältere Personen auf eine Sitzgelegenheit angewiesen sind. Außerdem konnten auch Headsets ausgeliehen werden, über die die Moderatorin und die Referierenden ggf. besser zu verstehen sind. Nachdem jede und jeder im Vorfeld der Veranstaltung mit den gewünschten Utensilien ausgestattet worden war, sammelte Frau Koch wie üblich alle Teilnehmenden am Treppenaufgang nahe den Kassen und führte die Gruppe zum ersten Kunstwerk dieses Abends.

Der Weg durch die Museumsgänge ist wie eine Zeitreise. Je nach Wegstrecke ist es eine Tour durch verschiedene Kunstepochen. Außerdem fallen die sehr verschieden gestalteten und beschaffenen Räumlichkeiten ins Auge: Hier ein in meiner Wahrnehmung steriler Raum, außer einer Sitzbank in der Mitte und abgesehen von den Kunstwerken völlig ohne Mobiliar und Schmuck, dort z.B. ein reich mit Zierleisten, Bögen und Holzelementen ausstaffiertes historisches Treppenhaus. Teilweise sind die Wege, die ich im Rahmen der Veranstaltungsreihe zu den Kunstwerken mitlief, für mich, der ich ein eher schwach ausgeprägtes Orientierungsvermögen besitze, kaum nachzuvollziehen. Als Ausstellungsraum ist das Arrangement zudem steter Veränderung und Umgestaltung unterworfen, sodass es mir beizeiten wie ein großes Labyrinth erscheint, dessen Korridore sich des Nachts heimlich verschieben und bei Sonnenlicht einer neuen Ordnung folgen.[296] Tatsächlich greift Gefroi in seiner Rezension zur Modernisierung der Kunsthalle diese Wandelbarkeit als Wesensmerkmal auf: »Nirgendwo lassen die Eingriffe einen Anspruch auf Endgültigkeit erkennen. Auch das ganz im Sinne Lichtwarks«,[297] der ja bereits in seiner Antrittsrede den dynamischen Charakter der Kunsthalle beschworen hatte.

Bei einem meiner Besuche der Veranstaltungsreihe kam ich eine Stunde vor Beginn, um mir einen Eindruck vom ›normalen‹ Betrieb der Kunsthalle zu verschaffen.

---

296 Vgl. Feldnotiz_Kunsthalle_5, 441.
297 Gefroi 2016, 42.

An jenem Tag, wie auch bei anderen Gelegenheiten, verteilten sich die Besucherinnen und Besucher derart über die vielen Gänge und Räume, dass ich mir jeweils nur mit wenigen Menschen einen Raum teilte, manche sogar für mich allein hatte. In regelmäßigen Abständen über die lange Kette von Räumen verteilt waren Wachpersonen zu finden, die gelegentlich auch freundlich-wachsam durch die Gänge streiften. Ich begegnete zudem einer kleinen Gruppe von Besuchenden, die von einer Mitarbeiterin der Kunsthalle über die Geschichte verschiedener Kunstwerke Rembrandts unterrichtet wurde.[298]

Diese Räumlichkeiten, die für mich durch die vielen in Kunstwerken erstarrten Szenen eine gewisse Ruhe ausstrahlen, bilden also den Kontext für eine einige Male im Jahr durchlaufende Personengruppe, die im Rahmen der interreligiösen Gespräche von Frau Koch angeleitet ein ausgewähltes Kunstwerk ansteuert. So auch an jenem Nachmittag im August 2013, der auf folgendes Thema ausgerichtet war: »Die Bedeutung von Gebet und Gebetshaltung in den Religionen und in künstlerischen Darstellungen«. Die Gruppe kam vor dem Gemälde einer im Gebet versunkenen Frau an.[299] Die Moderatorin und die Referierenden bauten sich mit Blick zum Publikum um das Kunstwerk herum auf, wie ein Lehrendengespann vor einer vollgeschriebenen Tafel. Zu den Referierenden gehörten bei diesem Mal eine jüdische Vertreterin sowie ein muslimischer und ein christlicher Vertreter.[300] Das Thema und die drei Referierenden waren über die Webseiten der Kunsthalle und der Akademie der Weltreligionen sowie über eine stetig wachsende Mailingliste Frau Kochs angekündigt worden. Die Teilnehmenden mit Hocker arrangierten sich, nachdem der Zielort erreicht war, in mehrreihigen Halbkreisen um dieses improvisierte Podium herum, Teilnehmende ohne Hocker stellten sich dazu. Jede Veranstaltung und so auch jene an diesem Abend beginnt mit Frau Kochs fast rituellem Satz: »Herzlich willkommen zu Kunst im interreligiösen Dialog«. Der Satz markiert den inhaltlichen Startpunkt der Aktivität und verweist zugleich auf ihren beanspruchten Grundcharakter, den ich bereits mit den Worten des Direktors der Kunsthalle anklingen ließ und der auch im Titel der Veranstaltungsreihe verankert ist. Demnach handle es sich bei der Veranstaltung um einen interreligiösen Dialog.

Das Label »interreligiös« wird nicht zuletzt auch durch die Kooperationspartnerin, die Akademie der Weltreligionen, befördert. Anlässlich der bereits erwähnten Publikation zur Reihe hob beispielsweise die Geschäftsführerin der Akademie

---

298 Vgl. Feldnotiz_Kunsthalle_1, 349. Erfreulicherweise sind einige der Kunsthallenräume seit einiger Zeit auch online zugänglich, vgl. Hamburger Kunsthalle: 360° Rundgang 2016.
299 Das Gemälde trägt den Titel »Maria im Ährenkleid« (um 1480), der Künstler heißt Hinrik Funhof, vgl. Hamburger Kunsthalle: Maria im Ährenkleid 2016.
300 Bei den geladenen Sprecherinnen und Sprechern handelt es sich meistens um jüdische, christliche und muslimische Referierende, nur gelegentlich werden Referierende aus den Hindureligionen oder buddhistischen Traditionen eingeladen, vgl. Interview_Koch, 100.

im Rahmen einer Rede die Bedeutung der Kunsthallengespräche im Reigen der Aktivitäten der Akademie hervor:

> »Diese Veranstaltungsreihe ist für die Akademie der Weltreligionen deshalb so besonders, weil sie ein ganz eigenes Potential hat. [...] Sie vermittelt nicht nur Wissen, sondern macht die Religionen und den Dialog zwischen ihnen auch erfahrbar. Maßgeblich hierfür sind die beteiligten Personen. Maßgeblich hierfür sind aber auch die Kunstwerke, die Kunsthalle und ihre besondere Atmosphäre. Bilder sind nicht nur Ausdruck ihrer Zeit, sondern haben auch eine eigene Wirkkraft. [...] Indem dieses Potential aktiviert wird, wird hier eine Ebene erreicht, die in der Wissenschaft nur schwer bis gar nicht erreichbar ist.«[301]

Die interreligiösen Gespräche werden somit nicht nur als Veranstaltung des religiösen Austauschs eingestuft, sondern aufgrund des besonderen Raums der Kunsthalle und der »Wirkkraft« der Kunstwerke als außergewöhnliches Format hervorgehoben. Dieses zeichne sich insbesondere durch eine hier angedeutete Erfahrungsdimension aus, die über das hinausgehe, was an Wissensvermittlung im universitären Raum möglich sei. Etwas nüchterner beschrieb die Organisatorin der Reihe, Frau Koch, im Interview das interreligiöse Moment des Formats:

> »Also, die Referierenden treten in den Austausch. Und teilweise, zumindest melden sie das rück, eröffnen sich den Referierenden auch neue Gedanken, neue Sichtweisen, sodass unter den Dreien [...] nicht nur ein verbaler, sondern auch ein inhaltlicher Austausch stattfindet. Dass die Referierenden sich wirklich aufeinander einlassen. [...] Allerdings besteht die Gefahr, dass man sich zwar trifft, aber es nicht zum inhaltlichen aufeinander Eingehen – und Austausch kommt. Das muss ich selbstkritisch sagen, dass bei manchen Veranstaltungen in der Kunsthalle die Referierenden nicht wirklich aufeinander eingehen und Unterschiede wie Gemeinsamkeiten benennen, wie es vielleicht noch idealer sein könnte. Das mag teilweise an den Referierenden liegen, an der Tagesverfassung – vor allem aber auch an mir als Moderatorin!«[302]

In Frau Kochs Worten tritt einerseits der Austausch unter den Referierenden als zentrales dialogisches Element hervor. Gleichzeitig schränkt sie ein, dass dies sehr von der Situation und den Referierenden abhänge, ob das gelinge. Ihre Begründung wirft andererseits einen weiteren Charakterzug des Geschehens auf. Die Referierenden treten als Vertreterinnen und Vertreter bestimmter religiöser Traditionen somit auch in der Funktion auf, bestimmte Inhalte dieser Tradition zu erläutern. Sie haben also sowohl Gelegenheit, in einen Austausch zu einem spezifischen Thema

---

301 Aus dem unveröffentlichten Manuskript der Rede, freundlicherweise von der Rednerin zur Verfügung gestellt, vgl. Feldnotiz_Kunsthalle_2, 374ff.
302 Interview_Koch, 108, nachträglich redigiert durch die Interviewte.

zu treten als auch in Form einer Selbstdarstellung Aspekte der eigenen Tradition zu referieren. Dass hierbei über die Veranstaltungen der Reihe verteilt auch verschiedenen Traditionslinien innerhalb einer Religionsgemeinschaft Rechnung getragen wird, generiert zudem eine intrareligiöse Dimension, die in den Beschreibungen zur Veranstaltungsreihe und auch in den Veranstaltungseinleitungen durch Frau Koch immer wieder betont wird.

Seitens der Besucherinnen und Besucher der Veranstaltungen scheint das Format als interreligiöse Veranstaltung auch angenommen zu werden. Dies zeigen die Ergebnisse einer Besuchendenbefragung, die ich im Anschluss an eine Veranstaltung zum Thema »Religiöse Opfer und ihre Darstellung in der Kunst« im April 2014 durchgeführt habe, an der 15 von insgesamt ca. 40 Besucherinnen und Besuchern teilgenommen haben. Etwas mehr als die Hälfte der Befragten würde die erlebte Veranstaltung demnach als »interreligiösen Dialog« bezeichnen. Als Kriterien, die hier erfüllt worden seien, wurden gegenseitiges Zuhören, ein respektvoller Umgang sowie das Herausarbeiten von Gemeinsamkeiten und Unterschieden zwischen Vertretern und Vertreterinnen unterschiedlicher religiöser Traditionen angeführt. Die oben bereits im Zitat von Frau Koch anklingende Kritik wurde hier in einigen wenigen Antworten ebenfalls angebracht, um zu begründen, warum eine Zuordnung zum ›interreligiösen Dialog‹ nicht eindeutig sei. So gaben diejenigen, die »unentschieden« im Hinblick auf diese Zuordnung wählten, an, dass die unterschiedlichen Sichtweisen oft nur nebeneinanderstanden und kein wirklicher Austausch (von einer anderen Person konkretisiert mit »Gegenseitiges Zuhören, Ergänzen, Widersprechen und Bestätigen!«) stattgefunden habe.[303] Auch jenseits der Befragung war das Label »interreligiöser Dialog« präsent. So konnte ich mehrfach beobachten, dass beim Eintrudeln vor Beginn der Veranstaltungen Interessierte sich beim Kunsthallenpersonal danach erkundigten, wo denn der »interreligiöse Dialog« stattfinde.[304]

Bei einer anderen Gelegenheit wartete ich gerade mit einigen Personen auf den Beginn der Veranstaltung. Als sich die Gruppe schließlich unter Frau Kochs Führung in Bewegung setzte, kam eine Frau dazu, die in die Menge fragte, ob dies die Gruppe für den »interreligiösen Vortrag« sei. Eine Frau, die neben mir stand, bestätigte das, korrigierte aber augenzwinkernd »Dialog!«, was die Fragende lächelnd und nickend annahm.[305] Die Ausführungen und auch die letzte Szene zeigen neben der allgemeinen Existenz eines *Common Sense*-Begriffs »interreligiöser Dialog« vor allem, dass das interreligiöse Gespräch in der Kunsthalle in seiner Eigenschaft als interreligiöse Dialogveranstaltung eine Besonderheit innerhalb des Veranstaltungsangebots der Kunsthalle darstellt.

---

303 Vgl. Befragung_Kunsthalle, 287.
304 Vgl. Feldnotiz_Kunsthalle_4, 410.
305 Vgl. Feldnotiz_Kunsthalle_5, 441.

Eine Schatzkammer religiösen Dialogs

Frau Koch blickte etwas besorgt auf den Referenten. Angestoßen durch eine Frage aus dem Publikum erläuterte er gerade die Bedeutung von Heiligenbildern im römisch-katholischen Christentum. Es war seine Art, beim Reden viel mit den Händen zu gestikulieren. Noch immer befand sich die Gruppe an dem Bild mit der betenden Frau, das nahe einer Ecke des Ausstellungsraums an der Wand hing. Ums Eck vom Publikum aus gesehen linkerhand stand der Referent. Neben ihm überragte ihn eine hölzerne Marienfigur. Seine Arme schwangen weiter im Takt seiner Rede, als Frau Koch kurz und freundlich bemerkte: »Halten Sie bitte ein wenig mehr Abstand zum Kunstwerk.« Der lächelnde Referent rückte entschuldigend etwas von der Marienfigur ab, was das Publikum amüsiert zur Kenntnis nahm.[306]

Die Räumlichkeiten der Kunsthalle strahlen bisweilen eine Aura des Kostbaren aus. Solche Hinweise auf Vorsicht im Austausch an, vor und mit den Kunstwerken konnte ich mehrfach beobachten. Bei einer anderen Gelegenheit musste Frau Koch beispielsweise eine islamische Referentin, die auf ein Detail eines Bildes zeigte, bitten, mit dem Finger das Bild nicht zu berühren.[307] In einer anderen sehr gut besuchten Veranstaltung der Reihe waren zudem Ordnungspersonen zugegen, die die Kunstwerke vor versehentlichen Berührungen durch Besucherinnen und Besucher regelrecht abschirmten.[308] Dass der direkte Kontakt mit den Kunstwerken tabu ist, wirkte sich auch allgemein auf die Nutzungen der Räumlichkeiten aus. So ist ein gelassenes Anlehnen an die Wandbereiche zwischen den Kunstwerken nur schwer vorstellbar oder wird zumindest kritisch beäugt. Dies hängt auch damit zusammen, dass Kunstwerke manchmal nicht direkt als solche erkennbar sind. In einer Veranstaltung wurde beispielsweise ein Kunstwerk besprochen, das in einem eigens für eine Sonderausstellung eingerichteten Raum ausgestellt wurde. Zu Beginn der Besprechung wies Frau Koch darauf hin, dass auch die überlangen Vorhänge vor den Fenstern ein Werk des Künstlers und entsprechend mit gebührendem Abstand zu würdigen seien.[309]

Die Kunstwerke bilden in mehrfacher Hinsicht das Kapital der Kunsthalle. Der Wert der Kunstwerke ergibt sich neben dem reinen Materialwert vor allem aus der kunst- und kulturgeschichtlichen Bedeutung, die ihnen zugesprochen wird. Ein wichtiger Aspekt dieser Zuschreibung steht in Korrespondenz mit der bereits genannten Charakterisierung der Kunsthalle als Bildungsort. In diesem Licht können die Kunstwerke als Informationsträger und mithin das »Museum als Wissensspeicher«[310] betrachtet werden, wie es beispielsweise die Leiterin der

---

306 Vgl. Feldnotiz_Kunsthalle_1, 354.
307 Vgl. ebd.
308 Vgl. Feldnotiz_Kunsthalle_5, 441f.
309 Vgl. ebd., 444f.
310 Koch/Hamburger Kunsthalle 2013, 5.

Abteilung Bildung und Vermittlung der Hamburger Kunsthalle formuliert. Daraus speise sich, so eine Teilnehmerin im Gespräch, die gesellschaftliche Bedeutung der Kunsthalle als wichtiger Bezugsraum für den »Allgemeinbildungskanon«.[311] Für die pädagogische Bespielung der Kunsthalle lässt sich die Speicherfunktion als Sprungbrett für weiterführende historisch und gegenwärtige gesellschaftliche Themen nutzen. Da viele der ausgestellten Kunstwerke religiöse Bezüge aufweisen, ist dies ein nahezu unerschöpflicher Nährboden für eine religionsbezogene Auseinandersetzung mit Kunst und die Kunsthalle eine wertvolle Schatzkammer für die interreligiösen Gespräche.

Gleichwohl erzeugt die christliche Prägung vieler Kunstwerke, auch der ehemalige Direktor hatte diese ja als »christlich-abendländisch« markiert, im Hinblick auf die interreligiöse Veranstaltungsreihe eine gewisse Spannung, besonders vor dem Hintergrund einer weiteren Charakterisierung der Kunsthalle, nämlich der vielfach in Gesprächen und in der Befragung geäußerten Zuschreibung der Neutralität. Frau Koch, gefragt nach den allgemeinen strukturellen Voraussetzungen interreligiösen Dialogs, griff diese latente Spannung im Interview auf:

»[A]uf alle Fälle muss der Ort einer sein, der die Menschen in ihrer Vielfalt willkommen heißt und als Gäste sieht. Was natürlich in einem Museum wie der Kunsthalle ein bisschen delikat ist, weil viele Werke in einem christlichen Kontext entstanden sind. Wenn man es ganz streng nimmt, müsste man sagen, dass die Hamburger Kunsthalle zwar ein laizistischer Ort ist, seine Sammlung jedoch überwiegend christlich-europäisch bzw. amerikanisch geprägt ist. Und doch ist ein Museum ein öffentlicher Ort für alle Menschen.«[312]

Die Ausführungen der Organisatorin der interreligiösen Gespräche machen das Spannungsmoment deutlich. Einerseits wird der christliche Bezugsrahmen der Kunstwerke als sehr bedeutsam beschrieben. Andererseits wird ihre Verortung in einem als prinzipiell nicht-religiös charakterisierten Museum betont. Die Hamburger Kunsthalle ist, so ein möglicher Kompromiss, kein religiöser, sondern ein von religiösen Räumen klar zu unterscheidender Ort. Seine Sammlung ist teilweise jedoch in religiösen (d.h. fast ausschließlich christlichen) Zusammenhängen erstellt und genutzt worden und verweist in der symbolisch-materiellen Ausgestaltung der einzelnen Kunstwerke zudem vielfältig auf christliche Inhalte.

Das Bild der Kunsthalle als religiös neutraler Bildungsort wird auch seitens einiger der Besucherinnen und Besucher gezeichnet. Eine ältere Teilnehmerin mit evangelischer Zugehörigkeit schrieb beispielsweise zur Frage, ob die Kunsthalle sich für einen interreligiösen Dialog eigne: »Ja. Ohne Belastung eines kirchlichen Raumes«. Eine Frau mittleren Alters und ohne religiöse Zugehörigkeit notierte: »Ja. Kei-

---

311 Teilnehmendeninterview_Kunsthalle_1, 226.
312 Interview_Koch, 109, nachträglich redigiert durch die Interviewte.

ne heilige Stätte, ›unparteiisch‹; dennoch griffige Ausgangspunkte durch Bilder«. Und ein älterer Herr mit evangelisch-lutherischer Zugehörigkeit machte ganz im Einklang mit den Ausführungen Frau Kochs deutlich: »Ja. Es gibt viele religiöse Motive, zugleich ist es ein in religiöser Hinsicht unabhängiger Ort, der für alle Glaubensrichtungen offen ist. Es ist ein friedlicher Ort.«[313] Eine andere Teilnehmerin, die sich selbst als Pantheistin beschrieb, versuchte in einem tiefergehenden Gespräch die Abgrenzung des Museums von religiösen Orten herauszuarbeiten:

> »Also von religiösen Orten unterscheidet sich so ein Museum durch [...] den klaren sozusagen laizistischen äh, naja es ist kein Auftrag, aber sozusagen es ist ein anderes System, es ist nicht das System der Religion, obwohl natürlich die Werke jede Menge damit zu tun haben, ja? Aber es ist kein Ort der Religionsvermittlung, der Glaubensvermittlung, der Dogmenvermittlung, der Ideologievermittlung, sondern es ist ein Ort des sozusagen offenen Angebotes, ne, also jenseits von/naja, er ist natürlich auch pädagogisch, aber nicht glaubenspädagogisch gewissermaßen. Also man kann sich da mit gewissen Themen, religiösen Themen auseinandersetzen, aber es/sozusagen man soll nicht missioniert werden, ja? Das sag ich jetzt mal etwas überspitzt. Und [...] der Ort wird auch nicht besucht von Menschen, die sich mit ihrer Spiritualität auseinandersetzen möchten oder mit Gott, sondern besucht von Menschen, die sich mit Ästhetik oder gesellschaftlichen Fragen und ihrer Umsetzung in Form der bildenden Kunst auseinandersetzen wollen. Also das ist sozusagen die Abgrenzung zwischen Religion oder zwischen religiösen Orten, zwischen Kirchen, Moscheen und Synagogen und einem Museum oder einer Kunsthalle. [...] So jetzt aus dem Stand wäre das meine Abgrenzung.«[314]

Auch hier wird der Aspekt der Laizität als Merkmal des Museums betont, mit Blick auf die Veranstaltungsreihe gedeutet als wertfreie Auseinandersetzung mit Themen verschiedener religiöser Traditionen. Der Zugang wird in Abgrenzung zu Aktivitäten in religiösen (Sakral-)Räumen nicht als innerlich spirituell, sondern als gesellschafts- und kunstbezogen verstanden. Die überspitzt formulierte Missionsfreiheit deutet sich auch in einer Aussage des regelmäßigen katholischen Referenten Hans-Gerd Schwandt von der Katholischen Akademie an. Auf der Veranstaltung zur Vorstellung der Buchpublikation der interreligiösen Gespräche erläuterte er, dass den gesellschaftlichen Verwicklungen mit Religion in einem Museum besser nachgegangen werden könne, als in dezidiert religiösen Räumen. Viele Menschen dächten bei religiösen Orten gleich, »die wollen was verkaufen.«[315] Das Kunstmuseum

---

313 Befragung_Kunsthalle, 288.
314 Teilnehmendeninterview_Kunsthalle_1, 227.
315 Feldnotiz_Kunsthalle_2, 370.

könne vor diesem Hintergrund als religiös neutral verstanden werden, weil es keine religiöse Ansicht »verkaufen« will, d.h. nicht als Sprecherin einer (gastgebenden) religiösen Tradition auftritt, sondern eine breite Bevölkerung hinsichtlich der Geschichte und symbolisch-materiellen Bezüge von Kunstwerken bilden will.

Dies geschieht ganz bewusst nicht nur vor dem Hintergrund historischer Themen, die den Kunstwerken innewohnen, sondern auch mit Blick auf öffentliche Diskurse der Gegenwart, zu denen die Kunstwerke sowie die Ideen und Vorstellungen der behandelten religiösen Traditionen in Bezug gesetzt werden. So führte der Skandal um den »Protz-Bischof«[316] Franz-Peter Tebartz-van Elst sowie das öffentliche Aufsehen um Vorwürfe der Steuerhinterziehung an den Fußballfunktionär Uli Hoeneß[317] zu der Idee, im interreligiösen Gespräch »Reichtum und Bereicherung« zu thematisieren. Das islamische Opfer- und das christliche Osterfest bildeten die Grundlage, um »Religiöse Opfer und ihre Darstellung in der Kunst« in den Blick zu nehmen. »Gebets- und Gotteshäuser« wurden zum Gegenstand gemacht, nachdem ein bemerkenswerter Volksentscheid in der Schweiz zu einem Minarettverbot geführt hatte.[318] Zu den Themen, die weniger öffentlichen Diskursen und mehr religiösen oder allgemein-anthropologischen Aspekten gewidmet sind, gehören »Gottesvorstellung und Abbild Gottes«, »Der Sündenfall und die Folgen«, »Tod und Bestattungsriten«, »Initiationsriten« und »Was auf den Tisch kommt«. Bei allen Themen ist wichtig, dass sie sowohl religiös rezipiert werden können als auch dass sich thematisch passende Kunstwerke in den Räumen der Kunsthalle dazu finden lassen.

Im Bann des Bildes

Ist der bereits erwähnte rituelle Einleitungssatz (»Herzlich willkommen zum interreligiösen Dialog«) einmal gesprochen, beginnt die Veranstaltung für gewöhnlich damit, dass Frau Koch in groben Zügen nochmal das Konzept der Veranstaltung (zwei Bilder, drei Referenten aus unterschiedlichen religiösen, zumeist monotheistischen Traditionen) erläutert. Zudem verweist sie gelegentlich darauf, dass als Referenten regelmäßig auch unterschiedliche Personen aus ein und derselben Religion gewählt würden, um auch dem ›intrareligiösen Dialog‹ Rechnung zu tragen. Im Anschluss folgen eine thematische Einleitung sowie einige Informationen über das gewählte Kunstwerk und die Beteiligten.

---

316 Der Begriff erklomm aufgrund umfangreichen Gebrauchs in verschiedenen Medien in der Berichterstattung rund um den Bischof den zweiten Platz in der Liste der Wörter des Jahres 2013 der Gesellschaft für deutsche Sprache, vgl. Gesellschaft für deutsche Sprache 2013.
317 Der Spiegel beispielsweise veröffentlichte 2016 eine Chronologie zum »Fall Hoeneß«, vgl. der Spiegel 2016.
318 Die Süddeutsche Zeitung berichtete beispielsweise darüber, vgl. Jakobs 2010.

Das Kunstwerk als Sprungbrett für das interreligiöse Gespräch ist, so drängt sich schnell auf, ein zentraler Schlüssel für das Verständnis des interreligiösen Gesprächs in der Kunsthalle. Eine ältere Besucherin der Veranstaltung mit evangelisch-lutherischem Hintergrund hob in der Befragung die wichtige Funktion der Kunstwerke hervor und notierte als kurze Begründung, dass »das Medium Bild einen konstruktiven Dialog ermöglicht – es wird quasi ›über Bande‹ gespielt«.[319] Das Bild als Bande, d.h. als verbindendes Medium zwischen den Beteiligten lässt sich in zweifacher Hinsicht konkretisieren. Das wäre zunächst hinsichtlich der Aspekte eines Kunstwerks, die in der Interaktion Relevanz erhalten. Hier lassen sich neben der allgemeinen Thematik, die ein Kunstwerk jeweils nahelegt (qua Gesamtdarstellung und/oder Titel), und neben einzelnen symbolisch-materiellen Aspekten (d.h. Einzelheiten der Darstellung)[320] auch die Geschichte und der Entstehungskontext eines Werkes anführen, die oft von Frau Koch als zusätzlicher Input eingebracht werden.[321] Dass das Kunstwerk auch nicht beabsichtigte Verläufe der Veranstaltung evozieren kann, zeigte sich beispielsweise in einer Veranstaltung, die dem Thema »Religiöse Opfer und ihre Darstellung in der Kunst« gewidmet war. Als Gegenstand hatte Frau Koch ein prachtvoll ausstaffiertes Retabel ausgewählt, also eine Art Bildwand, die häufig im Kontext eines christlichen Altares steht und in diesem Fall verschiedentlich auf das religiöse Motiv des Opfers verwies.[322] Nachdem den Referierenden einige Fragen von Frau Koch gestellt worden waren, drehten sich viele Impulse aus dem Publikum um Fragen des Opferbegriffs im Christentum. Im Laufe der Veranstaltung reflektierte Frau Koch dies mit den leicht frustrierten Worten: »Wir wollten uns heute eigentlich nicht aufs Christentum fixieren, das geht aber mit den Bildern nicht so gut.«[323] Ihre Bemühungen, auch islamische Opferbezüge mit öffentlichen Diskursen zu verknüpfen (z.B. mit dem Begriff des Heiligen Krieges und Vorstellungen islamischen Märtyrertums), fruchteten nicht.[324] Zwar können die Gründe für diesen Verlauf vielfältig sein und z.B. in den Interessen einiger Besucherinnen und Besucher begründet liegen, jedoch bot das Kunstwerk in diesem Fall offensichtlich kaum Anlass für das Aufgreifen der Themen, die Frau Koch in der Vorbereitung ins Auge gefasst hatte.

---

319 Befragung_Kunsthalle, 288.
320 In der Veranstaltung zur Vorstellung der Publikation wurde berichtet, dass aufgrund der Kunstwerke auch Themen besprochen würden, für die normalerweise keine eigene Veranstaltung geplant werden würde. Als Beispiel wurde ein Gespräch über die Farbe Schwarz angeführt, vgl. Feldnotiz_Kunsthalle_2, 372.
321 Vgl. Teilnehmendeninterview_Kunsthalle_2, 238.
322 Es handelt sich um Bertram von Mindens »Retabel des ehemaligen Hochaltars der Petrikirche in Hamburg (Grabower Altar), 1379/83«, vgl. Hamburger Kunsthalle: Retabel 2016.
323 Feldnotiz_Kunsthalle_4, 410.
324 Vgl. ebd., 408f.

Aspekte der besprochenen Kunstwerke können also als Sprungbrett für bestimmte Themen und Bezüge dienen und so den Gesprächsverlauf nachhaltig prägen. Bei näherer Betrachtung lassen sich die Funktionen des Kunstwerks im Geschehen des interreligiösen Gesprächs noch weiter ausdifferenzieren. Drei verschiedene Funktionen möchte ich im Folgenden anhand ausgewählter Szenen kurz vorstellen.

Als erste mögliche Funktion der Kunstwerke möchte ich ihre Rolle als Erzählstimulus anführen. Frau Koch bereitet im Vorgespräch mit den Referierenden stets eine Reihe von Fragen vor, die sie im Laufe der Veranstaltung im Wechsel an die Referierenden richtet. Einige dieser Fragen sind eher offen assoziativ und fokussieren auf das verhandelte Kunstwerk, andere wiederum zielen darauf, bestimmte Aspekte der jeweiligen religiösen Tradition näher zu beleuchten. Neben diesen gezielten Fragen wird die Selbstexploration der Referierenden aber auch immer wieder durch die Kunstwerke selbst angeregt. Bei einer Veranstaltung zum Thema »Abschied und Trauer« beispielsweise wurde das Bild »Balken im Auge, trauernde Hände« (1964) von Maria Lassnig (1919–2014) besprochen.[325] Darauf zu sehen sind in rötlichen und bläulichen Farbtönen eine liegende Person im Hintergrund und eine sitzende Person im Vordergrund. Der Thematik nach handelte es sich offenbar um eine Trauerszene. Nach einer kurzen Einleitung zur Ausstellung, in dessen Kontext das Bild verortet ist, richtete Frau Koch ihre Einleitungsfrage an die Referierenden. Nacheinander wollte sie von dem islamischen Vertreter, der christlichen Vertreterin und schließlich einem Vertreter für den Buddhismus wissen, was jeweils die ersten Annäherungen oder die ersten Gedanken in der Auseinandersetzung mit dem Bild waren. Als der buddhistische Vertreter an der Reihe war, hob dieser die leuchtend rot blühenden Blumen im Schoß der verstorbenen Person hervor. Diese, so der Referent, deuteten auf den Tod als Endpunkt und gleichzeitig als Anfang von etwas Neuem hin. Dies passe zu buddhistischen Vorstellungen der Wiedergeburt und des Todes als Übergang zwischen aufeinanderfolgenden Leben.[326] Ausgehend von einem Element auf dem Bild leitete der Referent hier also einen Verweis auf die buddhistische Vorstellung der Wiedergeburt her. Im Interview griff Herr Schwandt diese stimulierende Funktion des Kunstwerks auf:

> »Ich find es [d.h. das interreligiöse Gespräch, M. K.] deshalb gut und auch spannend, weil wir vor 'nem Kunstwerk stehen, das ja 'nen bestimmten Kontext hat und das ist ja meistens ›n christlicher Kontext und da bin ich also immer wieder erstaunt, was die jüdische oder muslimische Gesprächspartnerin da sehen. Und

---

325 Das Bild wurde im Rahmen der Ausstellung »Trauern. Von Verlust und Veränderung« von Februar bis August 2020 ausgestellt, vgl. Hamburger Kunsthalle: Trauern 2020.
326 Vgl. Feldnotiz_Kunsthalle_5, 443.

wie sie dann die eigene Tradition zum Sprechen bringen. Das passiert glaube ich mit anderen Quellen nicht so leicht.«[327]

Hervorgehoben wird Kunst hier als besonderer Gegenstand interreligiösen Austauschs. Das Kunstwerk wird so verstanden nicht nur ein Sprungbrett für die Darstellung einer traditionsspezifischen Vorstellung, sondern bisweilen auch zum Ausdrucksmedium einer spezifischen religiösen Vorstellung. Diese Stimulus-Funktion bildet die erste beobachtete Funktion der Kunstwerke.

Eine andere Funktion lässt sich als Spiegelung oder Überlappung der Veranstaltungssituation mit der dargestellten Szene eines Kunstwerks beschreiben. Bei einer Gelegenheit versammelte sich die Gruppe vor dem Gemälde »Solon vor Krösus« (1624) von Gerard van Honthorst (1592–1656).[328] Die gezeigte Szene stelle, so die Moderatorin in ihren Ausführungen, eine auf Berichte Herodots zurückgehende Begegnung zwischen dem auf dem Bild sitzenden, jüdischen König Krösus und dem rechts stehenden und in gelbe und weiße Gewänder gekleideten athenischen Staatsmann Solon dar. Krösus, bekannt für seinen großen Reichtum, lud Solon ein, der bekannt für seine Weisheit war, und fragte ihn, wen er für den glücklichsten Menschen erachtete. Solon zählte einige historische Figuren auf, nannte aber Krösus selbst nicht. Auf Nachfrage erklärte er, dass solch ein Urteil nur gefällt werden könne, wenn das Ende eines Lebens bekannt sei. Allzu häufig habe es große Menschen gegeben, die im Laufe ihres Lebens alles verloren hätten und unglücklich gestorben seien. Mit den Worten »Wie nehmen Sie die Szene wahr?« leitete Frau Koch auch hier zu den Referierenden über und bat sie darum, über ihre Eindrücke und Sichtweisen auf das Bild zu berichten.

Im Laufe des Gesprächs über das Bild wurden u.a. die Gesichtsausdrücke analysiert und Bezüge zu den einzelnen religiösen Traditionen aufgemacht. Die jüdische Referentin beispielsweise erkannte einen deutlichen Zusammenhang zu einer Aussage im Buch Kohelet, in dem es heißt, dass alles und somit auch Reichtum vergänglich sei. Darüber hinaus wurden auch Mutmaßungen über Aussagen der beiden Protagonisten und einzelner Elemente der Darstellung angestellt. So konzentrierte sich der muslimische Referent in seiner kurzen Reaktion auf die Eingangsfrage weniger auf die Aussage als auf die Darstellung selbst. Dabei identifizierte er sich und die Teilnehmenden der Veranstaltung mit den Personen, die schemenhaft im Hintergrund des Bildes zu erkennen sind. Als wäre das Bild das gemeinsame Verbindungsstück zweier sich überlappender Realitäten, stellte er die Vermutung an, dass die Personen im Hintergrund womöglich »wie wir« über das Gespräch der beiden Hauptpersonen diskutierten.

---

327 Interview_Schwandt, 124, nachträglich redigiert durch den Interviewten.
328 Vgl. Hamburger Kunsthalle: Solon vor Krösus 2016.

Ein zentraler Punkt dieser Diskussion war der Fingerzeig Solons, der aus dem Bild heraus weist, während Krösus bezeichnender Weise auf sich selbst zeigt. Der Imam las darin den Hinweis »Schau mal, wie es denen ging, die vor dir waren« und identifizierte das angezeigte Objekt als die Geschichte. Der christliche Vertreter deutete den Finger als Hinweis auf die Weisheit, in Demut zu leben, wie Solon Krösus wohl vorschlage. Die Moderatorin machte schließlich noch einmal den Einbezug der Gruppe in die dargestellte Szene durch den Fingerzeig stark.[329]

Im Verlauf der Beschäftigung mit dem Kunstwerk kamen, nachdem die Referierenden mehrfach auf Fragen der Moderatorin reagiert hatten, auch einige Personen aus dem Publikum zu Wort. Ein älterer Herr ging beispielsweise auf den Blickkontakt zwischen Krösus und Solon ein. Krösus zeige seiner Ansicht nach echte Neugierde und habe in gewisser Weise einen »dialogischen Blick«. Auch Solon habe etwas Fragendes und zeige deutlich, dass er Träger einer Weisheit ist, die über ihn selbst hinausweise. So oktroyiere er Krösus die Weisheit nicht auf, sondern sei dialogbereit. Es sei ein Dialog, »um auf Neues zu kommen«. Frau Koch reagierte dankbar und direkt auf den Beitrag und sagte, dass es sich also um das »Gemälde des Dialogs« überhaupt handle. Auch hier schien es so, dass zwei Szenen einander überlagern oder spiegeln, der Dialog zwischen Krösus und Solon auf der einen und der Dialog in der Kunsthallenveranstaltung auf der anderen Seite, mit dem Kunstwerk als verbindendem Anker dazwischen. Solche situativen Überlappungen zwischen dargestellter Szene und der Veranstaltungssituation stellen Verweise zwischen Kunstmotiven und interreligiöser Veranstaltung her, deren Spiegelungen in die eine oder andere Richtung neue Perspektiven eröffnen. Auch dies ist eine wichtige Funktion der Kunstwerke in der interreligiösen Gesprächsreihe.[330]

Zuletzt möchte ich die Kunstwerke in der Funktion von Portalen betrachten, die aus der Veranstaltungssituation in andere erlebte oder fiktive Situationen führen. So wie in der erstgenannten Funktion also Elemente des Kunstwerks als Sprungbrett zu Explikationen der eigenen religiösen Tradition der Referierenden dienen, so fungiert in dieser letztgenannten Funktion das Kunstwerk als Sprungbrett zu anekdotenhaften Erzählungen, die die Gruppe in der Kunsthalle mit einer anderen realen oder fiktiven Situation verbinden. Diese Funktion zeigte sich ebenfalls in der Veranstaltung zum Thema »Reichtum und Bereicherung«. Der Titel des besprochenen Gemäldes lautete »Thunersee mit Stockhornkette« (um 1910) von Ferdinand Hodler (1853–1918) und zeigte in hellen Farben einen großen blauen See, der von grünen Wiesen umgeben ist. Im Hintergrund war ein graues Gebirge angedeutet. Im Laufe der Besprechung meldete sich ein Zuschauer zu Wort und sagte mit Blick auf den See, dass er häufiger in der Natur wandern gehe und gelegentlich auf

---

329 Vgl. Feldnotiz_Kunsthalle_3, 400f.
330 Vgl. ebd., 402f.

Landschaften treffe, die der auf dem Bild ähnelten. Die Erfahrung in dieser verlassenen Natur ganz auf sich selbst »reduziert« zu sein, führe ihn gelegentlich zu Fragen, wie »Bist du wirklich allein auf der Welt?«. Er betonte, dass er nicht an Gott glaube, aber dennoch solche Fragen auftreten würden. Dieses Gefühl und diese Situation drückten sich seiner Ansicht nach sehr gut auf dem Gemälde aus. Der Pastor, der als christlicher Referent dieser Veranstaltung sprach, griff den Kommentar des Teilnehmers auf und erklärte, dass er sich durch die Aussage herausgefordert fühle. An Gott zu glauben, bedeute nicht immer an eine Überperson zu glauben, betonte er. Vielmehr sei Religiosität ein Ausdruck des Gefühls, ein Teil von etwas Ganzem zu sein. Man könne in diesem Sinne also auch »atheistisch an Gott glauben«. Von dem spannenden Beispiel eines religiös-nichtreligiösen Dialogs in dieser Szene einmal abgesehen, eröffnete sich hier eine interessante Sicht auf die Portal-Funktion des Kunstwerks. Wie ein Spiegel seiner Erinnerung bildet für den Besucher hier die Darstellung einen eigenen Zugang zum religionsbezogenen Dialog um Kunst. Man könnte auch von einem Fenster, das ihn hier auf eine ihm bekannte Szene blicken lässt, oder eben von einem Portal sprechen, durch das er und mit ihm die Gruppe an einen anderen imaginierten Ort in der freien Natur gelangt.

Als Stichwortgeber und Medium zur Darstellung der eigenen Tradition, als Spiegel zwischen zwei Situationen oder als Portal für aufschlussreiche Gedankenexpeditionen – die Funktionen der Kunstwerke in der interreligiösen Gesprächsreihe sind vielfältig und gehen womöglich über das Gesagte hinaus. Kunstgegenstände erhalten damit als Medium der Interaktion eine integrale Bedeutung für die Veranstaltung in der Kunsthalle.

Wer darf mitschwimmen?

Ich hatte die Kunsthalle bereits als sehr dynamischen und in gewisser Hinsicht flexiblen Ort beschrieben, der sich fast um die in Kunstwerken erstarrten Szenen herum zu arrangieren scheint. Die Metapher der Beweglichkeit lässt sich auch auf das Geschehen im interreligiösen Gespräch übertragen. Eine Besucherin mittleren Alters und mit muslimischem Hintergrund nutzte dies im Interview im Zusammenhang mit einer Beschreibung der Zielgruppe:

> »Ich glaube die Veranstaltung von Frau Koch, kann ich mir gut vorstellen, die ist für alle Menschen oder an alle Menschen gerichtet, so die ist auch öffentlich und jeder hat auch Zugang und jeder kann kommen. Und jeder kann teilnehmen und quasi mitmachen und mitschwimmen so in dieser Atmosphäre und ich glaube nicht, dass es an eine bestimmte Gruppe von Menschen gerichtet ist.«[331]

Die Besucherin, die mehrfach an der Veranstaltungsreihe teilgenommen hatte, betont hier eine prinzipielle Offenheit für alle Interessierten, die sich dem Strom

---

331 Teilnehmendeninterview_Kunsthalle_2, 235.

der Veranstaltung anschließen und mitschwimmen wollen. Darin drücke sich etwas aus, was die Teilnehmerin der Kunsthalle als Ort insgesamt zusprach: »[D]a muss man ja kein Experte sein und es ist ein kreativer Raum für Menschen, wo sie einfach, egal welche Bildung, welchen Hintergrund, dieser Kreativität freien Lauf lassen können.«[332] Als Ort der gesellschaftlichen Öffentlichkeit und als kreativer Raum für freie Assoziationen kann hier, so das gezeichnete Bild, jeder Mensch einen eigenen Zugang finden und sich beteiligen. Eine andere Besucherin unterstützte dieses Verständnis des interreligiösen Gesprächs in ihrer Abgrenzung zu klassischen Gesprächsveranstaltungen interreligiösen Dialogs:

> »Es war sozusagen freier. Es ist auf der einen Seite eben ein konkreter Gegenstand, insofern irgendwie so eine Art von […] geführtem Gespräch natürlich, ja, man sozusagen redet sich an einem bestimmten Gegenstand entlang, aber es ist sozusagen in dem, wie ich vorhin auch sagte, also das das fand ich auch gut sozusagen dieses alles kann im Prinzip gesagt werden.«[333]

Der beschriebene Freiraum macht sich demnach vor allem am Aspekt der freien Assoziation fest: Alles könne gesagt werden. So wie die Themen der Kunstwerke, ihre einzelnen symbolisch-materiellen Gestaltungselemente sowie ihre jeweilige Objektgeschichte ein Delta möglicher Anknüpfungspunkte eröffnet, so können die Referierenden und auch die Besucherinnen und Besucher in ihren Wortmeldungen eine Assoziation äußern und so das Treiben des Veranstaltungsverlaufs beeinflussen. Die Gruppe von Schwimmenden treibt also mal hier- und mal dorthin, wohin auch immer die gedeutete Kunst sie verschlägt. In einigen Veranstaltungen wies Frau Koch die Anwesenden darauf hin, dass genügend Platz gelassen werden müsse, damit Personen, die nicht an der Veranstaltung teilnahmen, passieren konnten.[334] Das Vorbeischwimmen muss in der Kunsthalle also gewährleitet sein, was zeigt, dass die Räumlichkeiten dem interreligiösen Gespräch nicht exklusiv zur Verfügung stehen und die Gruppe sich vielmehr im größeren Museumsfluss bewegt. Hinzu kommt, dass innerhalb der Gruppe bestimmte Freiheiten bestehen, sich von der Gruppe etwas abzusetzen. Zwar herrschte in den von mir besuchten Veranstaltungen überwiegend interessiertes Zuhören, aber es gab auch immer die Möglichkeit, mal aufzustehen, sich bei Gelegenheit zu setzen, leise herumzulaufen und andere Ausstellungsstücke im Raum zu betrachten. Das wurde, so scheint es mir, nie als unpassend oder störend empfunden.[335] Das liegt möglicherweise daran, dass ein Museum eben auch als ein Ort des Wandelns bzw. des Treibenlassens und des interessierten Umsehens betrachtet werden kann.

---

332 Ebd., 233.
333 Teilnehmendeninterview_Kunsthalle_1, 232.
334 Vgl. Feldnotiz_Kunsthalle_5, 445.
335 Vgl. Feldnotiz_Kunsthalle_4, 410.

Die Ansicht, dass sich alle Anwesenden mit ihren eigenen Ideen und Gedanken beteiligen können, wird auch aus der Perspektive der Organisatorin vertreten. Im Interview betonte Frau Koch mehrfach das bereits angesprochene Stichwort der »Augenhöhe«,[336] also eine gleichberechtigte Beteiligung aller. Und dies sei auch der Modus der Begegnung, »weil es ja eben ein Museum ist und nicht eines der Gotteshäuser«,[337] wo, so könnte man Frau Kochs Überlegungen weiterdenken, eben immer eine Partei die gastgebende und die anderen die eingeladenen Parteien seien und folglich gewisse Hoheitsrechte wirken. Gleichzeitig scheint sich durch die große Assoziationsoffenheit der Kunstwerke die Grenze zwischen Experten- und Laientum aufzulösen, wie eine Besucherin hervorhob:

> »[W]as mich so angesprochen hat, diese Möglichkeit des Austausches auf Augenhöhe, das ist ja was, was [...] in den heiligen Hallen sonst so nicht passiert, außer man macht eine Führung, ja, aber auch in einer Führung [...] hat man nicht unbedingt die Möglichkeit [...], dass man irgendwie seine eigenen Assoziationen da äußert. Insofern finde ich, dass es dieses bisschen starre, also dieses hierarchische/hier Kunst und wenn du es nicht verstehst, dann hast du es halt nicht drauf, dass das einfach sehr schön aufgelöst wird über eine Veranstaltung.«[338]

Die Möglichkeit zur subjektiven Deutung, die den Beteiligten hier zugesprochen wird, erlaubt, so die Teilnehmerin im Interview, auch die aktive Teilhabe aller ohne tiefergehende etwa kunstgeschichtliche Kenntnisse. Während den Referierenden zumeist eine gewisse Aussagefähigkeit im Hinblick auf die religiösen Traditionen, für die sie stehen, zugesprochen wird, sind vor der Kunst gewissermaßen alle gleich. Dies, d.h. der hierarchiefreie und assoziationsfreudige Ansatz, wird hier allerdings als Verdienst der Veranstaltungsreihe hervorgehoben und nicht grundsätzlich der Kunsthalle, hier gerahmt als die »heiligen Hallen«, als Ganzes zugesprochen.

Über die Veranstaltungen der Reihe hat sich eine besonders offene und interessierte Atmosphäre herausgebildet. Während in seltenen Fällen, z.B. aus dem Kreis der Zuhörenden, im Ton schärfere Nachfragen kämen, so lasse sich der Austausch unter den Beteiligten hauptsächlich als wohlgesonnen beschreiben.[339] Die hierzu befragten Besucherinnen und Besucher bestätigten diesen Eindruck und sprachen von einer »aufrichtigen Diskursbereitschaft der drei Religionsvertreter«,[340] die »untereinander sehr respektvoll waren«,[341] von der »Lust zuzuhören und mitzu-

---

336 Interview_Koch, 99.
337 Ebd.
338 Teilnehmendeninterview_Kunsthalle_1, 231.
339 Vgl. Interview_Koch, 99.
340 Teilnehmendeninterview_Kunsthalle_1, 229.
341 Ebd.

machen«[342] und verwiesen auf die vorherrschend »schöne, ruhige, freundliche Atmosphäre«,[343] die als »sachlich und entspannt«, »sehr angenehm und interessiert«, »konstruktiv«, »positiv«, »prima« gewertet wurde. Zwei Personen münzten die freundliche Atmosphäre in einen Kritikpunkt und erklärten, dass man geradezu »bemüht [war, M. K.] mögliche Spannungen zu vermeiden, abzuschwächen« und »»Anbiederungsversuche«« eine »ernsthafte Auseinandersetzung der Referenten mit dem Thema« erschwert haben.[344]

Trotz der genannten Betonung der Offenheit und prinzipiellen Zugänglichkeit des Veranstaltungsformats, gibt es doch auch offensichtliche Grenzen der Möglichkeiten des Mitschwimmens. Die Organisatorin der Veranstaltungsreihe reflektierte dies im Interview, nachdem sie eine grundsätzlich befürwortende Einschätzung zur Bedeutung interreligiösen Dialogs für die Gesellschaft abgegeben hatte:

> »Also, insofern rechne ich dem [d.h. interreligiösem Dialog, M. K.] eine wichtige Bedeutung zu, aber ich kann nicht einschätzen, inwieweit er wirklich zu einer Offenheit bei den Besucher*innen führt. Oder ob sich die Offenheit auf den geschützten Raum des Museums beschränkt. Denn die Kunsthalle ist in gewisser Weise ein geschützter Ort und darin wie eine Insel.«[345]

Frau Koch bringt hier den bereits angesprochenen Inselcharakter der Kunsthalle wieder ins Bewusstsein. Als geschützter Ort eröffnet der museale Ort demnach bestimmte Diskursräume, die jenseits seiner Mauern möglicherweise nicht gegeben sind. Was hier positiv als Ermöglichungsraum gelesen werden kann, lässt zwischen den Zeilen auch Einschränkungen durchscheinen. Denn ein Museum steht zwar als öffentlicher Ort der Allgemeinheit offen, ist aber kein Ort der Mehrheit, wie auch eine Teilnehmerin mittleren Alters und mit muslimischem Hintergrund bedauernd zum Ausdruck brachte:

> »Ich glaube auch, das sind immer dieselben, die [...] dort hingehen. [...] Gebildete, Intellektuelle in Anführungsstrichen [...], aber alle anderen weniger, weil es mit ihrem Alltag wenig zu tun hat.«[346]

Dieser sich aufdrängende Eindruck offenbart eine Kluft zwischen dem öffentlichen Anspruch der Kunsthalle sowie dem partizipativ angelegten und hierarchiearmen interreligiösen Gespräch einerseits und einem wenig diversen Publikum andererseits. Eine andere Teilnehmerin, ebenfalls mittleren Alters, aber mit pantheistischem Selbstverständnis fand noch etwas drastischere Worte:

---

342 Teilnehmendeninterview_Kunsthalle_3, 240.
343 Teilnehmendeninterview_Kunsthalle_2, 235.
344 Befragung_Kunsthalle, 285f.
345 Interview_Koch, 108, nachträglich redigiert durch die Interviewte.
346 Teilnehmendeninterview_Kunsthalle_2, 233f.

> »[I]ch [...] komme selber aus einem bildungsbürgerlichen Haus, bin auf ein humanistisches Gymnasium gegangen, für mich war das selbstverständlich in Museen zu gehen. [...] aber mir ist sehr deutlich auch durch meine Arbeit im Moment, ich berate und coache Langzeitarbeitslose u.a., [...] ja, wie wenig so ein Ort aufgesucht wird [...] also auch durch die Preisfindung, ne. [...] also es gibt einfach enorme Hürden [...] in unserer deutschen Gesellschaft, sich so einem Ort zu nähern. Und das ist das, was ich für, nicht absichtlich, aber de facto elitär halte.«[347]

Der Zugang zur Kunsthalle wird hier grundsätzlich als hürdenreich für viele Menschen beschrieben. Das trifft auf die als hoch beschriebenen Eintrittsgelder zu. Hinzu kommt, was Gefroi bereits mit der Beschreibung der Gründungsmotivation der Kunsthalle hervorgehoben hatte, nämlich einen »Ort [zu schaffen, M. K.], der von der Kultiviertheit des Hamburger Bürgertums künden sollte«.[348] Aus dieser Perspektive betrachtet richtet sich die Schaffung des Ortes vor allem an eine bestimmte, bildungsbürgerliche Gruppe von Menschen, die die Teilnehmerin im Zitat als Elite (bzw. »elitär«) beschreibt. Und so erscheint das Museum als elitäre Insel, im Sinne einer von der Gesellschaft abgespaltene Blase, die den angesprochenen Schutzraumcharakter nochmal im Sinne eines Raums der Abschottung unterstreicht.

Frau Koch hat diese Problematik des Museumsortes im Blick und beschrieb zustimmend im Interview, dass ein Museumsbesuch »einfach immer noch 'ne Schwelle für ganz viele Menschen«[349] darstelle. Gleichzeitig sei ihr Eindruck, dass die interreligiösen Gespräche durch die Beteiligung von Vertreterinnen und Vertretern verschiedener religiöser Gemeinden und die interreligiöse Thematik die Teilnehmendenstruktur im Vergleich zu sonstigen Veranstaltungen der Kunsthalle etwas diverser sei, wenngleich es ihrer Ansicht nach auch noch deutlichen Ausbaubedarf gebe.[350] Tatsächlich wird die Veranstaltung vorwiegend von älteren Personen aufgesucht. Bei meinen mehrfachen Besuchen lag die Gruppenstärke immer bei ca. 40 bis 50 Personen, im Zusammenhang mit einer Ausstellung zum Thema »Trauern«[351] nahmen ca. 100 Personen an der Veranstaltung teil, was wohl eher eine Ausnahme darstellt. In der Regel fanden sich einige Personen mittleren Alters und nur sehr wenige junge Menschen unter den Teilnehmenden. Die in der Besuchendenbefragung gemachten Angaben zu den Geburtsjahren können als Bestätigung des Eindrucks gelesen werden, dass die Veranstaltungsreihe nur von wenigen jüngeren Personen (unter 30 Jahren) besucht wurde. So fanden sich unter den Befragten vor

---

347 Teilnehmendeninterview_Kunsthalle_1, 228.
348 Gefroi 2016, 41.
349 Interview_Koch, 99.
350 Vgl. Interview_Koch, 98.
351 Vgl. Hamburger Kunsthalle: Trauern 2020.

allem Personen, die zwischen 40 und 80 Jahren alt sind.[352] Auch wenn Besuchende dem Veranstaltungsformat eine grundsätzliche Zugänglichkeit und Offenheit zusprachen, finden sich auch hier Einschätzungen zu den Grenzen der Teilhabe. Eine Befragte schrieb, dass die Veranstaltung auch ohne »religiöse Vorbildung« zugänglich sei. Einschränkend erklärten einige, dass das intellektuelle Niveau jedoch eher das »klassische Museumspublikum« bzw. »ältere Akademiker«[353] anspreche. Die Angaben zur beruflichen Tätigkeit umfassten entsprechend vor allem auch akademische Berufe (Bibliothekarin, Anwalt etc.), darunter einen religionsbezogenen Beruf (Pastor). Die Verteilung der Religionszugehörigkeiten wies auf eine deutliche evangelisch-lutherische Mehrheit unter den Befragten hin und zeigte daneben nur noch die Präsenz eines Buddhisten sowie zweier Personen, die sich selbst keiner Religion zurechneten.

Dass die Frage der Möglichkeiten des Mitschwimmens in der interreligiösen Gesprächsreihe nicht nur die Besucherinnen und Besucher betrifft, sondern auch die Moderatorin und einige der Referierenden, zeigen zwei Umstände, die ich hier abschließend kurz betrachten möchte.

Die Kunsthalle, hier als Kontext des interreligiösen Gesprächs u.a. als religiös neutraler Raum gezeichnet, will dem Anspruch nach den Referierenden aus verschiedenen religiösen Traditionen im Angesicht der Kunst ein Gespräch auf Augenhöhe ermöglichen. Frau Koch, freie Mitarbeiterin der Kunsthalle sowie Organisatorin und Moderatorin der Veranstaltungsreihe, fühlt sich gewissermaßen als institutionelle Akteurin in der Veranstaltung diesem Anspruch verpflichtet. So wägt sie ab, versucht alle Referierenden gleichermaßen einzubinden und betont regelmäßig den Reichtum und die notwendige Beachtung der Mehrperspektivität auf die verhandelten Kunstwerke und Themen. Umso auffälliger sind die wenigen Momente, in der dann die christliche Prägung der Kunsthalle, die protestantische Prägung Hamburgs oder möglicherweise das christliche Erbe Deutschlands dennoch durchschlägt. So gibt es seltene Momente in der Moderation, in denen Frau Koch beispielsweise erklärte, dass »uns« die christliche Tradition ja am nächsten und die anderen interessante verwandte Religionen, aber eben nicht die »von hier«[354] seien. Durch diese Positionierungen verortete sich Frau Koch in einem traditionalen Kontext, wodurch die angestrebte religiöse Neutralität als gefährdet gesehen werden könnte. Gleichwohl mag dies auch als ein Ausdruck für eine Zielgruppenorientierung gelten. Wenn die Teilnehmenden eines Bildungsangebotes mehrheitlich aus evangelisch-lutherisch geprägten älteren Personen bestehen, so kann eine Positio-

---

352 Zur Einschätzung der Aussagekraft dieser Zahlen: Von den ca. 40 Besuchenden haben 15 Personen auch an der Befragung in der Kunsthalle am 10.04.2014 teilgenommen.
353 Befragung_Kunsthalle, 287.
354 Feldnotiz_Kunsthalle_1, 355.

nierung dieser Art auch dazu dienen, die Anwesenden dort abzuholen, wo sie sind, um sie dann in das Gespräch über Kunst und religiöse Vielfalt mitzunehmen.

Dass die protestantische Prägung eines großen Teils der Gruppe ein gewisses Gewicht hat, zeigte eine andere Begebenheit. Herr Schwandt, der Referent aus der Katholischen Akademie, der in einer Veranstaltung zum Thema »Die Bedeutung von Gebet und Gebetshaltung in den Religionen und in künstlerischen Darstellungen« als Sprecher für das Christentum geladen war, referierte über die Bedeutung Marias als sehr verehrte Figur im Christentum. Als Heilige und »Mutter Gottes« stelle sie wie andere heilige Figuren aber vielmehr ein religiöses Vorbild dar und sei nicht das eigentliche Ziel einer Anbetung. Schon während seines Vortrags war hier und da im Publikum mürrisches Gemurmel zu hören. Eine ältere Besucherin mit roter Bluse sprach halblaut einige Worte, die zwar nicht verständlich waren, aber wie ein Einwurf klangen. Einige Zeit später beendete Frau Koch ihre Fragen an die Referierenden. »Ich bin sicher, dass es auch Fragen im Publikum gibt«, leitete sie zum Plenum über. Kaum war der Satz beendet, streckt die ältere Besucherin in roter Bluse ihren Arm in die Höhe. Als zweite erhielt sie das Wort und sprach: »Ich bedaure es sehr, dass heute kein lutherischer Pastor dabei ist, denn was sie gesagt haben«, sie deutete dabei auf Herrn Schwandt »ist ja nun sehr katholisch.« Herr Schwandt lächelte und wollte sofort reagieren. Scherzhaft erklärte er, er sei als Katholik wohl eingeladen worden, um für das Christentum zu sprechen, da nun heute zufällig Mariä Himmelfahrt sei. Während einige Besucher und Besucherinnen über die Antwort lachen mussten, wirft die Fragestellerin ärgerlich ein »Für uns Protestanten hat die Himmelfahrt ja gar nicht stattgefunden.« Herr Schwandt pariert darauf, dass Luther aber auch nichts gegen den Tag gehabt habe, was allgemein sehr humorvoll in der Gruppe aufgenommen wurde. Etwas ernsthafter versucht er dann die Bedeutung von Heiligen im Katholizismus nochmal als fehlverstanden zu erläutern, denn Heilige als Vorbilder seien zwar hilfreich, aber nicht zwingend notwendig zur Orientierung. Frau Koch ging im Anschluss an die Erklärung nochmal auf die Wahl eines Katholiken als Referenten ein. Als Organisatorin der Veranstaltung fühlte sie sich ebenfalls von der kritischen Anfrage aus dem Publikum angesprochen. Sie erklärte, dass das ausgewählte Bild nun einmal Maria darstelle und dass der ganze Raum, in dem das Gemälde hänge, Maria zum Thema habe, da sie ein wichtiges Thema für »das christliche Abendland« sei. Lange Zeit hindurch sei die Verehrung der Maria ein großes Anliegen der katholischen Kirche gewesen, deshalb habe sie sich heute für einen katholischen Referenten entschieden.[355]

In einem Interview einige Zeit nach dieser Veranstaltung erinnerte sich Herr Schwandt an diese Szene. Zu seiner allgemeinen Rolle als Katholik beschrieb er vor diesem Hintergrund:

---

355   Vgl. Feldnotiz_Kunsthalle_1, 350ff.

»Also, das ist ja irgendwie klar, dass wir [d.h. Katholiken, M. K.] eigentlich 'ne ziemlich kleine Minderheit sind. Und man kann ja nicht sagen Hamburg sei 'ne christliche Stadt, trotzdem ist das Evangelische, also wenn man allein die Türme anschaut, sehr präsent und auch gesellschaftlich ist man eigentlich in Hamburg nicht katholisch.«[356]

Aus dieser Minderheitenposition heraus ergebe sich natürlich, so Herr Schwandt weiter, eine gewisse Not zur ökumenischen Arbeit. Das sei aber mehr als nur ein Zweckbündnis, betonte er entschieden. Spannend seien für ihn die Unterschiede beispielsweise in der Liturgie. Grundsätzlich empfinde er aber das Gemeinsame zwischen den beiden Konfessionen als große Bereicherung und er arbeite gerne und eng mit protestantischen Kolleginnen und Kollegen an verschiedenen Projekten zusammen. Das interreligiöse Gespräch zwinge ihn manchmal, wie andere Kontexte auch, zu einer gewissen Konfessionalisierung:

»Es gibt manchmal Situationen, da ist man gezwungen konfessioneller zu sein, als man das eigentlich ist. Und das kenne ich auch aus dem interreligiösen Dialog. Ich kenne sowohl die Situation, wo ich z.B. den Islam stärker verteidigen muss als ich eigentlich finde, dass es mein Job wäre, weil einfach die Leute so blöd sind. [...] Aber es gibt auch die Situation, wo ich mich christlicher positioniere, als ich das eigentlich sonst täte. Und das ist beim Konfessionellen auch so. Und das war so 'ne Situation.«[357]

Wenn Herrn Schwandts Ausführungen auch auf die anderen Referierenden der Veranstaltungsreihe zutreffen, dann lässt sich nachzeichnen, dass sie in zweifacher Funktion in der Veranstaltung mitwirken. Zum einen treten sie als Sprecherinnen und Sprecher unterschiedlicher Religionsgemeinschaften nebeneinander. Ich hatte bereits erläutert, dass dies zumeist das Judentum, das Christentum und den Islam betrifft, aber je nach Thematik auch andere Religionsgemeinschaften einbezogen werden. Gemäß der mehrfach hervorgehobenen Bedeutung des Einbezugs intrareligiöser Vielfalt über die einzelnen Veranstaltungen hinweg sprechen die Referierenden zum anderen aber auch für ihre jeweilige konfessionelle Prägung. Vor dem Hintergrund einer mehrheitlich bildungsbürgerlichen evangelisch-lutherischen Gruppe der Zuhörenden steht ein katholischer Vertreter offenbar besonders unter Beobachtung, wenn er die Grenze zwischen konfessioneller und religionsgemeinschaftlicher Darstellung auslotet. Und so zeigt sich, dass die Frage »Wer darf mitschwimmen?« in vielfältiger Weise in dieser Veranstaltungsreihe aufscheint.

---

356 Interview_Schwandt, 125, nachträglich redigiert durch den Interviewten.
357 Ebd., 126, nachträglich redigiert durch den Interviewten.

Ein Konzept macht Schule

Die veranschlagte Zeit des Gesprächs war bereits überschritten. Mein Rücken schmerzte etwas vom längeren Stehen, denn ich hatte mich bei diesem Mal gegen einen Hocker entschieden und war auch soweit glücklich damit, denn so konnte ich entspannter den Platz wechseln und die Gruppe überblicken. Die islamische Referentin hatte über das zu besprechende Bild »ziemlich wüst gelästert«,[358] wie sie es auch selbst beschrieb, denn die dargestellte Gebetsszene sei mit Fehlern gespickt. Jetzt referierte sie in Reaktion auf eine Frage aus dem Publikum gerade noch über die Bedingungen, die eine Moschee als Gebetsort erfüllen müsse. Die Zuhörenden hörten interessiert zu und lachten bisweilen auf, denn die Referentin sprach in erfrischend anschaulichen Worten und baute hier und da ein Augenzwinkern ein. Dann ergriff Frau Koch lächelnd das Wort und bedankte sich ganz herzlich bei allen Referierenden für den reichhaltigen Austausch.

Einige Wochen später saß ich mit Frau Koch in meinem Büro. Sie lehnte sich zufrieden im Stuhl zurück und beschrieb gleichzeitig mit glänzenden Augen:

> »[D]ie Veranstaltungen sind schon unterschiedlich, aber es sind zum Teil so spannende Gedanken und für mich sind sie immer eine Bereicherung. In diesem Zusammenhang fand ich in der Veranstaltung an der Akademie [der Weltreligionen] den Hinweis sehr passend, dass Dialog dann funktioniert, wenn man sich selbst auch verändert. Also, man geht aus dem Dialog anders raus als man rein gegangen ist. Und das findet bei mir regelmäßig statt.«[359]

Die hier angesprochene transformative Wirkung des interreligiösen Gesprächs, also den Horizont zu erweitern sowie Anregungen und Ideen mitzunehmen, wird an verschiedenen Stellen betont. Damit erfülle die Veranstaltung, wie Frau Koch beschrieb, auch ihre Rolle als interreligiöse Dialogveranstaltung. Auf der Veranstaltung zur Buchpublikation hatte Herr Schwandt erklärt, dass im Zusammenhang mit der öffentlichen Beschneidungsdebatte im Nachgang zu einem Gerichtsurteil im Jahr 2012[360] festgestellt werden konnte, dass viele der im gesellschaftlichen Diskurs vorgebrachten Argumente bereits zuvor auf einer Veranstaltung der interreligiösen Gesprächsreihe »durchgespielt«[361] worden waren. Dies spreche, so Herr Schwandt, für die aufklärerische Bedeutung des interreligiösen Gesprächs. Auch dafür wurde die Veranstaltungsreihe 2014 mit dem Preis »Kulturelle Bildung« der Beauftragten der Bundesregierung für Kultur und Medien ausgezeichnet.[362]

---

358 Feldnotiz_Kunsthalle_1, 353.
359 Interview_Koch, 102f., nachträglich redigiert durch die Interviewte.
360 Einen lesenswerten und frühen Blick auf die Debatte warf beispielsweise Heiner Bielefeldt, vgl. Bielefeldt 2012.
361 Feldnotiz_Kunsthalle_2, 370.
362 Vgl. Webseite Koch o.J.

Mit Blick auf die Zukunft der Veranstaltungsreihe erklärte Frau Koch: »Also das ist eine Erfolgsgeschichte und ich bin im Moment noch dabei, das Format in anderen Häusern publik zu machen«.[363] Dass es dafür auch eine Nachfrage gebe, zeige sich u.a. daran, dass andere Museen, die z.B. für eine Ausstellung zu Themen, die in der interreligiösen Gesprächsreihe besprochen worden waren, Notizen anfragten. Mittlerweile hat Frau Koch ein ähnliches Format in der Kunsthalle Bremen initiiert.[364] Außerdem arbeitet sie an Möglichkeiten, ein diverseres Publikum zu einem Austausch in der Kunsthalle zu motivieren. Und schließlich wirkt sie auch an Konzepten und Materialien zur Umsetzung eines ähnlichen Formats des Kunstdialogs in Schulen mit.[365]

Ein interessanter Punkt bei diesen Streuungsbewegungen ist die Frage nach der Notwendigkeit von originalen Bildern. In den Interviews mit Teilnehmenden schien immer wieder durch, dass das Gespräch vor ›echter‹ Kunst besonders sei. Eine muslimische Teilnehmerin beschrieb:

»[...] ein Originalbild hat eine andere Lebendigkeit. [...] Es spricht auch, also ein Bild spricht ja auch im Original, die originalen Farben und alles, die kleinen Details spielen schon eine Rolle.«[366]

Eine andere Teilnehmerin reagierte fast empört auf die Frage, ob ein per Beamer an die Wand projiziertes Bild ebenso geeignet sei, wie ein Original: »Nein, ist nicht vergleichbar.«[367] Unterstützen würde diese Perspektive die Betonung der Kostbarkeit der Kunstwerke und ihrer Objektgeschichte, also Aspekte, die in einer Kopie verblassen.

Am Ende ist es mit der Kunst aber vielleicht ebenso wie in der Religion eine Glaubensfrage. Zumindest verließ ich das interreligiöse Gespräch stets bereichert mit neuen Eindrücken, aber auch mit eigenen Assoziationen, die sich nicht immer mit denen der anderen deckten. Im Bewusstsein, dass während unseres Aufenthaltes

---

363 Interview_Koch, 102, nachträglich redigiert durch die Interviewte. Im Nachgespräch betont Frau Koch, dass über die Jahre mit dem personellen Wechsel in der Direktion und im Bereich Bildung und Vermittlung der Hamburger Kunsthalle auch unterschiedliche Akzentsetzungen und Interessen im Hinblick auf die Veranstaltungsreihe einhergegangen sind, vgl. Feldspiegelung_Kunsthalle_1, 346. Meine Ausführungen spiegeln in erster Linie den Geist meiner frühen Erhebungsphase in den Jahren 2013–2014.

364 Die im Verlauf der Covid-19-Pandemie digital stattgefundenen und aufgezeichneten Termine der Veranstaltungsreihe an der Kunsthalle Bremen unter dem Titel »Blickwechsel. Interreligiöse Gespräche zur Kunst« finden sich in einer Youtube-Playlist der Kunsthalle Bremen online, vgl. Kunsthalle Bremen: Blickwechsel.

365 Vgl. Webseite Koch o.J.

366 Teilnehmendeninterview_Kunsthalle_2, 237f.

367 Teilnehmendeninterview_Kunsthalle_1, 230.

in den Räumen der Kunsthalle draußen die Dämmerung eingesetzt hat, navigierte ich auch an jenem Abend im August 2013 durch das Labyrinth der Kunsthalle in Richtung Ausgang.

6 Ergebnisteil II: Zur Räumlichkeit interreligiöser Veranstaltungen

Nachdem ich in den vorigen Kapiteln die einzelnen Fälle in Form dichter Beschreibungen eingehend betrachtet habe, folgt in diesem Kapitel ein systematischer Vergleich der Fälle. Wie im Abschnitt 4.4.2 des Methodenkapitels dargelegt, geht es mir hierbei um eine Gegenüberstellung konkreter Ausprägungen der Fälle. Hiermit verfolge ich ein taxonomisches[1] Ziel, nämlich die systematische Ausdifferenzierung der Räumlichkeit interreligiöser Veranstaltungen. Mit der Verbindung von Raum und interreligiöser Veranstaltung ist vor dem Hintergrund der in Kapitel 4.4.2 vorgestellten Subkategorien zur Räumlichkeit der Zusammenhang struktureller (»Raum«) und handlungsbezogener Aspekte (»Handeln«) angesprochen. Beide Aspekte lassen sich in konkrete und abstrakte Formen ausdifferenzieren und mit den von mir in Unterkapitel 3.3 aufgegriffenen theoretischen Konzepten füllen:

Raum lässt sich hier konkret als physisch strukturierte Region fassen, die neben einer funktionalen Ausstattung auch die dekorative Gestaltung und mögliche symbolische Dimensionen dieser Gestaltung bereithält. Der abstrakte Raum bezieht sich auf die zugesprochene und im praktischen Wissen verankerte Bestimmung einer Region, die zugehörigen Handlungsfelder sowie die damit einhergehenden Diskurse. Das Handeln auf der anderen Seite lässt sich ebenso in konkrete und abstrakte Formen unterteilen. Als konkretes Handeln betrachte ich direkte Interaktionen und damit die Rollen, die die Beteiligten einer Situation im Rahmen ihrer Fassade (rollenspezifisches Verhalten, äußere Erscheinung und Bühne)[2] darstellen. Die abstrakte Ebene des Handelns bezieht sich auf interreligiöse Aktivitäten als ein Handlungstypus, der in spezifischen Veranstaltungsformaten Ausdruck erhält. An dieser Matrix orientiert sich die folgende Darstellung der Verbindung von Raum und Handeln in interreligiösen Veranstaltungen.

---

1 Vgl. hierzu meine Rezeption von Freiberger im Abschnitt 4.4.2 des Methodenkapitels.
2 Vgl. hierzu Goffman 2011, 23ff. sowie Abschnitt 3.3.1 im Theoriekapitel.

Abbildung 3: Matrix konkreter und abstrakter Formen von Raum und Handeln im Kontext interreligiöser Veranstaltungen

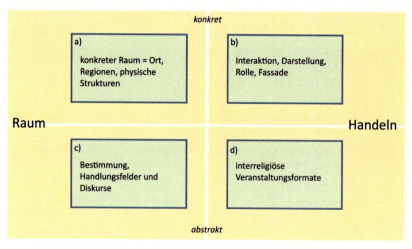

Insgesamt werde ich vier verschiedene Dimensionen dieser Verbindung aufzeigen und beginne in Unterkapitel 6.1 zunächst mit dem Zusammenhang des physischen Raumarrangements und den einzelnen Phasen des Veranstaltungszyklus (a+d). Anschließend fokussiere ich im Unterkapitel 6.2 auf die Bühnenqualität der Veranstaltungsorte, d.h. auf die Frage, inwiefern die Orte in ihrer dekorativen und symbolisch-materiellen Gestaltung zu einem Fundus der Interaktion werden (a+b). Darauf folgt im Unterkapitel 6.3 eine Betrachtung der Ausgestaltung zentraler Rollen vor dem Hintergrund der jeweiligen Bestimmungen der Orte (b+c). Und schließlich nehme ich im Unterkapitel 6.4 die weiteren Handlungsfeldkomplexe in den Blick, die für die diskursive Verortung und Ausrichtung der betrachteten Veranstaltungsreihen von Relevanz sind (c+d).

6.1 Zyklische Verortungen interreligiöser Veranstaltungen

Im Theorieteil habe ich die physische Gliederung von Orten in Regionen bzw. Regionenkomplexe betont. Dabei ist für jeden hier relevanten Veranstaltungsort von Bedeutung, dass die physische Struktur der Regionen ein Konditionierungsmedium im Sinne einer Handlungskanalisierung für Interaktion darstellt. Ich möchte in diesem Unterkapitel den Blick auf die Raumeinnahme lenken, also darauf, wie sich die Beteiligten interreligiöser Veranstaltungen physisch in den Regionen positionieren und je nach Phase der Veranstaltung einzeln oder auch in der Gruppe durch den Regionenkomplex des Veranstaltungsorts bewegen. Als geplante soziale Anlässe, die einem mehr oder weniger ausdifferenzierten Programm folgen, lassen sich die hier fokussierten interreligiösen Veranstaltungen in einzelne Phasen unterteilen. Das sind im Einzelnen die Ankunft und Konstituierung der Gruppe, der Auftakt, der Hauptteil sowie der Ausklang und die Auflösung der Gruppe. Einschließlich eines kleinen Vorspanns zur Planungsphase orientieren sich die Ausführungen in diesem Unterkapitel an den Phasen des Veranstaltungszyklus.

Planungsphase

In der Planungsphase der Veranstaltungen spielen Fragen der Ausgestaltung sowie der Infrastruktur eine große Rolle. Die Ausgestaltung umfasst u.a. die Themenfindung, die Gestaltung des Ensembles, d.h. beispielsweise die zu ladenden Referierenden oder (Podiums-)Gäste, und schließlich auch die Erarbeitung eines zumindest rudimentären Programms, das formale Bestandteile einer Veranstaltung festlegt. Infrastrukturelle Fragen hingegen beziehen sich neben der Terminfindung, der Organisation von Technik sowie der Erstellung und Beschaffung anderweitigen Materials auch auf den planbaren physischen Raum. Der Zugang zu geeigneten Raumressourcen wird dabei von verschiedenen Fragen geleitet: An welchen Raum ist das Veranstaltungsformat gebunden? Auf welche geeigneten Ressourcen kann zurückgegriffen werden bzw. welche geeigneten Räume können auf welche Weise für die Veranstaltung zugänglich gemacht werden?

Hinsichtlich der *Raumbindung* besteht für den Gesprächskreis größtmögliche Flexibilität, denn die Teeküche stellt keine Bedingungen, die andere Räume (ggf. mit der Möglichkeit Getränke und Snacks zuzubereiten) nicht auch bieten. Demgegenüber kann bei den anderen drei Fällen zumindest von einer bedingten Raumgebundenheit ausgegangen werden. Die Silvesterfeier steht im Kontext des religiösen Handlungsfeldes und findet traditionell immer in der Christuskirche statt. Das Gespräch in der Kunsthalle ist tendenziell an den Museumsraum gebunden, auch wenn andere Kontexte denkbar sind und auch erprobt werden.[3] Und obwohl die Veranstaltungsreihe im Rathaus mit dem akademischen Vortrag und der politischwissenschaftlich angelegten Podiumsdiskussion tendenziell auch in Räumlichkeiten der Universität verortet sein könnte, wird hier doch das Rathaus als politischer Raum gezielt gesucht, um die öffentliche und breite gesellschaftliche Tragweite der Thematik zu markieren.

---

3   Tatsächlich expandiert die Organisatorin mit ihrem Konzept des interreligiösen Kunstgesprächs in andere Museen und auch in Schulklassen. Gerade bei Letzteren muss auf die Projektion von Kunstobjekten zurückgegriffen werden. Es bleibt eine spannende Anschlussfrage, inwiefern die Projektion für die Interaktion einen Unterschied im Vergleich zur zugeschriebenen Gegenwärtigkeit eines Originals macht. Auch der Klassenraum als bestimmter Ort wäre eine sicher aufschlussreiche Verortung einer interreligiösen Veranstaltung.

Der Zugriff auf *Raumressourcen* gestaltet sich in den vier Fällen jeweils sehr unterschiedlich. Der Gesprächskreis und die Organisatoren der Silvesterfeier können frei über ihre Räume verfügen. Allerdings wird die Teeküche dem Gesprächskreis für seine Zwecke zur Verfügung gestellt, während die Silvesterfeier von den ›Hausherren‹ selbst ausgerichtet wird und damit ein Vorrecht im Raumzugang besteht. Die Organisatorin der Kunsthallengespräche kann die Ausstellungsräume im Rahmen der Veranstaltungsvielfalt und mit Rücksicht auf die allgemeine Veranstaltungsplanung der Kunsthalle frei nutzen. Allerdings besteht angesichts paralleler Aktivitäten (z. B. Führungen oder Ausstellungseröffnungen) kein alleiniger Zugriff. Am unsichersten im Raumzugang ist die Vortragsreihe im Rathaus, denn hier muss die Fraktion der Grünen den Kaisersaal gegen eine Gebühr buchen, wobei parallele Nutzungen ausgeschlossen sind und insofern Terminfragen der Raumnutzung geklärt werden müssen.

Ankunft und Konstituierung der Gruppe

Die Ankunft der Beteiligten einer Veranstaltung ist in einer physischen Raumperspektive mit der *Erreichbarkeit, Auffindbarkeit und Zugänglichkeit* des Veranstaltungsortes verbunden. Bei allen Veranstaltungsorten in dieser Untersuchung handelt es sich um zentrale Orte in bzw. nahe der Hamburger Innenstadt, die zumindest über öffentliche Verkehrsmittel mit Anbindungen im direkten Umfeld sehr gut zu erreichen sind. Hinsichtlich der Auffindbarkeit und Zugänglichkeit kann die Teeküche als Ort mit Hinterbühnencharakter[4] deutlich von den anderen drei Orten unterschieden werden. Hier ist das Wissen um Ort und Zugang wichtig, denn es gibt außerhalb des Pfarrhauses keinen sichtbaren Hinweis auf die Veranstaltung und ihren Ort. Demgegenüber werden die Christuskirche, der Kaisersaal und die Räume der Kunsthalle regelmäßig als Veranstaltungsorte genutzt und sind auch in der Öffentlichkeit bekannt. Sowohl online einsehbare Lagepläne als auch Empfangspersonal und Hinweisschilder zeigen die Nutzung an. Während Interessierte vor dem Pfarrgebäude also bei Unwissenheit auf Gutdünken alle Klingeln betätigen müssen, werden sie am Eingang der Christuskirche in Empfang genommen, mit einem Programm ausgestattet und in das von außen gut erkennbare Kirchengebäude aufgenommen. Im Rathaus weist ein Schild den Weg in das obere Stockwerk, bei manchen Veranstaltungen ist ein Empfangstisch aufgebaut, an dem die Teilnehmendenliste überprüft wird. Der vorherige Anmeldeprozess bildet hier eine potenzielle Zugangshürde. Auch in der Kunsthalle gestaltet sich der Zugang etwas komplexer. Hier stellt der Kartenkauf an der Kasse eine Zugangshürde dar, im Anschluss gibt es zunächst keinen Ort, der als bekanntes Ziel angesteuert werden könnte. Vielmehr dient das Foyer als offener Wartebereich.

---

4   Vgl. zum Begriff der Hinterbühne Abschnitt 3.3.2 im Theoriekapitel sowie die dichte Beschreibung zum Gesprächskreis in der Teeküche im Unterkapitel 5.2.

Hinsichtlich der *Gruppenkonstitution* lässt sich ebenfalls zwischen Orten mit Hinter- und solchen mit Vorderbühnencharakter unterscheiden. Erstere lassen tendenziell informellere Interaktionen zu. Damit geht ein persönlicherer Zugang der Beteiligten zueinander einher. So wird jede neu hinzukommende Person im Gesprächskreis in der Regel mit jeder anderen bekannt gemacht. In den größeren Gruppen der deutlich förmlicheren Veranstaltungen herrscht hingegen mehr Anonymität unter den Beteiligten. So ist auch das Nebeneinanderstehen bzw. -sitzen voneinander unbekannten Personen ohne weitere direkte Interaktion, stattdessen aber mit erwartungsvollem Fokus auf das Kommende möglich und üblich. Während die Teeküche als Hinterbühne also die persönliche und teils intime Atmosphäre unter Gesprächsbeteiligten fördert, wird in den großen Veranstaltungen der Orte mit Vorderbühnencharakter die direkte Interaktion in Erwartung des Hauptakts höchstens in bekannten Kleingruppen gepflegt bzw. im Bewusstsein der Anwesenheit anderer auf unpersönlichere Themen begrenzt. Wer Teil der Gruppe des interreligiösen Gesprächs ist, lässt sich dabei vorerst nur erahnen und klärt sich mit dem Auftritt der Organisatorin und Moderatorin, die die Übergabe von Audiogeräten und Klapphockern koordiniert, um anschließend die Gruppe zum ersten Kunstwerk zu führen. In der Christuskirche und im Kaisersaal kann der eigentliche Ort der Veranstaltung direkt begangen werden. Da es sich um räumlich stärker begrenzte Ereignisse handelt, lässt sich die wachsende Gruppe der Beteiligten schneller identifizieren.

Auftakt der Veranstaltung

Der Auftakt der Veranstaltungen ist u.a. durch die Einnahme der Plätze aller Beteiligten markiert. Auch hier sticht der Gesprächskreis als informelles Format insofern hervor, als dass ein Übergang von persönlichem Plaudern zum eigentlichen Anlass stärker verbal markiert werden muss, da oft schon im Vorwege alle Beteiligten ihre Plätze eingenommen haben. In den anderen Veranstaltungen ergibt sich hingegen eine *Startformation*, die die Bildung und Fokussierung eines Publikums und die Aufstellung zumindest eines Teils des Ensembles umfasst. In der Christuskirche und im Kaisersaal gibt es mit dem Schließen der Türen einen beobachtbaren physischen Marker für den nahenden Beginn und damit die implizite, aber wirkmächtige Aufforderung, die Startformation einzunehmen. Durch den zwar nicht absoluten, aber doch physisch offenbaren Abschluss der Region wird – ähnlich wie in einer Kinovorstellung – die Aufmerksamkeit vom möglichen Hinterbühnengespräch auf die offiziellen Vorgänge im Raum gelenkt. In der Kunsthalle gestaltet sich diese Phase durch die prinzipielle Unabgeschlossenheit der Region etwas anders. Hier haben die Beteiligten zudem keine Vorlaufzeit für das Arrangement. Vom Foyer zum Bild geführt sind mit der zügigen Einrichtung eines provisorischen Podiums (Aufstellung der Moderatorin und der Referierenden vor dem Kunstwerk) und Plenums (halbkreisförmige Positionierung auf Hockern oder im Stehen) im Prinzip die Voraussetzungen für den Auftakt geschaffen. Der formale Auftakt selbst wird verbal durch begrüßende Worte oder mit kleinem performativem Vorspann – wie einer Musikeinlage oder einer rituell anmutenden Handlung (Entzünden der Laterne in der Christuskirche) – vollzogen. Auch die Begrüßungen können rituellen Charakter aufweisen, so etwa die stets gleich gesprochenen Worte (»Herzlich Willkommen zum interreligiösen Dialog«) zu Beginn des interreligiösen Gesprächs oder der immer gleiche Ablauf von Begrüßungen und Grundinformationen im Rathaus. Sozial bedeuten diese oft deutlich markierten Übergänge eine formale Einnahme der jeweils situationsspezifischen Rollen der Beteiligten. Wenn beispielsweise in der Rathausveranstaltung die Gastgeberin erstmals das technisch verstärkte Wort ergreift, kehrt Stille im Publikum ein. Damit einher geht eine spezifische physische Ausdruckskontrolle (Mimik, Haltung, Ordnung der Kleidung etc.), die sich auf den Brennpunkt der Veranstaltung und die eigene Beteiligung daran ausrichtet.

Hauptteil

Unter Hauptteil ist der Kern des Anlasses einer Zusammenkunft zu verstehen, also das, was ausformuliert werden muss, wenn es um die Frage geht, worum es sich bei einer bestimmten Veranstaltung genau handelt. Der Hauptteil einer interreligiösen Veranstaltung kann sehr unterschiedlich gestaltet sein und hängt ganz wesentlich vom jeweiligen Veranstaltungsformat, d.h. der Art des sozialen Anlasses ab. Aus diesem Grund werde ich hier die Veranstaltungen zunächst zu einem idealtypischen Format in Beziehung setzen und vor diesem Hintergrund auf die sich daraus ergebenden physischen Raumstrukturen im Hauptteil der Veranstaltung eingehen.

Ich hatte im zweiten Kapitel (2.1) bereits auf Nagels Typologie interreligiöser Aktivitäten und ihre möglichen Erweiterungen verwiesen. Die hier betrachteten Veranstaltungen können unter Rückgriff darauf folgendermaßen charakterisiert und auf typische Handlungsformen reduziert werden:

- Der *interreligiöse Gesprächskreis in der Teeküche* entspricht dem Format »interreligiöse Dialogveranstaltung«, das sich im engeren Sinne auf Zusammenkünfte bezieht, die dem Gespräch bzw. der Diskussion gewidmet sind. Es lassen sich besonders im Hinblick auf die Zahl der Teilnehmenden und ihre Art der Beteiligung kleinere von größeren Varianten dieses Typus unterscheiden. Der interreligiöse Gesprächskreis in der Teeküche der Christuskirche ist ein Paradebeispiel für eine sehr kleine Variante, die sich neben den teils langen Beziehungsgeschichten in der Kerngruppe insbesondere durch die Gruppendiskussion als Handlungsform auszeichnet, an der sich alle Anwesenden nahezu gleichberechtigt und durchgehend beteiligen können. Daneben spielt in diesem Fall der Aspekt der Verköstigung eine gewisse Rolle. Das wechselseitige Anbieten von kleinen mitgebrachten Speisen oder in jüngerer Zeit zumindest

das Einschenken von Getränken ist eine Handlungsform, die hier sekundär von Bedeutung ist.
- Die *Veranstaltung im Kaisersaal des Rathauses* liegt im Vergleich zum Gesprächskreis in der Teeküche gewissermaßen auf der anderen Seite des Spektrums des Formats »interreligiöse Dialogveranstaltung«. So handelt es sich hierbei um eine größere und formal strukturiertere Variante dieses Typus. Auf offizielle Begrüßungsworte folgen hier zunächst ein Fachvortrag und schließlich eine Panel- bzw. Podiumsdiskussion, die im späteren Verlauf auch für Fragen aus dem Publikum geöffnet wird. Die Gruppe der Anwesenden gliedert sich also in ein aktives Ensemble und ein weniger aktives Publikum.
- Die *interreligiöse Veranstaltung in der Kunsthalle* folgt im Prinzip einem ähnlichen Typus wie die Rathausveranstaltung und kann entsprechend ebenfalls als größere Variante einer »interreligiösen Dialogveranstaltung« verstanden werden. Die Begrüßung fällt hier weniger umfangreich aus und ein Fachvortrag entfällt völlig. Eine Gegenüberstellung von Ensemble und Publikum ist aber ebenso markant. Auch hier können die Besucherinnen und Besucher sich zu einem späteren Zeitpunkt im Hauptteil mit Fragen und kurzen Kommentaren zu Wort melden.
- Die *Silvesterfeier in der Christuskirche* ist schließlich – obwohl nominell als Feierlichkeit gerahmt – eher dem Typus der »interreligiösen Friedensgebete« zuzuordnen, was sich u.a. mit den liturgischen Anteilen begründen lässt. Da hier geteilte und u.U. auch gemeinsame rituelle Performanz im Zentrum steht, weist dieser Typus im Vergleich zu Dialogveranstaltungen ein deutlich größeres Spektrum von Handlungsformen auf. So umfasst der Hauptteil der Silvesterfeier in der Christuskirche neben Lesungen, kurzen Reden und musikalischen Darbietungen verschiedener Art auch rituelle Praktiken, darunter Rezitationen, Gebete und Segensworte.

Nachdem ich nun die Zuordnung der Veranstaltungsreihen zu typischen interreligiösen Formaten explizit gemacht habe, folgt vor diesem Hintergrund eine Betrachtung des physischen Arrangements, d.h. der Formation und Bewegungsdynamik der Beteiligten an den jeweiligen Veranstaltungsorten. Hinsichtlich der Formation interessieren mich die Form der Grundaufstellung sowie die Verhältnisbestimmung der Beteiligten, die sich im Arrangement physisch ausdrückt. Mit Blick auf die Bewegungsdynamik unterscheide ich das allgemeine Bewegungsmuster der Gesamtgruppe im jeweiligen Regionenkomplex von jenen Mustern, die sich in der Bewegungsdynamik des Ensembles und (falls vorhanden) des Publikums ausmachen lassen. Es ergibt sich diesbezüglich folgende Gegenüberstellung:

Tabelle 1: Formation und Bewegungsdynamik der Beteiligten

	Gesprächskreis	Silvesterfeier	Vortragsreihe	Kunstgespräche
Grundformation	zirkulär	frontal	frontal	eher zirkulär
Verhältnisbestimmung	proportional	antiproportional	antiproportional	antiproportional
Gruppendynamik	sesshaft	sesshaft	sesshaft	nomadisch
Ensembledynamik von # (statisch) bis ### (sehr dynamisch)	#	###	##	#
Publikumsdynamik von # (statisch) bis ### (sehr dynamisch)	–	###	##	##

Mit Blick auf die Grundformationen lassen sich mit der zirkulären und der frontalen Formation zwei allgemeingültige Arrangements ausmachen. Als rein *zirkuläre* Anordnung lässt sich der um den Küchentisch versammelte Gesprächskreis beschreiben. Dass alle Anwesenden gleichsam am Gespräch partizipieren können, bildet sich auch physisch in der gleichrangigen bzw. *proportionalen* Verteilung in einem Kreis ab. Als Brennpunkt der Veranstaltung lässt sich die gesamte Gruppe – oder spezifischer mit jeder das Wort ergreifenden Person – ein stets wechselnder Punkt entlang dieses Kreises bestimmen. Demgegenüber ist vor allem in präsentationsförmigen Formaten (Vortrag und Podiumsdiskussion, Abfolge von traditionsspezifischen Beiträgen) die Orientierung der Gruppe auf einen Brennpunkt der Aufmerksamkeit hin *frontal* auf eine Vorderregion (»nach vorn« bzw. auf eine primäre »Bühne«) ausgerichtet. Das gilt besonders für die Silvesterfeier sowie die Vortrags- und Podiumsreihe im Rathaus. Wichtiger physischer Träger dieses Arrangements ist die Bestuhlung, die in der Kirche mit den vorhandenen Bänken vorgegeben ist und im Kaisersaal aus mehreren möglichen Varianten (z.B. quadratische Bestuhlung für Besprechungen) als bewusst frontales Arrangement ausgewählt wird. Die Ausrichtung eines Publikums auf das von ihm getrennte Ensemble sind wichtige Untergliederungen der Gruppe in diesen Arrangements, die auch eine nicht gleichrangige oder entsprechend *antiproportionale* physische Verteilung im Raum mit sich bringt. Diese äußert sich beispielsweise in der Größe des Publikums gegenüber einem ungleich kleineren Ensemble sowie im Gegenüber von sitzenden Zuschauenden einerseits und (oftmals an einem Pult) stehenden aktiven Mitgliedern des Ensembles. Im Kaisersaal kommt zudem eine bühnenartige Erhöhung des Podiums hinzu, die die physische Unterscheidung des aktiven Ensembles vom Publikum unterstreicht. In den Kunsthallengesprächen entsteht trotz des Podiumscharakters ein eher zirkuläres Arrangement, das aus der (halb-)kreisförmigen Traube von Zuhörenden und den um das Kunstwerk positionierten Referierenden besteht. Anders als im Gesprächskreis besteht mit dem Ensemble und dem Kunstwerk ein klarer Brennpunkt. Neben dieser Ausrichtung ergibt sich eine antiproportionale Verteilung zwischen den sitzenden und den stehenden Besucherinnen und Besuchern sowie in der Größe des Ensembles und der Gruppe der Besuchenden.

Hinsichtlich der Bewegungsdynamik der Gesamtgruppe durch die Region bzw. den Regionenkomplex lässt sich grob zwischen sesshaften und nomadischen Formaten unterscheiden. Klar *sesshaft* gestalten sich der Gesprächskreis, die Silvesterfeier und die Vortragsreihe im Rathaus. Die Beteiligten besetzen eine Region und verlassen diese für die Dauer der Veranstaltung auch nicht mehr. Etwas eingeschränkt lässt sich auch die Silvesterfeier als sesshaft beschreiben, denn der Hauptteil ist ebenfalls in einer Region lokalisiert. Je nach Perspektive lässt sich das anschließende, deutlich informellere Essen im Gemeindesaal als Abschnitt des Hauptteils definieren, womit ein Ortswechsel innerhalb des Hauptteils stattfände. Aufgrund des starken Bruchs durch das zyklische Ende des formellen Teils (abschließende Danksworte und Einladung zum Essen und Beisammensein) möchte ich hier eher dafür plädieren, den anschließenden geselligen Teil als zeitlich umfangreichen Ausklang der Veranstaltung zu verstehen, während der performative Hauptakt den Hauptteil darstellt. Mit Blick auf die Gesamtgruppendynamik bildet die Gesprächsreihe in der Kunsthalle, die ich in diesem Zusammenhang als *nomadisch* bezeichne, eine auffällige Ausnahme. Nicht nur findet programmgemäß ein Ortswechsel statt, sondern in jeder weiteren Veranstaltung der Reihe werden jeweils andere Kunstwerke und damit andere Orte in der Kunsthalle angesteuert. So ergibt sich für jede Veranstaltung eine eigene ›Route‹ bestehend aus zwei Haltepunkten. An diesen Haltepunkten entwickelt sich jeweils ein Hauptteilzyklus (Vorstellung des Kunstwerks, Fragen an die Referierenden, Öffnung für Fragen aus dem Plenum).

Weiteren Aufschluss über die physische Bewegungsdynamik im Vergleich der Fälle verspricht ein genauerer Blick auf die Bewegungsmuster des Ensembles und des Publikums. Hierfür unterscheide ich in der Tabelle jeweils drei Grade von statisch (#) bis sehr dynamisch (###). Die *Ensembledynamik* in der Silvesterfeier sticht als besonders dynamisch hervor. Dabei handelt es sich um eine größere Gruppe von Personen, die nacheinander die Bühne variationsreich performativ bespielen. In den anderen drei Fällen weicht das Ensemble kaum von der Grundformation ab. Hier zeigt sich im Kaisersaal nur im Übergang vom Vortrags- zum Podiumsarrangement ein Platzwechsel, in den zwei Hauptteilzyklen der Kunsthalle und auch im Gesprächskreis, dessen Gesamtgruppe das Ensemble bildet, hingegen keinerlei Bewegungsdynamik. Bewegungsmuster des Publikums entfallen in der

Teeküche aufgrund der fehlenden Untergliederung der Gruppe – alle Anwesenden sind potenziell Angehörige des Ensembles. In den anderen drei Fällen zeigt sich ein programmatisch vorgesehenes Zeitfenster für eine *Publikumsdynamik*, wobei auch hier die Silvesterfeier hervorsticht. Im Kaisersaal und in der Kunsthalle werden Fragen und Kommentare einzelner Personen aus dem Publikum kurzzeitig zum Brennpunkt der Veranstaltung. Im Rathaus bedeutet das zusätzlich ein Herantreten Einzelner an ein mittig vor dem Podium positioniertes Mikrofon. In der Kunsthalle nehmen sich einige Besucherinnen und Besucher – dem Flaniercharakter der Kunsthalle entsprechend – das Recht, hin und wieder im Raum umherzustreifen, um entweder einen anderen Blickwinkel zu erhalten oder andere Kunstwerke vor Ort zu betrachten. In der Christuskirche verharrt das Publikum zwar über eine weite Strecke der Veranstaltungszeit statisch auf den Kirchenbänken, aber mit dem Empfang der Segensworte (Anzünden einer Kerze am Altar und Mitnahme eines Zettels mit Zitat) vollzieht sich gegen Ende ein kollektiver Ortswechsel des Publikums auf die Bühne. Diese kurzzeitige Auflösung der Grenze zwischen Vorder- und Hinterbühne für die Gesamtgruppe stellt unter den betrachteten Fällen eine Besonderheit dar. Dass diese aber nicht zur Auflösung der Zugehörigkeit der Anwesenden zum Ensemble oder Publikum führt, zeigt die rasche Wiedereinnahme der Grundformation nach dem kollektiven Akt.

Ausklang und Auflösung der Gruppe

Am Ende einer jeden Veranstaltung steht die Auflösung der Gesamtgruppe. Oft, aber nicht immer, ist diese von einer Phase des Ausklangs begleitet. Besonders ausgeprägt wird der Ausklang im Rahmen der Silvesterfeier begangen. Hier wird dieser Teil von einigen sogar als genauso wichtig wie der Hauptteil beschrieben.[5] Auf der anderen Seite findet sich im Gesprächskreis kein klarer Bruch zwischen dem Ende des Hauptteils und der Auflösung der Gruppe. Vielmehr verlassen Beteiligte nach und nach das noch laufende Gespräch. In der Kunsthalle ergeben sich nach offiziellem Ende zwar einzelne Gespräche, aber die Auflösung erfolgt insgesamt sehr schnell. Das liegt u.a. daran, dass es hier keine physischen Anlaufstellen für die Gespräche gibt – anders als im Rathaus, wo entweder im hinteren Bereich des Kaisersaals oder im Foyer davor Stehtische und gelegentlich auch bereitstehende Getränke zum zumindest kurzzeitigen Verweilen einladen.

Im Rahmen dieses Unterkapitels habe ich erörtert, wie die interreligiösen Veranstaltungsreihen ihre jeweiligen Veranstaltungsorte physisch einnehmen. Mein Fokus lag hier auf der Regionalisierung der Orte und den physischen und teils bedeutungsvollen Positionierungen der Beteiligten in den einzelnen Phasen des Veranstaltungszyklus. Dabei hat sich in der Korrespondenz von Veranstaltungsformat

---

5   Vgl. Feldspiegelung_Christuskirche_2, 310.

und Bewegungsdynamik ein vielschichtiges Bild des Zusammenhangs von räumlicher Struktur und Veranstaltungsarrangement gezeigt. Um dieses Bild weiter auszugestalten, werde ich mich im nächsten Unterkapitel auf die Bühnenqualität der Veranstaltungsorte, d.h. auf ihre funktionelle Ausstattung und symbolisch-materielle Gestaltung als Bezugspunkte für die Ausgestaltung einzelner Rollen in der Veranstaltung konzentrieren.

6.2 Veranstaltungsorte als interaktiver Fundus

In diesem Unterkapitel werde ich die Bühnenqualität der Veranstaltungsorte ins Zentrum der Aufmerksamkeit rücken. Mit dem Begriff der Bühne bzw. des Bühnenbilds habe ich im Abschnitt 3.3.2 des Theoriekapitels all jene physischen Elemente einer Region beschrieben, die wie Requisiten in die Ausgestaltung von Rollen einbezogen werden bzw. die in ihrem physischen Gesamtarrangement situativ bedeutsam sind. Dabei lassen sich mit der funktionellen Ausstattung, der dekorativen sowie der symbolisch-materiellen Gestaltung drei Aspekte physischer Elemente unterscheiden. Die jeweils physische Ausstattung und Gestaltung der Veranstaltungsorte fließen verschiedentlich in die Ausgestaltung der Veranstaltungen ein.

Folgende Tabelle gewährt einen ersten Überblick, welche funktionelle Ausstattung jeweils bedeutsam ist und wie in den Veranstaltungsreihen die dekorative Gestaltung und ihre symbolisch-materielle Bedeutung adressiert werden:

Tabelle 2: Zur Relevanz der funktionellen Ausstattung sowie der dekorativen und symbolisch-materiellen Gestaltung

	funktionelle Ausstattung	Dekor	symbolisch-materielle Gestaltung
Gesprächskreis	Zentralisierung um den Tisch	abgewandt	abgewandt
Silvesterfeier	feste Bestuhlung, Pult + technische Hilfsmittel	eher abgewandt	zugewandt
Vortragsreihe	geplante Bestuhlung, Pult + technische Hilfsmittel	zugewandt	eher abgewandt
Kunstgespräche	mobile Bestuhlung + technische Hilfsmittel	abgewandt	zugewandt

Ich möchte im Folgenden nur kurz auf die funktionelle Ausstattung eingehen und mich dann stärker auf Dekor und symbolisch-materielle Gestaltung konzentrieren. Im vorigen Unterkapitel habe ich u.a. die physische Verteilung der in einer Region Anwesenden (frontal/zirkulär und proportional/antiproportional) sowie ihre Bewegungsdynamiken (sesshaft/nomadisch) in den Blick genommen. In meiner Beschreibung dieser Aspekte spielten physische Elemente bereits verschiedentlich eine Rolle. Dabei kann im Hinblick auf die Einbindung vorhandener funktioneller Ausstattung der Region in die Interaktion ein Spektrum von starker bis loser Bindung nachgezeichnet werden. So korrespondiert das zirkuläre und proportionale Arrangement im Gesprächskreis mit der Zentralität des Tisches, um den herum sich alle Anwesenden setzen. Als funktionelles Element der Teeküche avanciert der Tisch (genauer gesagt die rechteckige Anordnung mehrerer kleiner Tische) zum verbindenden physischen Element zwischen den Anwesenden: Wer am Gesprächskreis teilnehmen möchte, setzt sich an den Tisch. Die Beteiligung der einzelnen Person an der Situation findet auch Ausdruck im Umgang mit dem Tisch. So lehnt man sich interessiert nach vorn, haut verärgert mit der Faust auf die Platte, schiebt Gläser und anderes über die Tafel, hält sich an ihr fest und wenn man genug hat oder die Zeit gekommen ist, verlässt man sie. Der Tisch (einschließlich der um ihn herum arrangierten Stühle) kann also als das zentrale Requisit der Darstellung im Gesprächskreis betrachtet werden und gewinnt in seiner vereinenden Funktion auch symbolischen Wert.

In den anderen drei Veranstaltungsreihen gestaltet sich der Einbezug funktioneller Ressourcen der Regionen etwas komplexer. In der Vortragsreihe im Rathaus sowie in der Silvesterfeier sind die frontal ausgerichteten Stuhlreihen wichtige physische Elemente für die Formierung des Publikums und erhalten damit eine stark rollenprägende Funktion. Dem Publikum gegenüber findet sich in beiden Fällen ein multifokales Arrangement, darunter ein Stehpult, an dem einige Programmpunkte stattfinden, aber nicht alle. Im Rathaus kommen flankierend zur Rede am Stehpult eine mit einer Präsentation bespielte Leinwand und für die Diskussion im Anschluss an den Vortrag ein Podium mit Stühlen hinzu. Die Silvesterfeier ist zwar aufgrund der vielgestaltigen Programmpunkte noch fluider in der Fokussetzung, allerdings bewirkt der performative Charakter der Beiträge eine stärkere Abkopplung von den funktionellen Ressourcen der Region. In beiden Fällen ist aufgrund der Gruppengröße noch technische Ausstattung (Mikrofone und Lautsprecher) erforderlich, die in der Christuskirche zum Raumequipment gehört und im Rathaus eigens organisiert werden muss. Die Veranstaltungsreihe in der Kunsthalle ist schließlich aufgrund ihres nomadischen Charakters deutlich abgekoppelter von den funktionellen Ressourcen vor Ort bzw. stärker angewiesen auf eine mobile Ausstattung. Dies betrifft vor allem die Klapphocker, aber vor dem Hintergrund der mit anderen Besuchergruppen geteilten Regionen auch die Mikrofone der Referierenden und die Audiogeräte zum Mitverfolgen des Gesagten. Letzteres unterstreicht noch einmal das antiproportionale Verhältnis der Beteiligten, insofern die technisch nicht verstärkten Beiträge aus dem Publikum zuweilen in der Geräuschkulisse untergehen und wiederholt werden müssen. Der kurze zusammenfassende Blick auf die Einbindung funktioneller Ausstattung der Veranstaltungsorte in die Interaktion macht die grundsätzliche Verbundenheit von Aspekten des Veranstaltungsformats mit physischen Elementen im Raum deutlich.

Die Art der Bezugnahme auf die symbolisch-materielle Gestaltung einer Region im Rahmen interreligiöser Aktivitäten bildet jenseits der Betrachtung einzelner funktioneller Elemente eine grundlegende Säule der Bühnenqualität der Veranstaltungsorte. Diesem Aspekt werde ich hier im Folgenden ausführlicher nachgehen, um die Eigenheiten der jeweiligen räumlichen Arrangements und ihr Verhältnis zur Interaktion stärker berücksichtigen zu können. Hierzu ist – wie einleitend angeführt – zunächst die dekorative von der symbolisch-materiellen Gestaltung zu unterscheiden. Mit dekorativer Gestaltung ist die physische Beschaffenheit der Elemente einer Region angesprochen, darunter Material, Farben, Formen etc. Gemeint ist hier ihr Dekor im engeren Sinne. Mit dem Begriff der symbolisch-materiellen Gestaltung beziehe ich mich hingegen – wie in Kapitel 3 herausgearbeitet – auf die symbolische Qualität physischer Elemente einer Region. Der Bedeutungsgehalt kann dabei sowohl materiell verankert (z.B. die zugesprochene Bedeutung einer Farbe) als auch zeichenhaft (z.B. ein Kreuz gedeutet als Symbol für das Christentum) in diese Elemente eingeschrieben sein bzw. aus ihnen herausgelesen werden. Der Einschreibungs- und Deutungsprozess ist hier besonders wichtig. So kann – wie im Theoriekapitel ausgeführt – jeder gestaltete Raum auch als gebautes Medium bestimmter Ideen bzw. Vorstellungen gedeutet werden. Damit gehen Verweise auf die Geschichte eines Ortes einher, die in den (sich ggf. überlagernden) symbolisch-materiellen Gestaltungselementen zum Ausdruck kommt. Für den Gegenstand der vorliegenden Untersuchung interessiert mich hier besonders, ob im Rahmen der fokussierten Veranstaltungsreihen die symbolisch-materielle Gestaltung der Veranstaltungsorte gedeutet und wie dies ggf. in die Aktivität einbezogen wird. In der Gegenüberstellung lassen sich dabei grob jene Fälle, die der symbolisch-materiellen Gestaltung zugewandt sind, von jenen unterscheiden, die ihr abgewandt sind. Beides möchte ich nun näher beleuchten.

Die Veranstaltungsreihe in der Kunsthalle bildet gewissermaßen einen Extremfall in der Zuwendung zur symbolisch-materiellen Gestaltung. Während der mal reichhaltige und mal schlichte Dekor in den verschiedenen Räumlichkeiten der Kunsthalle wenig auf das Geschehen selbst zu wirken scheint, bilden die ausgestellten Kunstwerke den integralen Bezugspunkt in jeder einzelnen Veranstaltung. Die Auseinandersetzung mit der symbolisch-materiellen Gestaltung ist damit ein Hauptinhalt der Aktivität. Dabei bewegen sich die Bezugnahmen der Referierenden nicht selten weg von der Grundthematik des Kunstwerks hin zu Einzelheiten der Darstellung. Im Interaktionsgeschehen werden die Deutungen und auch Umdeutungen des Kunstwerks wie in einem Spiel ›über Bande‹ immer wieder von Person zu Person einbezogen. Ich hatte bereits drei verschiedene Funktionen beschrieben, die das Kunstwerk bzw. eines seiner symbolisch-materiellen Gestaltungselemente als Sprungbrett erfüllen kann: So dient es (a) als Erzählstimulus zur Selbstexplikation oder sogar als Medium religiöser Vorstellungen, Ideen bzw. Traditionen, (b) als Spiegel, der die interreligiöse Veranstaltungssituation mit der durch das Kunstwerk dargestellten Szene in einen Austausch bringt, oder (c) als Portal für eine Gedankenexpedition hin zu einer fiktiven oder erlebten Szene. Alle drei beschriebenen Funktionen bergen interessanterweise das Potenzial, die Inhalte der Veranstaltung von den ursprünglichen Deutungsgeschichten der Kunstwerke wegzutragen. Die Hintergrundinformationen, die die Moderatorin zu den Werkkontexten und Deutungsgeschichten ins Gespräch einstreut, sind oftmals nur ein ungefährer Ausgangspunkt, um von dort aus den Deutungen der Referierenden und später auch der Besucherinnen und Besucher zu folgen. Anstatt also in die – wenn es das gibt – originäre Ideenwelt eines Kunstwerks einzutauchen, wird diese mit der Deutungsvielfalt im interreligiösen Geschehen überdeckt oder – um es etwas positiver zu wenden – um neue Deutungen bereichert.[6]

Weiteren Aufschluss bringt hier ein Blick auf die unterschiedlichen Zugänge zur Symbolik, die an die jeweiligen Rollen in der Veranstaltung geknüpft sind. Während von der Moderatorin als Kunsthistorikerin und Mitarbeiterin der Kunsthalle Faktenwissen zu den jeweiligen Kunstwerken unterstellt werden kann, stehen die Referierenden aus den verschiedenen religiösen Traditionen nicht als Kunstversierte im Mittelpunkt. Die Kunstwerke gehören in der Regel nicht zu ihren üblichen Fassaden, also dem Zusammenspiel von persönlicher Fassade (Rollenverhalten und Erscheinung) und dem Bühnenbild, vielmehr tragen sie religionsspezifisch informiertes assoziatives Wissen an die Kunstwerke heran. In einem besonderen Verhältnis steht dabei natürlich der häufig christliche Kontext der Kunstwerke zu den christlichen Vertreterinnen und Vertretern, die jeweils als Referierende in der Veranstaltung auftreten. Doch auch hier scheinen der zeitliche und teils intrareligiöse Abstand zwischen Werkkontext und referierender Person – und möglicherweise auch die bewusst kurz gehaltene Einführung zur Werkgeschichte – Raum für freiere Interpretationen zu schaffen. Dass Referierende seitens des Publikums jedoch auch stark mit bestimmten Kunstwerken identifiziert und konfrontiert werden können, zeigt die beschriebene Szene des katholischen Referenten vor der Darstellung einer betenden Maria, der aus protestantischer Perspektive kritisch nach Heiligenverehrungen im Katholizismus gefragt wird und aufgrund dessen unter Rechtferti-

---

6   Die Einsicht der Überlagerung der Deutungsgeschichte des Werks mit den geäußerten Deutungen in der interreligiösen Veranstaltung entstammt einem fruchtbaren Gespräch zur Thematik mit meiner Kollegin Celica Fitz von der Universität Marburg, der ich an dieser Stelle herzlich für ihr offenes Ohr und ihre vielen Ideen danken möchte.

gungsdruck gerät.[7] Abschließend lässt sich festhalten, dass die Veranstaltung in der Kunsthalle zutiefst von der gesuchten Auseinandersetzung mit der symbolisch-materiellen Gestaltung ihres Veranstaltungsortes geprägt ist, wobei das interreligiöse Gespräch Funktionen der Kunstwerke freisetzt, die von ihrer eigenen Objekt- und Deutungsgeschichte tendenziell wegführen.

Ein zweites Beispiel für eine Veranstaltung mit starkem symbolisch-materiellen Bezug ist die Silvesterfeier in der Christuskirche. Anders als in der Kunsthalle verläuft die Interaktion hier nicht gesprächsförmig, sondern vielmehr performativ, d.h. über Liturgien, Rezitationen, Gesänge, Tänze, Schriftlesungen etc. Dieser stärker erfahrungsbezogene Ansatz in der Silvesterfeier hat deutliche Auswirkungen auf die Art und Weise der Zuwendung zur symbolisch-materiellen Gestaltung des Veranstaltungsortes. So bilden das im Vergleich zur Kunsthalle geschlossenere Bühnenbild und seine Komponenten nicht den Hauptgegenstand des Gesprächs, sondern stehen in Symbiose mit dem Geschehen und erzeugen darüber performative Aussagen.

Bevor ich das näher erläutere, möchte ich das Bühnenbild noch einmal in Erinnerung rufen. Das räumliche Arrangement, das mit den auf den Altarraum ausgerichteten Bankreihen einer klassischen kirchlichen Sakralraumordnung[8] folgt, wird von einem breiten Set symbolisch-materieller Gestaltungselemente gestützt. Dazu gehören der Altar selbst, der Taufstein, die Kanzel, eine linksseitig des Altarraums hängende steinerne Jesusdarstellung sowie die Buntglasfenster mit dem durchscheinenden Kreuz. Neben diesen fest der Region zugehörigen Elementen bildet die bereits beschriebene weihnachtliche Szenerie (bestehend aus Baum, Stern, Krippenspiel) als temporäre symbolisch-materielle Anordnung einen wichtigen Bestandteil des Bühnenbildes. Gerade diese insgesamt starke monoreligiöse symbolische Prägung, als sozusagen klassische (post-)weihnachtliche Ästhetik des Kirchenraums, erzeugt im Zusammenspiel mit den nicht-christlichen Performanzen Aussagekraft. Eine den Klangraum füllende Koranrezitation und ein vor dem Lichtkreuz tanzender Hindupriester generieren Aufmerksamkeit, denn in ihrem Vollzug erzeugen sie einen ästhetischen Bruch mit der symbolisch-materiellen Prägung der Region. Der Grund hierfür liegt darin, dass die Szenerie weder für den rezitierenden Imam noch für den tanzenden Hindupriester, die hier als Vertreter ihrer jeweiligen Religionsgemeinschaften in das Geschehen einbezogen sind, ein übliches Bühnenbild darstellt und damit kein üblicher Bestandteil ihrer Fassaden ist. Dabei wird die darin steckende Botschaft immer wieder (z.B. im Rahmen der Erläuterungen Pastor Kirsts) vor Augen geführt: Der ästhetische Bruch stellt kein Problem dar, son-

---

7   Vgl. die dichte Beschreibung zum interreligiösen Gespräch in der Kunsthalle in Unterkapitel 5.4.
8   Ich schließe hier an Beinhauer-Köhler an, die von einer (religions-)spezifischen Sakralraumorganisation spricht, vgl. Unterkapitel 2.3 sowie Beinhauer-Köhler 2019, 105ff.

dern ist Ausdruck einer friedlichen Koexistenz in gelebter Vielfalt, an der die Anwesenden teilhaben können, und ist damit das Medium der interreligiösen Aktivität selbst. Diese Idee schlägt sich zumindest für die Dauer der Veranstaltung symbolisch-materiell in der aufgestellten Laterne nieder, die im ersten Akt mit dem Friedenslicht aus Bethlehem entzündet wird. Das ebenfalls in christlichem Deutungshorizont verankerte Friedenslicht (Verkündung der Geburt Jesu) erweitert zwar einerseits das christlich geprägte Bühnenbild, erfährt aber durch die Einbindung ins Geschehen und die Segensworte aus den Religionen, die sich alle Anwesenden aus dem nestartig gelegten Tuch auf der Laterne mitnehmen können, eine Deutungserweiterung. Im Vergleich mit der Sprungbrettfunktion der Kunstwerke in der Kunsthallenveranstaltung fällt schließlich noch ein Aspekt ins Auge, der die unterschiedliche Bezugnahme auf die symbolisch-materielle Gestaltung unterstreicht. Während in der Kunsthalle die Kunstwerke im Zentrum stehen und beispielsweise über Ausdeutungen der Referierenden Gedankenexpeditionen der Gruppe ermöglichen, liegt der Fokus in der Silvesterfeier auf den Performanzen, hier ebenfalls als Ausgangspunkt für Gedankenexpeditionen. Im Fall der durch den buddhistischen Vertreter angeleiteten Metta-Meditation geschieht dies unter bewusster Ausschaltung der symbolisch-materiellen Umwelt.[9] Auch in der Silvesterveranstaltung zeigt sich also insgesamt eine starke Hinwendung oder zumindest deutungsschwere Verbindung zur symbolisch-materiellen Gestaltung. Die vor dem Hintergrund der prominenten christlichen Ästhetik erzeugten Brüche werden als positiver Ausdruck gewertet, welcher sich auch neben den Performanzen in einem eigenen symbolisch-materiellen Gestaltungselement gegenständlich niederschlägt.

Mit den beiden gestaltungsbezogenen Fällen finden sich also zwei Varianten der Bezugnahme auf die symbolisch-materielle Gestaltung des Veranstaltungsortes: einerseits die Zentrierung der Aktivität um die symbolisch-materielle Gestaltung einschließlich ihrer Neudeutungen, und andererseits das mit Ästhetik brechende Geschehen, das neben der offenkundigen christlichen Grundrahmung potenziell eine positive Aussagekraft generiert und temporär selbst symbolisch-materiell in der Region verankert ist.

Die anderen beiden Fälle lassen sich demgegenüber eher als gestaltungsabgewandt beschreiben, wobei ich hiermit wohlgemerkt die Abwendung von der symbolischen Tragweite der Gestaltungselemente meine, mit der nicht zwangsläufig auch eine Abwendung von ihrer dekorativen Qualität einhergeht. Dies zeigt sich beispielsweise in der Vortragsreihe im Rathaus, wo die Gestaltung des Kaisersaals kaum in ihrer Symbolik adressiert wird. Ich hatte in der dichten Beschreibung das tendenzielle Spannungsmoment zwischen dem gestalterischen Thema des Kaisersaals und der interreligiösen Veranstaltung aufgezeigt. Im Kern verweist besonders

---

9   Vgl. die dichte Beschreibung zur interreligiösen Silvesterfeier in der Christuskirche in Unterkapitel 5.1.

die reichhaltig ausgestaltete Decke des Saals auf die lange und weit verzweigte Handelsgeschichte Hamburgs und in diesem Zuge auch auf das koloniale Erbe der Hansestadt.[10] In einer Verhältnissetzung von Aktivität und symbolisch-materieller Thematik könnte die Vortragsreihe als gegenwärtige Antithese zum historischen Kolonialmachtsverständnis gelesen werden, sofern die Aktivität die Gleichwertigkeit der verschiedenen Beteiligten betont. Angemessener scheint es jedoch, hier mit Blick auf das Ansinnen hinter der interreligiösen Aktivität eher von einem Desinteresse für diese Symbolik auszugehen. Die wenigen Bezugnahmen in der Interaktion konzentrieren sich auf das positive Selbstverständnis als Handels- und Hafenstadt, das dann häufig als ›Tor zur Welt‹ bildlich gefasst wird und in den Gestaltungselementen der Region (Schiffe, Wassermotive, ›ferne‹ Kulturen) fast zufällig materielle Bezugspunkte hat. Ein deutlich größeres Gewicht hat allerdings der Dekor, also die wertige Ausgestaltung des Saals unabhängig von seiner spezifischen symbolischen Bedeutung. Dies zeigt sich in zahlreichen Verweisen auf die »Schönheit« des Saals. Dass auch die Ehre, in ihm zu sein und sprechen zu dürfen, zum Ausdruck gebracht wird, bezieht sich wohl entweder auf das Rathaus als Repräsentationsort oder auf den Kaisersaal als schmückender Ausdruck dieser repräsentativen politischen Bedeutung. So wird der Kaisersaal bisweilen auch *pars pro toto* als schmucker Raum für das gesamte prächtige Rathaus adressiert. Die weitgehende Ausblendung der symbolischen Thematik des Kaisersaals selbst und damit seine Reduktion auf den Dekor mag verschiedene Gründe haben. Als ein Grund liegt nahe, dass das historische Bühnenbild jenseits seines Dekors und aufgrund seiner überkommenen Kolonialsymbolik keiner Fassade der Beteiligten zuzuordnen ist. Auch der Organisatorin der Veranstaltung, die als ehemalige Zweite Bürgermeisterin Hamburgs und als Mitglied der Hamburgischen Bürgerschaft ja durchaus den Räumlichkeiten des Rathauses nahesteht, ist die Symbolik des Kaisersaals nicht als passendes Bühnenbild zugeeignet. Hier scheint eher die Möglichkeit des Zugriffs auf einen so repräsentativen Saal ihrer Rolle zu entsprechen. Zusammenfassend lässt sich sagen, dass die Rathausveranstaltung ein Beispiel für eine gestaltungsabgewandte Aktivität ist, in der den symbolisch-materiellen Aspekten des Veranstaltungsortes über den historischen Dekor hinaus wenig Bedeutung beigemessen wird, auch oder gerade weil die materiell greifbare koloniale Raumgeschichte heute negativ gelesen werden müsste.

Der Gesprächskreis in der Teeküche bildet im Gegensatz zur Kunsthallenveranstaltung den Extremfall einer gestaltungsabgewandten Aktivität. Hier stellen tatsächlich weder die symbolisch-materielle Gestaltung noch der Dekor einen Bezugspunkt dar, da beides in der Teeküche nahezu fehlt. Dass die schmuck- und symbolarme Region eine geeignete Umwelt für die Aktivität darstellt, lässt sich u.a.

---

10 Vgl. die dichte Beschreibung zur interreligiösen Vortrags- und Podiumsreihe im Rathaus in Unterkapitel 5.3.

mit der Situationsdefinition und dem Rollenverständnis der Beteiligten begründen. So sind die Beteiligten in ihrer Rollenausgestaltung keiner Vertretungslogik verpflichtet, sondern begegnen sich als Individuen, die sich zumindest zum Teil als religiös suchend und institutionell weitgehend ungebunden verstehen. Der Fokus der Gespräche liegt hier vielmehr auf dem Austausch von Wissen und besonders von individuellen Erfahrungen mit den besprochenen Themen.[11] Dieser biografisch orientierte Ansatz hat zur Folge, dass jegliche Symbolik, die auf eine Tradition oder eine bestimmte (religiöse) Gruppe verweist, unnötig ist und von manchen vielleicht sogar kritisch beäugt oder als unangebracht empfunden wird. Auch der bewusst antiautoritäre und dogmenkritische Modus der Interaktion widerspricht repräsentativen Symbolisierungen. Die funktionale Umgebung der Teeküche bildet als symbolarme Umwelt demnach eine passende Bühne für eine Aktivität, in der sich die Beteiligten ideologiekritisch mit sich auseinandersetzen. Zugespitzt könnte man sagen, dass die Hinwendung zur Teeküche ein Ergebnis der bewussten Abwendung von repräsentativen Umwelten ist, deren symbolisch-materielle Gestaltung ja eben ein physischer Ausdruck der Ideen und Vorstellungen ist, die hier kritisch dekonstruiert werden sollen. Es zeigt sich damit eine deutlich stärkere Ungebundenheit des Gesprächskreises von seiner räumlichen Umgebung, sofern diese einen gewissen symbolischen Puritanismus gewährleistet. Tatsächlich ist der Tisch als zentrale funktionale Ausstattung integral für die Aktivität, was sich im Zuge der Covid-19-Pandemie (ab 2020) zu bestätigen scheint. Nachdem der Kreis eine Weile nicht zusammenkommen durfte, führt er in 2021 seine Treffen im gleichen Gebäude, aber angesichts der Abstandsregeln in einem deutlich größeren Konferenzraum fort; ebenfalls rund um einen großen Tisch versammelt.

In diesem Unterkapitel habe ich den Blick auf die Bühnenqualität der Veranstaltungsorte und damit auf die Frage gelenkt, ob und in welcher Form in den einzelnen Fällen die physischen Elemente der Regionen in die Ausgestaltung der Rollen bzw. in die Organisation der Interaktion einbezogen werden. Hierfür habe ich mit der Funktionalität, dem Dekor und der symbolischen Bedeutungsebene zwischen drei verschiedenen Aspekten der physischen Elemente unterschieden. In ihrer Bezugnahme auf diese Elemente habe ich unterschiedliche Konfigurationen ausgemacht. Besonders im Hinblick auf die symbolisch-materielle Gestaltung bilden die Fälle unterschiedliche Varianten der Zuwendung (Hauptbezugspunkt der Interaktion bzw. performative Bedeutungsemergenz) und Abwendung (Reduktion auf Dekor bzw. Vermeidung symbolträchtiger Bühnenbilder) ab.

---

11 Vgl. die dichte Beschreibung zum interreligiösen Gesprächskreis in der Teeküche in Unterkapitel 5.2.

6.3 Raumbestimmtes Rollenverhalten

Von den verschiedenen Aspekten des konkreten Raums kommend werde ich in diesem und im kommenden Unterkapitel die Dimensionen der Verbindung der Aktivitäten mit den jeweiligen abstrakten Raumaspekten beleuchten. In diesem Unterkapitel fokussiere ich dazu auf die Raumbestimmung des Rollenverhaltens bzw. der abstrakten Raumbezüge, die sich im Rollenverhalten der Beteiligten beobachten lassen. Ich beginne mit einer kurzen Rekapitulation des Begriffs der Bestimmung sowie einer Zusammenfassung der primären Handlungsfelder der hier relevanten Veranstaltungsorte und erörtere dann die Spuren dieser Handlungsfelder in der Interaktion.

Mit dem Begriff der Bestimmung, wie in Abschnitt 3.3.2 des Theoriekapitels ausgeführt, ist die übliche und zumindest einer breiten Masse allgemein anerkannte Nutzung einer Region oder eines Regionenkomplexes angesprochen. Die übliche Nutzung einer Region ist dabei eng gekoppelt mit dem primären Handlungsfeld, dem ein Ort in der Regel zugeordnet wird. Dabei können Orte, die dem gleichen Handlungsfeld zugeordnet werden, innerhalb des Handlungsfeldes voneinander abweichende Bestimmungen übernehmen (beispielsweise die Küche und das Schlafzimmer in einer Wohnung, die insgesamt dem Privatraum als primärem Handlungsfeld zugeordnet werden können). Die Zuordnung der Fälle zu primären Handlungsfeldern ist, wie im Unterkapitel 4.2 des Methodenteils deutlich gemacht, ein Auswahlkriterium für die Aufnahme in den Fallvergleich gewesen. Im Folgenden möchte ich dies aufgreifen und die Handlungsfelder und Bestimmungen der Veranstaltungsorte nun vor dem Hintergrund der dichten Beschreibungen zuspitzen. Da die Teeküche im Kontrast zu den anderen drei Fällen eine interessante Sonderrolle übernimmt, stelle ich diese ans Ende und beginne mit dem Rathaus:

- *Kaisersaal im Hamburger Rathaus als politischer Raum*: Ich hatte das Rathaus bereits als exponierten historischen Ort im Hamburger Zentrum hervorgehoben. Darin unterscheidet sich das Rathaus nicht von vergleichbar ausgestalteten historischen Bauten der Stadt, wohl aber in der politischen Bedeutung, die diesem Ort zukommt. In der aus dem Feld kommenden Formulierung »erste Räumlichkeit der Stadt«[12] liegen zwei wichtige Aspekte dieser Zuweisung zum politischen Feld verborgen. Zum einen handelt es sich beim Rathaus um einen herausragenden Ort unter den primär politischen Orten der Stadt (Parteibüros, Bezirksratshäuser), insofern es diese durch die Beheimatung der stadtstaatlich übergreifenden politischen Organe (Senat und Bürgerschaft) in der politischen Hierarchie überragt. Zum anderen drückt sich hier auch ein antihierarchisches Mo-

---

12 Vgl. die dichte Beschreibung zur interreligiösen Vortrags- und Podiumsreihe im Rathaus in Unterkapitel 5.3.

ment aus: Das Rathaus ist als bürgerlicher (und bewusst antimonarchischer) Ort der Demokratie ein öffentlicher Bezugspunkt und Repräsentationsort für alle Menschen der Stadt. Als Ort des öffentlichen Interesses und der Verhandlung gesellschaftlicher Angelegenheiten wird das Rathaus also mit politischer Macht und weitreichenden Entscheidungen identifiziert, an denen sich, dem demokratischen Ideal nach, alle Interessengruppen der Stadt beteiligen können sollen. Aus diesem Anspruch des gleichen Zugangs ergibt sich ein prinzipielles Neutralitätsgebot der politischen Instanzen im Rathaus gegenüber diesen Interessengruppen und damit auch gegenüber religiösen Institutionen. Der Kaisersaal, als historisch bedeutsamer, reich ausstaffierter Ort innerhalb des Rathauskomplexes, fungiert als *Veranstaltungs- und Besprechungsraum* für die vielfältigen Aktivitäten, die von verschiedener Seite im Rathaus organisiert werden. Er ist damit nicht an eine besondere Funktion geknüpft, sondern bietet neben anderen Sälen und Räumen eine repräsentativ ausgestaltete Infrastruktur für die politische Arbeit, die sich in Besprechungen, Verhandlungen und repräsentativen Zusammenkünften vollzieht.

- *Räumlichkeiten der Hamburger Kunsthalle als musealer Raum:*[13] Die imposanten Gebäude des Kunsthallenkomplexes beherbergen in ihrem Inneren eine Kunstsammlung, der aufgrund ihres Umfangs und ihrer Vielfältigkeit eine überregionale Bedeutung beigemessen wird und die die Grundlage der Daseinsberechtigung der Kunsthalle bildet. Als Museumsraum vereint die Kunsthalle vor diesem Hintergrund insbesondere zwei zusammenhängende Charakteristika auf sich. Zum einen handelt es sich um den Bewahrungsort eines künstlerischen Erbes, der als kultureller Wissensspeicher verstanden werden kann, in dem über im engeren Sinne kunsthistorisches Wissen hinaus auch grundlegende gesellschaftliche Verarbeitungsprozesse, Ereignisse, Themen und Konfliktfelder verdichtet sind. Zum anderen geht von den musealen Akteurinnen und Akteuren eine stete Anstrengung aus, dieses Wissen offenzulegen, es aufzubereiten und einer breiten Masse zugänglich zu machen. Dies ist ein Hauptgrund für eine Charakterisierung des Kunstmuseums als Bildungsort. Dabei erweisen sich Museen als zwar öffentlich relevant und zugänglich, aber nicht als Orte der Mehrheit. Vielmehr lässt sich im Bildungsbürgertum und unter älteren Akademikerinnen und Akademikern das ›typische‹ Museumspublikum ausmachen. Getragen von einer aufklärerischen Bildungstradition, die dem Ideal der Volksbildung verpflichtet ist, wird deshalb mit professionellen museumspädagogischen Ansätzen (Stichwort *Audience Development*) um

---

13 Für meine ersten Überlegungen zum Kunsthallenraum im Kontext der interreligiösen Gesprächsreihe vgl. Kalender 2016b, 432f.

die »Nichtbesucher«[14] gerungen. So werden fortwährend neue Ausstellungen konzipiert und neue Formate ausprobiert. Die Räumlichkeiten der Kunsthalle können vor diesem Hintergrund als besonders wandelbar verstanden werden, insofern sie diesen Neukonzeptionen Raum geben. In ihrer Funktion als Ausstellungsräume werden sie zu begehbaren (vor allem visuellen) Erfahrungswelten, durch die die Besucherinnen und Besucher sich bildend hindurchwandeln.

- *Christuskirche in Hamburg-Eimsbüttel als religiöser Raum*: Die Christuskirche lässt sich leicht dem primären Handlungsfeld Religion zuordnen. Als religiöser Ort qualifiziert sie sich dadurch, dass sie intendiert für die regelmäßige rituelle Praxis erbaut und eingerichtet wurde, entsprechend bis heute genutzt wird und in ihrer typischen Sakralraumorganisation mit all den symbolisch-materiellen Gestaltungselementen vielfältig auf christliche Imaginationen verweist. Aus einer spezifisch (z. B. norddeutschen) christlich geprägten Perspektive muss hier wohl von einem Prototyp religiösen Raums die Rede sein. Ich hatte bereits verschiedene Charakteristika zusammengetragen, die dem Kirchenraum zumindest im Kontext der Silvesterfeier als religiösem Ort zugesprochen werden. Neben dem Aspekt der Stille, der der Möglichkeit zur inneren Einkehr und ggf. der Konzentration auf spirituelle Erfahrungen Vorschub leistet, ist dies vor allem die Zugehörigkeit zu einer konkreten Religionsgemeinschaft und in diesem Fall mit dem evangelisch-lutherischen Christentum zu einer bestimmten religiösen Tradition. Diese Gruppe, die als Evangelisch-Lutherische Gemeinde an der Christuskirche ihre deutlichste Konkretion findet, ist in der Eimsbütteler Christuskirche beheimatet. Weitere Räumlichkeiten, wie der an den Sakralraum angrenzende Gemeindesaal, erweitern den Bedeutungsrahmen um die sozialen Aktivitäten, die mit der Gemeinschaftsbildung in der Kirche einhergehen. Mit ihrer historisch legitimierten Inanspruchnahme der Kirche als angestammtem Platz und zentralem Ort religiöser Praxis stehen die Mitglieder der Gemeinde prinzipiell in einem Spannungsfeld zu ihrer weiteren lokalen Umwelt. So kann sich die Gemeinde einerseits in sich zurückziehen und in erster Linie dem exklusiven inneren Kreis und seinen religiösen Bedürfnissen zugewandt sein. Oder – und hier lassen sich vermutlich viele Kirchengemeinden der Stadt eher verorten – sie wenden sich andererseits der Umwelt zu, wirken in sie (z. B. karitativ) hinein und öffnen die eigenen Aktivitäten für eine breitere Zielgruppe (z. B. über kulturelle Angebote). So erhalten die Räumlichkeiten eine über die religiösen Bedürfnisse der Gemeinde hinausgehende Bedeutung als Veranstaltungsorte.

---

14 Koch/Hamburger Kunsthalle 2013, 5. Vgl. auch die dichte Beschreibung zum interreligiösen Gespräch in der Kunsthalle in Unterkapitel 5.4.

- *Teeküche des Pfarrhauses der Christuskirche als Hinterbühne im religiösen Handlungsfeld*: Die Teeküche im Keller des Pfarrhauses bildet im Reigen der hier fokussierten Fälle einen Sonderfall. Ich hatte bereits den Hinterbühnencharakter dieses Ortes betont, wohingegen die anderen Schauplätze eher als Repräsentationsräume zu verstehen sind, denen aufgrund ihrer öffentlichen Ausrichtung ein Vorderbühnencharakter attestiert werden kann. Als Ort mit Hinterbühnencharakter steht die Teeküche in gewisser Abhängigkeit zu den eher vordergründigen Räumlichkeiten der Gemeinde an der Christuskirche, darunter natürlich das Kirchengebäude selbst, aber auch der große Gemeindesaal. Die Abhängigkeit oder zumindest Zusammengehörigkeit liegt an der Zuordnung all dieser Teilregionen zum religiösen Handlungsfeld (in ihrer Bestimmung als ›Kirche‹ bzw. ›Kirchengemeinde‹) und so kann in diesem Sinne auch die Teeküche als religiöser Ort beschrieben werden, sofern ihr ihre Bestimmung als Teeküche im Pfarrhaus in diesem Handlungsfeld zukommt. Gleichzeitig ist die Bindung an das primäre Handlungsfeld ungleich schwächer ausgeprägt als in den anderen drei Fällen. Den Räumlichkeiten der Kunsthalle und des Kirchenraums kommt eine deutliche Bindung zum jeweiligen primären (musealen bzw. religiösen) Handlungsfeld zu und auch der Kaisersaal dient zwar vor allem in seiner Funktion als Besprechungs- und Veranstaltungsraum, ist aber in seiner repräsentativen Gestaltung neben anderen Räumlichkeiten des Rathauses ein wichtiger Bezugsort innerhalb des politischen Handlungsfeldes. Demgegenüber bewirken die Peripherie der Teeküche und eine geringe institutionelle Bespielung eine gewisse Entkopplung vom Handlungsfeld. Sie ist weder ein zentraler Ort des Gemeindelebens noch der religiösen Praxis, und sie ist auch in keiner Weise von ›Durchgangsverkehr‹ betroffen, sie muss also gezielt aufgesucht werden. Der peripheren Lage der Teeküche im religiösen Handlungsfeld und ihrer gewissen Entkopplung davon folgt, wie ich noch zeigen werde, eine stärkere Ausprägung als Alltagsraum.

Die primären Handlungsfelder, denen sich die Veranstaltungsorte zuordnen lassen, haben insofern eine Bedeutung für die Aktivitäten, als dass sie bestimmte Rollenformationen und Interaktionsformen mehr oder weniger stark vorgeben, da dies im Erwartungshorizont der Beteiligten und damit auch in ihrem praktischen Bewusstsein verankert ist. Ich hatte bereits betont, dass die Rationalität der Handlungsfelder aus einer interaktionstheoretischen Perspektive im Anschluss an Goffman[15] nicht als Selbstzweck zu verstehen ist. Die eigentliche Ausrichtung einer sozialen Zusammenkunft liegt in dieser Perspektive auf dem gesichtswahrenden Gelingen einer Zusammenkunft. Der Handlungsfeldkontext bietet hierfür eine Ressource, in-

---

15 Vgl. hierzu Abschnitt 3.3.2 im Theoriekapitel.

dem er den Anwesenden bestimmte Handlungsformen und Rollenverständnisse an die Hand gibt. Hieraus ergibt sich seine kanalisierende Bedeutung.

Ich werde nun einen genaueren Blick auf die Frage werfen, in welchen Formen sich die beschriebenen primären Handlungsfelder auf die Rollengestaltung in den beobachteten Fällen auswirken. Dabei liegt ein besonderer Fokus auf den *religiösen* Rollen bzw. auf den Fragen, welche Auswirkungen das Handlungsfeld auf die Positionierung der unterschiedlichen religiösen Beteiligten zueinander hat und wie religiöse Rollenverständnisse im Lichte des Handlungsfeldes geprägt werden. Tabelle 3 gibt einen Überblick über die bisherigen Ausführungen in diesem Unterkapitel sowie über die nun folgenden Überlegungen zum Zusammenhang von Handlungsfeld und Rollenausgestaltung.

Während die Ausstellungsräume der Kunsthalle, die Säle des Rathauses und der Kirchenraum nebst Gemeindesaal nicht nur spezifischen Funktionen zugedacht, sondern auch für besondere Anlässe erbaut und ausgestaltet worden sind, kann die Teeküche mit ihrem Hinterbühnencharakter diese Ausrichtung auf *besondere* Handlungen nicht beanspruchen. In diesem Sinne kann sie trotz ihrer grundsätzlichen Zuordnung zum religiösen Handlungsfeld von den anderen Räumen als *Alltagsraum* abgegrenzt werden. So gestaltet sich die Interaktion in der im Keller des Pfarrhauses befindlichen Küche in der Regel vor dem Hintergrund einer informellen Alltagsbegegnung. Religion wird dabei, wenn überhaupt, als im Alltag verortete religiöse Vielfalt adressiert. Im Gesprächskreis, der angesichts der Bestimmung der Region als für diesen Ort außergewöhnliche Zusammenkunft zu verstehen ist, erfährt dieser Alltagsbezug eine entsprechende Prägung: Religiösen Personen wird in der Regel keine Repräsentanz für etwas zugesprochen. Vielmehr wird religiöse Diversität im Licht der religiös vielfältig positionierten Personen gebrochen, die anwesend sind. Die einzelnen Individuen bilden also den Bezugspunkt und die wichtigste Gewähr für den Diskurs über Religion und religiöse Vielfalt. Mit ihrem je eigenen Erfahrungshorizont stehen sie sich damit ebenbürtig gegenüber.

Wenige Meter weiter im Kirchengebäude und im Gemeindesaal der Christuskirche findet sich eine andere Bezugnahme auf Religion. Diese repräsentativen Räume der Gemeinde verweisen auf den Sinn und Zweck der gesamten Anlage und so steht hier Religion tendenziell im Zeichen religiöser Gemeinschaft und Praxis. Im Rahmen der Silvesterfeier wird das auf verschiedene Weise deutlich, besonders aber an der präsenten Beheimatung des Christentums im Kirchengebäude. Und so kommt religiöse Vielfalt vor allem im Verhältnis von christlicher Gastgebendenschaft zu nicht-christlichen Religionsangehörigen zum Ausdruck. Die wechselseitige Teilhabe an den jeweiligen religiösen Performanzen, der damit einhergehende Fokus auf die Erfahrungsdimension sowie die anschließende Pflege sozialer Beziehungen bei Speis und Trank stehen hier im Einklang mit der generellen gemeinschaftsorientierten Ratio in der Bezugnahme auf Religion, die an diesen Orten üblich ist.

Tabelle 3: *Handlungsfeldbezogene Adressierung religiöser Vielfalt sowie Kanalisierung der Rollen*

	Gesprächskreis	Silvesterfeier	Vortragsreihe	Kunstgespräche
Bestimmung der Region/en	Teeküche	Sakralraum, Gemeindesaal	Veranstaltungs- und Besprechungsraum	Ausstellungsräume
primäres Handlungsfeld	religiöser Raum bzw. Alltagsraum	religiöser Raum	politischer Raum	musealer Raum
Grundcharakter der Region	Hinterbühne	Vorderbühne	Vorderbühne	Vorderbühne
Ratio in der Bezugnahme auf Religion	Religion im Alltag	religiöse Gemeinschaft	Neutralitätsgebot	religiöses Wissen
	→	→	→	→
Adressierung religiöser Vielfalt	Individuen	christliche Gastgebendenschaft sowie nicht-christliche Gemeinschaften als Gäste	Interessengruppen	Symbolsysteme
Kanalisierung religiöser Rollen	Facetten-Logik → Suchende	Repräsentationslogik → Personen mit religiöser Vertretungsfunktion	Zwei-Hüte-Logik → persönliche religiöse Perspektive als Rollenzusatz	Perspektivierungslogik → Personen mit traditionsspezifischer Expertise und Perspektive
Kanalisierung nicht-religiöser Rollen	als weitere Facetten	eher randständig (z. B. Musikerin)	Vertreterinnen und Vertreter aus Wissenschaft und Politik, Gruppe der Nicht-Religiösen	Moderatorin, Publikum (ggf. mit eigener kunstgeschichtlicher Expertise oder persönlichen Erfahrungen)

Die Veranstaltungsorte, die primär nicht-religiösen Handlungsfeldern zuzuordnen sind, haben ihre je eigene Form der Bezugnahme auf Religion herausgebildet. Im Rathaus äußert sich dies sehr deutlich in einem vielfach eingeforderten politischen Neutralitätsgebot, das dem Rathaus als politischer Institution und den Vertreterinnen und Vertretern der Politik ganz besonders abverlangt wird. In der Vortragsreihe wird religiöse Vielfalt deshalb auch vorrangig vor dem Hintergrund einer (nicht nur) religiös pluralen Gesellschaft verhandelt, in der organisierte Religionsgemeinschaften als Interessengruppen genauso Rechte und Pflichten im Hinblick auf die politischen Geschehnisse haben, wie Interessengruppen aus primär anderen Handlungsfeldern auch. Gleichzeitig schält sich in den Veranstaltungen bisweilen eine Unterscheidung in beheimatete und eingewanderte religiöse Traditionen heraus, wobei letztere teils mit einer Art Gaststatus verhandelt werden.

In der Kunsthalle,[16] die in ihrer Zuordnung zum musealen Handlungsfeld primär mit dem Zweck der Bildung verbunden ist, ist die Bezugnahme auf Religion grundsätzlich unter dem Gesichtspunkt der Wissensvermittlung zu verstehen. Gemeint ist in erster Linie kunsthistorisches Wissen, das zentraleuropäisch geprägt ist und damit in religiöser Hinsicht vor allem christliche Bezüge aufweist. Vor diesem Hintergrund bewirkt die Veranstaltungsreihe in der Kunsthalle eine Verbreiterung der religiösen Wissensgrundlage. Religiöse Vielfalt wird hier entsprechend als traditionsspezifischer Wissensbestand und als Reigen religiöser Symbolsysteme adressiert – einschließlich religiöser Narrationen und Praxen –, wobei intrareligiöse und kulturelle Unterschiede explizit Berücksichtigung finden.

Die aufgezeigte Art und Weise, wie religiöse Vielfalt in den Veranstaltungsreihen jeweils adressiert wird, hat direkten Einfluss auf die Kanalisierung der Rollen in den Veranstaltungen. Um dies für die Fälle deutlich zu machen, habe ich den Prozess, nach dem die (vor allem religiösen) Rollen kanalisiert werden, zu je einer zentralen Logik zugespitzt. Diese jeweils geltende Logik übersetzt gewissermaßen die Ratio des Veranstaltungsortes in der Bezugnahme auf Religion in die Optionen, die den Beteiligten der Veranstaltungen zur Verfügung stehen, um die eigene Rolle auszufüllen. In dieser Hinsicht lässt sich zunächst feststellen, dass in allen vier Veranstaltungsreihen ein Spektrum religiöser Vielfalt abgebildet wird, das über dialogische oder trialogische Konzepte interreligiöser Aktivitäten hinausgeht. In der Silvesterfeier ist die Ausrichtung auf religiöse Vielfalt aufgrund des religionsgemeinschaftlichen Fokus am stärksten abstrakten Kategorien verpflichtet. In Folge einer Repräsentationslogik treten hier intrareligiöse Unterschiede zugunsten einer Schau von christlicher, islamischer, jüdischer und buddhistischer Gemeinschaft, Hindugemeinschaft sowie manchmal auch Sikhgemeinschaft in den Hintergrund. Religiöse Personen können sich auf der Bühne entsprechend unhinter-

---

16   Für meine ersten Überlegungen zur Reproduktion raumrelevanter Aspekte der Kunsthalle im Rahmen der interreligiösen Gesprächsreihe vgl. Kalender 2016b, 433ff.

fragt als Repräsentantinnen und Repräsentanten dieser Gemeinschaften in Stellung bringen. Nicht-religiösen Rollen – wie beispielsweise der Musikerin – kommt nur eine marginale Bedeutung zu. Dem Repräsentationsanspruch steht die Facetten-Logik in der Teeküche diametral gegenüber. Wenn überhaupt, dann repräsentieren die Anwesenden im Gesprächskreis ihre eigenen (zumeist laien-)religiösen Biografien. Religion wird dabei als Facette eines Individuums gerahmt, die je nach Erfahrung unterschiedlich ausgestaltet sein kann und von allen Fällen die breiteste Bezugnahme auf das Spektrum religiöser Vielfalt ermöglicht – einschließlich esoterischer, religionsphilosophischer oder anderweitiger Rezeptionen, allerdings unter Ausschluss terroristischer und die Vielfalt prinzipiell ablehnender Haltungen. Während religiöse Rollen in der Silvesterfeier zumindest im formalen Hauptteil mit einer Vertretungsfunktion belegt sind, bewirkt die individuelle Bezugnahme auf Religion in der Teeküche Selbstverständnisse als religiös bzw. spirituell Suchende. Das kommt in der geringen oder uneindeutigen gemeindlichen Anbindung der meisten Beteiligten zum Ausdruck. Auch steht im Einklang mit der Facetten-Logik die Thematisierung von nicht-religiösen Lebenswelten bzw. Facetten, etwa die zentrierte Auseinandersetzung mit dem Handwerk eines Schauspielers. Auf diese Weise finden auch nicht-religiöse Rollen ihre Kanalisierung über die Facetten-Logik.

Im Rathaus findet sich, sofern das Augenmerk auf die einzelnen Veranstaltungen gelegt wird, das engste Spektrum religiöser Vielfalt. So werden pro Veranstaltung in der Regel zwei Religionsgemeinschaften (seltener konkrete religiöse Traditionen) in den Fokus gesetzt: eine über den Fachvortrag und eine weitere über eine zusätzliche Person auf dem Podium. Erst mit Blick auf die gesamte Reihe zeigt sich, dass ein ähnliches Spektrum wie in der Christuskirche thematisiert wird, zuzüglich des Bahai- und des Alevitentums. Dabei treten die Personen in der Veranstaltung selten explizit in einer religiösen Rolle in Erscheinung. Das politische Neutralitätsgebot, das auf das sensible Verhältnis zwischen Staat und Religion verweist, führt zu einer tendenziellen Zurückhaltung politischer Instanzen im Austausch mit religiösen Institutionen bzw. Gruppen. Da der Hamburger Stadtstaat mit dem Religionsunterricht für alle und den so genannten Staatsverträgen mit ausgewählten Religionsgemeinschaften aber eher einen zugewandten Umgang mit religiösen Institutionen pflegt, ist die Präsenz religiöser Vertreterinnen und Vertreter im Rathaus prinzipiell nicht ungewöhnlich, zumal diese in ihrer Vertretungsfunktion für religiöse Interessengruppen der Stadt adressiert werden. Entsprechend finden sich im Publikum Vertreterinnen und Vertreter organisierter religiöser Interessengruppen der Stadt. Spannend ist allerdings, dass die Mitglieder des Ensembles der Veranstaltung vorrangig über nicht-religiöse Rollen definiert sind und gleichzeitig eine persönliche Haltung zu Religion bzw. eine individuelle Zugehörigkeit zu einer religiösen Tradition im Raum steht. Ich nenne dies – eine Formulierung aus dem Feld aufgreifend – die Zwei-Hüte-Logik.[17] So sind die Beteiligten auf der Bühne in erster Linie Vertreterinnen und Vertreter aus der Wissenschaft oder der Politik. Die Gastprofessorinnen und -professoren präsentieren in den Fachvorträgen ihre wissenschaftlichen Befunde und Interpretationen, die als eine Grundlage für das anschließende Podium dienen. Dabei ist die religiöse Zugehörigkeit bei einigen Referierenden offenkundig (z.b. bei der Buddhologin Frau Roloff, die auch buddhistische Nonne ist, bei Herrn Soroush, der als islamischer Philosoph eingeführt wird, oder bei der evangelischen Theologin Frau Kalsky), bei anderen bleibt sie implizit oder unerheblich. Wichtig ist, dass die wissenschaftliche Analyse im Zentrum steht und damit die Rolle als Person aus der Wissenschaft.[18] Die eigene religiöse Haltung scheint dann, wenn vorhanden, stärker in der Podiumsdiskussion durch, entweder durch eigene Akzentsetzung, durch eine gezielte Ansprache durch den Moderator oder durch eine Frage aus dem Publikum. Und das gilt eben nicht nur für die religiös grundierten Personen aus der Wissenschaft, sondern auch für die Politikerinnen und Politiker, die hier und da den zweiten Hut aufsetzen (oder aufgesetzt bekommen) und aus einer religiösen Perspektive sprechen. In der Zwei-Hüte-Logik im Rathaus versteckt sich damit auch eine Facetten-Logik, nur dass die Facette »religiös« hier an zweiter Stelle nach der eigentlichen Beteiligung als Person aus der Wissenschaft bzw. Politik steht. Anders ausgedrückt kann die religiöse Rolle als Rollenzusatz zu einer primären Rolle in die Darstellung eingebracht bzw. eingefordert werden. Unter den nicht-religiösen Rollen sind schließlich die Stimmen hervorzuheben, die sich als Vertreterinnen und Vertreter der Gruppe der Nicht-Religiösen erheben, also damit gewissermaßen den zweiten Hut für sich ablehnen. Das regelmäßige Aufbegehren dieser Gruppe ist vor dem Hintergrund der staatlichen Neutralität und dem Anspruch der gleichberechtigten politischen Teilhabe im Rathaus nachvollziehbar.

In der Kunsthallenveranstaltung weisen die beschriebene Fokussierung auf Wissensvermittlung und damit der Einbezug von Religion als unterschiedliche Symbolsysteme den Referierenden eine bedeutsame Funktion der Wissensvermittlung zu, was in diesem Kontext als ungewöhnlich beschrieben werden kann. Während nämlich in der Regel die Erarbeitung, Aufbereitung und Vermittlung des relevanten Wissens durch Mitarbeitende des Museums erfolgt, verlagert sich die über ›klassisches‹ Wissen in der Kunsthalle hinausgehende Expertise auf die Rollenverständnisse der geladenen Referierenden aus verschiedenen religiösen

---

17 Vgl. die dichte Beschreibung zur interreligiösen Vortrags- und Podiumsreihe im Rathaus in Unterkapitel 5.3.
18 Einzige bemerkenswerte Ausnahme bildet Aiman Mazyek, der als Vorsitzender des Zentralrats der Muslime in Deutschland und damit als Repräsentant einer organisierten religiösen Interessengruppe sprach.

Traditionen. Ähnlich wie in der Repräsentationslogik der Silvesterfeier aber deutlich flexibler übernehmen die Referierenden dabei eine Vertretungsfunktion, hier allerdings situativ sowohl für spezifische religiöse Traditionen, was sich zumindest in der bewusst wechselnden intrareligiös sensiblen Besetzung ausdrückt, als auch für ganze Religionsgemeinschaften. Die Vertretungsfunktion erhält zum einen in der Expertise für Beschreibungen religiöser Inhalte und Praktiken einer (d.h. der jeweils eigenen) Tradition Gestalt. Zum anderen führt die gemeinsame Orientierung an einem zu interpretierenden Kunstwerk zu einer Auffächerung von traditionsgefärbten Perspektiven. Ich spreche hier deshalb von einer Perspektivierungslogik, die mehr Individualität in der Bezugnahme auf das Kunstwerk und das gewählte Thema zulässt als beispielsweise die deutlich stärker ausgeprägte Repräsentationslogik der Silvesterfeier. Diese Perspektivierungslogik erlaubt auch starke Rollen jenseits der religiösen Referierenden. So können individuelle Stimmen aus dem Publikum ganz eigene religiöse und auch religionsfernere Akzente setzen. Ganz besonders ist hier aber auch die Rolle der Moderatorin zu betonen. Als Mitarbeiterin der Kunsthalle bespielt sie zentrale Aspekte des musealen Bildungsraums in ihrer Darstellung. Sie ist Trägerin des ›klassischen‹ Wissens und gleichzeitig Vermittlerin zwischen dem Kunstwerk und den Referierenden als zusätzlichen Wissensträgerinnen und -trägern. Während sie den Referierenden als neutrale Wissensverwalterin dient, ist sie gleichzeitig – zumindest ein Stück weit – dem Originalkontext des Kunstwerks verbunden und damit als Referentin am Gespräch beteiligt, sozusagen als Hüterin der ›klassischen‹ Perspektive auf das Kunstwerk bzw. seiner Interpretationsgeschichte.

In diesem Unterkapitel habe ich mit dem raumbestimmten Verhalten den Zusammenhang von abstraktem Raum (primäres Handlungsfeld) und dem damit verbundenen Rollenverhalten der Beteiligten beleuchtet. Hierzu habe ich die Zuordnungen der Veranstaltungsorte zu primären Handlungsfeldern (religiöses, politisches und museales Handlungsfeld) konkretisiert. In der Zusammenschau von raumbestimmter Ratio in der Bezugnahme auf Religion einerseits und der Kanalisierung der Rollen in den Veranstaltungen andererseits habe ich unterschiedliche Logiken der Übersetzung von abstrakter Raumstruktur in Rollenverhalten identifiziert. Zusammenfassend lassen sich zwei Grundtendenzen unterscheiden: einerseits die Zuschreibung und Übernahme einer Vertretungsfunktion vor dem Hintergrund der prinzipiellen Verkörperung einer Religionsgemeinschaft (Repräsentationslogik) bzw. der traditionsgefärbten Positionierung (Perspektivierungslogik); andererseits die Zuschreibung und Übernahme einer religiösen Rolle als Teilaspekt der Darstellung, entweder in Form einer biografischen Eingliederung (Facetten-Logik) oder einer Unterordnung unter eine nicht-religiöse Primärrolle (Zwei-Hüte-Logik). Im letzten Teil dieses Kapitels werde ich zusätzlich zum Raum nun auch die Handlung abstrahieren und den Zusammenhang von Handlungsfeldern und interreligiöser Aktivität als Handlungstypus betrachten.

6.4 Handlungsfeldcluster als diskursive Umwelt

Im vorigen Unterkapitel stand die Ausgestaltung der Rollen vor dem Hintergrund der Bestimmungen von Regionen und ihrer jeweiligen Zuordnung zu primären Handlungsfeldern im Zentrum der Betrachtung. In diesem Unterkapitel geht es nicht um Rollen, sondern um die Frage, wie sich interreligiöse Veranstaltungen als Handlungstypus in den Handlungsfeldern verorten lassen. Konkreter werde ich erörtern, welcher Stellenwert den interreligiösen Veranstaltungen in den spezifischen institutionellen Kontexten zukommt und welche diskursiven Verbindungen zwischen den Aktivitäten sowie dem primären und weiteren Handlungsfeldern entstehen.

Ich gehe davon aus, dass einer wie auch immer gestalteten Region qua praktischen Wissens der Beteiligten (mindestens) eine allgemein anerkannte Bestimmung zugesprochen wird. Nur so kann im Allgemeinen gesagt werden, wozu eine Teeküche, ein Kirchengebäude, Kunsthallenräumlichkeiten und ein Saal im Rathaus dienen. Ich habe hierfür die Wichtigkeit der Verknüpfung der jeweiligen Bestimmung mit einem Handlungsfeld beschrieben. Bisher habe ich dabei *primäre* Handlungsfelder angesprochen und bin damit von einer intersubjektiv geteilten Zuordnung bestimmter typischer Handlungsformen (z.B. politisches Handeln) zu den hier untersuchten Veranstaltungsorten (z.B. Kaisersaal bzw. Rathaus) ausgegangen. Bei näherer Betrachtung hat sich einerseits herausgestellt, dass die interreligiösen Veranstaltungen in der Zuweisung und Ausgestaltung der Rollen mit dem jeweiligen Handlungsfeld korrespondieren, insofern Aspekte des Handlungsfeldes in der Darstellung und im Rollenverständnis der Beteiligten zum Ausdruck kommen.

Andererseits zeigt sich verschiedentlich, dass interreligiöse Veranstaltungsformate offenbar *nicht primär* zu den üblichen Handlungsformen der betrachteten Handlungsfelder zählen. Das möchte ich entlang der institutionellen Einbindung der Fälle kurz verdeutlichen. Dass das von der Moderatorin Frau Koch organisierte interreligiöse Gespräch in der Kunsthalle als »interreligiöser Dialog« gerahmt wird, bildet ein Alleinstellungsmerkmal im Veranstaltungskatalog der Kunsthalle. Das besondere Format, bei dem Vertreterinnen und Vertreter verschiedener religiöser Traditionen zugegen sind, ihr Wissen teilen und anhand von Kunstwerken ins Gespräch gebracht werden, kann als unüblich im musealen Raum beschrieben werden, der primär von den Mitarbeitenden der Kunsthalle selbst z.B. im Rahmen von Führungen bespielt wird. Für die Vortragsreihe im Rathaus hatte ich herausgearbeitet, dass durchaus von Seiten der Organisation und der Besucherinnen und Besucher, aber auch aus meiner eigenen Definition interreligiöser Aktivität heraus von einem interreligiösen Veranstaltungsformat ausgegangen werden kann, auch wenn es sich mit der starken Zuspitzung auf einen politisch-wissenschaftlichen Dialog um einen Grenzfall handelt. Die zum Teil starke religiöse Verankerung der wissenschaftlichen Beiträge, die bewusst religiös differenzierte Besetzung des Podiums, der religiöse Hut, den sich bisweilen auch politische Beteiligte aufsetzen, sowie die adressierte Anwesenheit religiöser Vertreterinnen und Vertreter im Publikum bringen immer wieder das sensible Verhältnis von Staat und Religion auf den Plan und rahmen das Ereignis im Rathauskontext damit zumindest als eine bemerkenswerte Besonderheit. Das religiöse Handlungsfeld ist schließlich dasjenige, dem am ehesten eine natürliche Nähe zu religionsübergreifendem Handeln zugesprochen werden mag. Dennoch lässt sich darüber streiten, ob interreligiöse Aktivitäten zum Kerngeschäft religiöser Gemeinden gehören. Vielmehr können – wie im Rahmen der dichten Beschreibung zur Silvesterfeier in der Christuskirche stark gemacht – die religiöse Praxis und Gemeinschaftspflege einer spezifischen religiösen Gruppe als übliche Handlungsformen eines dem religiösen Handlungsfeld zugeordneten Raumkomplexes (insbesondere einer religiösen Gemeinde bzw. eines religiösen Zentrums) beschrieben werden. Interreligiöse Handlungsformen kommen dann eher als zusätzliches Betätigungsfeld in diesen Raumkomplexen hinzu, die in der ursprünglichen Intention aller Wahrscheinlichkeit nach nicht für interreligiöses Handeln erbaut und ausgestaltet worden sind.[19]

Die Ausführungen zur Unüblichkeit interreligiöser Veranstaltungsformate in den Handlungsfeldern bringen mich zu der These, dass gezielt als solche geplante interreligiöse Aktivitäten zumindest historisch kein eigenes primäres Handlungsfeld besitzen. Mit anderen Worten: Es gibt keine Ortstypen, an denen interreligiöse Veranstaltungen üblicherweise stattfinden.[20] Vielmehr – das zeigen zumindest die ausgewählten Untersuchungsfälle – bergen Orte unterschiedlicher Handlungsfeldzuordnung potenzielle Freiräume für die temporäre Beheimatung interreligiöser Veranstaltungen. Vor dem Hintergrund dieser Überlegung erscheint die in der Einleitung erwähnte räumliche Entgrenzung interreligiöser Aktivitäten in einem etwas anderen Licht. Die Aktivitäten werden nicht aus dem religiösen Feld in andere übernommen, vielmehr nehmen in verschiedenen Feldern Akteurinnen und Akteure

---

19 Nützlich könnte in diesem Zusammenhang der Begriff der *räumlichen Diffusion* sein. Schroer benutzt ihn, um eine Entdifferenzierung von raumbezogenem Handeln anzuzeigen, also die zunehmende Nutzung von Räumen, die für diese Art der Nutzung nicht gedacht waren, vgl. Schroer 2015, 20f.

20 In der Rezeption des Forschungsstands in Kapitel 2 hatte ich auf religiös plurale Raumarrangements verwiesen. Dass sich diese zum Teil sehr neuartigen Orte, die auf die eine oder andere Weise religiöser Vielfalt Rechnung tragen, als primäres Handlungsfeld für interreligiöse Veranstaltungen etablieren, ist fraglich. Zumindest scheinen multi- und interreligiös gestaltete *Räume der Stille* überwiegend für sequentielle Nutzungen, vgl. Nagel 2016, 66, und *Gärten der Religionen* eher sporadisch als Orte interreligiöser Veranstaltungen zu dienen, vgl. Kalender 2020. Auch unter den wenigen historisch bekannten Orten, darunter das im islamischen Indien des 16. Jahrhunderts verortete *Ibadat-khana*, gibt es kaum welche, die primär der interreligiösen Nutzung zugedacht waren, vgl. Beinhauer-Köhler 2015a.

interreligiöse Aktivitäten als mögliche Beschäftigung in ihrem Handlungsfeld an. Dabei richtet sich die Ausgestaltung der interreligiösen Aktivität im Allgemeinen auf das primäre Handlungsfeld aus, im Geschehen vor Ort entscheidet sich aber programmatisch und situativ, ob und welche *weiteren* Handlungsfelder zu wichtigen Bezugspunkten der Interaktion werden. Die im Theoriekapitel aufgeworfene Mehrdeutigkeit von Orten, die z.B. auch im Zusammenhang mit den historischen Kolonialbezügen des Kaisersaals angesprochen wurde, kommt hier besonders zum Tragen, denn so kann potenziell im primär politischen Raum »Rathaus« *auch religiös* gesprochen werden und umgekehrt. Mit Rückgriff auf Krech hatte ich in Abschnitt 3.3.2 des Theoriekapitels betont, dass diese vielfachen Handlungsfeldbezüge allerdings nur in der theoretischen Distanz gleichberechtigt nebeneinander betrachtet werden können. In der Situation gibt es im Rahmen der kooperativen Herstellung einer Situationsdefinition hingegen eine Notwendigkeit, die verschiedenen Bezüge entweder hierarchisch zu ordnen oder zu temporalisieren.

Abbildung 4: Handlungsfeldcluster der vier Fälle

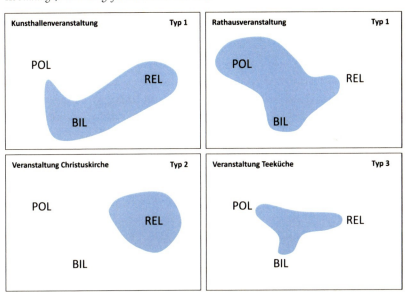

Von dieser theoretischen Überlegung kommend kehre ich nun wieder zu den Untersuchungsfällen zurück und nehme jeweils die verschiedenen Handlungsfeldbezüge und ihre Organisation in den Blick. Als visuelle Grundlage dient hierfür ein Schaubild (Abbildung 4), das die handlungsfeldbezogene Ausrichtung der Veranstaltungsreihen unter Berücksichtigung der drei Handlungsfelder Politik, Religion und Bildung veranschaulicht.

Ich gehe hier bewusst nicht von Kunst, sondern abstrakter von Bildung als Handlungsfeld aus, da so auch der Wissenschaftsbezug in der Rathausveranstaltung einbezogen werden kann: Grundsätzlich kann bei der Betrachtung der Ausrichtung der Veranstaltungsreihen auf die Handlungsfelder zwischen den Formaten unterschieden werden, in denen sich (1) das Geschehen vom primären Handlungsfeld hin auf ein anderes Handlungsfeld ausrichtet, und den Formaten, die entweder (2) auf das primäre Handlungsfeld des Ortes konzentriert bleiben oder (3) aufgrund einer schwachen Verankerung in einem Handlungsfeld stark in der Bezugnahme schwanken.

Die Veranstaltungsreihen im Rathaus und in der Kunsthalle haben ihren jeweiligen Schwerpunkt im primären Handlungsfeld bei gleichzeitiger Öffnung zu einem weiteren Handlungsfeld (Typ 1). So zeigt sich, dass in der Kunsthalle neben dem Feld der Bildung über die religiösen Referierenden auch ein starker Einbezug des religiösen Feldes und der in ihm relevanten Diskurse stattfindet. Vor diesem kunstmuseal-religiösen Grund werden Themen angesprochen, die religiöse (Kern-)Fragen mit gesellschaftlichen Themen der Gegenwart ins Gespräch bringen. Ich hatte hierfür bereits eine Reihe von Beispielen genannt, darunter »Reichtum und Bereicherung«, »Tod und Trauer« oder »Opfer«. Politische Bezüge werden oft nur gestreift, beispielsweise im Zusammenhang mit dem Minarettverbot in der Schweiz, das als Kontext für das Thema »Gebets- und Gotteshäuser« in Stellung gebracht wurde.[21] Im Veranstaltungsverlauf selbst spielen solche politischen Bezüge dann aber selten eine Rolle. Die Moderatorin, die auch als Vertreterin der Kunsthalle fungiert, übernimmt qua Veranstaltungsformat eine steuernde Funktion und schafft mittels ihrer Fragerunden jeweils Raum für stärker kunstbezogen assoziative Inhalte oder religiöse Selbstdarstellungen. Während also die Kunstwerke ständiger Bezugspunkt sind, kann hier von einer Temporalisierung im Hinblick auf die Organisation der Handlungsfeldbezüge gesprochen werden. Dieser Anspruch spiegelt sich auch im wiederkehrenden Schema der Veranstaltungstitel: »Thema XY in der Kunst und in den Religionen«. So wird immer ein leitendes Thema angezeigt und anschließend werden die Felder »Kunst« sowie »Religionen« über ein »und« als zwei Bezugspunkte nebeneinandergestellt.

Ebenso wie in der Kunsthalle bilden auch in der Rathausveranstaltung gesellschaftliche Themen der Gegenwart einen Bezugspunkt, hier allerdings als Gegenstand des politischen Feldes. Der inhaltliche Fokus liegt somit auf Möglichkeiten der gesellschaftlichen Teilhabe und der religiösen bzw. interreligiösen Potenziale zur Schaffung gesellschaftlichen Zusammenhalts. Durch die wissenschaftlichen

---

21 Vgl. die dichte Beschreibung zum interreligiösen Gespräch in der Kunsthalle in Unterkapitel 5.4.

Vorträge und die Beteiligung von Wissenschaftlerinnen und Wissenschaftlern auf dem Podium ist das Feld der Bildung als zweite Säule der Veranstaltungsreihe zu betrachten. Die wissenschaftlichen Perspektiven werden in der Regel aber nicht als akademischer Diskurs in Szene gesetzt, sondern auf ihre politische Verwertbarkeit hin befragt. Die Dominanz der Verortung im politischen Handlungsfeld lässt außerdem im engeren Sinne religiöse Fragen in den Hintergrund treten. Gleichwohl brechen sich vor dem Hintergrund der Thematik, wie aufgezeigt, religiöse Bezüge (genuin theologische oder individuell religiöse Positionierungen) Bahn. Sie erhalten im Rahmen der Zwei-Hüte-Logik und der Ausgestaltung religiöser Rollen als Rollenzusätze ihren legitimen aber sekundären Platz im Geschehen. Mit der politisch-wissenschaftlichen Dominanz lässt sich hier also eine hierarchische Organisation der Handlungsfeldbezüge nachzeichnen.

In der Silvesterfeier in der Christuskirche steht das religiöse Feld mit der starken religiösen Performanz deutlich im Fokus und bildet nicht nur das primäre, sondern auch das einzige Bezugsfeld (Typ 2). So sind die Themen in der Regel ins religiöse Feld hinein gerichtet. Sie sprechen dabei naturgemäß auch allgemeine Aspekte des Zusammenlebens an, wie beispielsweise die Themen »Vertrauen« oder »Hass ist keine Alternative«. Diese werden vor dem Hintergrund gesellschaftlicher Entwicklungen eingebracht, jedoch eher innerhalb eines religiösen Referenzrahmens behandelt, beispielsweise im Hinblick auf eine prinzipielle Friedfertigkeit und den bemängelten Missbrauch von Religion oder die Beschwörung einer religionsübergreifenden Ethik. Im Fall einer Bezugnahme werden andere Handlungsfelder also dem religiösen Feld hierarchisch untergeordnet bzw. einverleibt.

Das Handlungsfeldcluster des Gesprächskreises in der Teeküche verdeutlicht schließlich die tendenzielle Entkopplung der Teeküche vom primären Handlungsfeld Religion und gleichzeitig das Fehlen einer primären Anbindung an ein anderes Handlungsfeld (Typ 3). Hier spiegeln sich die großen Freiheiten der Beteiligten in der thematischen Gesprächsentwicklung, je nach Interessenlage kann sich die Aktivität in ihrer Themenwahl deshalb mal stärker auf das eine oder das andere Diskursfeld ausrichten. Die temporalisierende Organisation dieser Bezüge verläuft in der Hauptsache über die Korrektivfunktion der Gesamtgruppe. Die Grenzen des Möglichen haben sich dabei als recht flexibel gezeigt. So können beispielsweise religionshistorische oder religionsphilosophische Einlassungen mal als spannender Input begrüßt und mal als Abschweifung vom Thema kritisiert werden.

Die Handlungsfeldcluster verweisen insgesamt auf eine unterschiedliche Verortung der Veranstaltungsreihen im Hinblick auf die drei gewählten Felder, damit einhergehend auf unterschiedliche handlungsfeldspezifische Diskurse, und können so als diskursive Umwelt der Veranstaltungen verstanden werden. Das Cluster generiert sich dabei im Aufeinandertreffen eines interreligiösen Veranstaltungsformats, dem jeweiligen Veranstaltungsort und seiner räumlichen (d.h. hier den institutionellen, handlungsfeldbezogenen und damit diskursiven) Verankerungen.

7 Zusammenfassung, Diskussion und abschließende Reflexionen

In diesem Schlusskapitel werde ich die Ergebnisse meiner Untersuchung knapp und in Schlaglichtern zusammenfassen sowie ihre Bedeutung im Hinblick auf den Forschungsstand erörtern. Darüber hinaus reflektiere ich abschließend mein methodisches Vorgehen sowie die verwendeten und entwickelten theoretischen Konzepte.

7.1 Zur Räumlichkeit interreligiöser Veranstaltungen: Zusammenfassung und Diskussion

Die zwei Ausgangspunkte meiner Untersuchung waren zum einen die prinzipielle Annahme, dass es eine wechselseitige Abhängigkeit zwischen dem Ort eines Handelns und dem Handeln selbst gibt, und zum anderen die Beobachtung, dass interreligiöse Veranstaltungen in Hamburg auch außerhalb religiöser Räume stattfinden. Vor diesem Hintergrund habe ich danach gefragt, in welcher Form das Wechselverhältnis zwischen Raum und Handeln – also die Räumlichkeit – in interreligiösen Veranstaltungen Gestalt annimmt. Meine in Kapitel 2 ausgeführte Rezeption der Forschungen, die sich mit Formaten, Prozessen und Überschneidungsfeldern interreligiöser Aktivitäten auseinandersetzen, diente einem zweifachen Zweck. Zum einen zielte ich auf eine heuristische Zuspitzung des *Spektrums relevanter Raumdimensionen* (Sozialraum/Aushandlungsraum, materieller Raum, institutioneller Raum, gesellschaftliche Felder, Diskursräume) und zum anderen legte ich eine Forschungslücke offen: das Fehlen einer *zusammenführenden Perspektive auf die Räumlichkeit interreligiöser Aktivitäten* in sozialen Situationen.

Zielsetzung der Arbeit war es, die konkreten und abstrakten Verbindungslinien zwischen der Handlungs- und Raumdimension interreligiöser Veranstaltungen zu erschließen. Dazu habe ich aufbauend auf Überlegungen Goffmans eine raumsensible Perspektive auf soziale Situationen entworfen und einen methodischen Ansatz gewählt, der sozialwissenschaftliche Ethnografie mit einer offenen Grounded Theory Methodologie verbindet. Das zweigliedrige Analyseverfahren hat zunächst mithilfe einer selbst entwickelten Form analytischen Schreibens umfangreiche dichte Beschreibungen als Einzelfallanalysen zu vier interreligiösen Veranstaltungsreihen in Hamburg hervorgebracht. Darauf aufbauend habe ich im Zuge einer systematisch-vergleichenden Analyse vier Dimensionen der Verbindung von Raum und Handeln im Vollzug interreligiöser Veranstaltungen offengelegt.

Auf welche Weise diese Raum-Handeln-Systematik interreligiöser Veranstaltungen mit der Raumheuristik korrespondiert, die ich in Kapitel 2 aus aktueller Literatur zu interreligiösen Aktivitäten herausgearbeitet habe, verdeutlicht folgende Übersicht. Die Pfeile weisen darauf hin, wie die im Forschungsstand vorhandenen raumbezogenen Aspekte in meiner Terminologie aufgegangen sind:

Abbildung 5: Verhältnis meiner Raum-Handeln-Systematik (Kapitel 6) zur Raumheuristik aktueller Forschung (Kapitel 2)

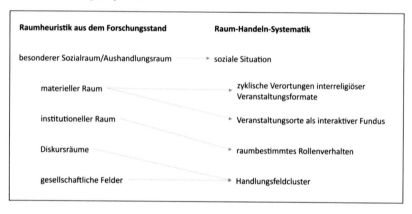

Interreligiöse Aktivitäten werden in Untersuchungen verschiedener Begegnungsformate als *besonderer Sozialraum* hervorgehoben. Mit meinem Fokus auf interreligiöse Veranstaltungen habe ich im Anschluss an Nagels Hinwendung zum »Ereignischarakter interreligiöser Aktivitäten«[1] initiierte Anlässe interreligiöser Aktivitäten zum Ausgangspunkt meiner Untersuchung genommen. Dabei hat es sich als hilfreich erwiesen, zwischen dem Anlass selbst und seiner verortenden Bedeutung zu unterscheiden, interreligiöse Veranstaltungsformate demnach also nicht selbst als »Orte«,[2] sondern als Bezugsgröße für die situative Verortung der Beteiligten zu begreifen. Durch diese Unterscheidung rückt der Fokus vom nur schwach theoretisierten Sozialraum hin zur sozialen Situation. Die besondere

---

1 Nagel 2012a, 246.
2 Dehn 2016, 11 oder auch Klinkhammer/Neumaier 2020, 49.

Qualität des Ereignisses liegt dabei nicht in einem mystischen »kairos«,[3] wie Dehn es nennt, sondern in einer je eigens kooperativ hergestellten Situativität, die sich nicht von der Besonderheit jeder anderen Art sozialer Situation unterscheidet. Ausgehend von dieser Perspektive auf Situationen lassen sich die Raumdimensionen, die in bisherigen Untersuchungen aufgetan wurden, zusammendenken. Soziale Situationen bilden dabei die Kristallisationspunkte, an denen verschiedene Raumdimensionen situativ wirken. Die zentralen Raumdimensionen fasse ich im Folgenden entlang des obigen Schaubildes zusammen.

Eine wichtige, aber in der Forschung zu interreligiösen Aktivitäten bislang noch unzureichend berücksichtigte Dimension ist der *materielle Raum*. Materielle Aspekte spielen in der Fachliteratur zum vorliegenden Gegenstand zumeist nur am Rande eine Rolle. Klinkhammer et al. deuten neben der Verfügbarkeit von Räumlichkeiten als Ressource für geplante Aktivitäten[4] auch religiöse Ästhetiken an, die mancherorts die Inneneinrichtung prägen.[5] Nagels Typologie interreligiöser Aktivitätsformate erweitert den Blick auf verschiedene auch nicht-religiöse Orte, die für interreligiöse Veranstaltungen genutzt werden,[6] und auch Klinkhammer erwähnt u.a. Rathäuser und andere öffentliche Plätze als neue Orte interreligiöser Aktivitäten.[7] Daran anknüpfend erstreckt sich mein Sample auch auf nicht-religiöse Veranstaltungsorte und bringt vor dem Hintergrund der physischen und symbolischen Konstitution die Bedeutung unterschiedlicher – einschließlich nicht-religiöser – Gestaltungen für interreligiöse Situationen in den Blick. Ich habe die konkreten materiellen Gegebenheiten der Veranstaltungsorte in zweifacher Hinsicht mit der Handlungsdimension verbunden, nämlich mit den Veranstaltungsformaten und der interaktiven Einbindung der Gestaltungselemente. Beides werde ich im Folgenden ausführen.

Interreligiöse Veranstaltungen folgen jeweils einem Veranstaltungsformat, das in der Regel zumindest implizit die physische Verteilung der Anwesenden vor Ort strukturiert. Da diese vorgegebenen Positionen sich je nach Phase im Veranstaltungsverlauf verändern können, spreche ich von einer *zyklischen Verortung interreligiöser Veranstaltungen* und habe aufgezeigt, wie sich diese physische Strukturierung in der Grundformation der Gruppe (zirkulär/frontal), der Verhältnisbestimmung der Beteiligten untereinander (proportional/antiproportional) sowie in den Bewegungsdynamiken (sesshaft/nomadisch bzw. statisch/dynamisch) zeigt. Mit diesen drei Aspekten konkretisiere ich das, was Ipgrave als Raumeinnahme (*occupation*) beschrieben hat, also den Prozess der potenziell bedeutungsvollen

---

3 Dehn 2016, 5.
4 Vgl. Klinkhammer et al. 2011, 61f.
5 Vgl. ebd., 203.
6 Vgl. Nagel 2012a, 252ff.
7 Vgl. Klinkhammer 2019, 84.

Verteilung und Positionierung im Raum.[8] Beispielsweise zeigt sich der Gesprächskreis in der Teeküche als Besonderheit im Hinblick auf die Verhältnisbestimmung, da die proportionale Verteilung der Anwesenden um den Tisch mit der Gleichstellung aller Beteiligten am Geschehen einhergeht, während in allen anderen Veranstaltungen deutliche Rollenunterschiede auch physischen Ausdruck in der Verteilung bekommen. Das Bewegungs- und Positionierungsprofil korrespondiert dabei mit der physischen Raumorganisation der Veranstaltungsorte, ein Zusammenhang, auf den Beinhauer-Köhler bereits in Bezug auf physische Formationen in Sakralräumen hingewiesen hat.[9] Das interreligiöse Gespräch in der Kunsthalle sticht mit seinen wechselnden materiellen Bezugspunkten in den Kunsthallenräumlichkeiten als einzige nomadische Veranstaltung hervor und reproduziert darin die Raumorganisation der Ausstellungsräume.

Neben der zyklischen Verortung habe ich hinsichtlich der materiellen Aspekte die *Veranstaltungsorte als interaktiven Fundus* in den Blick genommen. In der bisherigen Forschung wurde die Bedeutung der räumlichen Umgebung hervorgehoben. So wird angenommen, dass religiös spezifische, neutrale oder plurale Gestaltungen die Wahrnehmung von Zeichen, darunter etwa Klängen, prägen. Dies kann je nach Kontext Gemeinschaft oder Differenz erzeugen.[10] Ich habe im Anschluss an die Zeichenhaftigkeit der Veranstaltungsorte nach dem interaktiven Einbezug der symbolisch-materiellen Gestaltung, also der Bühnenqualität, gefragt und hierfür Varianten der Zuwendung zu und Abwendung von Gestaltungselementen herausgearbeitet. Als besonders zugewandt kann beispielsweise das interreligiöse Gespräch in der Kunsthalle gelten, sofern die Kunstwerke als symbolisch-materielle Gestaltungselemente hier das zentrale Medium der Interaktion bilden. Dies deutet sich auch in der von Küster beschriebenen Wirkung von Kunstwerken als Motor interreligiöser Gespräche an.[11] Dass religiöse Vorstellungen sich materiell in Architektur, Innendekorationen und einzelnen Gestaltungselementen niederschlagen,[12] zeigt sich in der Kunsthalle durch eine vielfach diskursiv verortete christliche Prägung der Kunstwerke, die häufig den Ausgangspunkt der Gespräche bildet.

Die Veranstaltungsreihe im Rathaus habe ich als von der symbolisch-materiellen Gestaltung abgewandt betrachtet. Dabei kommt im Hinblick auf den kolonialgeschichtlich geprägten Kaisersaal das zum Tragen, was Ipgrave als Temporalisierung beschrieben hat. Materielle Gestaltungen können einen Bedeutungswandel er-

---

8   Vgl. Ipgrave 2019, 101f.
9   Vgl. Beinhauer-Köhler 2019, 105ff.
10 Vgl. Beinhauer-Köhler 2019, 105f. und Laack 2019, 76ff.
11 Vgl. Küster 2015, 101.
12 Ipgrave spricht hierbei von einer Materialisierung, die als Ressource zur Erzeugung von Bedeutung in interreligiösen Aktivitäten zur Verfügung steht, vgl. Ipgrave 2019, 105ff. und auch Unterkapitel 2.2.

7 Zusammenfassung, Diskussion und abschließende Reflexionen

fahren – sowohl kulturell über längere Zeiträume als auch in situativen Bezugnahmen – und Orte können so zu Zeugnissen vergangener Epochen werden, die in ihrer symbolisch-materiellen Ausgestaltung in Kontrast zu gegebenen Verhältnissen stehen oder durch ihre Neubewertung identitätsbildende Kraft entwickeln.[13] Der Kaisersaal beispielsweise wird im Rahmen der Rathausveranstaltung zwar im Kontext der identitätsbildenden Offenheitsmetapher »Tor zur Welt« adressiert, erfährt in seiner kolonialen Prägung aber keine Bezugnahmen. Deshalb sind im Beispiel der Rathausveranstaltung eine weitgehende Abwendung von der symbolisch-materiellen Gestaltung und eine Reduktion auf die dekorative Qualität deutlich erkennbar.

Während die materiellen Aspekte den konkreten, greifbaren Raum betreffen, haben auch abstrakte Raumbezüge großen Einfluss auf die Ausgestaltung der interreligiösen Situationen. Dabei wird dem *institutionellen Raum* in der bisherigen Forschung relativ viel Gewicht beigemessen, z.B. in der institutionellen Strukturierung von Beziehungskonstellationen. Unter dem Begriff der Beziehungsbildung hebt Ipgrave hervor, dass Personen nach Art der Zugehörigkeit zu einem Ort in Beziehung zueinander – z.B. als Gastgebende und Gäste – gesetzt werden.[14] Das kommt beispielsweise in der Christuskirche zum Ausdruck, wo die Rolle der einladenden Gemeinde den eingeladenen nicht-christlichen Gruppen und einer Öffentlichkeit gegenübersteht. In diesem Zusammenhang wirken auch örtliche Nutzungsvorgaben bzw. Nutzungsroutinen, also etablierte Vorstellungen darüber, welche Gruppen diese Orte wie nutzen dürfen und sollen.[15] Dabei müssen ggf. unterschiedliche Ansprüche situativ ausgehandelt werden.[16] In meiner Analyse hat sich das beispielsweise in dem fordernden Anspruch gezeigt, mit dem Vertreterinnen und Vertreter religiöser und nicht-religiöser Interessengruppen im Rathaus auftreten. Dies können sie tun, weil der Kaisersaal im Rathaus situativ zu einer öffentlichen Plattform wird, auf der die Bürgerinnen und Bürger vor Vertreterinnen und Vertretern politischer Macht treten und ›dem Rathaus‹ Rechenschaft z.B. über politische Entscheidungen abverlangen können.[17]

---

13 Vgl. Ipgrave 2019, 108f.
14 Vgl. Ipgrave 2019, 103. Diese Beobachtung findet sich auch andernorts, vgl. beispielsweise Klinkhammer 2019, 88f., Iqbal et al. 2019, 364 und Nagel 2020, 113.
15 Vgl. Ipgrave 2019, 103f.
16 Für den religiös pluralen Handlungskontext hat Beinhauer-Köhler aufgezeigt, dass diese Aushandlung sowohl für spezifisch religiöse Räume gilt, die von verschiedenen Gruppen beansprucht werden, als auch für religionsoffene Erfahrungsräume, darunter Museen, vgl. Beinhauer-Köhler 2015a, 65ff.
17 Ipgrave beschreibt diesen Prozess als Abstraktion, bei der ein Ort zum Ausdruck einer Kategorie oder Idee (Rathaus = Volksvertretung und politische Entscheidungsmacht) wird, vgl. Ipgrave 2019, 104f. Ein weiteres Beispiel aus meinem Material hierfür ist die Markierung des Kirchengebäudes als Schutzraum und Keimzelle des Friedens unter Gläubigen.

Die Rollen, auf die die Beteiligten einer Situation als Ressourcen ihres Handelns zurückgreifen können, stehen im Kontext interreligiöser Veranstaltungen auch unter dem Eindruck, welche institutionelle Haltung zu Religion, religiöser Vielfalt und interreligiösen Aktivitäten vorliegt.[18] Die institutionell erzeugten (religiösen) Rollen habe ich zum Ausgangspunkt genommen und für eine genauere Betrachtung den Begriff des Handlungsfeldes stark gemacht. Mit ihm lassen sich die konkreten Veranstaltungsorte als institutionell verankert betrachten und in einem primären Handlungsfeld (Religion, Politik, Museum, ohne konkrete Bindung bzw. Alltag) verorten. An dieser Stelle zeigte sich, dass Goffmans Unterscheidung von Vorder- und Hinterbühnen für die Analyse fruchtbar ist, da sich hiermit unterschiedliche Grade der Verortung in einem Handlungsfeld erfassen lassen.[19] Aus dieser im praktischen Wissen der Beteiligten verankerten und situativ reproduzierten Zuordnung von Veranstaltungsorten zu Handlungsfeldern ergibt sich eine rollenprägende Kanalisierung des Handelns in interreligiösen Veranstaltungen, die ich als *raumbestimmtes Rollenverhalten* beschrieben habe. Damit gerät die situative Transferleistung von Raumstruktur in Rollenverhalten in den Blick, für die ich hinsichtlich der religiösen Rollenverständnisse zwei Grundtendenzen unterschieden habe: Zum einen können Beteiligte eine Vertretungsfunktion für eine Religionsgemeinschaft übernehmen, indem sie eine Religionsgemeinschaft entweder wie in der Christuskirche *in persona* verkörpern (Repräsentationslogik) oder sich wie in der Kunsthalle zumindest als traditionsgefärbte Stimme zu einem Thema positionieren (Perspektivierungslogik). Zum anderen zeigen die Beispiele in der Teeküche und im Rathaus, dass religiöse Bezüge auch als Komponente einer Darstellung neben anderen Komponenten ausgestaltet werden. Dabei wird Religion wie im Gesprächskreis in der Teeküche gleichwertig zu anderen Bezügen individueller Biografien verstanden (Facetten-Logik) oder wie in der Rathausveranstaltung primären nicht-religiösen Rollenanteilen untergeordnet (Zwei-Hüte-Logik).

Der Blick auf die abstrakten Raumbezüge weitet sich durch den Einbezug weiterer Handlungsfelder, die in den interreligiösen Veranstaltungen situativ Relevanz erhalten. Dabei denke ich die zwei aus dem Forschungsstand abgeleiteten Raumdimensionen *gesellschaftliche Felder* und *Diskursräume* zusammen, um dem Umstand Rechnung zu tragen, dass sowohl über die Themensetzung der Veranstaltungen als

---

18   Vgl. Knauth/Körs 2009, 180f., McLennan 2010, 3ff. und Nagel 2012a, 257f. Hieraus ergibt sich u.a. auch der Grad der Beteiligung z.B. politischer Akteure an interreligiösen Veranstaltungen, vgl. Nagel 2019, 101f.

19   Die Betrachtung von Veranstaltungsorten interreligiöser Aktivitäten als (institutionelle) Vorder- und Hinterbühnen schließt in bisherigen Untersuchungen aufgezeigte Unterscheidungen mit ein. Dazu zählt der Repräsentationsgrad der Beteiligten, d.h. die Unterscheidung von »oben« und »unten«, vgl. Wilke 2006, 15, sowie die im Zusammenhang mit der Wahl eines Ortes stehende introvertierte oder extrovertierte Ausrichtung einer Veranstaltung, vgl. Dehn 2016, 2.

auch durch die situativen Bezugnahmen auf ein oder mehrere Handlungsfelder an bestehende öffentliche Diskurse z.B. tagespolitische Berichterstattung[20] und zeitgeschichtliche Diskurse[21] angeknüpft wird. Die Konfiguration der Handlungsfeldbezüge in einer Veranstaltung habe ich mit dem Begriff der *Handlungsfeldcluster* beschrieben, die als diskursive Umwelt das inhaltliche Geschehen in interreligiösen Veranstaltungen formen und gleichzeitig in diesem situativ hervorgebracht werden.

Vor diesem Hintergrund habe ich die untersuchten Fälle in Beziehung zu den Handlungsfeldern Religion, Politik und Bildung gesetzt und drei Typen der diskursiven Verortung interreligiöser Veranstaltungen unterschieden: Typ 1 ist handlungsfeldübergreifend angelegt, indem die Beteiligten neben dem primären ein oder mehrere Handlungsfelder programmatisch zu weiteren zentralen diskursiven Bezugspunkten machen. Hier stechen vor allem die Rathaus- und die Kunsthallenveranstaltung als Beispiele hervor, deren primäres Handlungsfeld nicht das religiöse ist. Für die Rathausveranstaltung ist außerdem auffällig, dass das religiöse Handlungsfeld nur gestreift wird und religiöse Themen neben den politischen Erwägungen zum Verhältnis von Religion und Staat[22] vor allem durch die Brille akademischer Diskurse relevant werden. Typ 2 bleibt auf das primäre Handlungsfeld beschränkt und nimmt Bezüge zu anderen Handlungsfeldern vor allem aus der primären Handlungsfeldperspektive auf. Im Fall der Silvesterfeier in der Christuskirche, die diesem Typus zuzuordnen ist, finden sich entsprechend religions- und traditionsübergreifende Sozialformkonstruktionen, wie die ›Gemeinschaft der Gläubigen‹ oder die Verbrüderung des christlichen und des jüdischen Vertreters.[23] Als These ließe sich hier anführen, dass diese Beschränkung auf ein Handlungsfeld im Kontext interreligiöser Veranstaltungen aufgrund der natürlichen Nähe zu religiösen Diskursen vor allem im Hinblick auf das religiöse Handlungsfeld zu erwarten ist. Beim Typ 3 ist schließlich von einer Entkopplung des Ortes vom primären Handlungsfeld auszugehen. Dies äußert sich in Veranstaltungen diskursiv in der flexiblen und von individuellen Interessen geleiteten Bezugnahme auf mehrere Handlungsfelder bei gleichzeitiger Ungebundenheit an ein bestimmtes Feld. Im Gesprächskreis im Kontext der Teeküche kommt diese Ungebundenheit besonders zum Ausdruck.

Abschließend möchte ich noch kurz auf die äußere Rahmenerzählung Bezug nehmen, die ich in der Einleitung aufgemacht habe. Was zu Beginn meiner Unter-

---

20   Die tagespolitischen Themen nehmen Einfluss auf das Gesprächsklima z.B. in interreligiösen Dialogkreisen, vgl. Klinkhammer et al. 2011, 80.
21   Vgl. Rötting 2011, 117ff.
22   Zu den bisher beschriebenen abgrenzenden und überbrückenden Strategien zwischen diesen beiden Handlungsbereichen im Kontext interreligiöser Aktivitäten vgl. Nagel 2020, 107f.
23   Vgl. Iqbal 2019, 361.

suchung mit dem Interesse an der Räumlichkeit interreligiöser Veranstaltungen begonnen hat, mündet in ein theoretisches Modell, das vier Dimensionen der Verbindung zwischen konkreten und abstrakten Ebenen von Handeln und Raum umfasst, die in interreligiösen Veranstaltungen situativ greifen. Diese vier Raumdimensionen habe ich über den Situationsbegriff miteinander verknüpft, insofern sie Beschreibungsansätze für die kooperative Herstellung einer Situationsdefinition liefern. Damit habe ich eine zusammenhängende Betrachtung zur Räumlichkeit interreligiöser Veranstaltungen – gewissermaßen als *Ökologie interreligiöser Veranstaltungen* – skizziert, die die bisherigen zumeist sekundären Bezugnahmen auf räumliche Aspekte interreligiöser Aktivitäten sinnvoll zusammenbringt. Diese Ökologie bildet das in Kapitel 4.2 angesprochene letzte Stadium des *tertium comparationis*, also der Vergleichskategorie meiner Untersuchung, in der die Vergleichskategorie zu einem theoretischen Modell herangereift ist, das für weitere Untersuchungen genutzt (bestätigt, ausgebaut, widerlegt) werden kann.

Meine hier vorgeschlagene Perspektive auf die Ökologie interreligiöser Veranstaltungen ist für eine voranschreitende Beschäftigung mit dem Gegenstandsbereich in verschiedener Hinsicht anschlussfähig. Für weitere Forschungen zu interreligiösen Aktivitäten eröffnet sie z.B. einen differenzierten Blick auf die dynamischen physischen Verortungen und die Verhältnissetzung von der Aktivität zum symbolischen Gehalt des Veranstaltungsortes. Dabei sollte vor dem Hintergrund der aufgezeigten vielfachen Verortung das Religiöse als eines von vielen Symbolsystemen verstanden werden, das in interreligiösen Aktivitäten Wirkung entfaltet. Mit der Weitung der Perspektive auf die mehrdeutigen Handlungsfeldbezüge wird dem Rechnung getragen, was Schroer als Diversifizierung der Raumbezüge bezeichnet[24] und sich bei Berger spezifischer als zweifacher Pluralismus des religiösen Feldes (religiöse Vielfalt und Vielfalt der Beziehungen zu nichtreligiösen Bereichen)[25] findet: Postmoderne Verschiebungen und Überlagerungen gesellschaftlicher Räume führen zu vielfältigen Möglichkeiten der Nutzbarmachung dieser Raumbezüge für das Gelingen sozialer Situationen. Für interreligiöse Aktivitäten bedeutet das, dass der relativen Flexibilität z.B. diskursiv hergestellter Raumbezüge neben dem tendenziellen Konfliktpotenzial auch eine Entlastungskraft innewohnt. Die in meiner Analyse aufgezeigten Politiken des Raums[26] machen am Beispiel interreligiösen Handelns deutlich, wie interreligiöse Situationen unter den Bedingungen des doppelten Pluralismus ausgestaltet werden. Die Perspektive der Ökologie interreligiöser Aktivitäten bietet damit ein konzeptionelles Gerüst, um die Dynamik der Bedeutungsproduktion und damit auch Raumkonstitution im Kontext interreligiöser Aktivitäten zu beleuchten. Für raumtheoretische Zugänge

---

24 Vgl. Schroer 2006, 222f.
25 Vgl. Berger 2017, 18.
26 Hier im Anschluss an Knott, vgl. Knott 2015, 208ff.

bietet sich zudem ein auf *face-to-face*-Situationen fokussierter interaktionistischer Zugriff auf situative Raum(-re-)produktionen, der Operationalisierungen des Raumbegriffs auf der Meso- und Makroebene sinnvoll ergänzt.

7.2 Reflexion des methodischen Vorgehens

In ihrem programmatischen Einführungswerk zur Grounded Theory Methodologie (GTM) verwenden Glaser und Strauss den Begriff der »Glaubwürdigkeit«,[27] um mit ihm den reflektierten Prozess der abschließenden Präsentation von Forschungsergebnissen zu beleuchten. Dass der forschenden Person das eigene Vorgehen in der Regel plausibel ist und ihr die gewonnenen Ergebnisse somit glaubwürdig erscheinen, ist naheliegend.[28] Interessanter ist die Frage der Vermittlung dieser Glaubwürdigkeit.[29] An dieser Stelle möchte ich abschließend das zweistufige Analyseverfahren aus dichter Beschreibung und systematischem Vergleich im Hinblick auf die Glaubwürdigkeit der Ergebnisse reflektieren.

Als Problem der dichten Beschreibung hebt Wolff im Anschluss an Geertz ihre Nachprüfbarkeit hervor und damit »eine Verwischung der Grenzen zwischen Anthropologie als Wissenschaft und dem gebildeten Gespräch ethnographisch informierter Intellektueller«.[30] Das Problem der Nachprüfbarkeit ist und bleibt ein schwerwiegendes Problem. Es lässt sich jedoch abmildern. Im Abschnitt 4.4.1 des Methodenkapitels betonte ich bereits, dass zwei Aspekte in der Anfertigung dichter Beschreibungen unbedingt Beachtung finden müssen. Dabei handelt es sich um die explizite Einbindung von Quellenmaterial sowie die Offenheit für mehrere Deutungen. Anstelle des zu Recht kritisierten ethnografischen Naturalismus, der mit weitreichenden Deutungen aufwartet und gleichzeitig die Grundlage dafür im Dunkeln lässt, ist das Ziel, durch direkt eingeflochtenes Datenmaterial eine transparente Argumentation und einen vielstimmigen Text zu erzeugen. Den Entstehungsprozess habe ich als hermeneutisch beschrieben, in dem Sinne, dass durch die wiederholte Auseinandersetzung zwischen Feld und Text letzterer reifen kann.

Einen elementaren Gedanken, den schon Geertz betont hat, möchte ich nochmal vor Augen führen: Dichte Beschreibungen sind stets unabgeschlossen. Das bedeutet

---

27 Glaser/Strauss 2010, 235.
28 Glaser und Strauss beschreiben dieses Gefühl der Überzeugung als eine Art Körperwissen, wenn sie formulieren, dass der »Feldforscher [...] den Wert seiner letztendlich geformten Analyse ›in den Knochen‹ spürt«, ebd., 237.
29 Im Kern betrifft diese Vermittlung den Übergang vom gewählten theoretischen Rahmen hin zur Explikation der »untersuchten Lebenswelt«, ebd., 240. Damit ist nicht nur eine Reflexion des eigenen Vorgehens, sondern auch die nachvollziehbare Präsentation der forschungsrelevanten Entscheidungen und Prozesse sowie der Ergebnisse angesprochen.
30 Wolff 1992, 355.

für die dichten Beschreibungen in dieser Arbeit, dass sie eine Art Momentaufnahme zeigen. Ich habe mich in späteren Überarbeitungsphasen für ganz bestimmte Personen aus dem Feld entschieden, mit denen ich noch einmal Gespräche über die reiferen Textversionen geführt habe. Es handelte sich jeweils um zentrale Personen für die Fälle, wobei sich auch noch weitere Personen hätten finden lassen können. An dieser Stelle musste ein methodischer Idealismus (der gleichzeitig utopisch ist) der notwendigen Pragmatik einer Forschungsarbeit (hier noch expliziter: einer Qualifikationsarbeit) nachstehen. Gleichwohl habe ich die dichten Beschreibungen mit der Publikation dieser Arbeit zwar zu einem Ende gebracht, aber die Texte werden gelesen, kritisiert, befürwortet und infrage gestellt. Das Ende ist also vorläufig.

Zukünftig wird die Transformation von Beobachtung in Text methodologisch noch weiter auszureifen sein, denn hierzu findet sich trotz einer verbreiteten und heute auch weitgehend anerkannten Anwendung qualitativer Beobachtungsmethoden bislang erstaunlich wenig Literatur.[31] Mit meinen Überlegungen zur dichten Beschreibung als schreibanalytisches Verfahren habe ich einen Schritt in diese Richtung getan. Hier besteht Anschlussmöglichkeit für Ansätze im Bereich der sozialwissenschaftlichen (Religions-)Forschung, die sich ethnografischen Methoden öffnen und eine stärkere methodologische Reflexion wissenschaftlichen Schreibens und der analytischen Bedeutung des Schreibprozesses anstreben.

Eine der zentralen methodischen und auch darstellerischen Herausforderungen der vorliegenden Untersuchung lag im Übergang von den dichten Beschreibungen zur systematischen Analyse. Einen Hauptgrund für diese Herausforderung sehe ich in den unterschiedlichen erkenntnistheoretischen Logiken beider Ansätze: Während mit der dichten Beschreibung Eindeutigkeiten und Generalisierungen methodologisch tendenziell ablehnt werden,[32] besteht das zentrale Anliegen eines systematischen Vergleichs tendenziell in der abstrahierenden Vereindeutigung einander gegenübergestellter Beobachtungsbestände anhand einer Vergleichskategorie.[33] Aus methodologischer Sicht lässt sich dieses Problem nur durch eine scheinbare Relativierung der Aussagekraft des systematischen Teils auflösen. Dieser zweite Ergebnisteil kann aus Sicht des Ansatzes der dichten Beschreibung als eine von vielen möglichen Anschlussinterpretationen verstanden werden. Aber auch aus methodologischer Sicht des Vergleichs selbst kann dieser scheinbar relativierte Anspruch vertreten werden. Wie ich zu Beginn des Theorieteils (3.1) sowie in der methodologischen Einordnung (4.1.1) betone, sind weder die verwendeten Begriffsdefinitionen noch die darüber generierten Aussagen in Stein gemeißelt,

---

31 Franke und Maske beklagen diesen Mangel auch im Hinblick auf die religionswissenschaftliche Forschung bei einem gleichzeitig hohen Grad der Integration als Methode der Religionswissenschaft, vgl. Franke/Maske 2011, 109f.
32 Vgl. Geertz 1987, 22f. und besonders auch Spencer 2014, 449f.
33 Vgl. Freiberger 2019, 158ff.

d.h. alleingültig und abschließend. Ich spreche hierbei von einer scheinbaren Relativierung, denn m.E. besteht der Anspruch wissenschaftlicher Analyse und Theoriebildung im Idealfall nie darin, ein abschließendes Urteil über einen Gegenstand zu fällen, sondern vielmehr darin, einen generischen Beitrag zu nie abgeschlossenen gegenstandsbezogenen Diskursen zu leisten.[34]

Nachvollziehbarerweise hat das hohe Erklärungsbedürfnis und die intensive Reflexion meines Ansatzes der dichten Beschreibung zu einer relativ hohen methodischen Kontrolle bei der Erstellung des ersten Analyseteils geführt. Zwar war auch die Umsetzung des systematischen Vergleichs von einem Bewusstsein für den Prozess und methodologischen Grundüberlegungen getragen. Jedoch hat sich gerade im Kontrast zur dichten Beschreibung die Praxis des Vergleichs als kreativerer Prozess[35] herausgestellt, insofern hier aus der Vielgestalt des Materials und auf der Grundlage einer im Laufe der Zeit umfangreichen Sammlung von Kurznotizen sowie vielen spontanen Einfällen ein abstrakterer Zugang zur Beantwortung meiner Forschungsfragen gefunden werden musste. So bleibt am Ende mein kontraintuitiver Eindruck, dass sich die Herleitung der Inhalte der dichten Beschreibungen transparenter nachvollziehen lässt als die der systematischen Analyse.

Hierfür möchte ich zwei Erklärungen anbieten. Eine erste Erklärung ist, dass meine Betonung der Rolle der forschenden Person für den Forschungsprozess in die Überlegungen zur Darstellungsform dichter Beschreibung eingeflossen ist, die mit ihrer ethnografischen Herkunft genau dafür eine größere Offenheit mitbringt als andere Darstellungsformen. Dies kann als Begründung jedoch nur teilweise überzeugen, da ja auch in der Grundidee offener Forschung, wie sie in die GTM eingeschrieben ist, die Forschendenrolle (auch im Hinblick auf systematische Analysen) reflektiert werden muss,[36] was besonders in postmodernen Varianten ihrer Anwendung auch in kreativeren Darstellungsformen zum Ausdruck kommt.[37]

Deshalb sei alternativ noch eine Reflexion von Glaser und Strauss zum Prozess der Theorieentwicklung angeführt, die sich auf die Rolle von Einfällen bezieht. So betonen zwar beide, dass die Analyse materialorientiert ist und sich in dieser Ausrichtung auf das Material beweisen muss. Wichtige Inspirationen der Theorieentwicklung können aber vielfältige Ursprünge auch jenseits der Forschungsarbeit ha-

---

34 Vgl. beispielsweise Breuer 2010, 110.
35 Meine Selbstbeobachtungen zum Anteil kreativer Interpretation im an die GTM anschließenden Analyseprozess kongruieren mit dem, was Dellwing und Prus über die »Kunst der Interpretation« resümieren: Interpretation ist ein kreativer Akt, bei dem die Kontextualität der forschenden Person zum Tragen kommt. Dieser Prozess kann nicht »festgezurrt oder verankert werden«, Dellwing/Prus 2012, 152.
36 Vgl. Glaser/Strauss 2010, Breuer 2010 sowie Dellwing/Prus 2012.
37 Vgl. Richardson/St. Pierre 2005, 962f.

ben und zwar unabhängig vom Zeitpunkt des Forschungsprozesses.[38] So spielen in der auf Abstraktion der analytischen Gedanken zielenden Genese systematischer Ergebnisse vielfältige nicht zuletzt auch situative, bewusste wie unbewusste Einflüsse und Eingebungen eine Rolle. Diese alle im Namen transparenter Selbstreflexion nachzuzeichnen, wäre zum einen redundant. Zum anderen ist mein Eindruck, dass aufgrund natürlicher blinder Flecken hier die Grenze des Sagbaren erreicht ist.

7.3 Reflexion des theoretischen Rahmens und theoretischer Ausblick

Die theoretischen Konzepte und Überlegungen, die ich in Kapitel 3 präsentiere, waren mir zumindest zum Teil bereits vor meiner Feldforschung für diese Untersuchung präsent, aber es bedurfte eines langen am Material[39] und meinen Forschungsinteressen orientierten Prozesses (einschließlich mehrerer grundlegender Überarbeitungen des Theoriekapitels), um schließlich eine für mich passende Kombination aus theoretischen Überlegungen zu finden. In dieser Hinsicht bildet das im Theoriekapitel entfaltete Gerüst nicht nur die sensibilisierende Grundlage für die theoriegenerierende Auseinandersetzung mit meinem Gegenstand im Sinne der GTM.[40] Vielmehr stellt es auch selbst ein Ergebnis meiner Untersuchung dar.

Was lässt sich nun abschließend über die für diese Arbeit gewählte theoretische Sprache sagen? Mit dem früh gesetzten Fokus auf raumbezogene Fragen war der Weg zu raumtheoretischen Erwägungen kurz. Allerdings hat meine Suchbewegung in entsprechender Literatur einen Orkan raumbezogener Diskurse freigesetzt, in dem ich verzweifelt nach einem Ankerplatz Ausschau hielt. Goffmans Konzepte haben sich als geeignete Anlegestelle für eine raumsensible Perspektive auf Interaktion erwiesen, die auch für eine Betrachtung der materiellen Aspekte offenstand. Das liegt vor allem daran, dass Goffman als einer der wenigen Denker seiner Zeit Raumbezüge als relevant erachtet und seine Konzepte flaneurhaft, d.h. vor allem alltagsnah und intuitiv eingängig konzipiert hat. Diese anschlussfähige Offenheit ist jedoch zugleich auch ein Problem, denn anstatt die Konzepte theoretisch reifen zu lassen, werden sie bei Goffman zwar flexibel aber oftmals nur mit empirischem Material veranschaulicht und nicht in ein zusammenhängendes theoretisches Bild überführt.[41] Die Freiräume in der Offenheit der Begriffsanlage – vor allem geht es

---

38 Glaser und Strauss führen eine ganze Reihe von Situationen und Zuständen an, in denen die forschende Person Einfälle ereilen können, darunter beispielsweise auch den Schlaf, vgl. Glaser/Strauss 2010, 263ff.
39 Gemäß dem Grundsatz des entdeckerischen Spürsinns (Serendipity), vgl. Dellwing/Prus 2012, 70ff. sowie Abschnitt 4.1.1 im Methodenkapitel.
40 Vgl. hierzu das Unterkapitel 3.1 und den Abschnitt 4.1.1 im Methodenkapitel.
41 Dellwing beschreibt Goffman als einen Sammler, der am laufenden Band anhand von empirischem Material Kategorien schafft, ohne je auch nur im Ansatz eine über die konkrete

dabei um den Situationsbegriff, die Rolle, die Region und das Handlungsfeld[42] – und der Beziehungen zwischen diesen Begriffen habe ich mir zu Nutze gemacht, indem ich sie mit aktuelleren raumsoziologischen und religionswissenschaftlichen Überlegungen angereichert habe. Dabei grundieren Goffmans Begriffe zum einen meine Perspektive der Ausrichtung der Akteurinnen und Akteure auf die gelingende und kooperativ zu gestaltende Situation. Zum anderen bilden Goffmans Konzepte – besonders die der Region, Bühne und des Handlungsfeldes – den Kitt für die Integration rezenter Differenzierungen der Raumperspektive. Dazu gehört u.a. die Sensibilität für die Materialität des Sozialen (insbesondere die soziale Bedeutung der physisch-materiellen Umwelt)[43] im Austausch mit Zugängen zur handlungskanalisierenden Funktion und damit der Ressourcenqualität des Raums.[44]

In der Einleitung habe ich mir die Entwicklung eines theoretischen Verständnisses von den mehrfachen konkreten und abstrakten Verortungen interreligiöser Veranstaltungen zum Ziel gesetzt. Dafür habe ich im Zuge meiner Orientierung an einer offenen Form der GTM ein Situationsverständnis entwickelt und vier verschiedene theoretische Verbindungslinien von Handeln und Raum im Hinblick auf interreligiöse Veranstaltungen identifiziert. Was am Ende bleibt, ist die Frage nach möglichen Weiterentwicklungen und Anschlussverwendungen dieser theoretischen Ergebnisse.

Als materiale – d.h. im Angesicht eines konkreten Gegenstandsbereichs entwickelte[45] – Theorie kann das, was ich als Ökologie interreligiöser Veranstaltungen bezeichne, anhand des weiten Feldes interreligiöser Veranstaltungen weiter ausgebaut werden. So bieten die in intensiver Auseinandersetzung mit den vier gewählten Veranstaltungsreihen ein empirisch begründetes theoretisches Gerüst, das im Hinblick auf die Erforschung interreligiöser Aktivitäten für die Beantwortung offener Fragen genutzt und ausgereift werden kann. Das erwarte ich z.B. für den Zusammenhang von Veranstaltungsformat und physischer Verortung in den Regionen eines Veranstaltungsortes. Weitere Formate werden andere Arten der physischen Verortung aufzeigen. Ich denke beispielsweise an Tage der offenen Tür, die

---

Betrachtung hinausgehende Systematik begründen zu wollen. Goffmans allgemeiner und antikanonischer Umgang mit Definitionen zeigt sich auch in einer Anekdote, die Dellwing überliefert: Eine Studentin weist Goffman darauf hin, dass er einen gerade genutzten Begriff kürzlich noch anders verwendet habe, was dieser als Nostalgie abtut, vgl. Dellwing 2014, 63f.

42 Goffmans populären Rahmenbegriff habe ich ausgeklammert, weil seine an dieser Stelle doch breite Ausdifferenzierung mir im Hinblick auf mein Vorhaben nicht hilfreich bzw. zu mikroanalytisch erschien. Die Grundidee des Rahmens hat sich aber in meiner Rezeption der Situationsdefinition niedergeschlagen.

43 Vgl. u.a. Knott 2005, Mohn 2012, Hermann/Laack/Schüler 2015 sowie Wilke/Traut 2015.

44 Vgl. u.a. Giddens 1997, Schmitt 2013, Schroer 2015 sowie Frehse 2016.

45 Zur Unterscheidung von materialer und formaler Theorie vgl. Glaser/Strauss 2010, 50.

durch die religiös spezifische Verortung und den nomadischen Charakter zu weiteren Differenzierungen der regionalen Struktur primär religiöser Orte führen können, an Veranstaltungen im Schulkontext oder auch an den breiten Spielraum interreligiöser Events. Zudem kann eine Loslösung von geplanten interreligiösen Aktivitäten Alltagsbegegnungen in den Blick bringen und auch im Hinblick auf die einbezogenen Veranstaltungsorte wären z.b. mit gebauten religiös pluralen Raumarrangements weitere Implikationen der Verortung und damit Fragen der Räumlichkeit verbunden. Und schließlich erscheint mir eine tiefergehende Verfolgung der Idee der Handlungsfeldcluster, die ich angesichts meiner Untersuchungsfälle und im Hinblick auf die diskursiven Einbettungen nur angerissen habe, lohnenswert.

Der Sprung von materialer zu formaler Theorie wäre erreicht, wenn sich meine Überlegungen in einen breiteren Rahmen der Verbindung von Raum und Religion einbetten lassen würden. Für die religionswissenschaftliche Ausrichtung auf raumsensible Forschung sind meine Überlegungen zur Verbindung von Handeln und Raum in interreligiösen Veranstaltungen insofern anschlussfähig, als sie mögliche theoretische Bausteine für eine raumsensible Perspektive auf *religiöse Situationen* liefern. Der bislang in religionswissenschaftlichen Diskursen theoretisch unterbelichtete Begriff der Situation kann ebenso als Kristallisationspunkt der Verbindung von Religion und Raum im Hinblick auf situative Verortungen religiösen Handelns entfaltet werden. Ein wichtiger Schritt auf diesem Weg muss der Übergang von *interreligiösen* hin zu *religiösen* Situationen sein. Den Begriff der Religion habe ich in dieser Arbeit als symbolischen und performativen Referenzrahmen von Kommunikation und in dieser Hinsicht als Orientierungsleistung konzipiert, da den von mir fokussierten interreligiösen Situationen das Aufeinandertreffen religiöser Symbolsysteme programmatisch eingeschrieben ist und sich spezifische Zuschnitte z.B. des Transzendenzbegriffs in diesen ›Übersetzungssituationen‹ aus meiner Sicht erübrigen. In der breiteren theoretischen Fassung als religiöse Situation sind die je nach Anwendungsbereich relevanten Konnotationen des Religiösen differenzierter zu bestimmen, um jeweils erörtern zu können, was »das Religiöse« in diesen Situationen ausmacht.

Eine interaktionistisch grundierte Perspektive auf verortete religiöse Situationen kann schließlich einen wichtigen Beitrag zu Fragen der Materialität von Religion leisten. So werden über die Wechselwirkung von Rollenverständnissen und den Umwelten der Interaktion auch physische und symbolisch-materielle Aspekte konzeptionell greifbar und können jenseits etwaiger phänomenologischer Konzeptualisierungen über die soziale Organisation (inter-)religiöser Situationen in Untersuchungen einbezogen werden.

Danksagung

Dass ich diese Dissertation erfolgreich abschließen konnte, lag an einer großen Zahl von Menschen, die mich auf verschiedenste Weise dabei unterstützten. Ihnen allen will ich hiermit ausdrücklich danken! Mein Dank gilt dabei zuallererst allen im interreligiösen Dialog Engagierten, die ich in Aktion beobachten durfte und die sich zu einem, teils auch vielen Gesprächen darüber mit mir bereit erklärten.

Ganz besonderer Dank gilt meinen Betreuenden: *Alexander-Kenneth Nagel* für seine zugewandte Beratung, stets konstruktive Kritik und den freundschaftlichen Betreuungsrahmen, den er mir und meiner Arbeit geschaffen hat, sowie *Bärbel Beinhauer-Köhler* für ihre vielen Anregungen, ihre Lesebereitschaft und die ermutigende Anteilnahme am Fortschritt der Arbeit.

Folgenden Kolleginnen und Kollegen, Freundinnen und Freunden sowie Lieblingsmenschen, die mir wichtigen Input gaben oder mich in verschiedensten Zusammenhängen fachlich, gegenlesend und mitmenschlich unterstützten, spreche ich meinen tiefen Dank aus und hoffe, niemanden zu vergessen: *Arnela Balic, Randi Barth, Domenique Berger, Peter Bräunlein, Ulrike Caspar-Seeger, Frederike Dirks, Malin Drees, Mahmud El-Wereny, Celica Fitz, Fritz Heinrich, Marius van Hoogstraten, Ramona Jelinek-Menke, Bianca Kappetijn, Dorothea Kirmeß, Anna Körs, Gerrit Lange, Benson Matawana, Tobias Meier, Anna Neumaier, Anna Ohrt, Marcel Rechlitz, Evelyn Reuter, Mirko Roth, Christian Röther, Veronika Rückamp, Nelly Schubert, Sebastian Schüler, Isabella Schwaderer, Dunja Sharbat Dar, Lisa Szepan, Sebastian Warnick, Wolfram Weiße* und nicht zuletzt *Thorsten Wettich*. Herzlichen Dank möchte ich zudem den Herausgebenden der Reihe »Religion in Motion« für die Einladung aussprechen, mein Buch aufzunehmen. Besonderer Dank gilt *Andrea Bieler* für ihr großzügiges Angebot einen Teil der Publikationskosten zu übernehmen.

Zahlreichen (ehemaligen) Studierenden, die mir für den einen oder anderen Aspekt gewollt oder ungewollt die Augen öffneten, danke ich hiermit, unter ihnen besonders *Mikheil Kakabadze, Max Müller* und *Lucie Gott*. Das Gleiche gilt für meine Kinder *Elias* und *Anouk*. Meiner großen Familie, unter ihnen meinen Eltern und Geschwistern, Schwiegereltern, Schwägerinnen und Schwagern, danke ich dafür, dass sie nicht auch nur einen Hauch von Zweifel daran ließen, dass ich das schaffen kann.

Schließlich danke ich dir, liebe *Sandra*, meiner größten Kritikerin, meinem Kompass, meiner Freundin. Manchmal standen wir uns verständnislos gegenüber, manchmal hast du mich auf den Boden der Tatsachen zurückgeholt, hast alle Hochs und vor allem Tiefs mitgetragen (ertragen), mich aufgebaut, mir Zuversicht gegeben. Es wäre unehrlich zu sagen, dass diese Arbeit nicht auch dein Verdienst ist: »Dies ist mein und es ist nur durch dich.«

In meinem kleinen Arbeitszimmer in einer Altbauwohnung in der Lohbrügger Landstraße sitzend,
Mehmet Kalender, im Februar 2023

Literatur- und Quellenverzeichnis

Verzeichnis wissenschaftlicher Literatur und Quellen

Amirpur, Katajun, Thorsten Knauth, Carola Roloff und Wolfram Weiße (2016): Perspektiven dialogischer Theologie: Offenheit in den Religionen und eine Hermeneutik des interreligiösen Dialogs. Münster, New York: Waxmann Verlag.

Ayoub, Mahmoud (2004): »Christian-Muslim Dialogue: Goals and Obstacles«. In: *The Muslim World*, 94 (3), 13–19.

Baker, Christopher Richard und Justin Beaumont (Hg.) (2011): Postsecular Cities: Religious Space, Theory and Practice. London: Continuum.

Bargen, Susanne von (2012): Das Hamburger Rathaus. Hamburg: Ellert & Richter.

Bartetzko, Dieter (2009): »Appell an Geist und Gemüt – Hamburger Kirchbau im Zeichen der Krise«. In: Dirk Meyhöfer, Ullrich Schwarz und Claas Gefroi (Hg.) Architektur in Hamburg: Jahrbuch 2009. Hamburg: Junius, 56–63.

Baumann, Martin und Andreas Tunger-Zanetti (2018): »Constructing and Representing the New Religious Diversity with Old Classifications: ›World Religions‹ as an Excluding Category in Interreligious Dialogue in Switzerland«. In: Lene Kühle, William Hoverd und Jørn Borup (Hg.) The Critical Analysis of Religious Diversity. Leiden, Boston: Brill, 179–207.

Bechmann, Ulrike (2012): »Interreligiöser Dialog und Religionswissenschaft. Zwischen Analyse und Engagement«. In: Michael Stausberg (Hg.) Religionswissenschaft. Berlin, Boston: De Gruyter, 449–462.

Beinhauer-Köhler, Bärbel (2010): »Von der unsichtbaren zur sichtbaren Religion. Räume muslimischer Glaubenspraxis in der Bundesrepublik«. In: *Zeithistorische Forschungen/Studies in Contemporary History*, 7 (3), 408–430.

Beinhauer-Köhler, Bärbel (2015a): »Im Zwischenraum. Plurale Raumarrangements aus religionswissenschaftlicher Perspektive«. In: Bärbel Beinhauer-Köhler, Bernadette Schwarz-Boenneke und Mirko Roth (Hg.) Viele Religionen – ein Raum?! Analysen, Diskussionen und Konzepte. Berlin: Frank & Timme, 55–76.

Beinhauer-Köhler, Bärbel (2015b): »Religionen greifbar machen? Der material turn in der Religionswissenschaft«. In: *Pastoraltheologie*, 104 (6), 255–265.

Beinhauer-Köhler, Bärbel (2019): »Klangkulturen und Soundscapes. ›Musik‹ in religiös pluralen Räumen«. In: Reinhold Bernhardt und Verena Grüter (Hg.) Musik in interreligiösen Begegnungen, Beiträge zu einer Theologie der Religionen. Zürich: Theologischer Verlag Zürich, 83–108.

Bereiter, Carl (1980): »Development in Writing«. In: Lee W. Gregg und Erwin Ray Steinberg (Hg.) Cognitive Processes in Writing. London, New York: Taylor & Francis Group, 73–93.

Berger, Peter L. (1988): Zur Dialektik von Religion und Gesellschaft: Elemente einer soziologischen Theorie. Frankfurt a.M.: Fischer.

Berger, Peter L. (2017): »Die zwei Pluralismen«. In: Peter L. Berger, Silke Steets und Wolfram Weiße (Hg.) Zwei Pluralismen: Positionen aus Sozialwissenschaft und Theologie zu religiöser Vielfalt und Säkularität. Münster, New York: Waxmann, 17–27.

Berger, Peter L. und Thomas Luckmann (2009): Die gesellschaftliche Konstruktion der Wirklichkeit: Eine Theorie der Wissenssoziologie. 22. Auflage. Frankfurt a.M.: Fischer.

Bernhardt, Reinhold und Verena Grüter (Hg.) (2019): Musik in interreligiösen Begegnungen. Zürich: Theologischer Verlag Zürich.

Bhabha, Homi K. (1994): The Location of Culture. 2. Auflage. London, New York: Routledge.

Bielefeldt, Heiner (2012): Menschenrecht, kein Sonderrecht. Einige Klarstellungen zur aktuellen Beschneidungsdebatte. Nürnberger Menschenrechtszentrum (NMRZ). https://www.menschenrechte.org/wp-content/uploads/2013/08/Artikel-von-Prof.-Bielefeldt.pdf (Zuletzt abgerufen am 10.02.2023).

Blumer, Herbert (1954): »What is wrong with Social Theory?« In: American Sociological Review, 19 (1), 3–10.

Bräunlein, Peter J. (2011): »Interpretation von Zeugnissen materialer Kultur: Ku, ein hawaiianischer Gott in Göttingen«. In: Stefan Kurth und Karsten Lehmann (Hg.) Religionen erforschen. Kulturwissenschaftliche Methoden in der Religionswissenschaft. Wiesbaden: Springer, 43–70.

Bräunlein, Peter J. (2015): Religion und Museum. Zur visuellen Repräsentation von Religion/en im öffentlichen Raum. Bielefeld: transcript. https://www.transcript-verlag.de/978-3-89942-225-2/religion-und-museum/ (Zuletzt abgerufen am 10.02.2023).

Breuer, Franz (2010): Reflexive Grounded Theory: Eine Einführung für die Forschungspraxis. 2. Auflage. Wiesbaden: Springer.

Burchardt, Marian (2017): »Infrastrukturen des Religiösen. Materialität und urbane Ordnungsregime«. In: Uta Karstein und Thomas Schmidt-Lux (Hg.) Architekturen und Artefakte: Zur Materialität des Religiösen. Wiesbaden: Springer, 233–250.

Burchardt, Marian (2020): Regulating Difference: Religious Diversity and Nationhood in the Secular West. New Brunswick: Rutgers University Press.

Burchardt, Marian, Monika Wohlrab-Sahr und Matthias Middell (Hg.) (2015): Multiple Secularities beyond the West: Religion and Modernity in the Modern Age. New York, Berlin: De Gruyter.

Cancik, Hubert und Hubert Mohr (1988): »Religionsästhetik«. In: Hubert Cancik, Burkhard Gladigow und Karl-Heinz Kohl (Hg.) Handbuch religionswissenschaftlicher Grundbegriffe, Band I. Stuttgart: Kohlhammer, 121–156.

Carp, Richard M. (2011): »Material culture«. In: Michael Stausberg und Steven Engler (Hg.) The Routledge Handbook of Research Methods in the Study of Religion. London, New York: Routledge, 474–490.

Charmaz, Kathy (2006): Constructing Grounded Theory. London, Thousand Oaks, Calif: Sage.

Charmaz, Kathy und Richard G. Mitchell (2001): »Grounded Theory in Ethnography«. In: Paul Atkinson, Amanda Coffey, Sara Delamont, John Lofland, Lyn Lofland (Hg.) Handbook of Ethnography, Los Angeles, London, New Delhi, Singapore, Washington DC: Sage, 60–74.

Clifford, James (1986): »Introduction: Partial Truths«. In: James Clifford und George E. Marcus (Hg.) Writing culture: the poetics and politics of ethnography. Berkeley: University of California Press, 1–26.

Corbin, Juliet und Anselm Strauss (1990): »Grounded Theory Research: Procedures, Canons and Evaluative Criteria«. In: *Zeitschrift für Soziologie*, 19 (6), 418–427.

Corrigan, John (2009): »Spatiality and Religion«. In: Barney Warf und Santa Arias (Hg.) The spatial turn: interdisciplinary perspectives. London, New York: Routledge, 157–172.

David, Ann R. (2009): »Performing for the Gods? Dance and Embodied Ritual in British Hindu Temples«. In: *South Asian Popular Culture*, 7 (3), 217–231.

Dehn, Ulrich (2016): »Interreligiöser Dialog – Beispiele und Rahmenbedingungen«. In: Petia Genkova und Tobias Ringeisen (Hg.) Handbuch Diversity Kompetenz. Wiesbaden: Springer, 581–593.

Dellwing, Michael (2014): Zur Aktualität von Erving Goffman. New York: Springer.

Dellwing, Michael und Robert Prus (2012): Einführung in die interaktionistische Ethnografie: Soziologie im Außendienst. Wiesbaden: Springer.

Denzin, Norman (1989): Interpretive Interactionism. Thousand Oaks: Sage.

Diaz-Bone, Rainer (2015): »Leitfadeninterview«. In: Rainer Diaz-Bone und Christoph Weischer (Hg.) Methoden-Lexikon für die Sozialwissenschaften. Wiesbaden: Springer, 243.

Döring, Jörg und Tristan Thielmann (2009): »Einleitung: Was lesen wir im Raume? Der Spatial Turn und das geheime Wissen der Geographen«. In: Jörg Döring und Tristan Thielmann (Hg.) Spatial Turn: das Raumparadigma in den Kultur- und Sozialwissenschaften. Bielefeld: transcript, 7–45.

Emerson, Robert, Rachel Fretz und Linda Shaw (2014): »Participant Observation and Fieldnotes«. In: Paul Atkinson, Amanda Coffey, Sara Delamont, John Lofland und Lyn Lofland (Hg.) Handbook of Ethnography. Los Angeles, London, New Delhi, Singapore, Washington DC: Sage, 352–368.

Engelbrecht, Martin (2009): »Die Spiritualität der Wanderer«. In: Christoph Bochinger, Martin Engelbrecht und Winfried Gebhardt (Hg.) Die unsichtbare Religion in der sichtbaren Religion: Formen spiritueller Orientierung in der religiösen Gegenwartskultur. Stuttgart: Kohlhammer, 35–81.

Feyerabend, Paul (2018): Wider den Methodenzwang. 15. Auflage. Frankfurt a.M.: Suhrkamp.

Fischer-Lichte, Erika (2006): »Wie wir uns aufführen. Reflexionen zum Aufführungsbegriff«. In: Lutz Musner und Heidemarie Uhl (Hg.) Wie wir uns aufführen. Performanz als Thema der Kulturwissenschaften. Wien: Erhard Löcker, 15–25.

Fitz, Celica (2017): »Gebautes Wohlbefinden. Raum- und Naturkonzepte spiritualisierter Wellness«. In: Bärbel Beinhauer-Köhler, Edith Franke, Christa Frateantonio und Alexander-Kenneth Nagel (Hg.) Religion, Raum und Natur: Religionswissenschaftliche Erkundungen. Münster: LIT, 45–64.

Franke, Edith und Verena Maske (2011): »Teilnehmende Beobachtung als Verfahren der Religionsforschung: Der Verein ›Muslimische Jugend in Deutschland e.V.‹«. In: Stefan Kurth und Karsten Lehmann (Hg.) Religionen erforschen. Kulturwissenschaftliche Methoden in der Religionswissenschaft. Wiesbaden: Springer, 105–134.

Frateantonio, Christa (2017): »Zeiten und Räume der Moderne. Yoga-Studios als urbanes Phänomen«. In: Bärbel Beinhauer-Köhler, Edith Franke, Christa Frateantonio und Alexander-Kenneth Nagel (Hg.) Religion, Raum und Natur: Religionswissenschaftliche Erkundungen. Münster: LIT, 65–85.

Frehse, Fraya (2016): »Erving Goffmans Soziologie des Raums«. In: sozialraum.de, 8 (1). http://sozialraum.de/erving-goffmans-soziologie-des-raums.php (Zuletzt abgerufen am 10.02.2023).

Freiberger, Oliver (2011): »Der Vergleich als Methode und konstitutiver Ansatz der Religionswissenschaft«. In: Stefan Kurth und Karsten Lehmann (Hg.) Religionen erforschen. Kulturwissenschaftliche Methoden in der Religionswissenschaft. Wiesbaden: Springer, 199–218.

Freiberger, Oliver (2019): Considering Comparison: A Method for Religious Studies. New York: Oxford University Press.

Führding, Steffen (2014): »Diskursgemeinschaft Religionswissenschaft«. In: Edith Franke und Verena Maske (Hg.) Religionswissenschaft zwischen Sozialwissenschaften, Geschichtswissenschaften und Kognitionsforschung: Ein Autoren-Workshop mit Hubert Seiwert. Marburg: Institut für vergleichende Kulturwissenschaft, 55–68.

Fürst, Ariana und Tobias Meier (2013): »Mitwirkung städtischer Akteure an interreligiösen Aktivitäten«. In: *Raumplanung*, 171 (6), 63–67.

Geertz, Clifford (1987): »Dichte Beschreibung: Bemerkungen zu einer deutenden Theorie von Kultur«. In: Clifford Geertz (Hg.) Dichte Beschreibung. Beiträge zum Verstehen kultureller Systeme. Frankfurt a.M.: Suhrkamp, 7–43.

Gefroi, Claas (2016): »Zurück zu Lichtwark: Sanierung, Erweiterung und Umbau der Kunsthalle«. In: Dirk Meyhöfer, Ullrich Schwarz und Claas Gefroi (Hg.) Architektur in Hamburg: Jahrbuch 2016/17. Hamburg: Junius, 32–43.

Gibson, James J. (1977): »The Theory of Affordances«. In: Robert Shaw und John Bransford (Hg.) Perceiving, Acting, and Knowing. Toward an Ecological Psychology. Hillsdale: Lawrence Erlbaum Associates, 67–82.

Giddens, Anthony (1997): Die Konstitution der Gesellschaft: Grundzüge einer Theorie der Strukturierung. 3. Auflage. Frankfurt a.M.: Campus.

Gladigow, Burkhard (1988): »Gegenstände und wissenschaftlicher Kontext von Religionswissenschaft«. In: Hubert Cancik, Burkhard Gladigow und Karl-Heinz Kohl (Hg.) Handbuch religionswissenschaftlicher Grundbegriffe, Band I. Stuttgart: Kohlhammer, 26–40.

Glaser, Barney G. (2007) »Remodeling Grounded Theory«. In: Günter Mey und Katja Mruck (Hg.) Grounded Theory Reader. Köln: Zentrum für Historische Sozialforschung, 47–68.

Glaser, Barney G. und Anselm L. Strauss (2010): Grounded theory: Strategien qualitativer Forschung. 3., unveränderte Auflage. Bern: Verlag Hans Huber.

Goffman, Erving (1980): Rahmen-Analyse: Ein Versuch über die Organisation von Alltagserfahrungen. Frankfurt a.M.: Suhrkamp.

Goffman, Erving (1989): »On Fieldwork«. In: *Journal of Contemporary Ethnography*, 18 (2), 123–132.

Goffman, Erving (1994): Interaktion und Geschlecht. Frankfurt a.M.: Campus.

Goffman, Erving (2009): Interaktion im öffentlichen Raum. Frankfurt a.M.: Campus.

Goffman, Erving (2011): Wir alle spielen Theater: Die Selbstdarstellung im Alltag. München: Piper.

Gottowik, Volker (2007): »Zwischen dichter und dünner Beschreibung. Clifford Geertz' Beitrag zur Writing Culture-Debatte«. In: Iris Därmann und Christoph Jamme (Hg.) Kulturwissenschaften. Konzepte, Theorien, Autoren. München: Fink, 119–142.

Grieser, Alexandra (2016): »Aesthetics«. In: Robert A. Segal und Kocku von Stuckrad (Hg.) Vocabulary for the Study of Religion. http://dx.doi.org/10.1163/9789004249707_vsr_COM_00000161 (Zuletzt abgerufen am 10.02.2023).

Grüter, Verena (2017): Klang – Raum – Religion. Ästhetische Dimensionen interreligiöser Begegnung am Beispiel des Festivals Musica Sacra International. Zürich: Theologischer Verlag Zürich.

Halm, Dirk und Martina Sauer (2004): »Das Zusammenleben von Deutschen und Türken – Entwicklung einer Parallelgesellschaft?« In: WSI-Mitteilungen, 10/2004, 547–554.

Hauck-Hieronimi, Gerda (2015): »Acht Weltreligionen – ein Dach – ein gemeinsamer Betrieb: Haus der Religionen – Dialog der Kulturen in Bern«. In: Bärbel Beinhauer-Köhler, Bernadette Schwarz-Boenneke und Mirko Roth (Hg.) Viele Religionen – ein Raum?! Analysen, Diskussionen und Konzepte. Berlin: Frank & Timme, 163–175.

Hausendorf, Heiko, Lorenza Mondada und Reinhold Schmitt (2012): Raum als interaktive Ressource. Tübingen: Narr.

Heidner, Renate (2013): Der Rathausbaumeister Johannes Grotjan und die Baugeschichte des Hamburger Rathauses. Dissertation. Hamburg: Universität Hamburg.

Heinrich, Fritz (2017): »Architektur als religionswissenschaftliche Quelle. Am Beispiel des Großen Platzes von Isfahan«. In: Bärbel Beinhauer-Köhler, Edith Franke, Christa Frateantonio und Alexander-Kenneth Nagel (Hg.) Religion, Raum und Natur: Religionswissenschaftliche Erkundungen. Münster: LIT, 87–106.

Hermann, Adrian, Isabel Laack, und Sebastian Schüler (2015): »Imaginationsräume«. In: Lucia Traut und Annette Wilke (Hg.) Religion – Imagination – Ästhetik: Vorstellungs- und Sinneswelten in Religion und Kultur. Göttingen: Vandenhoeck & Ruprecht, 193–196.

Hoffmann, Birgit (2018): »Die Vorgeschichte – Kunstgeschichtliche Bildungsangebote in Hamburg vor Gründung der Universität«. https://chronik-hamburger-kunstgeschichte.blogs.uni-hamburg.de/?p=27 (Zuletzt abgerufen am 10.02.2023).

Hohberg, Gregor und Roland Stolte (2015): »Das Bet- und Lehrhaus Berlin: The House of One. Drei Religionen – Ein Haus«. In: Bärbel Beinhauer-Köhler, Bernadette Schwarz-Boenneke und Mirko Roth (Hg.) Viele Religionen – ein Raum?! Analysen, Diskussionen und Konzepte. Berlin: Frank & Timme, 177–190.

Hopf, Christel (2010): »Qualitative Interviews – ein Überblick«. In: Uwe Flick, Ernst Kardorff und Ines Steinke (Hg.) Qualitative Forschung: Ein Handbuch. Reinbek bei Hamburg: Rowohlt, 349–360.

Ipgrave, Julia (2018): »Meeting, Acting and Talking Together in Three East London Boroughs«. In: Julia Ipgrave, Thorsten Knauth, Anna Körs, Dörthe Vieregge und Marie Lippe (Hg.) Religion and Dialogue in the City. Münster, New York: Waxmann, 85–114.

Ipgrave, Julia (2019): »Introduction: Production and Contestation of Meaning in Places of Interreligious Activity«. In: Julia Ipgrave (Hg.) Interreligious Engagement in Urban Spaces: Social, Material and Ideological Dimensions. Cham: Springer, 93–110.

Iqbal, Asep, Desi Erawati, Abdul Qodir und Khairil Anwar (2019): »Constructing Third Space in a Multi-Religious Society: Interreligious Relations in Kalimantan Tengah, Indonesia«. In: *KALAM*, 12 (2), 353–372.

Kalender, Mehmet (2016a): »Dichte Beschreibungen zwischen kreativer Erzählkunst, analytischer Zuspitzung und dem Sinn für Ästhetik«. In: religionsdialog und raum, 12. Mai. https://religionsdialogundraum.blogspot.com/2016/05/dichte-beschreibungen-zwischen.html (Zuletzt abgerufen am 10.02.2023).

Kalender, Mehmet (2016b): »›Welcome to Interfaith Dialogue‹, the Employee of the Art Gallery Said and Started the Tour – Frames and Spaces of Interfaith Interaction«. In: *Journal of Religion in Europe*, 9 (4), 423–440.

Kalender, Mehmet (2017a): »Unter Materialisten – Impulse vom AKMN-Workshop in Leipzig«. In: religionsdialog und raum, 3. April. https://religionsdialogundraum.blogspot.com/2017/04/unter-materialisten-impulse-vom-akmn.html (Zuletzt abgerufen am 10.02.2023).

Kalender, Mehmet (2017b): »Vom Feld zum Text – Dichte Beschreibung und der Clinch mit dem Wort«. In: religionsdialog und raum, 1. Februar. https://religionsdialogundraum.blogspot.com/2017/02/vom-feld-zum-text-dichte-beschreibung.html (Zuletzt abgerufen am 10.02.2023).

Kalender, Mehmet (2017c): »Zur Dichte in vier Schritten – Versuch einer Anleitung zur dichten Beschreibung«. In: religionsdialog und raum, 9. Juni. https://religionsdialogundraum.blogspot.com/2017/06/zur-dichte-in-vier-schritten-versuch.html (Zuletzt abgerufen am 10.02.2023).

Kalender, Mehmet (2019): »Küchengespräche!? Interreligiöses in der Teeküche«. In: |Marginalien – Religionswissenschaftliche Randbemerkungen, 2. August. https://marginalie.hypotheses.org/1301 (Zuletzt abgerufen am 10.02.2023).

Kalender, Mehmet (2020): »Gärten der Religionen«. In: Michael Klöcker und Udo Tworuschka (Hg.) Handbuch der Religionen, I-25.7, Ergänzungslieferung 64 (Juni 2020), 1–25.

Kippenberg, Hans Gerhard und Kocku von Stuckrad (2003): Einführung in die Religionswissenschaft: Gegenstände und Begriffe. München: Beck.

Klinkhammer, Gritt (2008): »Der Dialog mit Muslimen: Interessen, Ziele und Kontroversen«. In: Gritt Klinkhammer und Ayla Satilmis (Hg.) Interreligiöser Dialog auf dem Prüfstand. Kriterien und Standards für die interkulturelle und interreligiöse Kommunikation. Berlin, Münster: LIT, 21–45.

Klinkhammer, Gritt (2019): »Der interreligiöse Dialog als Boundary Work«. In: *Zeitschrift für Religionswissenschaft*, 27 (1), 78–102.

Klinkhammer, Gritt und Anna Neumaier (2020): Religiöse Pluralitäten – Umbrüche in der Wahrnehmung religiöser Vielfalt in Deutschland. Bielefeld: transcript.

Klinkhammer, Gritt und Ayla Satilmis (2007): Kriterien und Standards der interreligiösen und interkulturellen Kommunikation: Eine Evaluation des Dialogs mit dem Islam. Projektabschlussbericht. Bremen: Universität Bremen.

Klinkhammer, Gritt und Tabea Spieß (2014): Dialog als »dritter Ort«: Zehn Jahre Theologisches Forum Christentum – Islam: eine Evaluation. Bremen: Universität Bremen.

Klinkhammer, Gritt, Hans-Ludwig Frese, Ayla Satilmis und Tina Seibert (2011): Interreligiöse und interkulturelle Dialoge mit MuslimInnen in Deutschland: Eine quantitative und qualitative Studie. Bremen, Wiesbaden: Universität Bremen.

Knauth, Thorsten (2011): »Dialog an der Basis«: eine Analyse dialogorientierter Interaktion im Religionsunterricht«. In: Ingolf U. Dalferth & Heiko Schulz (Hg.) Religion und Konflikt. Grundlagen und Fallanalysen. Göttingen: Vandenhoeck & Ruprecht, 257–287.

Knauth, Thorsten und Anna Körs (2009): »Religion in der Schule. Ein europäischer Vergleich«. In: Dan-Paul Jozsa, Thorsten Knauth und Wolfram Weiße (Hg.) Religionsunterricht, Dialog und Konflikt. Analysen im Kontext Europas. Münster, New York: Waxmann, 180–189.

Knauth, Thorsten und Dörthe Vieregge (2018): »Religious Diversity and Dialogue in Religious Education. A Comparative Case Study in Duisburg and Hamburg«. In: Julia Ipgrave, Thorsten Knauth, Anna Körs, Dörthe Vieregge und Marie Lippe (Hg.) Religion and Dialogue in the City. Münster, New York: Waxmann, 183–230.

Knitter, Paul F. (2017): »Interreligiöser Dialog: Bleibende Differenz oder kreatives Potenzial? Am Beispiel des christlich-buddhistischen Dialogs«. In: Ulrich Dehn, Ulrike Caspar-Seeger und Freya Bernstorff (Hg.) Handbuch Theologie der Religionen: Texte zur religiösen Vielfalt und zum interreligiösen Dialog. Freiburg, Basel, Wien: Herder, 296–316.

Knoblauch, Hubert (2003): Qualitative Religionsforschung: Religionsethnographie in der eigenen Gesellschaft. Paderborn: Schöningh.

Knoblauch, Hubert (2009): Populäre Religion: auf dem Weg in eine spirituelle Gesellschaft. Frankfurt a.M.: Campus.

Knott, Kim (2005): »Spatial Theory and Method for the Study of Religion«. In: *Temenos*, 41 (2), 153–184.

Knott, Kim (2013): The Location of Religion: A Spatial Analysis. Durham: Acumen.

Knott, Kim (2015): »Religion, Raum und Ort. Der Spatial Turn in der Religionsforschung«. In: Martin Radermacher, Judith Stander und Annette Wilke (Hg.) 103 Jahre Religionswissenschaft in Münster. Verortungen in Raum und Zeit. Berlin: LIT, 199–225.

Koch, Anne (2017): »Jüngste religionswissenschaftliche Debatten zu Raum«. In: *Verkündigung und Forschung*, 62 (1), 6–18.

Koch, Anne (Hg.) (2004): »Ästhetik – Kunst – Religion«. In: *Münchener Theologische Zeitschrift*, 55 (4), 289–384.

Kong, Lily (2001): »Mapping ›New‹ Geographies of Religion: Politics and Poetics in Modernity«. In: Progress in Human Geography, 25 (2), 211–233.

Kong, Lily (2010): »Global Shifts, Theoretical Shifts: Changing Geographies of Religion«. In: Progress in Human Geography, 34 (6), 755–776.

Körs, Anna und Alexander-Kenneth Nagel (2018): »Local ›Formulas of Peace‹: Religious Diversity and State-Interfaith Governance in Germany«. In: Social Compass, 65 (3), 346–362.

Korte, Hermann und Bernhard Schäfers (Hg.) (2016): Einführung in Hauptbegriffe der Soziologie. Wiesbaden: Springer.

Krech, Volkhard (2018a): »Dimensionen des Religiösen«. In: Detlef Pollack, Volkhard Krech, Olaf Müller und Markus Hero (Hg.) Handbuch Religionssoziologie. Wiesbaden: Springer, 51–94.

Krech, Volkhard (2018b): »Religion und Kunst«. In: Detlef Pollack, Volkhard Krech, Olaf Müller und Markus Hero (Hg.) Handbuch Religionssoziologie. Wiesbaden: Springer, 783–807.

Kreinath, Jens (2016): »Semiotics«. In: Robert A. Segal und Kocku von Stuckrad (Hg.) Vocabulary for the Study of Religion. http://dx.doi.org/10.1163/9789004249707_vsr_COM_00000098 (Zuletzt abgerufen am 10.02.2023).

Kugele, Jens (2017): »›Real-und-imaginierte‹ Räume der Religion. Sakraler Raum Güterbahnhof-Moschee«. In: Bärbel Beinhauer-Köhler, Edith Franke, Christa Frateantonio und Alexander-Kenneth Nagel (Hg.) Religion, Raum und Natur: Religionswissenschaftliche Erkundungen. Münster: LIT, 131–152.

Küster, Volker (2005): »Wer, mit wem, über was?: Suchbewegungen in der Landschaft des interreligiösen Dialoges«. In: Benjamin Simon und Henning Wrogemann (Hg.) Konviviale Theologie: Festgabe für Theo Sundermeier zum 70. Geburtstag. Frankfurt a.M.: Lembeck, 72–93.

Küster, Volker (2010): »A Dialogue in Pictures. Reform Buddhism and Christianity in the Works of Ven. Hatigammana Uttarananda/Sri Lanka«. In: *Exchange*, 39 (1), 6–28.

Laack, Isabel (2015): »Glastonbury als spirituelles Zentrum. Imagination einer religiösen Topographie zwischen sinnlicher Wahrnehmung und religionsgeschichtlicher Deutung«. In: Lucia Traut und Annette Wilke (Hg.) Religion – Imagination – Ästhetik: Vorstellungs- und Sinneswelten in Religion und Kultur. Göttingen: Vandenhoeck & Ruprecht, 197–212.

Laack, Isabel (2019): »Körperlichkeit und Identitätsbildung. Zur Bedeutung von Klang und Musik in interreligiösen Begegnungen«. In: Reinhold Bernhardt und Verena Grüter (Hg.) Musik in interreligiösen Begegnungen. Zürich: Theologischer Verlag Zürich, 61–81.

Lanwerd, Susanne (1999): »Kunst/Ästhetik«. In: Christoph Auffarth, Jutta Bernard, Hubert Mohr, Agnes Imhof und Silvia Kurre (Hg.) Metzler Lexikon Religion: Gegenwart – Alltag – Medien, Band 2. Stuttgart: Metzler, 292–299.

Lehmann, Karsten (2020): »Interreligious Dialogue in Context: Towards a Systematic Comparison of IRD-Activities in Europe«. In: *Interdisciplinary Journal for Religion and Transformation in Contemporary Society*, 6 (29), 237–254.

Lehmann, Karsten und Stefan Kurth (2011): »Kulturwissenschaftliche Methoden in der Religionswissenschaft«. In: Stefan Kurth und Karsten Lehmann (Hg.) Religionen erforschen. Kulturwissenschaftliche Methoden in der Religionswissenschaft. Wiesbaden: Springer, 7–19.

Lenz, Karl (1991): »Erving Goffman: Werk und Rezeption«. In: Robert Hettlage und Karl Lenz (Hg.) Erving Goffman. Ein soziologischer Klassiker der zweiten Generation. Bern: P. Haupt, 25–94.

Liljestrand, Johan (2018): »How Interreligious Buildings Influence Interreligious Neighbourhood Relations. The Case of God's House Project in a Stockholm Suburb«. In: Julia Ipgrave, Thorsten Knauth, Anna Körs, Dörthe Vieregge und Marie Lippe (Hg.) Religion and Dialogue in the City. Münster, New York: Waxmann, 159–180.

Löw, Martina (2012): Raumsoziologie. 7. Auflage. Frankfurt a.M.: Suhrkamp.

Lüders, Christian (2010): »Beobachten im Feld und Ethnographie«. In: Uwe Flick, Ernst Kardorff und Ines Steinke (Hg.) Qualitative Forschung: Ein Handbuch. Reinbek bei Hamburg: Rowohlt, 384–401.

McLennan, Scotty (2010): »Interfaith Interaction on Campus«. In: *Journal of College and Character*, 11 (2), 1–6.

Miklautz, Elfie, Herbert Lachmayer, und Reinhard Eisendle (1999): »Einleitung«. In: Elfie Miklautz, Herbert Lachmayer und Reinhard Eisendle (Hg.) Die Küche: Zur Geschichte eines architektonischen, sozialen und imaginativen Raums. Wien: Böhlau, 9–16.

Mohn, Jürgen (2004): »Von der Religionsphänomenologie zur Religionsästhetik: Neue Wege systematischer Religionswissenschaft«. In: *Münchener Theologische Zeitschrift*, 55 (4), 300–309.

Mohn, Jürgen (2012): »Wahrnehmung der Religion: Aspekte der komparativen Religionswissenschaft in religionsaisthetischer Perspektive«. In: *Erwägen, Wissen, Ethik*, 23 (2), 241–254.

Mohr, Hubert (2000): »Wahrnehmung/Sinnessystem«. In: Christoph Auffarth, Jutta Bernard und Hubert Mohr (Hg.) Metzler Lexikon Religion: Gegenwart – Alltag – Medien, Band 3. Stuttgart: Metzler, 620–633.

Molitor-Lübbert, Sylvie (2002): »Schreiben und Denken. Kognitive Grundlagen des Schreibens«. In: Daniel Perrin, Ingrid Böttcher, Otto Kruse und Arne Wrobel (Hg.) Schreiben. Wiesbaden: Springer, 33–46.

Morgan, David (2010): »Materiality, Social Analysis, and the Study of Religion«. In: David Morgan (Hg.) Religion and Material Culture: The Matter of Belief. London, New York: Routledge, 55–74.

Moyaert, Marianne (2017): »Infelicitous inter-ritual hospitality«. In: *Culture and Religion*, 18 (3), 324–342.
Müller, Friedrich Max (1876): Einleitung in die vergleichende Religionswissenschaft. Strassburg: Karl J. Trübner.
Müller-Funk, Wolfgang (2010): »Kapitel 10. Clifford Geertz: Dichte Beschreibung«. In: Kulturtheorie: Einführung in Schlüsseltexte der Kulturwissenschaften. Tübingen: UTB Francke, 237–257.
Münster, Daniel (2001): Religionsästhetik und Anthropologie der Sinne. München: Akademischer Verlag.
Nagel, Alexander-Kenneth (2012a): »Vernetzte Vielfalt: Religionskontakt in interreligiösen Aktivitäten«. In: Alexander-Kenneth Nagel (Hg.) Diesseits der Parallelgesellschaft: Neuere Studien zu religiösen Migrantengemeinden in Deutschland. Bielefeld: transcript, 241–268.
Nagel, Alexander-Kenneth (2012b): »Diesseits der Parallelgesellschaft. Religion und Migration in relationaler Perspektive«. In: Alexander-Kenneth Nagel (Hg.) Diesseits der Parallelgesellschaft: Neuere Studien zu religiösen Migrantengemeinden in Deutschland. Bielefeld: transcript, 11–36.
Nagel, Alexander-Kenneth (2015): »Diesseits des Dialogs: Zur Vielfalt interreligiöser Aktivitäten«. In: Wolfram Weiße und Katajun Amirpur (Hg.) Religionen – Dialog – Gesellschaft. Münster, New York: Waxmann, 57–68.
Nagel, Alexander-Kenneth (2016): »Cui Bono? Soziologische Einsichten zur Funktion und Nutzung multireligiöser Räume«. In: Thomas Erne, Peter Noss und Christian Bracht (Hg.) Open Spaces. Räume religiöser und spiritueller Vielfalt. Marburg: Jonas Verlag, 61–70.
Nagel, Alexander-Kenneth (2019): »Doppelter Pluralismus und Dynamiken der Grenzziehung in interreligiösen Aktivitäten«. In: Wolfram Weiße, Silke Steets und Peter L. Berger (Hg.) Im Gespräch mit Peter L. Berger: eine Gedenkschrift zu den Perspektiven und Grenzen religiöser Pluralität. Münster, New York: Waxmann, 91–109.
Nagel, Alexander-Kenneth (2020): »Crossing the Lines? Inter- and Multifaith Governance as an Arena of Boundary Work«. In: Anna Körs, Wolfram Weisse und Jean-Paul Willaime (Hg.) Religious Diversity and Interreligious Dialogue. Cham: Springer, 103–116.
Neumaier, Anna (2020): »The Big Friendly Counter-Space? Interreligious Encounter within Social Media«. In: *Religion*, 50 (3), 392–413.
Neumaier, Anna und Gritt Klinkhammer (2020): »Interreligious Contact and Media: Introduction«. In: *Religion*, 50 (3), 321–335.
Paine, Crispin (Hg.) (2000): Godly things: Museums, Objects, and Religion. New York: Leicester University Press.

Pogner, Karl-Heinz (2007): »Text- und Wissensproduktion am Arbeitsplatz: Die Rolle der Diskursgemeinschaften und Praxisgemeinschaften«. In: *Zeitschrift Schreiben*, 1–12.

Ponterotto, Joseph G. (2006): »Brief Note on the Origins, Evolution, and Meaning of the Qualitative Research Concept Thick Description«. In: *The Qualitative Report*, 11 (3), 538–549.

Przyborski, Aglaja und Monika Wohlrab-Sahr (2008): Qualitative Sozialforschung: Ein Arbeitsbuch. München: Oldenbourg.

Richardson, Laurel und Elizabeth St. Pierre (2005): »Writing. A Method of Inquiry«. In: Norman K. Denzin und Yvonna S. Lincoln (Hg.) The Sage Handbook of Qualitative Research. Thousand Oaks: Sage, 959–978.

Rötting, Martin (2011): Religion in Bewegung: Dialog-Typen und Prozess im interreligiösen Lernen. Münster: LIT.

Rötting, Martin (2012): Die ganze Welt am Campus!? Kulturelle und religiöse Diversitäten: Situationen und Perspektiven. Münster: LIT.

Rötting, Martin, Simone Sinn und Aykan Inan (Hg.) (2016): Praxisbuch Interreligiöser Dialog. St. Ottilien: EOS.

Said, Edward W. (2012): Orientalismus. 3. Auflage. Frankfurt a.M.: Fischer.

Schmitt, Reinhold (2013): Körperlich-räumliche Aspekte der Interaktion. Tübingen: Narr.

Schröder, Stefan (2013): »Dialog der Weltanschauungen? Der Humanistische Verband Deutschlands als Akteur im interreligiösen Dialoggeschehen«. In: Steffen Führding und Peter Antes (Hg.) Säkularität in religionswissenschaftlicher Perspektive. Göttingen: Vandenhoeck & Ruprecht, 169–185.

Schroer, Markus (2006): Räume, Orte, Grenzen: Auf dem Weg zu einer Soziologie des Raums. Frankfurt a.M.: Suhrkamp.

Schroer, Markus (2015): »Raum, Macht, Religion. Über den Wandel sakraler Architektur«. In: Bärbel Beinhauer-Köhler, Bernadette Schwarz-Boenneke und Mirko Roth (Hg.) Viele Religionen – ein Raum?! Analysen, Diskussionen und Konzepte. Berlin: Frank & Timme, 17–34.

Schroer, Markus (2017): Soziologische Theorien. Von den Klassikern bis zur Gegenwart. Paderborn: UTB Wilhelm Fink.

Schubert, Nelly (2015): »Die zivilgesellschaftlichen Potentiale von interreligiösen (Dialog-)Initiativen«. In: Alexander-Kenneth Nagel (Hg.) Religiöse Netzwerke: Die zivilgesellschaftlichen Potentiale religiöser Migrantengemeinden. Bielefeld: transcript, 215–241.

Schüler, Sebastian (2015): »Kreativität, Moral und Metapher. Gebetsräume als Orte imaginativer Praxis«. In: Lucia Traut und Annette Wilke (Hg.) Religion – Imagination – Ästhetik: Vorstellungs- und Sinneswelten in Religion und Kultur. Göttingen: Vandenhoeck & Ruprecht, 213–234.

Schulz, Marlen und Michael Ruddat (2012): »›Let's talk about sex!‹ Über die Eignung von Telefoninterviews in der qualitativen Sozialforschung«. In: *Forum Qualitative Sozialforschung/Forum: Qualitative Social Research*, 13, Artikel 2.

Silbermann, Alphons (1995): Die Küche im Wohnerlebnis der Deutschen: Eine soziologische Studie. Opladen: Leske + Budrich.

Smart, Ninian (2015): The Science of Religion and the Sociology of Knowledge: Some Methodological Questions. Princeton: Princeton University Press.

Spencer, Jonathan (2014): »Ethnography after Postmodernism«. In: Paul Atkinson, Amanda Coffey, Sara Delamont, John Lofland und Lyn Lofland (Hg.) Handbook of Ethnography. Los Angeles, London, New Delhi, Singapore, Washington DC: Sage, 443–452.

Stausberg, Michael (2012): »Religionswissenschaft: Profil eines Universitätsfachs im deutschsprachigen Raum«. In: Michael Stausberg (Hg.) Religionswissenschaft. Berlin, Boston: De Gruyter, 1–30.

Strauss, Anselm L. (1998): Grundlagen qualitativer Sozialforschung: Datenanalyse und Theoriebildung in der empirischen soziologischen Forschung. München: UTB Wilhelm Fink.

Stuckrad, Kocku von (2016): »Discourse«. In: Robert A. Segal und Kocku von Stuckrad (Hg.) Vocabulary for the Study of Religion. http://dx.doi.org/10.1163/978900 4249707_vsr_COM_00000098 (Zuletzt abgerufen am 10.02.2023).

Tezcan, Levent (2006): »Interreligiöser Dialog und politische Religionen«. In: Aus Politik und Zeitgeschichte, Band 28–29, 26–32.

Thomas, William Isaac und Dorothy Swaine Thomas (1928): The Child in America: Behavior Problems and Programs. New York: A. A. Knopf.

Traut, Lucia und Annette Wilke (2015): »Einleitung«. In: Lucia Traut und Annette Wilke (Hg.) Religion – Imagination – Ästhetik: Vorstellungs- und Sinneswelten in Religion und Kultur. Göttingen: Vandenhoeck & Ruprecht, 17–70.

Tweed, Thomas A. (2011): »Space«. In: *Material Religion*, 7 (1), 116–123.

Weinrich, Ines (2011): »Musik zwischen den Welten. Zur Entwicklung des modernen Musiklebens in arabischen Staaten«. In: Burkhard Schnepel, Gunnar Brands und Hanne Schönig (Hg.) Orient – Orientalistik – Orientalismus: Geschichte und Aktualität einer Debatte. Bielefeld: transcript, 221–243.

Weiß, Sabrina (2017): »Ein rätselhaftes Gebilde. Zum sozio-religiösen Raumgefüge moderner Sakralarchitektur am Beispiel der Bruder-Klaus-Feldkapelle in Wachendorf«. In: Bärbel Beinhauer-Köhler, Edith Franke, Christa Frateantonio und Alexander Kenneth Nagel Religion (Hg.) Raum, Natur. Religionswissenschaftliche Erkundungen. Berlin: LIT, 203–226.

Weiße, Wolfram (2018): »Interreligiöser Dialog in der Schule. Ein Fallbeispiel aus Hamburg und Impulse für die Religionspädagogik«. In: Annegret Reese-Schnitker, Daniel Bertram und Marcel Franzmann (Hg.) Migration, Flucht und Vertreibung: Theologische Analyse und religionsunterrichtliche Praxis. Stuttgart: Kohlhammer, 169–186.

Wilke, Annette (2006): »Interreligiöses Verstehen: Rahmenbedingungen für einen gelingenden christlich-muslimischen Dialog«. In: Doris Strahm und Manuela Kalsky (Hg.) Damit es anders wird zwischen uns. Interreligiöser Dialog aus der Sicht von Frauen. Ostfildern: Matthias-Grünewald-Verlag, 14–26.

Wilke, Annette und Esther-Maria Guggenmos (2008): Im Netz des Indra: Das Museum of World Religions, sein buddhistisches Dialogkonzept und die neue Disziplin Religionsästhetik. Münster: LIT.

Willems, Joachim (2011): »Lernen an interreligiösen Überschneidungssituationen – Überlegungen zu Ausgangspunkten einer lebensweltlich orientierten interreligiösen Didaktik«. In: *Zeitschrift für Religionspädagogik*, 10 (1), 202–219.

Williams, Ray (2019): »Welcoming (and Learning from) the Stranger: The Museum as a Forum for Interfaith Dialogue«. In: *Journal of Museum Education*, 44 (1), 34–40.

Wolff, Stephan (1992): »Die Anatomie der Dichten Beschreibung: Clifford Geertz als Autor«. In: Joachim Matthes (Hg.) Zwischen den Kulturen? Die Sozialwissenschaften vor dem Problem des Kulturvergleichs. Göttingen: Schwartz, 339–361.

Verzeichnis nicht wissenschaftlicher Literatur und Quellen

Akademie der Weltreligionen: Ehrenmedaille (2016): »Dokumentation: Verleihung der Medaille für treue Arbeit im Dienste des Volkes in Bronze an Sammy Jossifoff«. https://www.awr.uni-hamburg.de/website-content/pdfs-aktuelles/dokumentation-sammy-jossifoff-ehrenmedaille.pdf (Zuletzt abgerufen am 10.02.2023).

Akademie der Weltreligionen: Fotodokumentationen (2020): »Fotodokumentationen«. https://www.awr.uni-hamburg.de/veroeffentlichungen/fotodokumentationen.html (Zuletzt abgerufen am 10.02.2023).

Akademie der Weltreligionen: Profil (2019): »Unser Profil«. https://www.awr.uni-hamburg.de/ueber-awr/profil.html (Zuletzt abgerufen am 10.02.2023).

Akademie der Weltreligionen: Religionen und Dialog (2021): »Religionen und Dialog in der Stadt Hamburg«. https://www.awr.uni-hamburg.de/dialog-in-hamburg/religionen-und-dialog-in-der-stadt-hamburg.html (Zuletzt abgerufen am 10.02.2023).

Behr, Hamida (2013): »Nachruf auf Imam Seyed Mehdi Razvi: Ein Visionär des interreligiösen Dialogs«. In: Qantara.de, 27. Juni. https://de.qantara.de/node/15650 (Zuletzt abgerufen am 10.02.2023).

Bohne, Julian (2013): »Lampedusa ist auch in Hamburg«. In: Deutsche Welle, 28. Oktober. https://www.dw.com/de/lampedusa-ist-auch-in-hamburg/a-17179617 (Zuletzt abgerufen am 10.02.2023).

Bürgerschaft der Freien und Hansestadt Hamburg (2012): »Drucksache 20/5830: Mitteilung des Senats an die Bürgerschaft«. https://www.buergerschaft-hh.de /ParlDok/dokument/38534/1-vertrag-zwischen-der-freien-und-hansestadt-ha mburg-dem-ditib-landesverband-hamburg-schura-%E2%80%93-rat-der-isla mischen-gemeinschaften-in-hamburg.pdf (Zuletzt abgerufen am 10.02.2023).

Der Spiegel (2016): »Uli Hoeneß: Chronologie zum Fall der Steuerhinterziehung«. In: Der Spiegel, 29. Februar. https://www.spiegel.de/panorama/justiz/uli-ho eness-chronologie-zum-fall-der-steuerhinterziehung-a-1079799.html (Zuletzt abgerufen am 10.02.2023).

Diehl, Jörg (2017): »Anis Amri und das Versagen des Staats: 18 Monate, 50 Behörden, und dann ein Anschlag«. In: Der Spiegel, 18. Mai. https://www.spiegel.de/ politik/deutschland/anis-amri-und-das-versagen-des-staats-18-monate-50 -behoerden-und-dann-ein-anschlag-a-1148305.html (Zuletzt abgerufen am 10.02.2023).

Doyle, Arthur Conan (2016): Sherlock Holmes: Die Abenteuer des Sherlock Holmes. Erzählungen. Neu übersetzt von Henning Ahrens. Berlin: Fischer.

Erzbistum Hamburg (1994): »Vertrag zwischen dem Heiligen Stuhl und der Freien und Hansestadt Hamburg, dem Land Mecklenburg-Vorpommern und dem Land Schleswig-Holstein über die Errichtung von Erzbistum und Kirchenprovinz Hamburg«. https://www.erzbistum-hamburg.de/ebhh/pdf/Abteilung _Recht/StKiR/EBHH-Errichtungsvertrag.pdf?m=1587559192& (Zuletzt abgerufen am 10.02.2023).

Evangelisch-Lutherische Kirche in Norddeutschland (2005): »Staatskirchenvertrag zwischen der Freien und Hansestadt Hamburg und der Nordelbischen Evangelisch-Lutherischen Kirche. Vom 29. November 2005«. https://www.kirchenrech t-nordkirche.de/document/25006 (Zuletzt abgerufen am 10.02.2023).

Gätke, Martin (2016): »Pokémon Go: Irre Gamer-Schlacht um den Kölner Dom«. In: express., 23. August. https://www.express.de/koeln/pok-mon-go-irre-gamer-s chlacht-um-den-koelner-dom-35093?cb=1676062210369 (Zuletzt abgerufen am 10.02.2023).

Gesellschaft für deutsche Sprache (2013): »GfdS wählt ›GroKo‹ zum Wort des Jahres 2013 | GfdS«. https://gfds.de/gfds-waehlt-groko-zum-wort-des-jahres-2013-2/ (Zuletzt abgerufen am 10.02.2023).

Giordano Bruno Stiftung (2021): »Denkfabrik für Humanismus und Aufklärung«. https://www.giordano-bruno-stiftung.de/denkfabrik-fuer-humanismu s-aufklaerung (Zuletzt abgerufen am 10.02.2023).

Grabbe, Joachim (Hg.) (2008): Stadtteil zum Verlieben: ein Spaziergang durch Hamburg-Eimsbüttel und seine Geschichte. Heimatarchiv. Erfurt: Sutton.

Grund, Stefan (2016): »Kunsthalle: Die Renaissance eines Hamburger Prachtbaus«. In: DIE WELT, 25. April. https://www.welt.de/regionales/hamburg/article1547

15719/Die-Renaissance-eines-Hamburger-Prachtbaus.html (Zuletzt abgerufen am 10.02.2023).

Haider, Lars und Matthias Gretzschel (Hg.) (2013): Hamburgs Kirchen: Geschichte, Architektur und Angebote. Hamburger Abendblatt-Edition. Hamburg: Springer, Hamburger Abendblatt.

hamburg magazin (2020): »Queer gegen alle Klischees«. In: hamburg magazin – Das Stadtmagazin für Hamburg, 18. Februar. https://www.hamburg-magazin.de/artikel/lgbt-in-hamburg-queer-gegen-alle-klischees (Zuletzt abgerufen am 10.02.2023).

Hamburger Abendblatt (2014): »Die besten Party-Tipps für Kurzentschlossene in Hamburg«. In: Hamburger Abendblatt, 30. Dezember. https://www.abendblatt.de/hamburg/article135831660/Die-besten-Party-Tipps-fuer-Kurzentschlossene-in-Hamburg.html (Zuletzt abgerufen am 10.02.2023).

Hamburger Kunsthalle: 360° Rundgang (2016): »360° Rundgang | Hamburger Kunsthalle«. https://www.hamburger-kunsthalle.de/360-deg-rundgang (Zuletzt abgerufen am 10.02.2023).

Hamburger Kunsthalle: Maria im Ährenkleid (2016): »Maria im Ährenkleid | Hamburger Kunsthalle«. https://www.hamburger-kunsthalle.de/sammlung-online/hinrik-funhof/maria-im-aehrenkleid (Zuletzt abgerufen am 10.02.2023).

Hamburger Kunsthalle: Retabel (2016): »Online Collection | Hamburger Kunsthalle«. https://online-sammlung.hamburger-kunsthalle.de/en/objekt/HK-500 (Zuletzt abgerufen am 10.02.2023).

Hamburger Kunsthalle: Solon vor Krösus (2016): »Solon vor Krösus | Hamburger Kunsthalle«. https://www.hamburger-kunsthalle.de/sammlung-online/gerard-van-honthorst/solon-vor-kroesus (Zuletzt abgerufen am 10.02.2023).

Hamburger Kunsthalle: Trauern (2020): »Trauern | Hamburger Kunsthalle«. https://www.hamburger-kunsthalle.de/ausstellungen/trauern (Zuletzt abgerufen am 10.02.2023).

Hemke, Torsten (o.J.): »Rathausmarkt – 3D Tour Hamburger_Rathaus – virtuell und interaktiv«. https://rathaus-3d.hamburg.de/#pano=175 (Zuletzt abgerufen am 10.02.2023).

Herrnhuter (o.J.): »Herrnhuter Sterne«. https://www.herrnhuter-sterne.de/de/ (Zuletzt abgerufen am 10.02.2023).

IMÖR (2018): »Institut für Missions-, Ökumene- und Religionswissenschaft«. https://www.theologie.uni-hamburg.de/einrichtungen/institute/moer.html (Zuletzt abgerufen am 10.02.2023).

Jakobs, Hans-Jürgen (2010): »Minarett-Verbot. Wenn der Staat das Volk nicht mehr versteht«. In: Süddeutsche Zeitung, 17. Mai. https://www.sueddeutsche.de/politik/minarett-verbot-wenn-der-staat-das-volk-nicht-mehr-versteht-1.133875 (Zuletzt abgerufen am 10.02.2023).

King, Stephen (2010): Glas. Der Dunkle Turm. Durchgesehene Neuausgabe, 11. Auflage. München: Heyne.
Kirchengemeinde Eimsbüttel (2016): »Unsere Kirchen«. (www.ev-ke.de/information-kontakt/unsere-kirchen.html) (Zuletzt abgerufen am 10.02.2023).
Kirst, Helmut (2013): »Sylvester mit anderen Religionen«: In: Zentrum für Mission und Ökumene (Hg.) Gute Nachbarschaft leben. Informationen und Beispiele zur Förderung des christlich-islamischen Dialogs in der Nordkirche. Hamburg: Zentrum für Mission und Ökumene, 63–64.
Klaas, Heiko (2007): »Installation ›Cube Hamburg‹: Ruhe im Karton«. In: Der Spiegel, 15. Februar. https://www.spiegel.de/kultur/gesellschaft/installation-cube-hamburg-ruhe-im-karton-a-466584.html (Zuletzt abgerufen am 10.02.2023).
Koch, Marion und Hamburger Kunsthalle (Hg.) (2013) Auf Augenhöhe – Interreligiöse Gespräche über Kunst. Petersberg: Michael Imhof Verlag.
Kunsthalle Bremen: Blickwechsel (2021): Youtube-Kanal »Blickwechsel. Interreligiöse Gespräche zur Kunst«. https://www.youtube.com/playlist?list=PLsrHEQV-rAwxE1YtB0opgGEj5x0ZVg0OW (Zuletzt abgerufen am 10.02.2023).
Landesrecht Hamburg (2007): »Gesetz zum Vertrag zwischen der Freien und Hansestadt Hamburg und der Jüdischen Gemeinde in Hamburg. Vom 27. November 2007«. https://www.landesrecht-hamburg.de/bsha/document/jlr-J%C3%BCdGemVtrGHApELS (Zuletzt abgerufen am 10.02.2023).
Langsdorff, Petra von (o.J.): »Interreligiöser Dialogkreis Christuskirche – Interreligiöses Frauennetzwerk Hamburg«. https://www.interreligioeses-frauennetzwerk.de/ueber-uns/interreligioeser-dialogkreis-christuskirche/ (Zuletzt abgerufen am 10.02.2023).
Petersen, Andreas-M. (2010): »So herrlich anders. Interreligiöse Silvesterfeier in Eimsbüttel«. In: kirchehamburg, Serviceportal der Evangelisch-Lutherischen Kirche. https://www.kirche-hamburg.de/nachrichten/details/interreligioese-silvesterfeier-in-eimsbuettel.html (Zuletzt abgerufen am 10.02.2023).
Rebaschus, Matthias (2003): »Bugenhagenkirche pleite«. In: Hamburger Abendblatt, 11. September. https://www.abendblatt.de/hamburg/article106712149/Bugenhagenkirche-pleite.html (Zuletzt abgerufen am 10.02.2023).
Ringe deutscher Pfadfinderinnen- und Pfadfinderverbände: Friedenslicht (o.J.): »Geschichte – Das ORF-Friedenslicht aus Betlehem«. https://www.friedenslicht.de/ueber-das-friedenslicht/ (Zuletzt abgerufen am 10.02.2023).
Rügemer, Kerry (2019): »150 Jahre Kunsthalle: Ein Kunsttempel für Hamburg«. In: Norddeutscher Rundfunk, 29. August. https://www.ndr.de/geschichte/schauplaetze/Die-Geschichte-der-Hamburger-Kunsthalle,kunsthalle722.html (Zuletzt abgerufen am 10.02.2023).
rundfunk.evangelisch (2011): »Geschichte der Christuskirche Hamburg-Eimsbüttel«. In: Rundfunk Evangelisch, 4. März. https://rundfunk.evangelisch.de/kirc

he-im-tv/zdf-gottesdienst/zdf-gottesdienst-aus-hamburg-13032011-1285/gesc hichte-der-christuskirc (Zuletzt abgerufen am 10.02.2023).

Schafer, Sarah. (o.J.a): »Kurzüberblick – Hamburgs Geschichte«. https://www.ham burg.de/geschichte/ (Zuletzt abgerufen am 10.02.2023).

Schafer, Sarah. (o.J.b): »Rathaus Hamburg – Prachtbau aus dem 19. Jahrhundert«. ht tps://www.hamburg.de/rathaus-hamburg/ (Zuletzt abgerufen am 10.02.2023).

Schienke, Lukas (2013): »Die Aufblaskirche am Strand«. In: evangelisch.de, 15. Juli. https://www.evangelisch.de/videos/86513/15-07-2013/die-aufblaskirche-am-strand (Zuletzt abgerufen am 10.02.2023).

Schura Hamburg (2016): »Kurze Geschichte des interreligiösen Dialogs in Hamburg«. https://schurahamburg.de/kurze-geschichte-des-interreligiosen-dialo gs-in-hamburg/ (Zuletzt abgerufen am 10.02.2023).

Shalin, Dmitri (2009): Jane Allyn Piliavin Remembering Erving Goffman. Bios Sociologicus: The Erving Goffman Archives. https://cdclv.unlv.edu/archives/inter actionism/goffman/piliavin_09.html (Zuletzt abgerufen am 10.02.2023).

Steinmeier, Frank-Walter (2019): »Matthiae-Mahl 2019«. https://www.hamburg.de /matthiae-mahl/12188042/rede-bundespraesident-2019/ (Zuletzt abgerufen am 10.02.2023).

Verfassungsschutz (2021): »Islamismus und islamistischer Terrorismus. Zahlen und Fakten«. (www.verfassungsschutz.de/DE/themen/islamismus-und-islam istischer-terrorismus/zahlen-und-fakten/zahlen-und-fakten_node.html) (Zuletzt abgerufen am 10.02.2023).

Webseite Koch (o.J.): »Marion Koch Kunstdialoge | Interreligiöses«. https://w ww.marionkoch-kunstdialoge.de/interreligioeses/ (Zuletzt abgerufen am 10. 02.2023).

Welt Online (2007): »Kunst: Die Kaaba von Hamburg«. In: DIE WELT, 5. März. https://www.welt.de/kultur/article747322/Die-Kaaba-von-Hamburg.html (Zuletzt abgerufen am 10.02.2023).

Werner, Jana (2019): »Republik statt Kaiserzeit: Linke will Kaisersaal im Hamburger Rathaus umbenennen«. In: DIE WELT, 5. August. https://www.welt.de/reg ionales/hamburg/article198002599/Republik-statt-Kaiserzeit-Linke-will-Ka isersaal-im-Hamburger-Rathaus-umbenennen.html (Zuletzt abgerufen am 10.02.2023).

Anhang A: Abkürzungsverzeichnis

Abs	Absatz
AWR	Akademie der Weltreligionen
BIG	Bündnis Islamischer Gemeinschaften
bzw.	Beziehungsweise
CDU	Christlich Demokratische Union Deutschlands
d.h.	das heißt
Dr.	Doktor/Doktorin
e.V.	eingetragener Verein
ebd.	ebenda
et al.	et alia (und andere)
etc.	et cetera (und so weiter)
f.	folgende
FDP	Freie Demokratische Partei
ff.	fortfolgende
GAL	Grüne Allgemeine Liste
ggf.	gegebenenfalls
GTM	Grounded Theory Methodologie
Hg.	Herausgebende/Herausgeber
IMÖR	Institut für Missions-, Ökumene- und Religionswissenschaft
LGBT	Lesbian, Gay, Bisexual and Transgender (lesbisch, schwul, bisexuell und transgender)
m.E.	meines Erachtens
M. K.	Mehmet Kalender
o.ä.	oder ähnlich
o.J.	ohne Jahr
ReDi	Kürzel für das Forschungsprojekt »Religion und Dialog in modernen Gesellschaften«
s.u.	siehe unten

Sic	sic erat scriptum (so stand es geschrieben)
SPD	Sozialdemokratische Partei Deutschlands
u.U.	unter Umständen
usw.	und so weiter
vgl.	vergleiche
z.B.	zum Beispiel

Anhang B: Abbildungsverzeichnis

Abbildung 1: Raumheuristik aktueller Forschung zu interreligiösen Aktivitäten | Seite 43
Abbildung 2: Übersicht zu Verlauf und Bestandteilen dieser Forschung | Seite 84
Abbildung 3: Matrix konkreter und abstrakter Formen von Raum und Handeln im Kontext interreligiöser Veranstaltungen | Seite 242
Abbildung 4: Handlungsfeldcluster der vier Fälle | Seite 271
Abbildung 5: Verhältnis meiner Raum-Handeln-Systematik (Kapitel 6) zur Raumheuristik aktueller Forschung (Forschung 2) | Seite 276

Anhang C: Tabellenverzeichnis

Tabelle 1: Formation und Bewegungsdynamik der Beteiligten | Seite 248
Tabelle 2: Zur Relevanz der funktionellen Ausstattung sowie der dekorativen und symbolisch-materiellen Gestaltung | Seite 251
Tabelle 3: Handlungsfeldbezogene Adressierung religiöser Vielfalt sowie Kanalisierung der Rollen | Seite 264
Tabelle 4: Transkriptionsregeln | Seite 327
Tabelle 5: Feldnotizen | Seite 329
Tabelle 6: Interviews mit Leitungen | Seite 330
Tabelle 7: Gruppendiskussion und Besuchenenbefragungen | Seite 331
Tabelle 8: Interviews mit Teilnehmenden | Seite 331
Tabelle 9: Feldspiegelungen | Seite 332
Tabelle 10: Foto- und Videodokumentationen | Seite 333

Anhang D: Erhebungsinstrumente

Interviewleitfäden

Leitfaden für Interviews mit Leitungen 2013 und 2014

Der im Rahmen des Hamburger Projekts »Religion und Dialog in modernen Gesellschaften« (ReDi) kam von 2013 bis 2016 zum Einsatz. Für die vorliegende Publikation wurden Interviews mit Leitungen einbezogen, die in den Jahren 2013 und 2014 geführt wurden. Er umfasst vier größere Abschnitte: Ersterzählung, Fragebereiche zu Erfahrungen, Einstellungen und Deutungen sowie demografische Informationen.

- **Ersterzählung**
  Am besten erkläre ich Ihnen zunächst, was ich heute vorhabe. Ich habe drei Fragenblöcke vorbereitet, die ich mit Ihnen gerne nacheinander durchgehen möchte. Jetzt am Anfang würde ich gerne etwas über Sie und Ihre Arbeit erfahren. Für mich ist es dabei wichtig, dass Sie erzählen, was für Sie von Bedeutung ist. Ich höre einfach zu und werde Sie nicht unterbrechen. Später werde ich dann Rückfragen zu ihren konkreten Erfahrungen und Meinungen stellen.

  Lassen Sie uns mit dem ersten Teil beginnen: In Hamburg leben ja Menschen mit sehr verschiedenen Vorstellungen von Religion und Glauben zusammen. Wir interessieren uns für das soziale Miteinander dieser Menschen. Dazu würden wir gerne Ihre Erfahrungen (im Rahmen Ihrer Arbeit) hören. Vielleicht können Sie mit einer Begegnung oder einem Projekt beginnen, die Ihnen besonders (positiv oder negativ) in Erinnerung geblieben ist! (mögliche Nachfragen, falls die Erzählung stockt: Gibt es noch andere Erfahrungen/Begegnungen, die Sie gemacht haben?)

- **Fragebereiche zu Erfahrungen**
  Initiierte Aktivitäten:
  o Wie kam es zu dieser Veranstaltung und worum handelt es sich bei dieser Veranstaltung (Entstehungshintergrund, Geschichte, Ablauf, Themen/Inhalte, Handlungen)?
  o Seit wann und warum nehmen Sie daran teil?
  o An welchen Orten findet die Veranstaltung statt?
  o Können Sie etwas über die Menschen sagen, die an der Veranstaltung teilnehmen (Anzahl, Alter, Hintergründe)?
  o Gibt es Menschen, die nicht an der Veranstaltung teilnehmen, die Sie dort aber vermissen?
  o Welche Rolle spielen religiöse Unterschiede?
  o Ist es während der Veranstaltung (mal) zu einer Auseinandersetzung gekommen? / Sind völlig verschiedene Ansichten aufeinander geprallt (Inhalt, Verlauf, Klärung/Lösung)?

  Fragen für Veranstaltungsreihen:
  o Wenn Sie jetzt noch einmal auf die Veranstaltung(sreihe) zurückblicken:
  o Wie würden Sie die Entwicklung dieser Veranstaltungsreihe/des XY beschreiben? (Gibt es womöglich verschiedene Phasen?)
  o Haben sich die Dialogthemen im Laufe der Zeit geändert?
  o Sind aus den interreligiösen Begegnungen auch größere Projekte hervorgegangen, z.B. Bauprojekte (Gebetsräume, Räume der Stille, Moscheen, interreligiöse Orte) oder andere Strukturen (Verträge, Schulunterricht...)?
  o Wie lange, glauben Sie, wird die Veranstaltungsart/-reihe sich fortsetzen?
  o Würden Sie sagen, dass es mit dem Dialog alles in allem so gelaufen ist, wie Sie es sich vorgestellt haben (positive oder dialoghindernde Ereignisse/Umstände)?
  o Wenn Sie jetzt nochmal insgesamt an Akteure (Personen und Institutionen) denken, die für Sie im Dialog besonders wichtig waren und sind: Wer ist das?

- **Fragebereiche zu Erfahrungen**
  Initiierte Aktivitäten:
  o Wie kam es zu dieser Veranstaltung und worum handelt es sich bei dieser Veranstaltung (Entstehungshintergrund, Geschichte, Ablauf, Themen/Inhalte, Handlungen)?
  o Seit wann und warum nehmen Sie daran teil?
  o An welchen Orten findet die Veranstaltung statt?
  o Können Sie etwas über die Menschen sagen, die an der Veranstaltung teilnehmen (Anzahl, Alter, Hintergründe)?

o   Gibt es Menschen, die nicht an der Veranstaltung teilnehmen, die Sie dort aber vermissen?
o   Welche Rolle spielen religiöse Unterschiede?
o   Ist es während der Veranstaltung (mal) zu einer Auseinandersetzung gekommen? / Sind völlig verschiedene Ansichten aufeinander geprallt (Inhalt, Verlauf, Klärung/Lösung)?

Fragen für Veranstaltungsreihen:
o   Wenn Sie jetzt noch einmal auf die Veranstaltung(sreihe) zurückblicken:
o   Wie würden Sie die Entwicklung dieser Veranstaltungsreihe/des XY beschreiben? (Gibt es womöglich verschiedene Phasen?)
o   Haben sich die Dialogthemen im Laufe der Zeit geändert?
o   Sind aus den interreligiösen Begegnungen auch größere Projekte hervorgegangen, z.B. Bauprojekte (Gebetsräume, Räume der Stille, Moscheen, interreligiöse Orte) oder andere Strukturen (Verträge, Schulunterricht …)?
o   Wie lange, glauben Sie, wird die Veranstaltungsart/-reihe sich fortsetzen?
o   Würden Sie sagen, dass es mit dem Dialog alles in allem so gelaufen ist, wie Sie es sich vorgestellt haben (positive oder dialoghindernde Ereignisse/Umstände)?
o   Wenn Sie jetzt nochmal insgesamt an Akteure (Personen und Institutionen) denken, die für Sie im Dialog besonders wichtig waren und sind: Wer ist das?

Nicht-initiierte Aktivitäten – Allgemein:
o   Wie würden Sie jemandem, der neu nach Hamburg kommt, (Stadtteil) beschreiben? Was würden Sie sagen, inwiefern oder wie sich (Stadtteil) in den letzten Jahren verändert hat?
o   Wo begegnen sich hier in (Stadtteil) im Alltag Menschen verschiedener Religionen? Warum dort?
o   Was sind wichtige Themen, die die Menschen in Ihrem Stadtteil miteinander ins Gespräch bringen? / Gibt es so etwas wie typische Themen, die für die Menschen hier in (Stadtteil) eine wichtige Rolle spielen? Ist Religion und Glaube auch ein Gesprächsthema?
o   Denken Sie, es ist für die Menschen – auch aus den unterschiedlichen Religionen – hier in (Stadtteil) einfach, miteinander klarzukommen oder ist es eher schwierig? Sollte sich Ihrer Meinung nach hier in (Stadtteil) im Miteinander etwas ändern?
o   Wenn Sie an diese Bewohner Ihres Stadtteils denken, denen Sie in Ihrem Alltag begegnen: Wem fühlen Sie sich eher nah und warum? Wer erscheint Ihnen eher als fremd und warum? Spielt Religion dabei eine Rolle?

Nicht-initiierte Aktivitäten – Konkret:
Anknüpfung an die Ersterzählung:
- o Sie haben gerade von der Begegnung xy erzählt ...
- o Falls keine alltäglichen Kontakte thematisiert wurden, einen neuen Erzählstimulus setzen:
- o Bei welchen Gelegenheiten spielt das Thema Religion und Glaube eine Rolle in Ihrem Alltag? (Mit wem? Wann? Wo?) Können Sie sich an eine Begegnung erinnern, die Ihnen besonders in Erinnerung geblieben ist?

- o Wie kam es dazu und was ist passiert? (Worüber tauschen Sie sich aus? Ist Religion und Glaube ein Gesprächsthema für Sie?)
- o Welche Rolle spielen religiöse Unterschiede? Haben Sie einen Einfluss auf Ihre Beziehung? Wenn ja: Können Sie das genauer erklären? - Wenn nein: Warum nicht?
- o Hatten Sie schon mal eine Auseinandersetzung (über Religion) / miteinander (Thema/Inhalt, Verlauf, Klärung/Lösung)?
- o Wenn Sie die Beziehung/den Kontakt Revue passieren lassen:
- o Haben sich die Gesprächsthemen/Beziehungsinhalte im Laufe der Zeit verändert?
- o Hatten Sie große Herausforderungen zu meistern?
- o Haben Sie schon einmal mit jemandem über Religion gesprochen/diskutiert, der völlig andere Vorstellungen von Religion und Glaube hatte?
- o Haben Sie bestimmte Ereignisse oder Zeiten erlebt, wo Sie sich mit Menschen unterschiedlichen religiösen Hintergrunds stärker verbunden gefühlt haben? Wenn ja: Können Sie mir ein Beispiel nennen? Wenn nein: Könnten Sie sich eine Situation vorstellen?
- o Haben Sie bestimmte Ereignisse oder Zeiten erlebt, wo Sie sich mit Menschen unterschiedlichen religiösen Hintergrunds stärker getrennt gefühlt haben? Wenn ja: Können Sie mir ein Beispiel nennen? Wenn nein: Könnten Sie sich eine Situation vorstellen?

- **Einstellungen und Deutungen**
  Allgemein zum Dialog
  - o Wenn Sie den Begriff »interreligiöser Dialog« hören: Was fällt Ihnen dazu ein? (Was bedeutet interreligiöser Dialog für Sie?)
  - o Welche Bedeutung hat (Ihrer Meinung nach) der interreligiöse Kontakt/Dialog für Sie/Ihre Gemeinde/unsere Gesellschaft? (Welchen Nutzen?)

  Ziele/Motivation & Voraussetzungen
  - o Mit welchen Zielen, Wünschen und welcher Motivation initiieren Sie/nehmen Sie an interreligiösen Veranstaltungen teil?

o   Welche Voraussetzungen braucht es, damit ein Austausch zwischen verschieden religiösen Menschen stattfinden kann?
o   (Allgemein/persönlich) Nachfragen: Gibt es Ihrer Meinung nach bestimmte Voraussetzungen, die Jemand mitbringen muss, um in Kontakt mit andersreligiösen Menschen zu treten?

Potenziale & Grenzen
o   Verändert interreligiöser Kontakt etwas in diesem Stadtteil/in unserer Gesellschaft? Wenn ja, was? (Nachfragen: Inwieweit trägt der interreligiöse Kontakt zu einer positiven Entwicklung der Gesellschaft bei? Inwieweit hemmt/verhindert der interreligiöse Dialog eine positive Entwicklung der Gesellschaft? (Z.B. für das friedliche Zusammenleben? Gibt es Grenzen? Wofür ist Dialog ungeeignet?)
o   Inwieweit ermöglicht der interreligiöse Kontakt eine Bearbeitung von Konflikten? Inwieweit beugt der interreligiöse Kontakt Konflikten vor?
o   Gibt es etwas im Dialoggeschehen, das Ihnen Sorgen macht?

Zukunft
o   Stellen Sie sich vor: In zehn Jahren: Welchen Stellenwert wird der interreligiöse Dialog dann für das Zusammenleben in unserer Gesellschaft haben und wie sollte/könnte Ihre Dialogarbeit dann aussehen?

Religiöse Deutungen
o   Nehmen Sie einmal an, alles in der Welt hat einen tieferen Sinn, warum gibt es dann so viele verschiedene Vorstellungen von Religion und Glaube?
o   Was denken Sie über die einzelnen/andere Religionen? Was finden Sie an Ihnen gut? Was nicht? Hat sich Ihre Meinung in letzter Zeit verändert? (Wichtigste Gemeinsamkeiten/wichtigste Unterschiede?)
o   Denken Sie, dass mehr als eine Religion »wahr« sein kann?
o   Gibt es etwas, was die Menschen verschiedener Religionen voneinander lernen können?
o   Wenn Sie sich einer Religion zugehörig fühlen: Gibt es in Ihrer Religion Regeln oder Vorstellungen, wie man mit Menschen umgeht, die eine andere Religion oder keinen religiösen Glauben haben?
o   Wenn Sie sich keiner Religion zugehörig fühlen: Können Sie persönliche Überzeugungen oder Werte nennen, die Ihr Verhalten gegenüber Menschen religiöser oder nicht-religiöser Hintergründe leiten?
o   Manche Leute sagen ja, letztlich haben alle Religionen den gleichen Kern. Was denken Sie über diese Aussage?

Demografische Informationen
o Geschlecht der befragten Person
o Bitte nennen Sie mir das Jahr ihrer Geburt.
o Welche Staatsangehörigkeit besitzen Sie?
o Fühlen Sie sich einer Religion zugehörig? Sind Sie Mitglied einer bestimmten religiösen Gemeinde?
o Welche berufliche Tätigkeit üben Sie derzeit aus? Wenn Sie nicht (mehr) erwerbstätig sind, welche Tätigkeit haben Sie (bei Ihrer früheren hauptsächlichen) Erwerbstätigkeit zuletzt ausgeübt? (Hat dieser Beruf noch einen besonderen Namen?)

Leitfaden für Interviews mit Leitungen 2016

Dieser Leitfaden kam für Interviews mit Leitungspersonen interreligiöser Veranstaltungen nach meinem Ausstieg aus dem ReDi-Projekt ab 2016 zum Einsatz.

- **Auftakt (Person)**
  o Ich würde zu Beginn gerne etwas über Sie selbst erfahren. Vielleicht sagen Sie kurz etwas zu sich und Ihrem Hintergrund.
  o Wie kam es zur (Veranstaltung/sreihe XY)? (Vorgeschichte)
  o Seit wann gibt es die Veranstaltung/sreihe?
  o Wie oft findet sie statt?
  o Könnten Sie einmal den groben Ablauf beschreiben?

- **Aktivität**
  o Mit welcher Motivation haben Sie diese Veranstaltung ins Rollen gebracht? Was war die Zielsetzung?
  o An wen richtet sich die Veranstaltung? (Adressaten?)
  o Können Sie etwas über die Menschen sagen, die zu dieser Veranstaltung kommen?
  o Gibt es Menschen, die nicht an der Veranstaltung teilnehmen, die Sie dort aber vermissen?
  o Würden Sie die Veranstaltung als »interreligiösen Dialog« beschreiben? Hat Ihrer Ansicht nach ein interreligiöser Dialog stattgefunden?
  o Inwiefern unterscheidet sich diese Veranstaltung von (anderen) interreligiösen Dialogveranstaltungen? (Was ist die Besonderheit dieser Veranstaltung/sreihe?)

- **Ort**
  o Was verbinden Sie allgemein mit dem Ort (XYZ)?
  o Können Sie den Ort (XYZ) einmal beschreiben?
  o Wie würden Sie den Ort (XYZ) rein materiell charakterisieren?

- o Welche gesellschaftliche Bedeutung hat dieser Ort Ihrer Meinung nach?
- o Was unterscheidet den Ort (XYZ) von anderen Orten (z.B. von religiösen Orten)?

- **Zusammenhang von Aktivität und Ort**
  - o Spielt es Ihrer Ansicht nach eine Rolle, dass die Veranstaltung an Ort (XYZ) stattfindet?
  - o Welche Bedeutung hat (konkreter Ort/Raum/Saal) für diese Veranstaltung?
  - o Inwiefern ist der Ort (XYZ) geeignet für einen interreligiösen Dialog?
  - o Könnte die Veranstaltung auch an einem anderen Ort stattfinden?

- **Soziodemografische Daten**
  - o Geschlecht, Geburtsjahr, Religionszugehörigkeit, Beruf

Leitfaden für vertiefende Interviews mit Teilnehmenden

- **Auftakt (Ort)**
  - o Waren Sie zuvor schon einmal unabhängig von der Veranstaltung am Ort (XYZ)?
  - o Was verbinden Sie allgemein mit dem Ort (XYZ)?
  - o Können Sie den Ort (XYZ) einmal beschreiben?
  - o Wie würden Sie den Ort (XYZ) rein materiell charakterisieren?
  - o Welche gesellschaftliche Bedeutung hat dieser Ort Ihrer Meinung nach?
  - o Was unterscheidet den Ort (XYZ) von anderen Orten (z.B. von religiösen Orten)?

- **Aktivität**
  - o Haben Sie schon einmal früher an dieser Aktivität teilgenommen?
  - o Stellen Sie sich vor, ein Bekannter fragt Sie, was das für eine Veranstaltung ist. Wie würden Sie sie ihm mit wenigen Worten beschreiben?
  - o Was sind Ihrer Meinung nach die Ziele dieser Veranstaltung?
  - o An wen richtet sich die Veranstaltung?

  Zur speziellen Veranstaltung der Reihe:
  - o Mit welchen Erwartungen sind Sie in die Veranstaltung gegangen?
  - o Wie würden Sie die Atmosphäre der Veranstaltung beschreiben?
  - o Was ist Ihnen von der (letzten) Veranstaltung besonders in Erinnerung geblieben? (Was hat Ihnen gut gefallen? Was hat Ihnen nicht (so gut) gefallen?)
  - o Würden Sie die Veranstaltung als »interreligiösen Dialog« beschreiben? Hat Ihrer Ansicht nach ein interreligiöser Dialog stattgefunden?

- o   Inwiefern unterscheidet sich diese Veranstaltung von (anderen) interreligiösen Dialogveranstaltungen? (Was ist die Besonderheit dieser Veranstaltung?)

- **Zusammenhang Ort und Aktivität**
  - o   Spielt es Ihrer Ansicht nach eine Rolle, dass die Veranstaltung an Ort (XYZ) stattfindet?
  - o   Verändert die Veranstaltung den Ort?
  - o   Inwiefern ist der Ort (XYZ) geeignet für einen interreligiösen Dialog?

- **Soziodemografische Daten**
  - o   Geschlecht, Geburtsjahr, Religionszugehörigkeit, Beruf

Leitfaden der Gruppendiskussion

Dieser Leitfaden wurde im Rahmen der Erhebungen des ReDi-Projektes für die Durchführung von Gruppendiskussionen in religiös heterogen zusammengesetzten Gruppen verwendet.

- **Einführung**

Erstmal möchte ich Ihnen allen danken, dass Sie sich zu diesem Gespräch bereit erklärt haben. Das freut uns sehr! Zum Ablauf möchte ich vorweg noch einige Hinweise geben. Ich werde Ihnen gleich kurz das Thema, um das es uns geht, umreißen und ein paar Fragen dazu stellen. Ich bitte Sie über unsere diese Fragen offen und ohne Scheu zu diskutieren. Wir geben da keine Richtung vor, d.h. Sie alle haben völlig in der Hand, in welche Richtung die Diskussion gehen soll, denn uns interessiert, was für Sie von Bedeutung ist. Es gibt bei dieser Diskussion also auch kein Falsch oder Richtig. Bitte lassen Sie sich nicht von unserer Anwesenheit irritieren. Wir hören einfach zu und werden uns aus dem Gespräch eher raushalten und nur dann, wenn es keinen Diskussions-bedarf mehr bei Ihnen gibt, einen neuen Ball ins Feld rollen. Heute soll es um die religiöse Vielfalt hier in (Stadtraum X), d.h. um das Zusammenleben von Men-schen mit verschiedenen religiösen aber auch anderen weltanschaulichen Hintergründen, gehen. Uns interessiert, welche Rolle diese Vielfalt im Alltag spielt.

- **Stimulus 1: Gruppenzusammensetzung und Selbstverständnis**

Was bedeutet es für das soziale Miteinander in Ihrem Gesprächskreis, dass hier so viele verschieden religiöse Menschen zusammen kommen? Dazu würden wir gerne Ihre Erfahrungen hören. Was verbindet Sie miteinander und was trennt Sie? Welche Rolle spielen religiöse Unterschiede? Welche Themen bringen Sie miteinander ins Gespräch (typische Themen)? Sind in einer Ihrer Runden schon einmal völlig verschiedene Ansichten aufeinander geprallt? Und worum ging es dabei? Wenn Sie auf Ihre gemeinsame Zeit zurückblicken, haben sich Ihre Themen im Laufe der Zeit verändert? Was waren Ihre größten Herausforderungen miteinander? Welche Vorrauset-zungen muss jemand mitbringen, um bei Ihnen mitzumachen?

- **Stimulus 2: Alltagsreligiöse Deutungen zu religiöser Vielfalt**
  Wie erklären Sie sich, dass es mehr als nur eine Religion auf dieser Welt gibt? Steckt ein tieferer Sinn hinter dieser Vielfalt? Oder ist alles Zufall? Denken Sie, dass mehr als eine Religion wahr sein kann? Manche Leute sagen ja, letztlich haben alle Religionen den gleichen Kern. Was denken Sie über diese Aussage?

- **Stimulus 3: Deutungen und Einschätzungen zu »interreligiösem Dialog«**
  Wenn Sie den Begriff »interreligiöser Dialog« hören, was fällt Ihnen dazu ein? Welche Bedeutung hat interreligiöser Dialog für Sie? Welche Potenziale und welche Grenzen stecken im interreligiösen Dialog? Verändert interreligiöser Kontakt etwas in diesem Stadtteil/in unserer Gesellschaft? Gibt es etwas im Dialoggeschehen, das Ihnen Sorgen macht?

Befragungsbogen

Dieser Befragungsbogen kam im Rahmen der Besuchendenbefragungen zum Einsatz.

Einleitung und Information
Diese Befragung ist Bestandteil des vom Bundesministerium für Bildung und Forschung (BMBF) geförderten Forschungsprojektes »Religion und Dialog in modernen Gesellschaften« (ReDi), das zurzeit an der Akademie der Weltreligionen (AWR) der Universität Hamburg durchgeführt wird. Das Forschungsprojekt zielt darauf ab, Formen, Funktionsweisen sowie Potenziale und Grenzen des Religionsdialogs für eine positive Ausgestaltung unserer Gesellschaft zu ermitteln. Mit Ihrer Teilnahme an dieser Befragung leisten Sie einen wichtigen Beitrag zu diesem Forschungsprojekt.
Vielen Dank für Ihre Teilnahme!

Fragen zur heutigen Veranstaltung	
1	Wie haben Sie von der Veranstaltung (XY) erfahren?
2	Wie oft haben Sie die Veranstaltung (XY) bisher besucht?
	☐ 1 mal ☐ 2–5 mal
	☐ mehr als 5 mal ☐ keine Angabe

3	Wie hat Ihnen die heutige Veranstaltung insgesamt gefallen? ▫ *Sehr gut* ▫ *Eher gut* ▫ *Unentschieden* ▫ *Eher nicht gut* ▫ *Nicht gut* ▫ *Keine Angabe*		
4	Hatten Sie bestimmte Erwartungen an die heutige Veranstaltung? Wenn ja, welche waren das?		
5	Was hat Ihnen besonders gut gefallen?	6	Was hat Ihnen nicht (so gut) gefallen? (Hat Ihnen etwas gefehlt?)
7	Wie würden Sie die Atmosphäre der heutigen Veranstaltung beschreiben?		
8	Wer sind aus Ihrer Perspektive die Adressaten der Veranstaltung? (An wen ist sie gerichtet?)		
9	Hat heute Ihrer Ansicht nach ein »interreligiöser Dialog« stattgefunden? ▫ *Ja* ▫ *Unentschieden* ▫ *Nein* ▫ *keine Angabe* Bitte begründen Sie Ihre Antwort.		

Fragen zum Ort

10	Was verbinden Sie allgemein mit dem Ort (XY)? (Welche Assoziationen haben Sie damit?)
11	Was unterscheidet den Ort (XY) von anderen Orten (z.B. von religiösen/nicht-religiösen Orten)?
12	Ist die der Ort (XY) Ihrer Ansicht nach ein geeigneter Ort für eine »interreligiöse Veranstaltung«? ▫ *Ja.* Falls ja: Inwiefern ist der Ort geeignet? ▫ *Nein.* Falls nein: Inwiefern halten Sie den Ort für ungeeignet? ▫ *Unentschieden.* Falls unentschieden: Welche Vorteile und welche Probleme bringt der Ort dafür mit sich? ▫ *keine Angabe.*

Angaben zur Person

Zur besseren Vergleichbarkeit der Antworten benötigen wir einige personenbezogene Daten. Ihre personenbezogenen Daten werden vertraulich behandelt, nicht an Dritte weitergegeben und ausschließlich zu Forschungszwecken verwendet.

13	Geschlecht:	14	Geburtsjahr:
15	(letzte) berufliche Tätigkeit:	16	wohnhaft in Stadtteil:
17	Religionszugehörigkeit (falls ja, welche?):	18	Mitgliedschaft in rel. Gemeinde/ Zentrum (falls ja, in welcher/ welchem?):

19	Für unsere weitere Forschung sind wir auf der Suche nach Gesprächspartnern und -partnerinnen, die mit uns über ihre Erfahrungen im Rahmen der Veranstaltung sprechen mögen. Sind Sie bereit, an einem Interview teilzunehmen? Ja ▢ Nein ▢
20	Falls ja, notieren Sie bitte Ihren Namen und eine Möglichkeit zur Kontaktaufnahme (Telefon/E-Mail):

Beobachtungsleitfaden

Dieser Leitfaden für fokussierte Beobachtungen kam probehalber im Rahmen einer teilnehmenden Beobachtung zum Einsatz, wurde dann aber verworfen.

Beobachtungsprotokoll Nr.		**Datum/Uhrzeit**
Titel/Thema der Veranstaltung		Ort/Rahmen
Raumbezüge	Rahmenbezüge	Religiöse Medien

Anhang E: Transkriptionsregeln

Das Ziel war eine wortwörtliche Transkription, also keine Zusammenfassung, es sei denn, die Audioaufzeichnung wurde nur selektiv transkribiert. In diesem Fall wurden die nicht transkribierten Abschnitte in Schlagworten zusammengefasst. Umgangssprachliche Formulierungen oder saloppe Ausdrücke (z.B. »aufm« für »auf dem« oder »son« für »so ein«) wurden nicht geglättet.

Der Interviewer wird in den Transkripten mit »I:« und die befragte Person mit »B:« eingeleitet. Jeder Redebeitrag beginnt mit einem neuen Absatz und ist nicht weiter untergliedert. Am Ende jedes Absatzes zeigt eine Zeitmarke die entsprechende Stelle der Audioaufzeichnung an.

Ausgelassen wurden:

- Anführungsstriche für wörtliche Rede, es sei denn, im Redebeitrag wird etwas zitiert
- Die bestätigenden »Hmhs« des Interviewers

Tabelle 4: Transkriptionsregeln

Zeichen		Bedeutung	Beispiel
(--)	=	auffällige Sprechpause (ab 3 Sek.)	Ich denke, die sind irgendwie (--) unsicher.
/	=	Abbruch, Selbstkorrektur	Also ich war dann/bin dann dort gewesen.
betont	=	betont gesprochenes Wort	Dieses Gebäude war so unfassbar groß.
[unverst.]	=	nicht verstandenes Wort	Die nannten das dann immer [unverst.].
[xyz?]	=	unsichere Transkription	Das fand ich schon echt [keck?].

[[xyz]]	=	Kommentar, z.B. als Zusammenfassung eines nicht transkribierten Audioabschnitts oder für Hintergrundinformationen zur Situation	[[Begrüßung und kurze Vorrede]] Gut, dann lassen Sie uns beginnen [[beide lachen]].
(I: xyzxyz)	=	kurze Überschneidungen im Sprechen	B: Ich war da zwei Mal (I: Wie oft? Drei?) zwei Mal, (I: Ah, ok.) war das, denke ich.
[...]	=	hier: Kürzungen im Zitat	Heute gebe ich diese [...] Diss ab.

Anhang F: Übersicht über das zugrunde liegende Datenmaterial

Tabelle 5: Feldnotizen

Titel	Datum
Feldnotiz_Kunsthalle_1	26.08.2013
Feldnotiz_Begehung Christuskirche und Umgebung	16.09.2013
Feldnotiz_Teeküche_1	26.09.2013
Feldnotiz_Kunsthalle_2	29.09.2013
Feldnotiz_Interview Kirst	01.10.2013
Feldnotiz_Interview von Langsdorff	16.10.2013
Feldnotiz_Teeküche_2	01.11.2013
Feldnotiz_Teeküche_3	08.11.2013
Feldnotiz_Gruppendiskussion Teeküche	13.11.2013
Feldnotiz_Interview Winkler	19.11.2013 und 06.12.2013
Feldnotiz_Teilnehmendeninterview_Teeküche_1	04.12.2013
Feldnotiz_Interview Koch	10.12.2013
Feldnotiz_Rathaus_1	10.12.2013
Feldnotiz_Interview Schwandt	11.01.2014 und 12.02.2014
Feldnotiz_Teilnehmendeninterview_Teeküche_2	10.01.2014
Feldnotiz_Kunsthalle_3	13.03.2014
Feldnotiz_Kunsthalle_4	11.04.2014
Feldnotiz_Rathaus_2	04.07.2014
Feldnotiz_Rathaus_3	03.12.2014
Feldnotiz_Rathaus_4	10.06.2016

Feldnotiz_Interview Goetsch	20.07.2016
Feldnotiz_Silvesterfeier	03.01.2017
Feldnotiz_Kunsthalle_5	13.03.2019
Feldnotiz_Teeküche_4	09.05.2019
Feldnotiz_Teeküche_5	16.05.2019
Feldnotiz_Teeküche_6	12.07.2019

Tabelle 6: Interviews mit Leitungen

Titel	Name	Datum	Funktion
Interview_Kirst	Helmut Kirst	01.10.2013	Pastor und ehemaliger Leiter der interreligiösen Silvesterfeier
Interview_von Langsdorff	Petra von Langsdorff	16.10.2013	Künstlerin und ehemalige Leiterin des interreligiösen Gesprächskreises
Interview_Winkler	Christian Winkler	19.11.2013 und 06.12.2013	Predikant, Mitorganisator der interreligiösen Silvesterfeier und Leiter des interreligiösen Gesprächskreises
Interview_Koch	Marion Koch	09.12.2013	Kunstvermittlerin, freie Mitarbeiterin der Hamburger Kunsthalle und Leiterin der Veranstaltungsreihe »Kunst im interreligiösen Dialog«
Interview_Schwandt	Hans-Gerd Schwandt	09.01.2014 und 11.02.2014	Katholischer Theologe, Dozent der Katholischen Akademie Hamburg und Kooperationspartner der interreligiösen Gespräche in der Kunsthalle
Interview_Goetsch	Christa Goetsch	20.07.2016	Politikerin, Mitveranstalterin der Veranstaltungsreihe »Religionen und Dialog in der Stadt Hamburg« im Hamburger Rathaus

Anhang F: Übersicht über das zugrunde liegende Datenmaterial 331

Tabelle 7: Gruppendiskussion und Besuchendenbefragungen

Titel	Datum	Anzahl Befragte	Teilnehmende gesamt
Gruppendiskussion_Teeküche	13.11.2013	10	10
Befragung_Rathaus	10.12.2013	23	ca. 170
Befragung_Kunsthalle	10.04.2014	15	ca. 40
Befragung_Christuskirche	31.12.2016	42	ca. 150

Tabelle 8: Interviews mit Teilnehmenden

Titel	Datum	w/m/d	Jahrgang	Beruf, Religion
Teilnehmendeninterview_Teeküche_1	04.12.2013	m	1971	Dozent, jüdisch
Teilnehmendeninterview_Teeküche_2	10.01.2014	m	1952	Marktforscher, arbeitslos, Hindu
Teilnehmendeninterview_Rathaus_1	17.06.2016	m	1941	Theologe/Pfarrer im Ruhestand, evangelisch-lutherisch
Teilnehmendeninterview_Rathaus_2	20.06.2016	w	1967	Wissenschaftliche Mitarbeiterin, evangelisch-lutherisch
Teilnehmendeninterview_Rathaus_3	13.07.2016 (per Mail)	m	1950	Sozialpädagoge, alevitisch
Teilnehmendeninterview_Christuskirche_1	26.04.2017	w	1974	Sonderpädagogin, keine Religion
Teilnehmendeninterview_Christuskirche_2	28.04.2017	m	1971	Dozent, jüdisch
Teilnehmendeninterview_Christuskirche_3	04.05.2017	m	1957	Pensionierter Lehrer, Agnostiker/formell katholisch
Teilnehmendeninterview_Kunsthalle_1	17.03.2020	w	1966	Psychotherapeutin, Pantheistin
Teilnehmendeninterview_Kunsthalle_2	17.03.2020	w	1980	Mitarbeiterin in der Jugendarbeit, Sunnitin
Teilnehmendeninterview_Kunsthalle_3	24.03.2020 (per Mail)	m	1992	Abiturient, Sunnit

Tabelle 9: Feldspiegelungen

Titel	Name	Datum	Funktion
Feldspiegelung_Christuskirche_1	Christian Winkler	01.10.2020 (per Mail)	Predikant, Mitorganisator der Silvesterfeier
Feldspiegelung_Christuskirche_2	Helmut Kirst	08.03.2021	Pastor und Organisator der Silvesterfeier
Feldspiegelung_Teeküche_1	Petra von Langsdorff	18.08.2020	Künstlerin, ehem. Leiterin des interreligiösen Gesprächskreises
Feldspiegelung_Teeküche_2	Christian Winkler	01.10.2020 (per Mail)	Predikant, Leiter des interreligiösen Gesprächskreises
Feldspiegelung_Rathaus_1	Christa Goetsch	22.04.2021	Politikerin, ehem. Mitveranstalterin der Veranstaltungsreihe im Rathaus
Feldspiegelung_Rathaus_2	Wolfram Weiße	13.12.2021 (per Mail)	ehem. Leiter der Akademie der Weltreligionen, ehem. Mitveranstalter der Veranstaltungsreihe im Rathaus
Feldspiegelung_Kunsthalle_1	Marion Koch	26.06.2021 & 29.06.2021 (per Mail)	Kunstvermittlerin, Leiterin der Veranstaltungsreihe in der Kunsthalle
Feldspiegelung_Kunsthalle_2	Hans-Gerd Schwandt	20.04.2022 (per Mail)	ehem. Referent der Katholischen Akademie Hamburg, Kooperationspartner der Veranstaltungsreihe in der Kunsthalle

Tabelle 10: Foto- und Videodokumentationen

Titel	Datum	Quelle
Videodokumentation_Rathaus	21.06.2012	Aufzeichnung wurde zur Verfügung gestellt, nicht öffentlich zugänglich
Fotodokumentationen_Rathaus	2012–2022	Webseite der Akademie der Weltreligionen: https://www.awr.uni-hamburg.de/dialog-in-hamburg/religionen-und-dialog-in-der-stadt-hamburg.html (letzter Zugriff: 09.12.2022)
Fotodokumentation_Kunsthalle	10.04.2014	Webseite der Akademie der Weltreligionen: https://www.awr.uni-hamburg.de/veroeffentlichungen/fotodokumentationen/interreligioese-museumsfuehrung.html (letzter Zugriff: 09.12.2021)
Fotodokumentation_Christuskirche	31.12.2016	eigene Dokumentation
Fotodokumentation_Teeküche	10.07.2019	eigene Dokumentation

Religionswissenschaft

Jürgen Manemann
Revolutionäres Christentum
Ein Plädoyer

2021, 160 S., Klappbroschur
18,00 € (DE), 978-3-8376-5906-1
E-Book:
PDF: 15,99 € (DE), ISBN 978-3-8394-5906-5
EPUB: 15,99 € (DE), ISBN 978-3-7328-5906-1

Volkhard Krech
Die Evolution der Religion
Ein soziologischer Grundriss

2021, 472 S., kart., 26 SW-Abbildungen, 42 Farbabbildungen
39,00 € (DE), 978-3-8376-5785-2
E-Book: kostenlos erhältlich als Open-Access-Publikation
PDF: ISBN 978-3-8394-5785-6

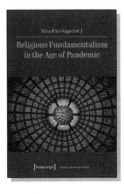

Nina Käsehage (ed.)
Religious Fundamentalism in the Age of Pandemic

2021, 278 p., pb., col. ill.
37,00 € (DE), 978-3-8376-5485-1
E-Book: available as free open access publication
PDF: ISBN 978-3-8394-5485-5

Leseproben, weitere Informationen und Bestellmöglichkeiten
finden Sie unter www.transcript-verlag.de

Religionswissenschaft

Claudia Gärtner
Klima, Corona und das Christentum
Religiöse Bildung für nachhaltige Entwicklung
in einer verwundeten Welt

2020, 196 S., kart., 2 SW-Abbildungen
29,00 € (DE), 978-3-8376-5475-2
E-Book:
PDF: 25,99 € (DE), ISBN 978-3-8394-5475-6

Silke Martin, Isabella Schwaderer, Katharina Waldner (Hg.)
Religion und Gender
Konzepte - Erfahrungen - Medien

2022, 222 S., kart., 12 SW-Abbildungen
35,00 € (DE), 978-3-8376-5773-9
E-Book: kostenlos erhältlich als Open-Access-Publikation
PDF: ISBN 978-3-8394-5773-3

Michael Domsgen, Ulrike Witten (Hg.)
Religionsunterricht im Plausibilisierungsstress
Interdisziplinäre Perspektiven
auf aktuelle Entwicklungen und Herausforderungen

2022, 370 S., kart., 8 SW-Abbildungen
40,00 € (DE), 978-3-8376-5780-7
E-Book: kostenlos erhältlich als Open-Access-Publikation
PDF: ISBN 978-3-8394-5780-1

**Leseproben, weitere Informationen und Bestellmöglichkeiten
finden Sie unter www.transcript-verlag.de**